MÉXICO-ESTADOS UNIDOS, 1984

COLECCIÓN MÉXICO-ESTADOS UNIDOS

MÉXICO-ESTADOS UNIDOS, 1984

Manuel García y Griego y Gustavo Vega
compiladores

CENTRO DE ESTUDIOS INTERNACIONALES
25 ANIVERSARIO

EL COLEGIO DE MÉXICO

DR © El Colegio de México, A.C.
Camino al Ajusco 20
10740 México, D.F.

ISBN 968-12-0320-8

Impreso y hecho en México / *Printed in Mexico*

CONTENIDO

ECONOMÍA MEXICANA Y POLÍTICA MIGRATORIA ESTADUNIDENSE

PRESENTACIÓN

ESTE LIBRO CONTIENE NUEVE TRABAJOS que analizan importantes aspectos de las relaciones entre México y Estados Unidos. Los acontecimientos que caracterizaron esas relaciones en 1984 fueron tres: el gobierno de México publicó un nuevo Programa Nacional de Fomento Industrial y Comercio Exterior, pieza central de la política económica del régimen para sacar al país de su crisis económica, en Estados Unidos se promulgó una nueva ley de Comercio y Aranceles, se debatió además un proyecto de ley de inmigración que no se aprobó. Asimismo, los electores del vecino país del norte reeligieron a Ronald Reagan como presidente y aseguraron la continuidad de las políticas económicas interior y exterior.

De ahí que 1984 plantee una serie de preguntas, algunas de las cuales remiten a una larga historia que los artículos de este libro intentan contestar: ¿puede hablarse de una ''relación especial'' entre México y Estados Unidos?, ¿cuáles son para México los retos de su nueva política industrial y de comercio exterior y qué nuevos retos supone la adopción de un verdadera política industrial en Estados Unidos?, ¿cuál es la importancia económica, para México, de la emigración de trabajadores indocumentados a Estados Unidos y cuáles son las posibilidades de que el gobierno estadunidense reduzca esa corriente migratoria?

El libro se divide en tres partes. La primera trata aspectos generales de las relaciones entre México y Estados Unidos. En un gran esfuerzo de síntesis, Lorenzo Meyer Cosío resume el curso y el carácter de las relaciones que nuestro país ha mantenido con su vecino del norte e indaga a lo largo de la historia las singularidades de esa relación. Dice el autor que durante buena parte de su historia, la singularidad de la relación ha radicado para México en la amenaza representada por Estados Unidos a su soberanía. Del análisis histórico de Meyer surge la pregunta de si es posible hablar de una relación especial entre México y Estados Unidos en 1984.

El trabajo de Roberta Lajous de Solana y Jesús Velasco busca respuesta a esa pregunta. Sin duda alguna, la vecindad geográfica hace a México y Estados Unidos más conscientes de lo que sucede en el otro país y de las distorsiones que allí se hagan de su imagen pública. Curiosamente, es por la crisis económica que padece México, que Estados Unidos tiende a considerarlo cada vez más como una amenaza, con un recelo similar al de la actitud tradicional de México hacia Estados Unidos. De ahí que para este país, la singularidad de la relación con México en 1984 se exprese en una amenaza a la seguridad estadunidense, sobre todo por las consecuencias políticas que, según Estados Unidos, podría tener la crisis económica mexicana. Esta situación, paradójicamente, es agravada por las tendencias políticas actuales de Estados Unidos frente al comercio exterior.

El artículo de Esperanza Durán nos aleja un tanto de las relaciones México-Estados Unidos de 1984 para llevarnos hacia un escenario internacional más amplio, que incluye a otros países latinoamericanos y a varios países de Europa occidental. Estos últimos, pese a mantener también relaciones más o menos "especiales" con estados Unidos —cuya expresión más concreta es la Alianza Atlántica— ven de una manera diferente a la norteamericana dos de los problemas que azotan a América Latina: la crisis centroamericana y la deuda externa. Esa actitud diferente contrapesa en alguna medida la de Estados Unidos en el hemisferio occidental y, hasta cierto punto, abre un espacio para México y otros países latinoamericanos en sus relaciones con la primera potencia del hemisferio.

A la luz de la aprobación en México del Programa Nacional de Fomento Industrial y Comercio Exterior, y de una nueva ley de comercio en Estados Unidos, en 1984, la segunda parte del libro analiza, desde diferentes ángulos, temas más específicos: el reciente debate sobre política industrial en México y en Estados Unidos, y el problema del creciente proteccionismo comercial del segundo. Un México en crisis económica, que enfrenta onerosas obligaciones financieras en el exterior, necesita mayores posibilidades de exportar a su vecino del norte.

¿Cómo se ven esas posibilidades? Según Raúl Hinojosa Ojeda, las tendencias actuales no son muy alentadoras. Buena parte de su trabajo se centra en la discusión desarrollada durante los últimos años en Estados Unidos y en México, sobre las propuestas de política industrial, sobre la forma de enfrentar los efectos negativos de la creciente internacionalización de los mercados y sobre la manera de obtener más elevadas tasas de crecimiento económico, con mayor equidad y distribución del ingreso. Señala el autor que ambos países están orientados hacia posiciones "neocompetitivas" que, aunque produjeran altas tasas de crecimiento, pueden también ensanchar las desigualdades entre los sectores sociales. Su propuesta es un reto para México y Estados Unidos: la formulación de un nuevo consenso hegemónico en cada país sobre política económica y la coordinación internacional de políticas industriales y comerciales, la "administración de la interdependencia". Aunque defiende ese camino como la mejor posibilidad de lograr un crecimiento con equidad, el autor reconoce que los obstáculos políticos internos para escoger y poner en práctica esa solución de desarrollo son muy grandes.

Los trabajos de Gustavo Vega y de Isabel Molina asumen otro tipo de tarea: el análisis de las tendencias al proteccionismo en la legislación y las políticas norteamericanas. Vega resume las principales de esas tendencias desde fines de la segunda guerra mundial y muestra cómo, a través de diversos mecanismos, los sectores proteccionistas de Estados Unidos han controlado cada vez más las importaciones que les afectan. El autor señala que la Ley de Comercio y Aranceles de 1984 incorpora algunas de esas tendencias recientes, manifestadas en la práctica desde tiempo antes. Isabel Molina se centra en una parte de la ley comercial estadunidense, importantísima para nuestro país: el trato que otorga la ley de 1984 a los productos del Sistema Generalizado de Preferencias (SGP).

El trabajo de Gustavo del Castillo analiza otro aspecto de los problemas del comercio exterior, del desarrollo económico y de la política exterior: el fracaso del proyecto mexicano de autosuficiencia agrícola y los mecanismos que utilizó Estados Unidos para facilitar, a partir de 1980, la exportación en gran escala de granos a México.

Con déficit comerciales que empiezan a superar los 100 mil millones de dólares al año, la economía norteamericana da muestras de padecer una franca crisis que podría obligar a formular una nueva política industrial (como las propuestas comentadas por Hinojosa Ojeda), a imponer un mayor proteccionismo (como preven Vega y Molina), o a una combinación de ambas posibilidades. En cambio, una respuesta innovadora por parte de Estados Unidos (como la que destaca Del Castillo para 1980), parecería poco probable en el actual ambiente político de Washington. Cualquiera sea la respuesta estadunidense inmediata, el panorama futuro de las relaciones económicas entre México y Estados Unidos es poco alentador.

La última parte de este libro trata algunos aspectos del tema de la emigración de mexicanos —particularmente de trabajadores indocumentados— a Estados Unidos. El trabajo de Francisco Alba analiza los costos y beneficios económicos de esa migración para México y ubica las consecuencias de la corriente migratoria en el contexto mundial y en el latinoamericano. Señala a la migración como ejemplo de una "relación especial" entre ambos países, como una forma de organización institucional *sui generis*, y rechaza la noción de que la migración sirva como "válvula de seguridad" para México. Concluye preguntándose cómo puede México sacar provecho de los beneficios y protegerse de las desventajas de la migración laboral.

Una respuesta parcial a esa pregunta del trabajo de Alba se ofrece en el artículo de Manuel García y Griego y Francisco Giner de los Ríos. Los autores parten de la discusión desarrollada en México sobre los posibles efectos de la aprobación norteamericana del proyecto de ley Simpson-Mazzoli en la economía mexicana, y se preguntan qué tanto vulnera esta economía la política migratoria estadunidense. Su análisis, centrado en los posibles efectos del proyecto antes mencionado en el empleo y el ingreso de divisas de México y referido a un concepto de "vulnerabilidad" especialmente definido, hace varios pronósticos de posibles políticas migratorias estadunidenses para concluir que, contra lo que supone la opinión pública general, las políticas más probables no perjudicarían gravemente la economía mexicana.

Del conjunto de los trabajos publicados en este libro se desprenden algunas observaciones que pueden sorprender. Por una parte, que las últimas tendencias políticas y económicas de Estados Unidos parecen indicar que no es este el momento de confiar en aumentar fácilmente las exportaciones de productos mexicanos no petroleros, precisamente el tipo de exportaciones que México necesita aumentar si pretende mantener niveles mínimos de crecimiento y cumplir con sus obligaciones financieras en el exterior. Por otra parte, aun cuando la migración de indocumentados tenga cada vez mayor importancia económica para México, este libro dice que no se vislumbran en el futuro inmediato muchas posibilidades de que la economía mexicana se vea gravemente perjudicada por nuevas políticas migratorias estadunidenses, y que, por lo tanto, las remesas monetarias de los trabajadores indocumentados pueden ser consideradas como fuente relativamente estable de divisas. Lo que estos análisis implican para el proyecto económico nacional y las relaciones entre México y Estados Unidos en los ochenta es inquietante.

Los compiladores desean agradecer al Departamento de Publicaciones de El Colegio de México, y especialmente a Cristina Martín, su colaboración en la edición de este número de *México-Estados Unidos, 1984*. También agradecemos el apoyo de María del Rosario Barajas y Manuel Chavarría en la revisión de algunos de los textos traducidos.

ASPECTOS GENERALES

MÉXICO-ESTADOS UNIDOS: LO ESPECIAL DE UNA RELACIÓN

LORENZO MEYER COSÍO
El Colegio de México

Introducción

EN LA LITERATURA CONTEMPORÁNEA de las relaciones internacionales es frecuente toparse con un concepto que intenta definir un tipo peculiar de relación entre estados nacionales o entre conjuntos de los mismos; me refiero al concepto de "relación especial". Ejemplos frecuentes de su uso se encuentran en los estudios de las relaciones anglonorteamericanas o, más recientemente, en aquellos que examinan la relación entre Taiwan y Estados Unidos, por citar sólo dos ejemplos muy conocidos. El significado exacto de este término varía según la relación particular que examina, pero en cualquier caso siempre pretende subrayar uno o más *rasgos singulares* que distinguen a la relación del conjunto de aquellas que cada una de las dos partes mantienen con el resto de los actores que forman la comunidad internacional.

Se ha dicho que la relación mexicano-norteamericana tiene esa característica que la hace "especial", es decir, que reviste un carácter singular, pero sin que ello implique necesariamente que tal singularidad tenga que ser recíproca, es decir, reconocida por ambas partes.

Es parte fundamental de la política exterior mexicana insistir en la igualdad de su trato con los otros países, de ahí que por principio el gobierno mexicano no considere como especial su relación con Estados Unidos. De todas maneras, México ha actuado en ciertos momentos como si de hecho tal relación existiera, por ejemplo, cuando en 1971 pidió a Washington —sin éxito— un tratamiento distinto al que Estados Unidos se propuso dar al resto del mundo en materia de tarifas arancelarias.[1] Estados Unidos, por su parte, ha sido más abierto en este campo, tanto en el discurso como en la acción. Un ejemplo significativo es la decisión del presidente James Carter de crear el puesto de "embajador especial" para México con sede en Estados Unidos y cuyas fun-

---

[1] Mario Ojeda, *Alcances y límites de la política exterior de México,* México, El Colegio de México, 1976, pp. 174-175.

ciones complementaban las del embajador que ese país mantenía acreditado en la ciudad de México.[2] En el campo académico y hasta no hace mucho, los estudiosos norteamericanos parecieron inclinarse por aceptar que había elementos objetivos para hablar de una "relación especial" mutuamente ventajosa entre México y Estados Unidos —sobre todo en el campo petrolero—, en tanto que los mexicanos optaron por poner en duda el hecho mismo de que alguna vez hubiera existido una "relación especial", y, sobre todo, insistieron en que, de haber existido, era cosa del pasado.[3]

Para determinar si hay o ha habido alguna vez esta "relación especial" entre México y su vecino del norte, así como su naturaleza y alcances, es conveniente empezar por el principio, es decir, por un examen histórico de la relación para precisar en qué pudo haber consistido la singularidad.

Los orígenes

Un análisis histórico de las relaciones entre México y Estados Unidos muestra que, efectivamente, la naturaleza de esas relaciones fue singular prácticamente desde el principio, pero sólo para México. Esta singularidad residió precisamente en el peligro que Estados Unidos significó para el mantenimiento de la soberanía e incluso de la viabilidad del estado nacional mexicano.

La diferencia de poder entre México y Estados Unidos era ya notable al principiar el siglo XIX. El ingreso nacional de la Nueva España era aproximadamente la mitad que el de Estados Unidos, y con el correr del tiempo esta diferencia aumentó desmesuradamente. Para 1860, el ingreso nacional de México con respecto al de su vecino del norte representaba únicamente 3.5%, y al concluir el siglo equivalía sólo al 2.2% del norteamericano.[4] Hasta el momento en que estalló la guerra entre el norte y el sur de Estados Unidos, ese país tuvo un sistema político relativamente eficiente y estable, que pudo encauzar sus energías a la consecución de su interés nacional, en tanto que México vivió la situación inversa, como lo ilustra bien el hecho de que entre 1824 y 1877 hubiera dos emperadores y 49 presidentes.

La diferencia creciente de poder y capacidad entre México y Estados Unidos en el siglo XIX es el origen de la disparidad de su relación. Mientras México

[2] Se trata del nombramiento del ex legislador texano, Robert Krueger.
[3] En 1980, Peter Smith argumentó que la relación entre México y Estados Unidos requería por parte de Estados Unidos de una "política especial", hacia su vecino del sur; *Mexico, The Quest for a U.S. Policy*, Nueva York, Foreign Policy Association, 1980, p. 32. Poco antes de asumir la dirección de la Secretaría de Relaciones Exteriores de México, Jorge Castañeda argumentó, en cambio, que era irreal para México suponer que podía basar su política hacia Estados Unidos en la suposición de una "relación especial", de un trato profesional de Washington hacia México, "En busca de una oposición ante Estados Unidos", en *Foro Internacional* **74** XIX, núm. 2 (octubre-diciembre, 1978), p. 297.
[4] Cifras tomadas de John Coatsworth, "Obstacles to Economic Growth in Nineteenth-Century Mexico", *The American Historical Review*, vol. 83, núm. 1 (febrero, 1978), p. 82.

pasó, en palabras de John Coatsworth, "del atraso al subdesarrollo",[5] Estados Unidos llegaría a convertirse en una de las economías y de los estados nacionales más fuertes del mundo. De esta manera la disparidad llevó a que la relación con México fuera vista por Estados Unidos como un elemento entre otros muchos de una política exterior muy amplia, en tanto que para México la relación con Estados Unidos se convertiría en el centro de su relación con el mundo externo.

Al comenzar el siglo XIX, el tema básico de la relación entre Estados Unidos y la Nueva España primero y la nación mexicana después, fue la delimitación de la frontera, es decir, de sus respectivos espacios vitales. Estados Unidos tuvo que negociar, presionar y luchar con Inglaterra, Francia, España y México en su afán de expandir su territorio. Así, pues, para los norteamericanos México resultó ser simplemente uno de los obstáculos más débiles a su ambicioso proyecto de expansión continental.

Desde la perspectiva mexicana, en cambio, Estados Unidos representó, casi desde el principio, un problema singular. Para empezar, y no obstante los elementos de conflicto, Guatemala, el otro país limítrofe con México, no significó una amenaza militar seria. Es más, si Guatemala fue vista por México como un problema se debió en parte a las estrechas relaciones de ese país con Estados Unidos. Con Europa, México tuvo problemas serios, pero los europeos representaron un peligro distinto, en esencia, del norteamericano. Los propósitos de reconquista de España o de protectorado de Francia no implicaron nunca el desmembramiento de la unidad política mexicana, en tanto que el proyecto expansionista norteamericano contemplaba claramente separar de manera permanente el norte de México del resto del país —como efectivamente ocurrió después de la guerra de 1847— así como obtener privilegios territoriales especiales, en particular el derecho de paso por el Istmo de Tehuantepec.[6] Así pues, desde la perspectiva mexicana, Estados Unidos fue desde los inicios mismos de su vida independiente y hasta fines del siglo XIX, la principal amenaza a su existencia como unidad política. Cuando la etapa de la expansión territorial norteamericana llegó a su fin, tras la anexión de Filipinas, Puerto Rico y las Islas Vírgenes, la naturaleza de la relación de México con Estados Unidos empezó a cambiar, aunque muchos al sur del Río Bravo tardaron en percatarse de tal cambio y por ello todavía a principios del siglo XX no faltó quien temiera la posibilidad de volver a perder alguna parte del norte mexicano a manos de Estados Unidos.

De la expansión geográfica a la expansión económica

Al finalizar el siglo XIX, una coincidencia de varios elementos contribuyó a transformar la naturaleza de la relación mexicano-norteamericana. Por un lado,

[5] John Coatsworth, "México: del atraso al subdesarrollo", *Diálogos,* núm. 108 (noviembre-diciembre, 1982).
[6] Al respecto, véase David Fletcher, *The Diplomacy of Annexation: Texas, Oregon and the Mexican War,* Columbia, Mo., University of Missouri Press, 1973.

el ansiado retorno del orden político en México —perdido desde la guerra de independencia— fue posible merced al triunfo del grupo liberal sobre sus enemigos conservadores y que llevó a la dictadura de Porfirio Díaz. Por el otro, la aparición de un gran excedente de capital europeo, parte del cual, directamente o a través de Estados Unidos, se volcó hacia México, donde tendió una gran red ferroviaria y reactivó la industria minera, entre otras cosas.

El capital europeo fluyó sobre todo a Estados Unidos, donde algunas empresas lo combinaron con capital propio y acto seguido se lanzaron en forma sorprendentemente agresiva a conquistar el mercado mexicano. Para 1910, los norteamericanos controlaban 38% de la inversión externa total en México. Los vecinos del norte, pese a ser importadores netos de capital —la inversión externa en Estados Unidos era de prácticamente 7 000 millones de dólares—, se convirtieron en México en los inversores dominantes, con alrededor de 650 millones de dólares; los británicos y los franceses ocuparon el segundo y tercer lugar respectivamente.[7] En América Latina en su conjunto la inversión externa dominante entonces era aún de origen británico, pero en México ya destacaban los norteamericanos; a ellos les correspondía el 47.3% de la inversión ferroviaria y el 61.7% de la inversión minera totales. Para 1913 las cuatro quintas partes del capital norteamericano invertido en América Latina se encontraba en Cuba y México.

En vísperas de la Gran Depresión de 1929, México y Cuba absorbían aún 55% de la inversión americana en América Latina. Hasta mediados del siglo México y Cuba conservarían su preeminencia en este campo.[8]

Esta singularidad de México como zona de gran atracción de la inversión directa e indirecta norteamericana, se dio junto a otra característica importante: la concentración del comercio mexicano con el vecino del norte. En efecto, al iniciarse el siglo, el mercado norteamericano absorbía el 76% de las exportaciones mexicanas, y aunque la proporción de las importaciones era un tanto menor (56%), no hay duda que para México su mercado mundial casi se reducía al de Estados Unidos, situación que, con algunas variantes, perdura hasta la fecha.[9]

Como se desprende de los hechos anteriores, el corazón de la "relación especial" entre México y Estados Unidos a principios de siglo era la concentración de la inversión foránea norteamericana en México y la concentración del comercio exterior de México en el intercambio en Estados Unidos. Examinando con cierto detalle lo ocurrido entre los dos países a partir de 1890, es posible advertir un intento de México por contrarrestar la influencia estadunidense en su economía dando facilidades a la inversión europea —sobre todo a la británica— y promoviendo la inversión pública en una rama estratégica

---

[7] Luis Nicolau D. Olwer, "Las inversiones extranjeras", en Daniel Cosío Villegas (ed.), *Historia moderna de México. El Porfiriato: la vida económica*, México, Editorial Hermes, 1965, pp. 1154-1155.

[8] Javier Márquez, *Inversiones internacionales en América Latina*, México, Banco de México, 1945, p. 15.

[9] Fernando Rosenzweig, "El comercio exterior", en Cosío Villegas, *op. cit.*, pp. 710-711.

de la economía. La creación de los Ferrocarriles Nacionales de México, empresa mixta de capital privado externo y capital público, obedeció, al menos en parte, al deseo del gobierno de evitar que una sola empresa norteamericana llegara a dominar las rutas que unían el centro del país con su frontera norte. Lo mismo se puede decir de las concesiones petroleras a la empresa británica "El Águila": su finalidad fue impedir el predominio de la Standard Oil en esta actividad que apenas se iniciaba en México.[10] Desde la perspectiva norteamericana, en cambio, no hay indicios de que el gobierno de Washington hubiera diseñado ninguna política que tuviera alguna singularidad dentro de su contexto global o meramente latinoamericano. La notable expansión de la actividad de los inversionistas norteamericanos en México fue, básicamente, producto de la acción individual y sólo secundariamente de una decisión gubernamental. Así pues, lo especial de la relación entre los dos países siguió siendo unilateral.

Revolución e intervención

No fue sino hasta el estallido de la revolución mexicana de 1910 y la toma del poder en Estados Unidos por el Partido Demócrata en 1913 —el inicio de la presidencia de Woodrow Wilson—, que la relación con México adquirió también características especiales para el gobierno de Estados Unidos.

La Revolución mexicana estalló en las postrimerías de la administración de William Howard Taft, y Washington debió preocuparse entonces por la protección de una inversión que, se dijo, ascendió a 1 000 millones de dólares, y que se consideró amenazada tanto por la violencia de la guerra civil como por ciertas medidas nacionalistas del nuevo grupo gobernante.[11] Sin embargo, no fue sino hasta principios de la administración del presidente Wilson que el gobierno de Washington decidió elaborar una política especial para México. Wilson se propuso usar el estallido social mexicano —en especial cuando la reacción intentó apagarlo mediante la instauración de una dictadura militar—, como un ejemplo para el resto del mundo de lo que significaría en el ámbito internacional la política wilsoniana de la "nueva libertad", política que no sólo había sido diseñada para reformar a la sociedad norteamericana sino incluso la sociedad internacional. El gran proyecto de Wilson fue entonces usar el caso de México como ejemplo para mostrar de qué manera la influencia directa de Estados Unidos podría servir para reedificar en un sentido positivo la estructura social de un país periférico. Wilson se proponía usar la influencia de Estados Unidos para hacer pasar a México de una era de dictaduras y de

[10] Catheryn Thorup, "La competencia económica británica y norteamericana en México (1887-1910)", en *Historia mexicana*, vol. XXXI, núm. 4 (124) (abril-junio, 1982), pp. 618-623. Lorenzo Meyer, *México y los Estados Unidos en el conflicto petrolero (1917-1942)*, 2a. ed., México, El Colegio de México, 1972, pp. 52-55.
[11] Henry F. Pringle, *The Life and Times of Williams Howard Taft*, Nueva York, Holt and Rinehart, 1939, p. 709.

extrema concentración de la riqueza, a otra donde campeara la libertad democrática y una mayor justicia social y, por consiguiente, mayor estabilidad política.[12]

La intervención sistemática de Estados Unidos en el proceso revolucionario mexicano no alcanzó el fin que buscaba, pero en cambio fue determinante para que el nuevo régimen revolucionario formulara una política que hizo del principio de no intervención en los asuntos internos de un estado y de la igualdad jurídica de los estados, el punto central de un supuesto código de conducta que debía gobernar la relación de los estados nacionales entre sí. Se trataba de una política mexicana diseñada para la defensa de su soberanía frente a Estados Unidos, pues a partir de 1914 las potencias europeas decidieron considerar a México como parte integral de la esfera de influencia norteamericana. Esta decisión significaba, también, que a Estados Unidos le correspondía vigilar el comportamiento mexicano en lo referente a sus obligaciones internacionales, tutela que México rechazó sistemáticamente en cuanto pudo.[13] De esta manera se llegó a la situación paradójica. Por un lado el gobierno de Washington, a través de la política presidencial, intentó diseñar una política especial para México con el fin de generalizarla después a América Latina, y aún más allá. México, por su parte respondió negativamente, volviendo principios generales la política de defensa ante la intervención sistemática de Estados Unidos. Dado que la relación especial con los norteamericanos afectaba la soberanía mexicana, el nuevo grupo en el poder en México trató justamente de negar lo especial de esta relación.

El nacionalismo mexicano y la seguridad continental

En vísperas de la segunda guerra mundial, el gobierno norteamericano cobró conciencia de la necesidad de crear una alianza interamericana para proteger el continente americano de la influencia nazifascista. A cambio de su contribución al proyecto, varios países de América Latina exigieron a Washington el compromiso de respetar el principio de no intervención unilateral en los asuntos internos de las repúblicas del continente. Es por ello que, cuando en 1938 el presidente Lázaro Cárdenas decretó la nacionalización de las empresas petroleras norteamericanas y angloholandesas, la relación con México se convirtió en la prueba de fuego de la nueva política interamericana de no intervención. Para México, la reacción de Washington a la expropiación —el acto cumbre del nacionalismo revolucionario mexicano— fue el factor determinante

---

[12] Josephus Daniels, *The Life of Woodrow Wilson, 1856-1924,* Filadelfia, The John C. Winston, 1924, p. 187; *The Wilson Era,* Chapel Hill, The University of North Carolina Press, 1944, pp. 184-185.

[13] Josefina Vázquez y Lorenzo Meyer, *México frente a Estados Unidos, un ensayo histórico,* México, El Colegio de México, 1982, pp. 117-141; Robert F. Smith, *Ry The United States and Revolutionary Nationalism in Mexico, 1916-1932,* Chicago, Ill., The University of Chicago Press, 1972, pp. 71 y ss.

del éxito o del fracaso de la medida, pues de antemano se sabía que la reacción angloholandesa era secundaria, ya que esos dos países no tenían la capacidad de actuar de manera autónoma contra México, o al menos no de manera efectiva.[14]

Estados Unidos, que había forzado poco antes a Bolivia a dar marcha atrás en la nacionalización de una empresa petrolera norteamericana, decidió aceptar, en principio, el derecho de México a expropiar la industria petrolera, aunque condicionó ese derecho al pago pronto, efectivo y adecuado de lo expropiado. En cambio, México rechazó las condiciones norteamericanas —entre otras cosas porque no podía cumplirlas. Sin embargo, el gobierno de Estados Unidos actuó con cautela y no aplicó a México toda la presión de que hubiera sido capaz para obligarlo a dar marcha atrás en la expropiación, sino sólo la presión suficiente para impedir que continuara adelante.[15] De hecho, hubo entonces una relación especial de Estados Unidos hacia México que resultó benéfica para este último, pues le permitió afianzar un tanto la independencia relativa que buscaba desde tiempo atrás. Poco después, al estallar el conflicto mundial, México debió responder a la actitud norteamericana concertando una serie de tratados con Estados Unidos —militares, comerciales, de braceros— a través de los cuales México apoyó abiertamente, y en la medida de sus posibilidades, a su poderoso vecino del norte en su conflicto con las potencias del Eje.[16] En cierto sentido, la "relación especial" se hizo recíproca y mutuamente benéfica por primera vez, pero sólo por las circunstancias extraordinarias que vivía entonces el sistema nacional.

La segunda guerra mundial

El hecho fundamental de la relación mexicano-norteamericana entre 1940 y 1945 es el acercamiento entre los dos países a raíz del conflicto mundial, que culminó en 1942 con una alianza formal entre ambos, como parte de otra mayor en contra de los países del Eje. En este período, los temas centrales en la relación mexicano-americana son varios e interesantes. Destaca, en primer lugar, lo que podríamos llamar el "arreglo de las cuentas pendientes". Desde fines del período de Cárdenas, pero sobre todo en los primeros años de Ávila Camacho, la necesidad norteamericana de fortalecer la cooperación con México para la protección de su propia seguridad, permitió que se negociaran rápida y efectivamente muchos de los problemas que aún estaban pendientes entre los dos países, y fue por ello que la negociación resultó relativamente favorable para México. Estos problemas fueron, entre otros, las indemnizaciones por

[14] Meyer, *op. cit.*, 340-442.

[15] La diferencia en las reacciones de Estados Unidos frente a las expropiaciones petroleras en Bolivia y México se encuentra en Bryce Wood, *The Making of Good Neighbor Policy*, Nueva York, Columbia University Press, 1961, pp.137-297.

[16] Blanca Torres, *Historia de la Revolución Mexicana. Período 1940-1952. México en la Segunda Guerra Mundial*, México, El Colegio de México, 1979.

las expropiaciones agraria y petrolera, el arreglo de la deuda externa y la distribución del uso de las aguas de los ríos internacionales de Colorado, Tijuana y Bravo. En segundo lugar, y como contrapartida del proceso anterior, se estableció una cooperación de carácter militar y de otra naturaleza económica. En el aspecto militar, México actuó con cautela para evitar compromisos contrarios a su concepción del nacionalismo y la soberanía; la opinión pública de entonces mostró mucha reserva frente a la alianza con Estados Unidos. Por otra parte, el comercio con Estados Unidos se intensificó y resultó vital para el proceso de crecimiento económico de esos años. El intercambio con Estados Unidos llegó a representar 90% del comercio exterior de México. La relación económica entre México y su vecino no se limitó al intercambio de bienes sino que incluyó también la presencia masiva de trabajadores mexicanos en zonas de la economía norteamericana donde había escasez de mano de obra, particularmente en labores agrícolas en la zona fronteriza. De esta necesidad norteamericana de trabajo manual mexicano surgió un convenio de braceros. Finalmente hubo también transferencias de capital, pues el gobierno norteamericano hizo una serie de préstamos oficiales a México que hubieran sido impensables apenas unos cuantos años antes, como fueron, por ejemplo, los créditos a Pemex.[17]

En el campo de las negociaciones entre grupos privados y gobiernos, sobresalen las de las empresas petroleras norteamericanas expropiadas en 1938 y las de los tenedores de las acciones de los ferrocarriles con el gobierno mexicano. También fueron importantes las relaciones entre empresarios mexicanos interesados en adquirir productos norteamericanos racionados por necesidades de la economía de guerra y los organismos de Estados Unidos encargados de autorizar su venta y exportación. En cuanto a la relación mexicano-norteamericana en foros multilaterales, las áreas de interacción más importantes fueron el sistema interamericano y, en menor medida, las recién creadas Naciones Unidas.[18]

El universo de la relación entre instituciones privadas o grupos de los dos países debe ser muy rico pero es aún un campo poco explorado, pese a su importancia. Por el otro lado, el esfuerzo antifascista llevó a que la Confederación de Trabajadores de México (CTM) entablara relaciones de cooperación con el movimiento obrero organizado norteamericano. Finalmente, la relación económica entre las ciudades mexicanas de la frontera norte y el mercado norteamericano de las ciudades colindantes de Estados Unidos —la llamada "zona libre"— es otro tema de estudio que cae dentro de este ámbito.[19]

[17] *Ibid.*

[18] *Ibid.*

[19] Una visión general de las relaciones entre los sindicatos mexicanos y norteamericanos se encuentra en Harvey A. Levenstin, *Labor Organization in the United States and Mexico. A History of their Relations* (1971). En lo que se refiere a la relación entre las ciudades de ambos lados de la frontera, véase Jorge Bustamante y Francisco Malagamba, *México-Estados Unidos: bibliografía general sobre estudios fronterizos*, México, El Colegio de México, 1980; Roque González Salazar, *La frontera del Norte: integración y desarrollo*, México, El Colegio de México, 1981.

Industrialización y "guerra fría"

Desde el fin de la contienda mundial hasta mediados del decenio de los cincuenta, el proceso económico mexicano se caracterizó por mantener un ritmo alto de crecimiento pero también por serios problemas de inflación y de balanza de pagos. La naturaleza del intercambio comercial con Estados Unidos no fue ajena a estos dos fenómenos. En realidad, el ritmo de la modernización de México resultó muy vulnerable a los cambios en los procesos económicos norteamericanos, prueba de la dependencia de la economía mexicana respecto de la vecina del norte.[20]

En el contexto internacional en el que se desarrollarían las relaciones mexicano-norteamericanas, el hecho más importante fue el surgimiento de la confrontación global entre Estados Unidos y la Unión Soviética, la llamada "guerra fría". Este enfrentamiento entre las dos superpotencias relegó a Latinoamérica a un plano muy secundario en la lista de prioridades de Estados Unidos, lo que frustró el proyecto mexicano de transformar la alianza de la guerra en otra de carácter más permanente, donde la cooperación económica fuese el cemento que uniera los diferentes intereses nacionales de los países subdesarrollados al sur del Río Bravo y de Estados Unidos. Para México, la transformación del sistema interamericano en una alianza anticomunista no tuvo gran atractivo y poco a poco la diferencia y el antagonismo entre los intereses nacionales de los dos países se hizo evidente, aunque ya no desembocó en el tipo de confrontaciones abiertas que se dieron antes de 1940.

En esta época sobresale, en el plano político bilateral, el interés de Estados Unidos por la sucesión presidencial de 1946. Para Estados Unidos era importante asegurar que el sucesor de Ávila Camacho no hiciera ningún compromiso sustantivo con la izquierda oficial, y menos con la no oficial.[21] Fue en buena medida por su anticomunismo y su entusiasmo por la empresa privada, que Alemán logró disipar ciertos recelos iniciales de Washington en torno a su persona y mantener después una buena relación con Estados Unidos. La destrucción del lombardismo y de los remanentes del cardenismo en esta época fue un hecho muy bien recibido en las esferas oficiales norteamericanas a cargo de los asuntos mexicanos.

El tema del anticomunismo alemanista debe ser investigado más a fondo, pues si bien las declaraciones oficiales del gobierno mexicano y algunas de sus acciones lo situaron al lado de "las democracias" en la lucha contra "los totalitarismos", el compromiso mexicano con la política global de Estados Unidos tuvo límites. Así, por ejemplo, México votó en favor de la llamada "resolución Pro-Paz", que llevó al enfrentamiento armado entre las Naciones Unidas por un lado y China y Corea del Norte por el otro, pero se negó a comprometer

---

[20] Olga Pellicer y Esteban Mancilla, *Historia de la Revolución Mexicana. Período 1952-1960. El entendimiento con los Estados Unidos y el desarrollo estabilizador*, México, El Colegio de México, 1978.

[21] Luis Medina, *Historia de la Revolución Mexicana. Período 1940-1952. Civilismo y modernización del autoritarismo*, México, El Colegio de México, 1979.

contingente alguno, aunque fuera simbólico, en la lucha coreana. Las negociaciones para que México firmara un tratado bilateral con Estados Unidos para recibir ayuda militar concluyeron en 1952 con un fracaso. En el campo de la política interamericana, el gobierno mexicano, en unión con otros de la región, intentó que a la cooperación política que tanto interesaba a Estados Unidos, y cuyas expresiones concretas fueron la firma del Tratado Interamericano de Asistencia Recíproca de 1947 o la creación de la Organización de Estados Americanos de 1948, tuviera una contraparte económica, de tal manera que hubiera una ayuda norteamericana sustantiva para el desarrollo latinoamericano. Estos esfuerzos fueron en gran medida inútiles y la diferencia en la concepción de la naturaleza de la política interamericana llevó a la cancelación de la "política de buena vecindad", que Estados Unidos había descontado, de hecho, desde 1945. Para muchos dirigentes de países latinoamericanos, la visión estratégica de Estados Unidos —la lucha contra el comunismo— fue asumida como propia porque les dio legitimidad en su lucha contra la izquierda. Como en México la izquierda no representaba un peligro serio para el régimen, la teoría de un "enemigo interno" similar al que combatía Estados Unidos no tuvo el atractivo que en otros países de América Latina.

Relacionada con lo anterior está la reacción norteamericana a los planes de industrialización de México. Por algún tiempo, el gobierno norteamericano consideró al proyecto mexicano inadecuado y carente de viabilidad a largo plazo, y trató de oponerse a él, aunque sin mayor éxito.[22] Es también en esta época que la diplomacia norteamericana apoyó el retorno de algunas de las inversiones extranjeras "tradicionales" a México, como por ejemplo la petrolera, pero tampoco tuvo éxito el esfuerzo en este campo. Parte de esta diferencia de intereses en torno a la industrialización mexicana a través de la sustitución de importaciones hizo imposible la renovación del tratado de comercio mexicano-norteamericano. También dio por resultado que un grupo de empresarios mexicanos de nuevo cuño insistieran en que se reglamentara con mayor rigor el ingreso de capital externo —al que veían como competencia desleal—, pero encontró oposición en otros sectores más añejos de la empresa privada y finalmente no prosperó. La inversión extranjera directa de origen norteamericano en su mayor parte aumentó en poco más de 100 millones de dólares durante el sexenio de Miguel Alemán.[23] El aumento en la afluencia del turismo de Estados Unidos hacia México tuvo un impacto notable tanto en lo económico como en lo cultural, y, a partir de los años cincuenta, este renglón se convirtió en una fuente importante de divisas para México.

El crecimiento de la influencia cultural norteamericana —la "americanización" de México— es un hecho patente desde esta época, aunque el recelo sobre los motivos del vecino no desapareció. La colaboración norteamericana en la campaña contra la fiebre aftosa —que implicó una matanza de ganado

[22] Blanca Torres, *op. cit.*
[23] Bernardo Sepúlveda, Olga Pellicer y Lorenzo Meyer, *Las empresas transnacionales en México*, México, El Colegio de México, 1974.

enfermo— es un buen ejemplo de esto, pues una parte de la opinión pública mexicana reaccionó con gran desconfianza y aun con violencia frente al apoyo que dio el gobierno de Estados Unidos a este esfuerzo radical por eliminar ese mal de la ganadería mexicana.

La migración de trabajadores mexicanos a Estados Unidos empezó a cambiar de signo en estos tiempos, pues si bien durante la guerra fue Estados Unidos quien estimuló el programa de braceros, en la posguerra el principal interesado en mantenerlo fue México, pues vio en la salida de trabajadores una válvula de escape al desempleo o subempleo estructural.

Por lo anterior, las condiciones en que los trabajadores mexicanos cruzaron la frontera fueron menos favorables. El problema de los trabajadores migratorios afectó tanto las relaciones de gobierno a gobierno como las relaciones entre las organizaciones obreras de los dos países, y, desde luego, las que se dieron entre los agricultores del sur de Estados Unidos y los braceros. Las deportaciones masivas de trabajadores mexicanos indocumentados se convirtieron en rutina, y las negociaciones en torno al tratado de braceros de 1951 fueron muy difíciles para México.[24] En fin, de hecho, la "relación especial" se perdió en esta época, sobre todo de Estados Unidos hacía México.

El desarrollo estabilizador

Bajo la administración de Adolfo Ruiz Cortines (1952-1958) México entró en lo que se ha dado en llamar la etapa económica del "desarrollo estabilizador": estabilidad en los precios y en el tipo de cambio, y un crecimiento sostenido del producto interno bruto (PIB) de alrededor de 6% anual en promedio. Todo esto asentado en una estabilidad política basada en una presidencia muy dominante y en un control autoritario del proceso político. Este esquema se vería afectado por el conflicto sindical de 1958 y luego por el conflicto estudiantil de 1968. La estabilidad económica sería más duradera pero desaparecería y de manera más definitiva, alrededor de 1973. Las presiones inflacionarias de la economía internacional irrumpieron entonces en México para desatar un ciclo de inflación, déficit en la balanza comercial, endeudamiento, devaluación y grandes fluctuaciones en la tasa de crecimiento del PIB, situación que desembocó en las grandes crisis de 1976 a 1982.

Desde mediados de los cincuenta hasta los setenta, el tema principal de la relación de México con Estados Unidos fue la relación comercial. La protección que dio Estados Unidos a sus productores de materias primas se tradujo en varias ocasiones en crisis muy serias para los productores mexicanos. Un buen ejemplo de lo anterior lo constituyó el *dumping* algodonero norteamericano de los años cincuenta (venta de excedentes a precios por debajo del costo), que afectó a los agricultores mexicanos o la imposición de aranceles altos a las importaciones norteamericanas de plomo y zinc. Una salida a los déficit en el intercambio con Estados Unidos se encontró en favorecer el aumento de la IED —entre 1952 y 1970 esta inversión se cuadruplicó y 80% fue de origen norteamericano— así como en un aumento en el endeudamiento externo del sector oficial mexicano, que en buena parte se contrató en instituciones norteamericanas.[25]

En este período el debate interno mexicano en torno a la inversión extranjera no desapareció, pero ya no tuvo el carácter de etapas anteriores: la izquierda siguió combatiendo a la IED pero no así ese grupo empresarial de reciente creación que en el pasado reciente había exigido su reglamentación estricta.[26]

En el campo de lo estrictamente político, México siguió una línea de conducta cautelosa y de defensa del principio de no intervención. Frente a una creciente subordinación económica muy difícil de evitar, el grupo gobernante mexicano intentó —como una necesidad para la legitimidad del régimen— mantener una cierta independencia respecto a la política estratégica de Estados Unidos. Esto llevó a México a diferir de Estados Unidos con respecto a la política a seguir hacia Guatemala en 1954. El reformismo de los gobiernos de Juan José Arévalo y Jacobo Arbenz en el vecino país del sur, se topó muy pronto con la oposición norteamericana que calificó de izquierdista la naturaleza del proceso guatemalteco y decidió usar el sistema interamericano en contra del régimen de Guatemala. México, simplemente y de manera discreta, se negó a legitimar la destrucción de ese reformismo. Esta diferencia de posiciones entre México y Estados Unidos con relación a los cambios políticos en América Latina se acentuó dramáticamente a partir del triunfo de los revolucionarios cubanos encabezados por Fidel Castro en 1959. La diplomacia de México tuvo entonces que transitar por caminos muy difíciles. Por un lado, México se negó a aceptar como legítimas y adecuadas las acciones norteamericanas contra Cuba así como ciertas resoluciones anticubanas en el seno de la OEA, inspiradas también por Estados Unidos y apoyadas por la mayoría de los gobiernos miembros. Para México esto significaba debilitar el principio de no intervención.

Sin embargo, por otro lado, la realidad política internacional obligó a México a evitar un choque frontal con Estados Unidos en aquellos puntos en donde Washington consideraba que estaba en juego su seguridad nacional. Por ello, México se abstuvo de romper sus relaciones diplomáticas con el gobierno cubano pese a que la mayoría de los miembros de la OEA votaron en favor de tal medida. Pero, por el otro, México participó, callada pero activamente, en el bloqueo político y económico decretado por Estados Unidos contra de la isla antillana e incluso, durante la llamada "crisis de los misiles" de 1962, respaldó abiertamente la posición norteamericana. La notable actividad internacional que entonces desplegó el gobierno del presidente Adolfo López Mateos en busca de nuevos contactos para México —contactos políticos y

[25] María del Rosario Green, *El endeudamiento público de México, 1940-1973*, México, El Colegio de México, 1976.

[26] Olga Pellicer y Esteban Mancilla, *op. cit.*; Miguel S. Wionczek, *El nacionalismo mexicano y la inversión extranjera*, México, El Colegio de México, 1967.

económicos— se puede interpretar como un esfuerzo por ampliar el espacio internacional mexicano, muy reducido ya por los límites que le imponía la relación bilateral con Estados Unidos en un ambiente de guerra fría y falta de cooperación económica.[27] Fue en este campo de la política interamericana, donde México difirió de Estados Unidos sin ser objeto de presiones abiertas, donde encontró base la idea de que la "relación especial" se mantenía.

Crisis interna y dependencia externa

La crisis económica que se había perfilado en México desde los años sesenta se hizo evidente a partir del proceso inflacionario desatado en 1973 que culminó en 1976. Esta circunstancia habría de mostrar de manera dramática que uno de los puntos más vulnerables del aparato productivo mexicano —y de su modelo de crecimiento— era su ineficiencia para competir en el mercado mundial, así como su dependencia externa, en particular de Estados Unidos. El déficit del comercio exterior mexicano en 1970 —que en más de 60% se hacía con Estados Unidos— superó los 1 000 millones de dólares y cinco años más tarde llegó a los 3 700 millones. La deuda externa del sector oficial —instrumento con el cual se había querido hacer frente a los déficit— ascendió entonces a más de 15 000 millones de dólares. Por todo esto, en 1976 no hubo más salida que una drástica devaluación del peso frente al dólar, decisión que tuvo serias consecuencias económicas y sobre todo políticas. El crecimiento económico se detuvo y se perdió la confianza del público —inversionista o no— en la capacidad gubernamental. La recuperación exigió que México aceptara someterse a la disciplina del Fondo Monetario Internacional (FMI) —organización donde la influencia de Estados Unidos y de las principales potencias industriales es decisiva— para intentar obtener apoyo internacional.[28] La independencia relativa de México disminuyó.

La vulnerabilidad de la economía mexicana, junto con otros factores, llevó al presidente Luis Echeverría a insistir desde 1972 en el camino de López Mateos, pero con mayor énfasis. En efecto, el gobierno mexicano volvió a descubrir el atractivo de abandonar la idea de una relación especial con Estados Unidos a cambio de lograr la diversificación internacional de sus contactos políticos y económicos. Esta vez se partió del supuesto de que México formaba parte del bloque de naciones del tercer mundo, cuyos intereses estaban lejos de coincidir con los de los países industriales, en particular con los de Estados Unidos. De esta manera, Echeverría planteó en las Naciones Unidas la necesidad de reformar la estructura económica mundial; ahí se presentó su proyecto de una Carta de Derechos y Deberes Económicos de los Estados, para hacerla más equitativa. Con esta decisión México abandonó en gran medida el intento

[27] Olga Pellicer, *México y la revolución cubana*, México, El Colegio de México, 1972.
[28] Mario Ojeda, *Alcances y límites de la política exterior de México*, México, El Colegio de México, 1976.

por identificar sus intereses económicos nacionales con los de Estados Unidos. La acción que siguió a esta decisión, y sobre todo la retórica, agradaron poco a los círculos oficiales de Washington.[29]

La decisión inicial del gobierno presidido por José López Portillo de hacer de México un país exportador de petróleo en grandes cantidades para aprovechar los altos precios internacionales de los hidrocarburos, vino a introducir un elemento novedoso en la relación entre México y Estados Unidos. Objetivamente, la economía mexicana seguía siendo en 1977, e incluso en 1978, tanto o más vulnerable que antes de la crisis, pero la posibilidad de una futura riqueza petrolera en medio de una crisis energética de las grandes potencias industriales de Occidente, dio a los gobernantes mexicanos una nueva e inesperada carta de negociación frente a su poderoso vecino. Por primera vez desde la segunda guerra, Estados Unidos mostró frente a México un flanco débil —su dependencia del petróleo importado— y el gobierno mexicano intentó usar la coyuntura para reducir el enorme desequilibrio que históricamente había caracterizado la relación económica y política entre los dos países. México decidió no intentar revivir en estas bases la relación especial sino diversificar geográficamente sus exportaciones de hidrocarburos y no concentrarlas en el mercado más cercano: Estados Unidos; lo mismo sucedió con las fuentes internacionales de crédito, que aumentaron de manera notable: casi todos los bancos importantes de los países industriales se interesaron en ofrecer créditos a México, y México aceptó muchas de estas ofertas. Para 1980, la deuda pública mexicana ascendía a casi 34 000 millones de dólares, más del doble del que tenía al finalizar el gobierno de Luis Echeverría.[30] Al finalizar su sexenio en 1982, López Portillo había aumentado en más de 50 000 mil millones de dólares la deuda heredada del sexenio anterior. Hasta 1981, la riqueza petrolera parecía dar a México el tiempo y los recursos para corregir los errores de su política industrial y llevar adelante este proyecto. Fue por ello que el gobierno mexicano rechazó entonces las insinuaciones norteamericanas para disminuir sus barreras arancelarias y adherirse al Acuerdo General sobre Aranceles Aduaneros y Comercio (GATT). El petróleo también permitió a México tratar de mejorar su posición en la negociación de ciertos temas con Estados Unidos donde su desventaja era evidente, como por ejemplo, en lo referente a los trabajadores mexicanos indocumentados, que eran deportados por cientos de miles. En las entrevistas oficiales de los presidentes López Portillo y James Carter, el primero pudo plantear abiertamente y en un tono nuevo las quejas de México frente a la rudeza con que Estados Unidos había manejado algunas negociaciones comerciales, en particular la referente a la venta de gas, pues el compromiso inicial entre México y varias empresas gaseras de Estados Unidos llevó a México a tender un enorme gasoducto que resultó casi inútil cuando el

---

[29] Mario Ojeda, *op. cit.;* Centro de Estudios Internacionales, *Continuidad y cambio en la política exterior de México,* 1977; y *México y América Latina: la nueva política exterior,* México, El Colegio de México, 1974.

[30] Centro de Estudios Internacionales, *Las perspectivas del petróleo mexicano,* México, El Colegio de México, 1979.

gobierno de Washington vetó el acuerdo. El nuevo tono de la relación México-Estados Unidos hizo pensar a muchos observadores que, gracias al petróleo, México emergería pronto como una potencia intermedia con una industria fuerte y con un grado mayor de independencia respecto a Estados Unidos; es decir, desarrollo sin "relación especial".[31]

Siguiendo la línea trazada por el gobierno de Luis Echeverría, la diplomacia de López Portillo mantuvo su identificación con la posición del tercer mundo con relación al comercio mundial. Pese al poco entusiasmo de Washington, el gobierno mexicano, junto con el de Austria, presionó al de Estados Unidos hasta hacerle aceptar la celebración de una junta cumbre entre los países industriales del norte y los subdesarrollados del sur, a fin de reactivar el comercio mundial como resultado de modificaciones estructurales en favor de los subdesarrollados. Finalmente, este diálogo forzado entre el norte y el sur resultó muy difícil y sus resultados más bien pobres.

La arena en donde se mostró con más claridad la decisión de México de reafirmar su independencia frente a Estados Unidos fue, otra vez, en la política regional. México, en unión de otros países latinoamericanos, dio abierto apoyo a los esfuerzos del gobierno nacionalista de Panamá por recuperar su soberanía sobre la zona del canal. Finalmente la empresa panameña tuvo éxito, pero despertó el resentimiento de los sectores más conservadores de Estados Unidos. Sin embargo, el problema principal de la región no fue el nacionalismo panameño, sino el de los movimientos revolucionarios, en particular el de Nicaragua y luego de El Salvador. El choque entre México y Estados Unidos en este punto fue evidente y sustantivo. Mientras el gobierno norteamericano vio el proceso nicaragüense con recelo, temiendo el desarrollo de una segunda Cuba, México lo consideró básicamente como el triunfo de un movimiento nacionalista, democrático y antiimperialista, que contribuiría a hacer de la zona centroamericana y el Caribe una región más pluralista y menos sujeta a la influencia norteamericana, lo que se adecuaba con el interés nacional mexicano. A partir de 1981 la diferencia de las posiciones se acentuaría y el conflicto se complicaría enormemente, sobre todo al ser definido por Estados Unidos como parte de la confrontación global Este-Oeste.[32] Debido a esta definición, Estados Unidos se volvió menos tolerante frente a México y buscó subordinarlo en lo estratégico tanto como ya lo estaba en lo económico.

La capacidad de México de resistir la presión norteamericana disminuyó considerablemente cuando el precio mundial del petróleo cayó, en 1981, sumiendo al país en una crisis peor que la de 1976, y que fue en realidad la continuación de aquélla. En 1983, México tenía una deuda externa de 85 000 millones de dólares y sufrió una baja en el PIB de 4.7%. Fue necesario volver a recurrir a la ayuda del Fondo Monetario Internacional y a la de otras insti-

---

[31] Peter Smith, op. cit.

[32] René Herrera y Mario Ojeda, *La política de México hacia Centro América: 1979-1982*, México, El Colegio de México, 1983; David Arriaga W. *et al., Centroamérica y el Caribe*, México, El Colegio de México, 1983.

tuciones similares, así como a la del gobierno norteamericano. El talón de Aquiles de la política exterior mexicana volvió a ser evidente para todos.

En 1982, cuando México se vio momentáneamente imposibilitado de hacer frente a los pagos de su deuda externa, el gobierno norteamericano le ofreció una ayuda de emergencia, pero nada más. La restructuración de la deuda y el reajuste de la economía mexicanas que se inició entonces, se hizo sin cortar con ningún trato preferencial de Estados Unidos y sí, en cambio, con la creciente irritación de Washington por la política mexicana independiente en Centroamérica.[33]

Hoy, más que en el período reciente, Estados Unidos es la relación clave de México con el mundo externo: comercio, migración, deuda externa, etcétera. Volvemos a la "relación especial" unilateral. Una vez más, el círculo vuelve a cerrarse.

[33] La literatura sobre la diferencia entre México y Estados Unidos sobre Centroamérica es abundante, un ejemplo que resume los argumentos de quienes en Estados Unidos atacan la prisión de México en esta era es: Esther Wilson Hannon "Why Mexico's Foreign Policy Still Irritates the U.S.". Washington: The Heritage Foundation, 1983.

VISIÓN DE MÉXICO
EN LA PRENSA DE ESTADOS UNIDOS: 1984

ROBERTA LAJOUS DE SOLANA
JESÚS VELASCO MÁRQUEZ

Introducción

EN EL PROCESO DE FORMULACIÓN Y EJECUCIÓN DE LA POLÍTICA EXTERIOR, los gobiernos mantienen comunicación continua entre sí, con los ciudadanos de su propia nación y con los de las naciones extranjeras. Este intercambio puede ocurrir en cinco formas principales. La comunicación entre el gobierno es lo que tradicionalmente conocemos como diplomacia, cuando es abierta, o como "inteligencia", cuando implica actividades encubiertas. Los mensajes que un gobierno dirige a sus representados se definen como "información pública". Las expresiones del pueblo frente a sus gobiernos se denominan "opinión pública". En el nivel internacional, la información que un gobierno dirige a los ciudadanos de otra nación se categoriza como "propaganda" y la información en sentido inverso se denomina "opinión pública internacional". Finalmente, la corriente de información entre poblaciones de dos naciones constituye la base de las "relaciones culturales". Dentro de este esquema, los medios de comunicación masiva juegan un papel cada vez más importante.[1]

La prensa es, muy particularmente, un elemento de gran peso en el diseño y en la ejecución de la política exterior. Su papel es determinante en la información, en la formación de opinión pública, en la propaganda y como medio de orientación de la opinión pública internacional. Es por esto que la actividad periodística puede convertirse en un componente, a la vez que en un termómetro, de las relaciones entre dos países.

Otro aspecto importante del papel que juegan los medios de comunicación en general y la prensa en particular, es el efecto que tienen en la noción del público acerca de otro país. A través de ella se pueden tanto afianzar prejuicios como abrir horizontes para comprender realidades diferentes; esto suele influir en quienes elaboran y son responsables del manejo de la política exterior.

---

[1] Davison, W. Phillips, "Mass Communication and Diplomacy", en Thomas N. Rosenan, *World Politics. An Introduction,* Nueva York, The Free Press, 1976, pp. 388-403.

Lo que publican la prensa de México y la de Estados Unidos es un material de gran utilidad para el análisis de las relaciones entre ambos países. Su contenido expresa, y en alguna medida modela, la opinión generalizada que se tiene de un país en el otro. Por otra parte, los periódicos sirven también para hacer públicas las tendencias o preocupaciones de cada gobierno respecto del otro, a través de discursos, declaraciones y documentos oficiales. Desafortunadamente, la objetividad con que la prensa maneja estos materiales varía mucho de periódico a periódico y según las circunstancias de cada momento.

El presente ensayo se propone revisar la información y las opiniones que ha dado la prensa estadunidense sobre México, en el curso de 1984. Ni se pretende un análisis exhaustivo, ni se incluyen todos los aspectos de una relación tan amplia como la de México y su gran vecino. El propósito se reduce a lograr un esquema general de la imagen que sobre nuestro país se ha proyectado a los estadunidenses, para comprender mejor los elementos de mayor preocupación de esa sociedad sobre la nuestra y para registrar el tono y el grado de objetividad de las noticias y comentarios periodísticos que suelen tener un efecto, a veces directo e inmediato, y a veces indirecto, en las esferas en donde se diseña y ejecuta la política exterior norteamericana.

La información analizada procede principalmente de fuentes calificadas como "prensa internacional de élite", cuyas opiniones alcanzan a los sectores con mayor influencia en los círculos oficiales. Entre ellos se destacan diarios como *The New York Times*, *The Washington Post* y *The Wall Street Journal*, y semanarios como *Time*, *Newsweek* y *U.S. News and World Report*.[2] También se han tomado en consideración algunos ensayos breves, publicados por grupos privados, que tienen un marcado ascendiente en Washington, como la *Heritage Foundation*.[3]

También se ha revisado la prensa local de diversas regiones. Esta "pequeña prensa" refleja a *grosso modo* el contenido de la "prensa de élite". En el caso de las informaciones sobre México en la prensa de Estados Unidos, se corrobora la afirmación de algunos autores acerca de que el periodismo local refleja fielmente el contenido de la gran prensa.[4] La lectura de los asuntos mexicanos en los periódicos citados en líneas anteriores y en los periódicos locales, durante 1984, comprueba la tesis anterior. Por ello, para un análisis general como el que estamos haciendo, basta considerar a los grandes periódicos nacionales mencionados. Sin embargo, cabe señalar que la prensa de los estados fronterizos, en particular la de las ciudades gemelas, dedica una proporción más am-

---

[2] Marian Irish y Elke Frank, *U.S. Foreing Policy: Context, Conduct and Content*, Nueva York, Harcourt Bracefovanovich, 1975, p. 18.

[3] Aunque anualmente se publica una bibliografía cada vez más extensa sobre México y sobre las relaciones bilaterales México-Estados Unidos en medios académicos, no es nuestra intención cubrirlos en este ensayo.

[4] Ver Leonard y Mark Silk, *The American Establishment*, Nueva York: Basic Books, 1980. Según los autores, el órgano más influyente en la formación de opinión pública sobre asuntos internacionales en Estados Unidos es el Council on Foreign Relations, que publica la revista *Foreign Affairs*.

plia de su cobertura a México que la del resto de Estados Unidos aunque, vale insistir, normalmente ésta tiene incidencia exclusivamente local.

Cuando los académicos, periodistas y políticos estadunidenses tratan de explicar las reacciones de los mexicanos hacia su país, tienen casi siempre a la mano el argumento del resentimiento de México por los resultados de la guerra de 1847. Un ejemplo reciente de esa argumentación es la obra del periodista Alan Riding.[5] Pero también, casi siempre, se olvidan de algunas características propias, entre éstas su profunda y enraizada xenofobia.[6] En pocos países del mundo existen tantos modismos peyorativos para definir otras nacionalidades y culturas, entre ellas la mexicana, como en el léxico de los estadunidenses.[7]

Hay quienes consideran que las reacciones del público y del gobierno de Estados Unidos hacia el exterior manifiestan sus propias frustraciones internas. El profesor Robert Dallek, para dar una dimensión cultural de la política exterior de los Estados Unidos, señala que esa política ha sido, en gran medida, "producto de una transferencia emocional que precipita acciones hacia el exterior, como una válvula de escape para expresar tensiones internas no resueltas".[8]

En el caso de las relaciones entre México y Estados Unidos algunos autores norteamericanos han intentado comprobar la afirmación anterior con referencia al período 1845-1848. La crisis del experimento nacional estadunidense, basado en el federalismo, a causa de la amenaza de la secesión, fue un factor determinante del programa expansionista de aquellos años y un momentáneo paliativo de la guerra civil. En esa ocasión, el problema nacional de Estados Unidos se resolvió, temporalmente al menos, declarando la guerra a México. El papel que jugó la opinión pública en estos acontecimientos, a través de la prensa, ha sido ampliamente documentado por el historiador Frederick Merk.[9]

La línea de pensamiento que predomina actualmente en Estados Unidos acerca de México corresponde, en buena medida, a los criterios que se usan para juzgar también a otros países. Estos criterios provienen frecuentemente del pasado reciente de Estados Unidos. Vietnam, Watergate, el estancamiento económico del fin de la década pasada y la crisis de Irán, para citar los principales ejemplos, han dejado un sentimiento de frustración que está presente, inevitablemente, cuando la prensa y el gobierno de Estados Unidos juzgan hoy los problemas de otros países.

Estas condiciones explican la óptica con que Estados Unidos ve la situación

[5] Ver Alan Riding, *Vecinos distantes. Un retrato de los mexicanos*, México, Joaquín Mortiz-Planeta, 1985.

[6] Ver Maldwyn Allen Jones, *American Immigration*, Chicago, The University of Chicago Press, 1967, cap. VI y IX.

[7] Algunos ejemplos: *spiks* para los hispanos, *wetbacks* y *greasers* para los mexicanos, *chinks*, *wogs* y *japs* para los asiáticos, *grease ball* para los italianos, *mick* para los irlandeses, *nigger* para los negros, *kraut* para los alemanes, entre otros.

[8] Robert Dallek, *The American Style of Foreign Policy: Cultural Politics and Foreign Affairs*, Nueva York, Alfred A. Knopf, 1983, p. XIII.

[9] Frederick Merk, *Manifest Destiny and Mission in American History*, Nueva York, Random House, 1966.

actual de nuestro país. Más aún, desde que México, por su petróleo y por sus problemas, ha llamado más la atención del público y el gobierno norteamericanos. En la encuesta realizada en 1982 por el Chicago Council on Foreign Relations se menciona a México como el séptimo país por el que Estados Unidos tiene un interés vital. Sin embargo, se le considera también el más alto riesgo, si un régimen comunista llegara al poder.[10]

Problemas económicos

En 1974 y 1979 Estados Unidos vivió dos crisis de energéticos. La primera coincidió con las especulaciones iniciales sobre la potencial riqueza petrolera de México, la segunda, cuando esa riqueza había sido confirmada. En ambas ocasiones, los medios de comunicación estadunidenses llamaron la atención de su público hacia el país vecino del sur, al mismo tiempo que ese público vivía cotidianamente su vulnerabilidad con respecto a las fuentes de abastecimiento extranjeras de energéticos. Cabe recordar que al mismo tiempo que los estadunidenses sufrían una de las recesiones económicas más difíciles de la posguerra, surgió la crisis mexicana de 1982. Una vez más quedó en evidencia la vulnerabilidad económica estadunidense, por la fragilidad de su sistema bancario comprometido con grandes créditos a México y a otros países de América Latina.

Con estos antecedenes no sorprende que la prensa estadunidense haya seguido con gran atención las medidas de reordenamiento económico adoptadas por el gobierno del presidente De la Madrid y sus consecuencias sobre el sistema financiero internacional. En el año que nos ocupa, 1984, el periodista Joseph Kraft hizo notar en un folleto[11] que circuló ampliamente en el ámbito financiero internacional, el efecto de la crisis mexicana sobre el sistema financiero internacional. El proceso de reestructuración de la deuda externa y el programa de austeridad mexicana se convirtieron entonces en temas centrales de las noticias sobre México.

En enero de 1984 el secretario de Comercio de Estados Unidos, Malcom Baldridge, visitó México. Al término de su visita elogió, en el mismo tono que venía haciéndolo la prensa de su país durante 1983, los resultados del programa de reordenación económica. Los comentarios de reconocimiento continuaron durante los primeros meses de 1984.[12] México se convirtió en el ejemplo a seguir por los países deudores, "si están dispuestos a hacer el mismo tipo de sacrificios".[13] Más aún, se alabó el activo papel de las autoridades mexicanas en la organización de los programas de "rescate" de Argentina y Costa Rica, por su carácter pragmático. Se pensaba que el paso dado por México tenía

---

[10] *American Public Opinion and U.S. Foreign Policy in 1983,* The Chicago Council on Foreign Relations, pp 16-22.

[11] Joseph Kraft, *The Mexican Rescue,* Nueva York, Group of the Thirty, 1984.

[12] *The New York Times,* 2 de enero de 1984, y *The Christian Science Monitor,* 7 de marzo de 1984.

[13] *U.S. World and News Report,* 10 de septiembre de 1984.

por objeto no cerrar las avenidas de negociación de su propia deuda y que era "otro indicio más de que México se propone tomar un papel activo en los asuntos latinoamericanos".[14] Según esta serie de artículos, nuestro país empezaba a recuperar la confianza financiera internacional, y con ello ayudaba implícitamente a la estabilidad económica de Estados Unidos.

Puntos de vista como éstos muestran que existe en la opinión pública estadunidense una aceptación más clara de lo que se suele reconocer de la interdependencia económica de su país con México, por asimétrica que ésta sea. Esta misma línea seguía un cuestionamiento sobre los efectos de la política económica del gobierno del presidente Reagan en México, que retomaba la preocupación manifestada por el presidente De la Madrid, durante su discurso ante la sesión conjunta del Congreso de Estados Unidos, por la incidencia del alto déficit presupuestal de Estados Unidos en las tasas de interés.[15]

En contraste con esa imagen favorable se desarrolló otra que delineaba un panorama menos optimista. Esta otra versión ponía en duda la eficacia de la estrategia adoptada por el gobierno mexicano para alcanzar las metas propuestas. Cuestionaba también la posibilidad de mantener por mucho tiempo las medidas de austeridad "en una sociedad que sufre un crítico desempleo, un nivel alto de inflación y una renovada fuga de capitales".[16]

En síntesis, la prensa estadunidense continuó, aunque en mucho menor grado que después de la crisis de 1982, señalando a México como un riesgo considerable para su economía. Dentro de un esquema de interdependencia asimétrica plenamente aceptado, la solución propuesta parecía ser una mayor integración de la economía mexicana a la de Estados Unidos. De ahí la insistencia en que el gobierno de México debía flexibilizar su política de inversión extranjera y aceptar una mayor cooperación con el sector privado.[17]

Aunque generalmente se elogió el programa de austeridad, no se dejó de advertir las dificultades sociales que acarreaba, e inclusive se sugirió abiertamente que podía aumentar el riesgo de un conflicto.[18] En consecuencia, las condiciones de vida en nuestro país fueron objeto de constante atención. Dentro de esas condiciones, el tema que más interesó a la prensa fue el de la corrupción, vista como un factor de posible desestabilización que pudiera afectar directamente a Estados Unidos.[19]

La corrupción

Desde fines del siglo pasado, ante la corrupción que permeaba a la sociedad

---

[14] *The Wall Street Journal*, 4 y 5 de abril de 1984.

[15] *Los Angeles Times*, 16 de mayo de 1984, y *The Washington Post*, 17 de mayo de 1984.

[16] *The Wall Street Journal*, 14 de mayo de 1984. El 22 de junio repitió conceptos similares.

[17] *The New York Times*, 15 de enero de 1984, y *The Dallas Morning News*, del 7 al 18 de octubre de 1984.

[18] *The New York Times*, 28 de febrero de 1984, y *Newsweek*, 12 de marzo de 1984.

[19] "Mexico's Growing problems Challenge U.S. Policy", *The Heritage Foundation*, agosto de 1984.

estadunidense en esa etapa de su historia, los medios de comunicación norteamericanos se autoerigieron en los guardianes de la moral pública nacional e
internacional, dentro de la vieja tradición de los *muckrakers*.[20] En el curso de
las dos últimas décadas la corrupción oficial norteamericana ha sido expuesta
con singular sensacionalismo por la prensa de su país; desde el escándalo de
Watergate no ha habido un solo gobierno en que por lo menos un político no
haya sido denunciado públicamente por malos manejos.[21]

En el caso de México, los periodistas estadunidenses han tomado como
base de análisis el programa de renovación moral anunciado por el presidente
Miguel de la Madrid desde su campaña electoral. En el tratamiento de este
tema se distinguen dos corrientes: una interpreta la campaña moralizadora como
una necesidad de devolver la confianza del pueblo a su gobierno;[22] la otra la
considera una medida de poca sustancia a causa de los compromisos políticos
que puede afectar. Para estos últimos es sólo parte de la retórica oficial.[23]

Al referirse a este tema, algunos periodistas no han tenido empacho en
hacer uso de la difamación y del sensacionalismo, como en los artículos publicados por Jack Anderson.[24] Asimismo, acontecimientos como el accidente de
San Juan Ixhuatepec[25], la supuesta inseguridad en las carreteras mexicanas[26],
o el aumento de la producción y tráfico de drogas[27] fueron aprovechados para
señalar aspectos de la corrupción en México. Los artículos sobre la inseguridad
en las carreteras mexicanas empezaron a menudear a partir del caso del ma-
trimonio Stone, que fue asaltado y vejado cerca de San Luis Potosí en el mes
de agosto. Pero el tono que adquirieron los comentarios posteriores empezaba
a sugerir que eran la corrupción y la indiferencia de las autoridades mexicanas
el origen de la inseguridad.

En México se ha discutido si en casos como éstos la prensa estadunidense
actúa en forma independiente o es parte de una propaganda organizada. Es
difícil responder a estos cuestionamientos, cuando provienen de una sociedad
abierta, cuyo gobierno no es homogéneo, y que en ocasiones utiliza a la prensa
como vehículo para ventilar sus diferencias de criterio o para ejercer presión
sobre otros países en decisiones políticas que interesan a ciertos grupos de
Washington. La influencia ejercida sobre la prensa por uno o varios funciona-

---

[20] Así se denominó al grupo de periodistas que a principios del siglo XX se dedicaron a
exponer la corrupción gubernamental en Estados Unidos. El término fue acuñado por el presidente
Theodore Roosevelt en 1906, y significa literalmente "rastreadores de estiércol".

[21] Durante el actual gobierno se han visto forzados a renunciar el exsecretario del Trabajo,
Raymond J. Donovan, y la exdirectora de la Agencia para la Protección del Medio Ambiente,
Anne Burford.

[22] The Wall Street Journal, 27 de diciembre de 1984.

[23] *The Washington Post,* 21 de agosto de 1984.

[24] *The Washington Post,* 14 y 15 de mayo de 1984, 5 y 18 de junio de 1984.

[25] *The Washington Post,* 20 de noviembre de 1984; *The New York Times,* 21 y 30 de noviembre
de 1984; *The Wall Street Journal,* 23 de noviembre de 1984, y *Time,* 13 de diciembre de 1984.

[26] Sobre este tema se destacaron 37 artículos, cuatro en el mes de septiembre y los restantes
en octubre de 1984, en un total de 17 diarios.

[27] *The New York Times,* 12 de diciembre de 1984.

rios de mayor o menor nivel, no refleja necesariamente la posición del gobierno en su conjunto. Sin embargo, cabe reconocer la importancia de las declaraciones públicas de los miembros de ese mismo gobierno para "fijar la agenda" y dar mayor difusión a un tema. Un ejemplo de ese tipo de declaración es la del general Paul A. Gorman, entonces jefe del Comando Sur del Ejército, en el sentido de que México "es el país más corrupto de América Central"(*sic*).[28]

Conviene comentar, sin embargo, que la prensa estadunidense ha tratado la corrupción en México como suele hacerlo cuando escribe sobre el mismo tema con referencia al contexto social y político de su país, sin un análisis de las condiciones peculiares de México. Son varios los periodistas que durante 1984 hablaran de México con un tono despectivo y, a veces con especial irresponsabilidad.

La estabilidad política

La atención prestada a las condiciones económicas y a los problemas sociales de México condujo a un debate sobre la estabilidad política de nuestro país. Ésta fue la mayor preocupación que manifestó la prensa de Estados Unidos en el segundo semestre de 1984. La *Heritage Foundation* afirmó en agosto que: "una desestabilización política en México sería mucho más peligrosa para Estados Unidos de lo que son Cuba y Nicaragua con el apoyo soviético".[29]

El semanario *U.S. News and World Report* sostuvo que la región meridional de México era vulnerable a la inestabilidad política, en virtud de sus precarias condiciones económicas y de la influencia de las corrientes migratorias provenientes de Centroamérica.[30] Meses anteriores ya se había señalado que empezaban a darse signos de confrontación entre el sector obrero y el gobierno,[31] y que se había debilitado la capacidad del estado mexicano para mantener al sector campesino bajo control político por medio del sistema ejidal.[32]

El Partido Revolucionario Institucional atrajo la atención durante la última parte del año. El juicio generalizado fue que el partido ya no gozaba de la misma confianza de la base electoral.[33] En el mes de diciembre empezaron a aparecer artículos sobre la campaña electoral en el estado de Sonora, diciendo que algunos miembros del PRI "quienes se consideraban los herederos de la Revolución mexicana tomarían como prueba las elecciones para calibrar hasta qué punto el partido había sido capaz de soportar el efecto de la crisis finan-

[28] *The New York Times*, 28 de febrero de 1984; *The Sacramento Bee*, 1 de marzo de 1984; *The Atlanta Journal*, 4 de marzo de 1984, y *Newsweek*, 12 de marzo de 1984.

[29] *op. cit.*, "Mexico's. . .".

[30] "Mexico, Next Domino of Latin American Struggle", 8 de octubre de 1984.

[31] *The Washington Post*, 19 de marzo de 1984.

[32] *The Wall Street Journal*, 14 de junio de 1984.

[33] *Newsweek*, 12 de marzo de 1984; *The Washington Post*, 6 de octubre de 1984; *The Chicago Tribune*, 8 de noviembre de 1984; *The New York Times*, 9 de diciembre de 1984, y *The Washington Post*, 12 de diciembre de 1984.

ciera y la corrupción".[34] Finalmente varias publicaciones dieron como un hecho que la represión política había aumentado para "contener el descontento interno".[35]

Hay que reconocer que el público de Estados Unidos considera primordial para su seguridad la estabilidad de México, y que la sola idea de que pudiera estar en peligro le causa profunda inquietud. El problema, sin embargo, es que la prensa estadunidense se limitó a señalar las posibles causas de desestabilización o los aparentes indicios de ella, sin tomar en consideración los elementos de estabilidad del régimen.

De acuerdo con las ideas que prevalecen en Estados Unidos, la supuesta pérdida de estabilidad política en México se situaría de inmediato dentro del conflicto Este-Oeste. Es por eso que los problemas en Centroamérica y la posición de México frente a éstos se relacionan constantemente con el de la estabilidad mexicana. Durante los meses de julio y agosto se manifestó una preocupación particular sobre la amenaza que significaban para México las corrientes de refugiados, principalmente de Guatemala. Asimismo, se dio amplia difusión a los conflictos suscitados por la reubicación de los campamentos de refugiados, desde Chiapas a Campeche, haciendo eco a las quejas de la Comisión Diocesana de San Cristóbal de las Casas.[36]

Política exterior

Uno de los aspectos que señala la prensa estadunidense es que, a pesar de que los gobiernos de México y Estados Unidos coinciden en el riesgo que implica el conflicto centroamericano para la seguridad nacional de ambos, existen diferencias radicales en la interpretación de las causas y en las medidas para alcanzar una solución.[37]

No obstante lo anterior, en el curso de 1984 se intentó proyectar la imagen de un cambio en la política exterior mexicana, que se atribuyó al pragmatismo del gobierno actual.[38] Sin embargo, no dejó de señalarse que ese cambio podía también ser resultado de presiones de orden económico por parte de Estados Unidos.[39]

Esta especulación tomó un impulso mayor con la revelación del semanario *Newsweek* sobre una supuesta decisión directiva de Seguridad Nacional, la 124, atribuida al asesor del Consejo Nacional de Seguridad de los Estados Unidos,

[34] *The New York Times*, 2 de diciembre de 1984. Este tipo de artículos se multiplicarían en 1985.
[35] *The Chicago Tribune*, 7 de junio de 1984. *U.S. News and World Report*, 15 de octubre de 1984.
[36] *The New York Times*, 13 de agosto de 1984; *The Atlanta Journal and Constitution*, 10 de agosto de 1984; *Corpus Christi Caller*, 5 y 13 de agosto de 1984, y *The Washington Post*, 25 de septiembre de 1984.
[37] *The New York Times*, 15 de abril de 1984.
[38] *The Wall Street Journal*, 15 de mayo de 1984.
[39] *The New York Times*, 28 de febrero de 1984, y *Newsweek*, 12 de marzo de 1984.

Constantine Menges. De acuerdo con el citado reportaje, el presidente Reagan había ordenado al Departamento de Estado y a la CIA que trataran de influir sobre algunos miembros del gabinete mexicano, a fin de lograr su apoyo para la política estadunidense en América Central. El artículo mencionaba que el propio presidente Reagan podía haber ejercido algún tipo de presión sobre el mandatario mexicano durante la visita de Estado que este último haría a Washington en mayo de 1984.[40]

Posteriormente, algún corresponsal hizo referencia a casos particulares en los que se advertía un cambio en ese sentido. Por ejemplo, se indicó que México se había abstenido de criticar públicamente el minado de los puertos nicaragüenses.[41] Asimismo se afirmó que la presencia del secretario de Relaciones Exteriores de México en la toma de posesión del presidente de El Salvador, José Napoleón Duarte, respondía a un *quid pro quo,* con la inmediata visita del secretario de Estado de Estados Unidos a Nicaragua.[42]

La prensa de Estados Unidos menciona con frecuencia la existencia de una supuesta dicotomía entre lo que llaman la retórica y las acciones concretas de la política exterior mexicana. Además, expresa con frecuencia el temor de que México ponga en peligro su propia seguridad nacional, y afecte en consecuencia la de Estados Unidos. Esta perspectiva ignora, entre otras cosas, las razones históricas que orientan la defensa que ha hecho México de la no intervención.

Comentario final

Hubo otros temas relacionados con México tratados en 1984 por la prensa norteamericana. Algunos de ellos iban a cobrar mayor interes y atención en 1985. El debate interno sobre la reforma a la ley estadunidense de migración concluyó sin ningún resultado, en buena medida porque el pasado año fue de elección presidencial.[43]

El tema del comercio bilateral tampoco recibió una cobertura significativa durante 1984.[44] Lo mismo sucedió con la información sobre el crecimiento de la industria maquiladora, tan importante para la economía mexicana. Desde que se inició la crisis económica en este país, sólo llamó la atención de algunos sindicatos norteamericanos, en parte porque con la recuperación de la tasa de

[40] *Newsweek,* 26 de marzo de 1984.
[41] *The Washington Post,* 14 de abril de 1984.
[42] *The New York Times,* 18 de julio de 1984.
[43] *The Wall Street Journal,* 1, 3, 7, 9, 15 y 30 de mayo de 1985, y Mark Kramer, "Life on the Line, U.S.- Mexican Border", aparecido en *National Geographic,* vol. 167, núm. 6, junio de 1985, pp 720-749. En cambio, cuando el proyecto de ley sobre migración se introdujo en el seno del nuevo congreso, en mayo de 1985, el ambiente periodístico señaló con alarma el crecimiento de la inmigración proveniente de México y el aumento de la violencia en la frontera común.
[44] Esa cobertura aumentaría al acercarse la firma del entendimiento en materia de subsidios e impuestos compensatorios, el 23 de abril de 1985.

empleo en Estados Unidos disminuyó la preocupación sobre la competencia de la mano de obra mexicana.

Los temas recurrentes de la prensa norteamericana sobre México en 1984 son los ya señalados: el elogio a las medidas de austeridad económica, reflejo de perspectiva del propio sector financiero de Estados Unidos; la corrupción; la constante voz de alarma sobre las condiciones sociales y políticas, y la política exterior de México especialmente en el contexto del conflicto ideológico Este-Oeste, subrayando los riesgos que supuestamente implica.

La prensa estadunidense no parece haber encontrado la forma de interpretar cabalmente las condiciones actuales de México. El problema tal vez sea, en parte, como señalaba un antiguo embajador de México en Washington, que nuestros vecinos del norte sólo reconocen el éxito y que, cuando no hay éxitos, lo único que despierta su interés es aquello que consideran que puede afectar directamente sus intereses.

No obstante, es un hecho que nuestro país se ha convertido en un elemento de mayor atención que en el pasado para el público y el gobierno estadunidenses. Existe una conciencia cada vez mayor, para bien o para mal, de la creciente interdependencia asimétrica. Sin embargo, el descubrimiento de la importancia de México hace más evidente la diferencia entre nuestros dos países y los problemas que México puede llegar a presentarles.

Si bien nuestro sistema constitucional es formalmente similar al suyo, responde, en la realidad, a estructuras sociales y políticas radicalmente distintas. Y al descubrir que no somos un espejo de sus propios esquemas, nos encuentran llenos de defectos. También hay un frecuente menosprecio, debido, en gran medida, a una gran ignorancia de lo que somos y a los prejuicios desde los cuales nos juzgan. En ambas actitudes, hay que reconocerlo también, son muchas veces correspondidos cuando la prensa mexicana se refiere a Estados Unidos.

En resumen, la imagen de México proyectada por la prensa en Estados Unidos durante 1984 responde más a las inquietudes propias del público norteamericano que al intento de analizar las condiciones actuales de nuestro país. Esto se hace patente cuando se comparan los artículos citados en las páginas anteriores con reportajes de influyentes diarios y revistas de Europa y Canadá.[45]

El hecho de que la imagen de México sea proyectada desde una perspectiva tan limitada a los intereses y preocupaciones estadunidenses es un elemento de preocupación sobre el futuro de las relaciones entre ambos países. Si se la mide por ciertas declaraciones públicas, la prensa estadunidense comparte, en una medida significativa, la opinión oficial de su país sobre el nuestro. Aunque esa opinión presenta sus matices en las divergencias entre el legislativo y el ejecutivo, y aun dentro del propio ejecutivo, se conforma finalmente en un contexto donde la prensa que hemos mencionado influye significativamente sobre la formulación de la política exterior y la retroalimenta.

---

[45] Roger Morris, "México: The U.S. Press Takes a siesta", *Columbia Journalism Review,* enero-febrero 1985, pp. 31-36.

Es un hecho que la percepción que tiene de México, en forma cada vez más generalizada, la prensa de Estados Unidos, es la de que somos un problema para ellos. Una amenaza potencial. Por ello, podría concluirse que se ha reducido paulatinamente el margen de buena voluntad y de tolerancia por parte de Estados Unidos hacia México, para comprender mejor las diferencias y buscar caminos de interés común. Ésta es una situación preocupante sobre la que ambos países, y sus respectivos medios de comunicación, deberían de actuar en forma constructiva para evitar el deterioro de una convivencia inevitable.

ACTITUDES DE ESTADOS UNIDOS Y EUROPA FRENTE A LAS CRISIS LATINOAMERICANAS

Esperanza Durán
El Colegio de México

HASTA PRINCIPIOS DE LA DÉCADA PASADA las relaciones intra y extrarregionales de los países latinoamericanos estaban centradas en Estados Unidos y en el sistema interamericano que este país dominaba. A principios de los ochenta, en un contexto de cambios fundamentales en la estructura de poder del sistema internacional y de evolución política del conjunto de los países latinoamericanos, la indisputable hegemonía norteamericana se encontraba considerablemente mermada.

El surgimiento de nuevos polos de poder de nivel internacional —Japón, Europa occidental, o incluso la OPEP—, unido a un creciente sentimiento de independencia por parte de los países latinoamericanos, alteraron en los años setenta la visión del mundo y la actuación internacional de los países latinoamericanos. La región en su conjunto, pero particularmente los países más grandes, comenzaron a diversificar y reorientar sus relaciones económicas, políticas y diplomáticas. Al mismo tiempo, la importancia de América Latina aumentó dentro del sistema internacional.[1]

El viejo sistema interamericano empezó a cambiar y sin duda a debilitarse. Esta tendencia fue reforzada en este decenio por el conflicto del Atlántico sur y por la posición que en él tomó Estados Unidos. Las reacciones latinoamericanas ante la confrontación británico-argentina fueron muy diversas;[2] sin embargo, fue palpable que se había conformado ya una conciencia de América Latina como una región con prioridades e intereses muy distintos de los de Estados Unidos.

El fin de la "pretensión hegemónica" de Estados Unidos sobre América

---

[1] Sobre la creciente importancia internacional de América Latina ver G.P. Atkins, *Latin America and the International Political System,* Nueva York, The Free Press, 1977; E.G. Ferris y J.K. Lincoln (comp.) *Latin American Foreign Policies. Global and Regional Dimensions,* Boulder, Westview Press, 1981.

[2] *Estudios Internacionales: América Latina después de las Malvinas,* octubre-diciembre de 1982; Esperanza Durán, "Mexico and the South Atlantic Conflict: Solidarity or Ambiguity", *International Affairs,* vol. 60, núm. 2, primavera de 1984.

Latina ha sido cada vez más evidente, sobre todo en los continuos desacuerdos entre los países latinoamericanos y Washington a propósito de cuestiones tan variables como políticas de población, derechos pesqueros, restricciones a las exportaciones de la región, desarrollo nuclear, derechos humanos, Centroamérica y otros temas políticos.[3] La disminución de la antes aplastante presencia de Estados Unidos en la región también es visible en la reorientación del comercio y de las fuentes de inversión extranjera y de transferencia de tecnología de América Latina hacia otras regiones del mundo. Esta relativa reducción de la influencia de Estados Unidos en la región ha coincidido con la participación creciente de actores extrarregionales en el hemisferio occidental. El papel económico del Japón y de Europa occidental en el área, así como la cada vez mayor participación política de actores transnacionales (iglesias, sindicatos, o movimientos como la Democracia Cristiana o la Internacional Socialista) son elementos nuevos e importantes para la formulación y conducción de las relaciones externas de América Latina. En el campo particular del comercio de armas y cooperación militar sorprende particularmente el desplazamiento de Estados Unidos como proveedor y su remplazo por otros países, en especial Francia. Otro ejemplo de importantes vínculos extrarregionales de algunos países latinoamericanos es el acuerdo nuclear germano-brasileño de 1975, por el que Alemania se comprometía a construir ocho plantas nucleares. La crisis financiera por la cual atraviesa Brasil ha provocado el congelamiento del programa de desarrollo nuclear y los trabajos en dos de las plantas nucleares en construcción han sido suspendidos indefinidamente. Sin embargo, la puesta en marcha de tal programa fue la demostración palpable de que existen alternativas viables a la dependencia tecnológica de Estados Unidos.

La diversificación de las relaciones internacionales de América Latina, manifiesta hoy en día por el creciente número de actores y países que están involucrados en sus principales desarrollos económicos y políticos, es acompañada por el aumento de la importancia de esta región en el escenario internacional. Esto es resultado de dos crisis por las que atraviesa el área. Una de ellas, de innegable importancia geopolítica, se localiza en Centroamérica y la cuenca del Caribe, donde la efervescencia política, las decididas acciones de las fuerzas locales en favor del cambio y la injerencia de actores externos han creado una zona de crisis internacional. La otra crisis que ha colocado a América Latina en un lugar prominente en la agenda internacional ha sido su nivel de endeudamiento externo y las repercusiones que esa deuda ha tenido y seguirá teniendo en el sistema financiero y económico internacional.

En este trabajo se examinan las reacciones de los miembros más importantes de la Alianza Atlántica ante esos dos problemas fundamentales de América Latina en la coyuntura actual —Centroamérica y la deuda externa—

[3] Se podría afirmar que estas discrepancias siempre han existido. Sin embargo, en años recientes América Latina ha adoptado posiciones más firmes respaldadas por un mayor grado de desarrollo económico e independencia política que le han permitido aumentar relativamente su poder de negociación.

y cómo la falta de consenso para enfrentar esas dificultades ha afectado las relaciones de Europa occidental y Estados Unidos.

¿Una solución multilateral para Centroamérica?

Centroamérica es uno de los asuntos de política exterior que ha acaparado la atención y el debate en Estados Unidos. La actitud generalizada del gobierno norteamericano frente a esta crisis, que ha guiado las diversas políticas y acciones hacia la región, ha sido la prevención del establecimiento de regímenes de izquierda contrarios a los intereses de Estados Unidos. Desde esta perspectiva, el principal problema que ha enfrentado Ronald Reagan ha sido la gradual consolidación del régimen sandinista en Nicaragua. Las políticas norteamericanas hacia los países vecinos, Honduras y Costa Rica, así como los intentos estadunidenses por apoyar y fortalecer a un gobierno de centro-derecha en El Salvador, están guiadas por el objetivo de aislar y desestabilizar al gobierno de Managua y demostrar al mismo tiempo el alcance del poderío norteamericano. Una ilustración de esto fue la "misión de rescate" llevada a cabo en Granada en 1983, con la cual Reagan intentó disipar de una vez por todas la impresión dejada por el gobierno de Jimmy Carter de que Estados Unidos era una potencia débil y "en decadencia".

La insistencia de Ronald Reagan de no aceptar un *modus vivendi* con Nicaragua y su convicción de que Estados Unidos no puede aceptar la existencia de otra Cuba en su zona de influencia han guiado las acciones oficiales de Estados Unidos desde la llegada de Reagan al poder. El deseo de Estados Unidos de restablecer su hegemonía en términos globales parece haber influido bastante en que este presidente colocara al conflicto centroamericano dentro de la confrontación Este-Oeste.

El gobierno norteamericano, sin embargo, está plenamente consciente de que por hostil que pueda parecer el régimen sandinista, la actitud interna generalizada es que Estados Unidos ni puede intervenir directamente en Centroamérica ni arriesgarse a un compromiso similar al que tuvo en Vietnam. Ante esta importante limitación, el gobierno de Reagan ha recurrido a diversas tácticas para lograr sus objetivos. Por un lado, desde la perspectiva de la acción militar, inició una serie de acciones abiertas y encubiertas hostiles al régimen sandinista. Entre ellas, el apoyo oficial a la oposición armada, básicamente a través de ayuda financiera (hasta 1984 con la aquiescencia del Congreso); los esfuerzos paramilitares de la Agencia Central de Inteligencia (CIA) en Nicaragua (entre los más notables y que han provocado oposición tanto interna como externa, la colocación de minas en puertos nicaragüenses y un manual para la guerrilla que acepta el asesinato como medio para derrocar al gobierno sandinista), y el aumento de su presencia militar en Honduras con el envío de tropas, construcción de instalaciones militares y operaciones navales y militares en gran escala (los ejercicios *Big Pine*).

Sin embargo, al mismo tiempo que reforzaba militarmente a los países aliados de Estados Unidos en Centroamérica, Ronald Reagan abrió el frente diplomático, quizá para acallar la creciente oposición interna a sus políticas militaristas en el área. Como en 1984 era un año electoral, el presidente Reagan decidió crear la Comisión Nacional Bipartidista, presidida por Henry A. Kissinger, cuya tarea era presentar un informe con sugerencias de nuevas alternativas políticas. El informe final de esa Comisión, aparecido en marzo de 1984, da una importancia fundamental a los factores económicos como fuente de inestabilidad política en Centroamérica y pone énfasis en la necesidad de aumentar la ayuda económica multilateral a los países de esa zona. El informe admite que los problemas económicos, políticos y sociales de la región están indisolublemente ligados y señala en consecuencia la necesidad de que el programa para Centroamérica reúna los objetivos de desarrollo y modernización económicos con reformas sociales y políticas. El punto de partida sería, según la Comisión, un programa multilateral de ayuda económica para elevar sensiblemente los deteriorados niveles de vida en Centroamérica. La Comisión consideró que la ayuda económica debía incluir un nivel de financiamiento externo de 24 mil millones de dólares para 1990, de los cuales Estados Unidos debía contribuir con 8 mil millones en los cinco años subsiguientes. Este paquete de ayuda, conocido como el Plan Jackson, en reconocimiento al senador Henry M. Jackson, quien propuso y defendió el enfoque bipartidista, fue enviado al Congreso con el refrendo entusiasta de Reagan. Sin embargo, tal como Reagan lo envió al Congreso para su aprobación, el Plan no reflejaba el esfuerzo de la Comisión Bipartidista de "multilateralizar" la diplomacia de Estados Unidos hacia la región.[4] ¿Cuál fue la causa de que Reagan desatendiera la recomendación de adoptar un enfoque multilateral hacia Centroamérica? Se podría especular que la razón primordial de la animadversión de Reagan por la diplomacia multilateral se debe en este caso a que las posiciones de los países aliados, tanto latinoamericanos (principalmente los aglutinados en el Grupo Contadora, cuyos miembros, México, Venezuela, Colombia y Panamá, son vecinos inmediatos de la zona de conflicto) como europeos, difieren sustancialmente de la tónica general estadunidense, desde la concepción misma de las raíces del conflicto hasta sus posibles soluciones.

La relación de Europa con Estados Unidos dentro de la Alianza Atlántica ha sido de cooperación estrecha. Sin embargo, en años recientes, Europa parece haber aumentado su margen de independencia con respecto al *primus inter pares* en la Alianza. Esto fue ilustrado claramente cuando Europa continuó la construcción del gasoducto a la Unión Soviética a pesar de la oposición firme de Estados Unidos. Más recientemente, la revitalización de la Unión Europea Occidental fue el símbolo de la determinación europea de desempeñar un papel más decidido en los asuntos de defensa y seguridad. Aunque la supervivencia misma de la OTAN y los acuerdos de cooperación con Estados Unidos no han sido puestos en duda por estas iniciativas, es indudable que apuntan hacia una

---

[4] W. D. Rogers, "The U.S. and Latin America", *Foreign Affairs, America and the World 1984*, vol. 63, núm. 3, 1985, 560-581, p. 562.

mayor independencia europea con respecto a Estados Unidos en política internacional y en asuntos económicos y de seguridad.

Por su parte, varios países de América Latina (y ciertos grupos políticos de la oposición) han aprovechado el vacío de poder dejado por Estados Unidos durante los años setenta para ampliar su margen de independencia *vis à vis* Estados Unidos y buscar nuevos socios y aliados. Algunos aparecieron dentro de la misma América Latina, en los actores regionales más decididos, como México, Venezuela, Cuba. Pero también Europa occidental ofrecía una posibilidad de contrarrestar la influencia norteamericana. El apoyo moral y material europeo presentaba las ventajas de ser más "neutral", de imponer menos condiciones que las tradicionalmente impuestas por la potencia hegemónica.

La reactivación del vínculo eurolatinoamericano —tan estrecho durante el siglo XIX en términos de comercio e inversión— es visto por Estados Unidos con cierta desconfianza. Aunque Estados Unidos ha dado a entender que apoyaría una relación económica más estrecha entre las dos regiones,[5] el interés político de Europa en América Latina no ha sido bien recibido por Washington. Esta dimensión política de las relaciones euro-latinoamericanas ha variado en forma e intensidad de país a país en Europa, y ha dependido del asunto en cuestión.

Los focos de inestabilidad en el tercer mundo, cuya frecuencia ha ido en aumento, y en particular el conflicto en Centroamérica, han encontrado también diversas respuestas por parte de los diferentes miembros de la Organización del Tratado del Atlántico Norte (OTAN) y las divisiones entre sus miembros al encarar las crisis "fuera del área" pueden considerarse como un reto potencial a la presencia norteamericana en Europa.

Esta mayor firmeza europea en los asuntos internacionales ha sido particularmente notable en relación con América Latina y el Caribe, donde Europa ha demostrado con frecuencia su oposición a las políticas y acciones norteamericanas. Centroamérica y Granada son los ejemplos más evidentes de esa oposición. La "misión de rescate" de Reagan en Granada ocasionó graves desacuerdos entre la mayor parte de los países europeos y Estados Unidos, no sólo porque el gobierno norteamericano no consultó a Europa antes de esa operación —omisión resentida especialmente por el Reino Unido dado el *status* de Granada como miembro de la Comunidad Británica de Naciones y la "relación especial" entre Gran Bretaña y Estados Unidos— sino también porque la misión norteamericana violó el principio de soberanía. El más leal aliado de Reagan en Europa, la primer ministro Margaret Thatcher, que se había referido a Estados Unidos como "la última garantía de la libertad en Europa", declaró pocos días después de la invasión: "Si se llegase a aprobar una nueva ley que estipule que los Estados Unidos pueden intervenir en cualquier parte donde el comunismo reine en contra de la voluntad del pueblo, entonces

---

[5] La oposición de Estados Unidos al acuerdo nuclear brasileño-alemán podría considerarse la excepción. Aunque se arguyó que las objeciones norteamericanas respondían a consideraciones de seguridad, una explicación más plausible es la defensa oficial de los industriales norteamericanos, en una industria caracterizada por una intensa competencia internacional.

tendríamos guerras terribles en el mundo."[6] Pero Gran Bretaña no fue el único país que se opuso a la invasión: también Francia, Alemania Federal, Bélgica, Italia y Holanda se pronunciaron contra ella. Las relaciones entre Estados Unidos y sus aliados europeos se deterioraron entonces a tal grado que el subsecretario de estado, Kenneth Dam, fue enviado a Europa a explicar la causas por las que Estados Unidos había intervenido y a tratar de reducir las tensiones en la Alianza. En Estados Unidos existía el temor de que la invasión de Granada fuera utilizada como pretexto para interferir, dilatar o poner en peligro el emplazamiento de los proyectiles norteamericanos de alcance mediano en territorio europeo.

Sin embargo, las expresiones de desaprobación por la acción militar norteamericana en Granada y los sentimientos anti-yanquis que la invasión había ocasionado no afectaron mayormente los planes de defensa de la OTAN.

Con respecto a la crisis centroamericana, los países europeos en general han estado también en desacuerdo con Estados Unidos, aunque sus posiciones no son uniformes como en el caso de Granada. El enfoque adoptado por la Comunidad Europea (CE) —con el Reino Unido siguiendo esta línea aunque con recelo y apoyando en lo posible la posición norteamericana— difiere sensiblemente de la posición adoptada por el gobierno de Reagan. La CE considera que la fuente de los problemas en Centroamérica es la injusticia social y la falta de participación política, más que el resultado de designios cubanos o soviéticos.

También existe una posición europea común que se opone a toda intervención militar de Estados Unidos en Centroamérica o en cualquier otro país de la región. Esto no sólo como cuestión de principio, sino por un interés creado. Si los acontecimientos en el istmo centroamericano llegaran a forzar a Estados Unidos a emprender una invasión en gran escala, otras áreas de conflicto potencial como Europa, Asia o el Medio Oriente quedarían descuidadas. Es por eso que la CE ha intentado adoptar una política hacia Centroamérica independiente para encontrar una solución negociada que disminuya la posibilidad de una intervención norteamericana en esa región.

Los pronunciamientos y las acciones de la CE en esta materia han sido firmes. Un ejemplo de esa firmeza fue el comunicado de la Reunión Cumbre en Stuttgart en julio de 1983, cuando la CE se distanció explícitamente de la política norteamericana de Reagan declarando que los problemas de la región "no pueden ser resueltos por medios militares, sino *solamente* a través de una solución que emane de la región misma y que respete los principios de la no intervención y la inviolabilidad de las fronteras".[7]

Un par de meses después de esta declaración, como resultado de una iniciativa germano-neerlandesa, varios ministros de relaciones exteriores europeos, el presidente de la Comisión, su predecesor y su sucesor, se reunieron con los

    [6] P. Webster, "Mrs. Thatcher comes off the fence", *The Times,* Londres, 31 de octubre de 1983.
    [7] J. M. Markham, "Reagan's moves in Central America make Atlantic Partners Uneasy", *International Herald Tribune,* 3 de agosto de 1983, énfasis de la autora.

cancilleres de los países de Contadora para discutir la posibilidad de iniciar negociaciones políticas entre todos los partidos en conflicto en Centroamérica. Un ejemplo más del compromiso de la Comunidad de llevar a cabo una política hacia Centroamérica independiente de Estados Unidos tuvo lugar casi un año después, en una reunión sin precedente de los cancilleres de los Diez, más los de España y Portugal como miembros potenciales de la CE, así como sus contrapartes de los países de Contadora y los cinco países centroamericanos para discutir la crisis; ni se invitó a participar a Estados Unidos ni a Cuba. Esta reunión se efectuó después de la gira del presidente costarricense Luis Alberto Monge por Europa con el objeto de obtener la cooperación europea para encontrar una solución negociada a los problemas de Centroamérica. Fue el resultado de los esfuerzos conjuntos de Monge y el canciller alemán Hans-Dietrich Genscher. El gobierno de Bonn fue el principal promotor de la reunión de San José. Es interesante notar que el comunicado de Genscher a propósito de tal reunión señalaba que la cooperación que se buscaba en Centroamérica era similar a la que la CE había establecido con la Asociación de Naciones del Sudeste Asiático (ASEAN), que también había sido lograda gracias a la iniciativa de Alemania Federal.[8]

El objetivo europeo de la reunión de San José era apoyar el esfuerzo de pacificación del Grupo Contadora y anunciar un acuerdo sobre cooperación económica para los cinco países centroamericanos. No se esperaba una posición política europea *per se* frente al conflicto. Sin embargo, a pesar de que no estaba en la agenda, los cancilleres de la CE, *malgré eux*, adoptaron implícitamente una posición política frente a Estados Unidos, su presencia y sus políticas en Centroamérica. Esto ocurrió cuando se filtró la información de que Estados Unidos había pedido privadamente a los países europeos que se excluyera a Nicaragua de cualquier paquete de ayuda europea a Centroamérica. El temor estadunidense era que una iniciativa económica europea en la región contrarrestara los esfuerzos por aislar y debilitar al régimen de Managua. Sin embargo, los cancilleres de la CE desatendieron los consejos norteamericanos y se acordó aumentar la ayuda económica de la CE a la región, sin discriminar a ningún país. El monto del aumento no se precisó en el comunicado conjunto, pero fuentes diplomáticas revelaron que sería alrededor del 50%, esto es, la ayuda de la CE a Centroamérica aumentaría de 30 millones de dólares a 45 millones. Sin duda el gesto europeo tuvo más importancia simbólica que real, si se consideran las cantidades involucradas. Sin embargo, logró demostrar a Centroamérica que había otros países industrializados interesados en la distensión de la zona. Para los países de Contadora fue un apoyo moral importante para continuar desarrollando el proceso negociador. Para las relaciones entre Estados Unidos y los gobiernos europeos, la reunión de San José marcó claramente las diferencias de enfoque en cuestiones "fuera del área".[9]

[8] S. Harris y B. Bridges, *European Interests in ASEAN*, Nueva York, RIIA/Routledge & Kegan Paul, 1983.
[9] Esto se reflejó claramente en la prensa europea, por ejemplo: "EEC links with Central

Además de estas líneas colectivas de consenso dentro de los países de la Comunidad frente a la tónica general de las políticas de Washington hacia Centroamérica, cada miembro de la CE ha adoptado un enfoque particular. Ha habido divergencias en cuanto al grado de oposición a las políticas estadunidenses. Esta divergencia ha dependido básicamente de la naturaleza y orientación política de los gobiernos europeos (así como de la oposición y los actores subregionales en cada país).

El caso de desacuerdo extremo con la política centroamericana de Washington ha sido el del gobierno socialista francés, especialmente visible durante los inicios del gobierno de François Mitterrand. En agosto de 1981, por ejemplo, a pocos meses de su llegada al poder, el gobierno socialista emitió un comunicado conjunto con México reconociendo la oposición armada en El Salvador (el FMLN) y su ala política (el FDR) como fuerzas legítimas. Otras actividades de Francia en la región siguieron también esta línea radical, abiertamente opuesta a la de Washington: Francia, a pesar de las objeciones de Estados Unidos, proveyó de armas a Nicaragua,[10] condenó enérgicamente el minado de puertos nicaragüenses y ofreció barredores de minas. Todas estas actividades fueron causa de gran disgusto en Washington. Sin embargo, en parte el paso del tiempo y el constante deterioro interno de la posición socialista moderaron la posición de Francia. Otra causa importante de la moderación francesa fue el apoyo militar que Miterrand ofreció al gobierno de Chad para derrotar una rebelión civil con apoyo externo de Libia.

La actitud francesa contrasta marcadamente con la del reino Unido, cuyo gobierno conservador ha seguido una política apegada a los deseos norteamericanos, no ofreciendo ayuda bilateral a Nicaragua, enviando observadores oficiales a las elecciones en El Salvador, absteniéndose de enviarlos a las elecciones nicaragüenses y en general no dando apoyo a las fuerzas del cambio en la región. Sin embargo, dentro de Gran Bretaña, la oposición a través del Partido Laborista (y también en cierta aunque menor medida de la Alianza liberal/socialdemócrata ha sostenido una línea más crítica de las políticas de Washington hacia Centroamérica y ha denunciado la política británica del gobierno de Thatcher hacia esta región como el remedio de la política de Reagan.[11]

Es probablemente en la República Federal Alemana donde existe un espectro más amplio de opinión y acción con respecto a Centroamérica y a las políticas de Washington hacia ella. Las actitudes y acciones oficiales han sido más cautelosas que las de los partidos políticos alemanes y sus respectivas fundaciones. Aunque bajo el gobierno socialdemócrata/liberal, encabezado por

---

America'', *Financial Times*, 2 de octubre de 1984; ''Washington exhorte les participants à la conférence euro-centroaméricaine à ne pas soutenir les sandinistes'', *Le Monde*, 30 de septiembre-1 de octubre de 1984; ''A European Presence'', *Daily Telegraph*, 22 de agosto de 1984; ''Europeans Pledge Aid for Central America'', *International Herald Tribune*'', 1 de octubre de 1985.

[10] La venta no fue muy importante en términos de volumen o sofisticación de las armas. Se trató de material no ofensivo.

[11] Véase por ejemplo S. Holland y D. Anderson, *Kissinger's Kingdom. A counter report on Central America*, Nottingham, Russell Press, 1984.

Helmut Schmidt, las políticas de Alemania hacia América Latina habían causado ciertas tensiones con Washington, la causa más evidente de desacuerdo fue el famoso contrato nuclear con Brasil y el ofrecimiento de apoyo al régimen sandinista a través de ayuda económica oficial. Con la llegada del canciller Kohl al poder, la variable ideológica de la política oficial de Alemania hacia Centroamérica cambió y por tanto se modificó también la orientación general de esta política. Este cambio se dio aunque el ministro liberal de relaciones exteriores del gobierno de Schmidt, Hans-Dietrich Genscher, de ideas progresistas con respecto a Centroamérica, haya permanecido en este mismo puesto en el gobierno de Kohl. Con la democracia cristiana en el poder, el apoyo a Nicaragua y al FDR en El Salvador se debilitó, mientras que los demócratas cristianos en la región, como José Napoleón Duarte, se convertían en los beneficiarios de la ayuda alemana.

En resumen, si bien es cierto que los países europeos perciben la crisis centroamericana de diferentes maneras y sostienen también diversas políticas bilaterales hacia la región, los miembros de la Comunidad han tratado de coordinar sus políticas para lograr el objetivo de "hablar con una sola voz" respecto a ciertos temas generales (que a su vez son susceptibles de diferentes interpretaciones).

El endeudamiento externo latinoamericano: reacciones de Estados Unidos y Europa occidental

La importancia de los países latinoamericanos en los mercados financieros internacionales fue subrayada cuando la crisis del endeudamiento externo latinoamericano se hizo patente en el verano de 1982. La magnitud de los préstamos y los problemas que enfrentaba América Latina para hacer frente al servicio de su deuda externa alarmó tanto a los banqueros como a los gobiernos de los países industrializados.

La crisis de endeudamiento que afecta a la mayor parte de los países latinoamericanos fue el resultado de una combinación de circunstancias internas y externas bien conocidas.[12] La mayor parte del financiamiento externo para el desarrollo durante la década de los sesenta fue proporcionado por la inversión extranjera directa, fondos de ayuda oficial y préstamos de instituciones multilaterales. En esta etapa los préstamos de la banca privada comercial fueron mínimos. Sin embargo, a fines de los sesenta y principios de los setenta, varios acontecimientos coincidieron para cambiar el patrón de flujos financieros.

La primera alza de los precios del petróleo en 1973 provocó un considerable aumento en el valor de las importaciones petroleras de las naciones en desa-

---

[12] Los estudios sobre las causas de la deuda han proliferado en los últimos tiempos. Véase por ejemplo M.S. Wionczek y L. Tomassini, *The Politics and Economics of the External Debt: the Latin American Experience*, Boulder, Westview Press, 1985; E. Durán (comp.) *Latin America and the World Recession*, Cambridge University Press, 1985.

rrollo no productoras de petróleo. Al mismo tiempo, proveyó a los bancos privados de enormes cantidades de fondos depositados por los países exportadores de petróleo. Los bancos, dispuestos a reciclar estos fondos, encontraron ávidos clientes en los países en desarrollo —muchos de ellos en América Latina— en vista de que los países industrializados, que sorteaban una recesión, no estaban en condiciones de presentar solicitudes de crédito.

Los países latinoamericanos encontraban condiciones externas cada vez más adversas: crecimiento lento de sus mercados de exportación, empeoramiento de los términos de intercambio y cuentas petroleras más altas. Como solución transitoria para estos problemas solicitaron préstamos a la banca comercial: mientras la inflación era alta, las tasas de interés (aunque en términos nominales más altas que en el pasado) aún eran bajas o incluso negativas en términos reales. Sin embargo, los países latinoamericanos no hicieron los ajustes de largo plazo que les hubiera permitido adaptarse a las variaciones de la economía mundial. La mayor parte de los gobiernos latinoamericanos mantuvieron tasas de cambio sobrevaluadas que fomentaron el crecimiento de las importaciones y la fuga de capital en vez de estimular las exportaciones y el ahorro interno, y continuaron con grandes déficit de presupuesto y de cuenta corriente, que fueron financiados con los préstamos externos, la mayor parte de ellos a corto plazo y con tasas de interés flotantes.

El segundo *shock* petrolero de 1979-80 agravó la situación. Los precios del petróleo subieron nuevamente, los términos de intercambio se deterioraron aún más y las tasas de interés se elevaron. La tasa de cambio del dólar, moneda en la que estaban denominadas 80% de las deudas, también se elevó considerablemente. Aún en esas circunstancias los países latinoamericanos en su mayoría continuaron con políticas expansionistas. Exportadores de petróleo como México y Venezuela se beneficiaron por el alza de precios de este producto, pero siguieron siendo tan vulnerables como los importadores, Argentina, Brasil y Chile, a las reacciones de los países industrializados y a la situación de la economía internacional, que se manifestaban en políticas económicas rígidas y tasas de interés altas. Se vieron entonces forzados a aumentar la proporción del valor de sus exportaciones para el servicio de la deuda. La situación se tornó insostenible. En agosto de 1982, México declaró una moratoria unilateral *de facto* al pago de su deuda. Pronto se escucharon declaraciones similares por parte de Brasil, Argentina, Venezuela, Chile, Perú, Ecuador, Bolivia, entre los más notables.

Desde 1982, la mayor parte de los países de América Latina ha tenido que renegociar su deuda. La mayoría tuvo que acudir al Fondo Monetario Internacional (FMI) a pedir créditos y negociar paquetes de austeridad para obtener el sello de aprobación que le permitiera renegociar los préstamos de los bancos comerciales así como los créditos de los gobiernos extranjeros y sus agencias.

Los montos de la deuda global de los países en desarrollo pueden saberse fácilmente tanto por agregados —importadores y exportadores de petróleo, miembros de la OPEP o de regiones geográficas determinadas— o por países individuales.[13] Es más difícil encontrar datos desagregados de los préstamos por país de origen, porque la mayoría de los créditos involucra a un conglomerado de bancos. Más aún, en términos bancarios no siempre se puede hablar de la nacionalidad de los bancos, porque muchos de ellos son parcialmente subsidiarios de otros bancos o porque sus operaciones, particularmente levantamientos y concesiones de crédito, pueden haberse originado en sucursales ajenas del país de origen. En la última década, sin embargo, ha mejorado sustancialmente la disponibilidad de información bancaria porque los datos sobre préstamos internacionales y plazos de amortización han sido recopilados por el Banco de Pagos Internacionales (*Bank for International Settlements*). Aunque esa información no esté uniformada y no todos los bancos publiquen sus cifras en detalle, la información de ese banco (en adelante BPI) es adecuada.

La preocupación sobre la capacidad de los países deudores para amortizar sus deudas era compartida tanto por los banqueros como por los gobiernos en ambos lados del Atlántico. Sin embargo, existían y existen importantes diferencias de orientación entre los distintos bancos, tanto por su nacionalidad y por la leyes con que operan, como por su tamaño; la principal distinción se encuentra entre los bancos grandes, relativamente más expuestos, y los bancos pequeños, con una proporción menor de sus préstamos colocada en América Latina.

En el momento de estallar la crisis, se hizo evidente, tanto para los bancos como para los gobiernos, la imperiosa necesidad de evitar una contracción súbita de los flujos financieros a los países endeudados, indispensables para que esos países enfrentaran sus cargos crecientes por concepto de intereses. Ésta era una condición de la estabilidad del sistema financiero internacional. La pérdida de confianza provocada por una reducción excesiva del crédito hubiese perjudicado no sólo a los países endeudados sino al sistema global. Así, la banca central de los países acreedores se propuso convencer a los bancos de su jurisdicción para que mantuvieran abiertas sus líneas de crédito. En los países europeos esto se logró con relativa prontitud.

Sin embargo, el flujo neto de crédito externo se redujo sensiblemente. El año en que la afluencia neta de capital había llegado a su clímax había sido 1981, cuando el total fue 37.7 mil millones de dólares. Esta cifra se redujo a 19.2 mil millones en 1982 y a 4.4 mil millones para el final de 1983.[14]

Al principio de la crisis, la reacción europea no difirió en mayor medida de la estadunidense. Sin embargo, hubo algunos factores no bancarios que matizaron la situación entre un país y otro. Un ejemplo claro de esto lo tenemos en el caso del Reino Unido. La reacción de este país, que no estuvo relacionada directamente con el problema de la deuda, lo distingue de otras naciones acreedoras. Nos referimos en particular al problema y conflicto de las Malvinas y

[13] Por ejemplo, OECD, *Geographical Distribution of Financial Flows to Developing Countries*, París, publicación regular; IME, *International Financial Statistics*, Washington, D.C., publicación anual; Bank for International Settlements, *Maturity Distribution of International Bank Lending*, publicación semestral.
[14] CEPAL, *Balance preliminar de la economía latinoamericana en 1984*, p. 16.

al hecho de que América Latina en general empezó a recibir más atención a raíz de la confrontación con Argentina. Estas consideraciones geopolíticas diferencian a Inglaterra, por ejemplo, de Estados Unidos, cuyo tratamiento del problema se ha podido manejar en un plano más estrictamente financiero. En un nivel más general, las distintas tradiciones bancarias y legales de los países acreedores se han reflejado en el tipo de marco reglamentario en que operan los bancos privados.[15] Los bancos europeos, por ejemplo, suelen estar menos sujetos a regulaciones estrictas específicas que sus contrapartes norteamericanas. Las reglamentaciones bancarias de Estados Unidos son mucho más rigurosas en la exigencia de que los préstamos tengan un desempeño satisfactorio, es decir, que los intereses sobre el préstamo se paguen puntualmente. Un incidente interesante sobre esto fue una discrepancia que se dio entre algunos de los bancos más grandes de Estados Unidos acerca del tratamiento contable que se debía dar a los préstamos a Latinoamérica, cuando varios bancos difirieron decisiones y negociaciones en tanto no recibieran instrucciones de la Comisión de Activos y Cambios (*Securities and Exchange Commission*).

Otra ilustración más reciente de la diferencia que representan las regulaciones bancarias fue la situación casi desesperada en que los bancos norteamericanos se encontraron cuando Argentina se retrasó en el pago de intereses sobre su deuda en la primavera de 1984. Si Argentina hubiera excedido el plazo final, los bancos norteamericanos hubieran tenido que declarar que sus préstamos no habían tenido un desempeño satisfactorio, lo que hubiera perjudicado las ganancias contables de los bancos y afectado su posición en las bolsas de valores.

Sin embargo, la instancia principal en que los distintos tipos de política bancaria han afectado el desarrollo de las negociaciones frente a la deuda es la capacidad de las diferentes tradiciones para adoptar soluciones no convencionales, tales como capitalización de intereses, conversión de deuda en capital en el caso de las deudas privadas, límites a las tasas de interés, etc. Son los bancos norteamericanos los que han presentado mayor oposición a este tipo de ideas, y por ende a la adopción de soluciones con pretensiones globales y de largo plazo, a diferencia de otras perspectivas financieras en un contexto de estabilización.

En cuanto a las actitudes gubernamentales frente al problema de la deuda, los gobiernos no han tratado de influir en las posibles resoluciones, aunque reconocen que es un problema grave y que puede perjudicar mucho la actividad económica. Ésta ha sido la actitud oficial generalizada, aunque los líderes de las naciones industrializadas han hecho declaraciones públicas y en casos extremos han intervenido. En el caso de Estados Unidos, el gobierno de Reagan ha tomado cierta distancia de los problemas de la deuda, dejándolos en manos de los banqueros privados y de instituciones multilaterales como el FMI.

La relativa escasez de iniciativas oficiales contrasta con la retórica frente a la opinión pública. Esto quedó demostrado en la Cumbre Económica de

[15] OECD, *Regulations Affecting International Banking Operations*, 2 vols., París, 1981.

Londres, en junio de 1984. El comunicado conjunto de esa reunión subrayaba que los países endeudados necesitaban la ayuda del mundo industrializado para efectuar los ajustes requeridos por las políticas económica y financiera. Para lograr esto, los líderes reunidos en Londres acordaron actuar conjuntamente para superar la crisis. Entre las acciones que estimaron necesarias estaban: apoyar el papel del FMI en la supervisión de los programas de ajuste; procurar una mayor cooperación entre el FMI y el Banco Mundial; fomentar el desarrollo económico en el mediano y largo plazo; ayudar a los países a mejorar su posición apoyando las renegociaciones a largo plazo y negociar en forma similar las deudas de los gobiernos y de las agencias oficiales de crédito. Finalmente, la Cumbre adoptó un programa de acción que se comprometía a facilitar el flujo de inversiones a largo plazo y reconocía la necesidad de que los países desarrollados abrieran sus mercados a las exportaciones de las naciones en desarrollo.

Esta declaración de buenas intenciones, sin embargo, no se ha llevado a la práctica. Mientras la banca comercial ha adoptado la estrategia de renegociar la deuda con extensiones de varios años en la amortización (en particular en los casos de México y Venezuela), los gobiernos de los países industrializados no han actuado paralelamente a los bancos, como había sido su intención declarada.

La primera prueba de las verdaderas intenciones de esos gobiernos desde la Cumbre de junio de 1984, fue la renegociación de los créditos oficiales a México. Cuando los gobiernos del Club de París, reunidos en el foro para la negociación de deudas comerciales correspondientes a créditos extendidos o garantizados por gobiernos, se negaron a negociar paralelamente con los bancos privados. La justificación para no negociar con México dentro del Club de París fue que una condición para iniciar este tipo de negociación era usualmente la suspensión del seguro sobre créditos oficialmente garantizados, lo cual no había sucedido en el caso de México.[16]

Con Brasil, el otro gran deudor, también hubo dificultades al renegociar la deuda con acreedores oficiales. Las negociaciones con el Club de París que se extendieron durante 1984 y 1985, no habían llegado a un acuerdo al finalizar este último año. La causa fue el retraso con el que Brasil logró un acuerdo con el FMI, y una de las políticas del Club de París ha sido no renegociar hasta que éste se haya finalizado.

El Eximbank de Estados Unidos fue la única agencia de los países de la OCDE que estableció una nueva línea de crédito para Brasil. A pesar de que Brasil no había llegado a un acuerdo con el Fondo.[17] Este comportamiento puede explicarse por el temor de perder contratos importantes de exportación.

La superación de los problemas del endeudamiento externo de los países

[16] David Lascelles, "UK Will not Reschedule Official Loans to Mexico", *Financial Times*, 3 de septiembre de 1984, p. 3, "A Debt Promise Unfulfilled", *Financial Times*, 10 de enero de 1985, p. 12.
[17] *Euromoney Trade Finance Report*, núm. 20, diciembre de 1984.

latinoamericanos dependerá de las acciones coordinadas de los tres sectores más importantes: los bancos privados, el FMI y los gobiernos, tanto deudores como acreedores. En un contexto de una economía mundial interdependiente, los países industrializados y latinoamericanos están íntimamente relacionados. Si los países latinoamericanos no logran superar los problemas de la deuda externa, afectarán al mundo industrializado. Por la misma razón Estados Unidos, Europa occidental y los demás países del norte comparten problemas relacionados con la situación financiera latinoamericana.

El sistema bancario internacional ha sido capaz de sobrevivir al primer *shock* causado por la deuda. Sin embargo, las consecuencias de ese golpe en los sectores comerciales de las naciones industrializadas aún perduran. Un interés prioritario del norte debería ser reducir el proteccionismo comercial para ayudar a los países de América Latina y del tercer mundo a conseguir las divisas necesarias para pagar la deuda externa. Sin embargo, el peso de los pagos de intereses y amortizaciones debería también ser considerado en un contexto de largo plazo.

Por último, vale subrayar que los gobiernos de los países acreedores suelen descuidar la dimensión política del problema de la deuda, hasta ahora considerado principalmente desde el punto de vista financiero. Uno de los aspectos más importantes de la dimensión política de los programas de ajuste que están llevando a cabo los países latinoamericanos —como otros deudores— son las repercusiones sobre la estabilidad política de la región, que muy posiblemente se verá afectada. Sería un error de previsión no considerar seriamente esta posibilidad.

RELACIONES INDUSTRIALES
Y COMERCIALES

POLÍTICAS INDUSTRIALES DE MÉXICO Y ESTADOS UNIDOS: EL PROBLEMA DE UN CONSENSO HEGEMÓNICO*

RAÚL HINOJOSA OJEDA
Universidad de Stanford, Proyecto sobre Relaciones México-Estados Unidos

Introducción

EN ESTE TRABAJO ANALIZAREMOS EL DEBATE sobre política industrial que durante los últimos años se ha llevado a cabo en México y en Estados Unidos y los cambios de la vida económica nacional e internacional que dieron lugar a este debate. En las experiencias de ambos países desde la segunda guerra mundial, estos cambios hacen mucho más difícil la relación de hegemonía política entre el Estado y las diferentes clases. De ahí el sentido de relacionar, como causa y como efecto, las cambiantes estrategias de clase y las cambiantes políticas estatales con los cambios en los patrones de desarrollo económico de México y Estados Unidos.

Según nuestro enfoque teórico, la capacidad de establecer y mantener una relación de hegemonía entre las clases alrededor de un modelo particular de desarrollo capitalista depende de la capacidad de ese modelo para satisfacer los intereses materiales de al menos un bloque crítico de sectores capitalistas y obreros. Pero aunque esta base material sea una condición de primer orden, el mantenimiento de un sistema hegemónico depende también del desarrollo de la organización de las clases y de políticas de Estado complementarias con esa base material. Aquí consideramos a los estados como productores de estrategias políticas particulares, referidas a la dinámica del proceso de acumulación, al relativo poder político y económico de las clases contendientes, y, con respecto al mantenimiento y desarrollo estratégico y estructural del propio Estado. Analizamos la argumentación de los trabajos que han tratado de establecer teóricamente las condiciones materiales del consentimiento del sector obrero a la hegemonía capitalista, en el contexto de un Estado democrático.[1]

* Este trabajo se elaboró mientras el autor colaboraba como investigador visitante en el Centro de Estudios Fronterizos del Norte de México y en el Centro de Estudios Internacionales de El Colegio de México. Traducido por María Teresa Miaja y Alfonso García Aldrete.

[1] Przeworski (1980a), Przeworski y Wallerstein (1982), Skocpol (1981), Schmitter (1979).

Llevamos el análisis hasta la dinámica internacional de estas condiciones materiales y a las relaciones entre Estado y clases.

Evolución y crisis del patrón de desarrollo capitalista de la posguerra

Desde el fin de la segunda guerra mundial hasta la crisis estructural de principios de los setenta, México y Estados Unidos compartieron un patrón de desarrollo económico internacional relativamente estable, aunque desigual. Este patrón contuvo y se sostuvo por estrategias complementarias de sectores capitalistas y obreros clave cuyo objetivo era satisfacer al máximo sus propios intereses. Esas estrategias, a su vez, fueron institucionalizadas y complementadas por otras que adoptaron los gobiernos de cada uno de los dos países.

La economía de la posguerra en Estados Unidos se puede calificar como una formación socioeconómica articulada, en la que actuaban un sector completamente desarrollado de bienes de capital y un amplio número de sectores de bienes de consumo. La acumulación intensiva o autocéntrica del capital pudo mantenerse mediante una política keynesiana que pudo manejar la economía por el lado de la demanda porque había una relación objetiva, aunque contradictoria, entre los altos salarios pagados a los trabajadores (principalmente sindicalizados) que se gastaban en bienes de consumo, por un lado, y las ganancias capitalistas, por el otro, destinadas a la compra de bienes de inversión. Este "círculo virtuoso" pudo sostenerse, pese al flujo constante de inversiones hacia el exterior, mientras las inversiones en Estados Unidos elevaron suficientemente la productividad en los sectores de bienes de capital y de consumo y mientras los aumentos salariales fueron suficientes para estimular un aumento correspondiente del poder adquisitivo de las masas.

El desarrollo desarticulado mexicano puede reconocerse, en cambio, por su dependencia externa, principalmente de Estados Unidos, referida a los bienes de capital que alimentan la economía mexicana y por la escasa capacidad de integración horizontal y vertical del sector industrial. Como es bien sabido, durante la mayor parte del período de posguerra, México mantuvo un modelo de desarrollo de industrialización basado en la sustitución de importaciones. Durante esos años se privilegió la industria de bienes de consumo. Los grandes capitalistas mexicanos y las corporaciones transnacionales —buena parte de ellas norteamericanas— fueron atraídos hacia los sectores que producían para mercados urbanos de alto costo y que se basaban en altas tasas de ganancias, en el consumo de una clase media creciente y de un importante grupo de trabajadores sindicalizados.

El crecimiento del consumo del mercado interno de ambos países, hecho posible por aumentos salariales en términos reales, fomentó altas ganancias capitalistas e inversiones productivas; esto sirvió de base, tanto en México como en Estados Unidos, al patrón de desarrollo económico nacional. Sin embargo, el hecho de que este patrón esté claramente orientado hacia el interior no debe ocultar la importancia de su dimensión internacional. Ese patrón de desarrollo significó una complementariedad significativa entre ambas economías en los niveles macrosectoriales. Por una parte, apoyado en una industrialización de sustitución de importaciones y alimentado por bienes de capital importados de Estados Unidos, el capital pudo generar en México un crecimiento acelerado en el corto plazo. Por otra parte, el capital norteamericano pudo aumentar economías de escala en la producción de bienes de capital mientras el capital transnacional mantenía tasas altas de inversión en Estados Unidos y tasas moderadas de inversión en su operaciones de industrialización, mediante la sustitución de importaciones en otros países que redituaban altas ganancias.

La ideología de este patrón de desarrollo estuvo sustentada en Estados Unidos por la teoría de política económica keynesiana y en México por la teoría cepalina de industrialización por sustitución de importaciones. En ambos países se hizo aparecer como complementarios, dentro del capitalismo, los intereses de los trabajadores y los de los capitalistas; no se vieron incompatibles la estrategia de aumentar al máximo los beneficios para los trabajadores (más empleos y mayores salarios) y los intereses de los capitalistas (mayores ganancias resultantes del crecimiento de la demanda agregada, dentro de un esquema keynesiano, o de la ampliación del mercado interno, dentro de un esquema de industrialización, mediante la sustitución de importaciones). De ahí que ese patrón de desarrollo pareciera en ambos países congruente con el interés hegemónico del país en su conjunto. El modelo de desarrollo de posguerra no es, entonces, resultado de una "regulación" funcionalista del sistema capitalista,[2] sino producto de una coincidencia de intereses de clase entre los capitalistas y los trabajadores que, en realidad, solamente existió para los trabajadores bien organizados sindicalmente y los capitalistas oligopolistas que operaban en los sectores más dinámicos y avanzados de este particular patrón internacional de desarrollo.

Sobre esta estrecha base se desarrollaron todas las instituciones y todos los acuerdos estratégicos que dominaron la lucha de clases (oligopolios y negociación sindical en Estados Unidos, y estructuras cuasicorporativistas en México).[3] En este ámbito, ambos estados podían intervenir selectivamente para responder a grupos de clase clave, a través del gasto público social o con subsidios a la infraestructura, y, al mismo tiempo, podían también aumentar funcionalmente la demanda agregada y la inversión. Estos arreglos entre Estado y sociedad permitieron cierto grado de estabilidad política y un ambiente predecible para capitalistas y trabajadores, que les permitió trazar estrategias estables de inversión productiva y militancia salarial moderada.[4] En estas con-

---

[2] Como opuesto a la lógica funcionalista de Aglietta (1979) y a la escuela francesa "reglamentista".

[3] Cf. Bowles y Gintus (1982) para Estados Unidos. Schmitter (1979), pp. 21-22, clasifica a México como poseedor de un sistema de "Estado corporativista", un patrón internacional que, si bien fue complementario en el período de la posguerra, es actualmente la fuente de serias tensiones internacionales entre las dos sociedades.

[4] Przeworski (1980b) hace esta proposición para los países occidentales, mientras que Hansen (1974) y José Luis Reyna (1976) la hacen para México.

diciones, era más fácil que el Estado organizara la hegemonía política. Por un lado, el crecimiento económico y algunas políticas estables e instituciones organizadas por el Estado sostuvieron las relaciones entre los grupos de clases clave. Por el otro, existía también la feliz coincidencia de poder tratar el difícil problema de la distribución económica en formas funcionales para el aumento de la demanda (y del crecimiento económico) y, a la vez, políticamente legitimadoras.

Varios autores[5] han señalado que bajo tales condiciones, en la medida que el Estado asume un papel más intervencionista para legitimarse, atrae mayores demandas para organizar la economía. Mientras la dinámica económica internacional permitió sostener esas estrategias de clases clave, pudieron mantenerse el patrón de crecimiento económico, la intervención estatal y la estabilidad política antes mencionados. Por esa razón, durante el período de posguerra y hasta los setenta, parecieron prescindibles otras estrategias de organización de la clase trabajadora en su conjunto y pareció innecesaria una mayor intervención del Estado de tipo ''política industrial''. Esas elecciones históricas tienen implicaciones que llegan hasta la coyuntura actual.

Crisis. Este modelo internacional de reproducción, centrado en cada país, entró en una crisis estructural durante la década de los setenta. Se agotaron las fuentes de crecimiento, lo que socavó la base material de las estrategias de clase que habían mantenido el patrón de desarrollo antes descrito y se impulsó su transformación. Los cambios en esa base material y en las estrategias de clase se retroalimentaron mutuamente, se precipitaron y luego agravaron la internacionalización de ambas economías en todos los aspectos: en la producción, en el consumo y en la inversión.

Ese agotamiento de las fuentes de crecimiento y los cambios en las economías de México y de Estados Unidos durante la crisis de los setenta puede resumirse en los siguientes puntos:

1. Decrecimiento de la importancia de la demanda interna y, consecuentemente, estancamiento en la proporción del ingreso nacional del sector obrero.
2. Agotamiento relativo de la sustitución de importaciones como fuente de crecimiento económico.
3. Decrecimiento de la importancia y el ritmo de integración interindustrial.
4. Caída de la productividad.
5. Aumento rápido de la importancia del sector externo, reflejado en el aumento de la importación y exportación de bienes de consumo y de capital como proporción del producto interno bruto (PIB).
6. Crecimiento de la importancia del comercio interindustrial internacional.

Como ya hemos mencionado, este agotamiento de las fuentes de crecimien-

---

[5] Por ejemplo, véanse Offe (1974) y O'Connor(1973) y Fizgerald (1978).

to del patrón de crecimiento anterior a los setenta empezó a cambiar radicalmente la base material de los intereses y estrategias de clase que lo habían
sostenido. Asimismo, la modificación de la base material dio lugar a nuevas
estrategias de clase, sobre todo de parte de las corporaciones transnacionales,
que aceleraron el proceso de cambio. Cabe señalar dos cambios interrelacionados en la base material de las estrategias de clase:

1. Un descenso general en las ganancias de las corporaciones estadunidenses, incluyendo las ganancias de los sectores industriales clave donde operan corporaciones transnacionales y el capital oligopólico, relativo a sus ganancias en el exterior.
Esta caída se puede atribuir en parte al alza constante de los salarios en Estados
Unidos con respecto a los aumentos decrecientes de la productividad del trabajo.[6]

2. Tres tipos de cambio en la composición industrial internacional:
• En el sur, se intentó superar la etapa ''fácil'' de la industrialización mediante
la sustitución de importaciones, es decir, mediante la producción de bienes de consumo duraderos y no duraderos. Esto significó la ampliación de la producción hacia
bienes de capital e intermedios, con la participación de corporaciones transnacionales, lo que dio como resultado serios desequilibrios financieros, sectoriales y en
la balanza de pagos de México.[7]
• Cambios fundamentales del perfil de la economía mexicana con respecto a la
de Estados Unidos. Se vislumbraba un fuerte aumento de las ganancias de las
actividades de las corporaciones transnacionales y en los sectores en donde opera
el gran capital mexicano, debido a los bajos salarios que pagaban aún, con el uso
de altos niveles de tecnología.
• Penetración del mercado mexicano de importaciones estadunidenses y ampliación del comercio interindustrial Sur-Norte en esos mismos sectores industriales,
que también eran los sectores donde estaba surgiendo la crisis de productividad
y de altos salarios para el capital estadunidense y donde se estaba reduciendo
masivamente el empleo en el norte.

Estos procesos se alimentaron uno al otro a un ritmo moderado durante
los finales de la década de los sesenta. Ello alteró lentamente los cálculos en
que se basaba la inversión capitalista, particularmente la de las coporaciones
transnacionales norteamericanas. A partir de los setenta, estas tendencias se
aceleraron cuando cambiaron radicalmente las estrategias de inversión de los
grupos clave de capitalistas en ambos lados de la frontera mexicano-estadunidense, en el sentido de que afrontaron los problemas del rezago de la productividad y el agotamiento de la anterior división internacional de trabajo.
En este contexto, surgieron otros dos procesos nuevos que tuvieron efectos

[6] Así, más que una crisis de ''ocasión'' como en los años treinta, la crisis de los setenta fue
de insuficiente acumulación de capital a través de la extracción de plusvalía, como resultado parcial
de una tasa decreciente de ganancia. Véase Lipietz (1982).
[7] También aquí el problema fue uno de insuficiente acumulación, generado por el antiguo
patrón de reproducción, central en la nación, es decir que la ampliación del mercado de artículos
de consumo no permitió una suficiente acumulación para financiar el movimiento a inversiones
más caras de producción de bienes de capital. Véase Boltvinik y Hernández (1981) y Villarreal
(1976), sobre la crisis de la industrialización de sustitución de importaciones.

en ambas economías. El primero fue la creciente internacionalización de la producción; el segundo, la aplicación de una nueva generación de ''alta tecnología'', tanto dentro como fuera de Estados Unidos. Grandes grupos de capitalistas oligopolistas y corporaciones transnacionales cambiaron radicalmente sus políticas de inversión. Ello significó la reducción —gradual o drástica— del empleo de mano de obra en sus actividades en Estados Unidos, aumentando el empleo de altas tecnologías en su producción y/o transfiriendo sus inversiones rumbo al sur en sectores igual o incluso más avanzados tecnológicamente, orientados hacia la exportación. De ahí el aumento en el comercio interindustrial.[8] Esta estrategia de las corporaciones transnacionales, sin embargo, tuvo que llevarse a cabo mediante proyectos de coinversión con el sur, debido a la presencia de grandes grupos de capitalistas relativamente fuertes y de estados intervencionistas cada vez más interesados en la industrialización basada en la promoción de exportaciones.[9]

Estos cambios en las estrategias capitalistas y en el patrón internacional de desarrollo significaron una ruptura, durante los setenta, de la correlación de intereses de clase de posguerra, tanto entre trabajadores y capitalistas como entre los mismos capitalistas. Esta ruptura hizo difícil el trazado de políticas estatales viables, porque obligaba a buscar un nuevo consenso hegemónico. Las nuevas estrategias de las corporaciones transnacionales estadunidenses fueron un traslado hacia el exterior de sus actividades productivas, la importación de bienes a Estados Unidos y la introducción en ese país de tecnologías que desplazan a trabajadores en gran escala. Todo esto significó la ruptura unilateral del pacto de posguerra con el trabajo sindicalizado, tanto en términos de empleo como en los de generación de demanda de consumo.[10] Mientras tanto, los sectores laboral y capitalista de otros sectores productivos de la economía estadunidense también eran afectados por estas transferencias al exterior, porque éstas provocan una pérdida general de la demanda de artículos de producción y de consumo[11] rompiendo así la coincidencia que existía de intereses entre el capital competitivo y el capital oligopólico transnacional. En términos generales, ello significa la confrontación de intereses entre capitalistas, tanto en el interior como en el exterior, ya que ese proceso tiene como resultado una aceleración en la competencia entre capitalistas a través del comercio internacional.

[8] La proporción de la inversión de corporaciones transnacionales en el exterior, comparada con la inversión de las mismas en Estados Unidos, se mantuvo relativamente estable —en 20%, aproximadamente durante los años cincuenta y sesenta. Después de 1968 empezó a subir a aproximadamente 40% (Musgrave 1975, p. 14).

[9] Evans (1979), p. 302, señala que ''sobre todo, la proporción de filiales norteamericanas que están entrando en proyectos de coinversión es una tercera parte superior en México (39%) que en Brasil (29%)''. Durante el reciente auge de inversiones extranjeras en México —de 385 millones de dólares en 1979, a 1 600 millones de dólares en 1981— ha habido un surgimiento masivo en proyectos de coinversión con el gran capital mexicano (véase World Business Weekly, 5 de octubre de 1981).

[10] Frank y Freeman (1978).

[11] Musgrave (1975).

También en México la crisis del modelo de industrialización mediante la sustitución de importaciones se tradujo en una confrontación entre capitalistas. La necesidad de exportar a nuevos mercados hizo romper los acuerdos entre el capital vinculado vertical y horizontalmente, porque se necesitaban insumos más baratos, sobre todo de bienes intermedios de capital, y orientó la producción hacia el mercado externo. También disminuyó la importancia de los posibles efectos multiplicadores positivos que pueden resultar de aumentos salariales en México.

En ambos países, los cambios de los patrones de desarrollo y de las estrategias de clase revierten la anterior coincidencia entre los intereses de los trabajadores y el crecimiento, cuando la acumulación de capital podía conducirse por la ampliación del mercado interno. Como resultado de la internacionalización de la producción y del uso cada vez mayor de tecnologías que ahorran el empleo de mano de obra, ahora los intereses de los trabajadores se encuentran en abierta contradicción con la acumulación de capital y con el crecimiento. En la nueva competencia internacional, los salarios de los trabajadores aparecen como costos para una sociedad que busca conquistar nuevos mercados de exportación. Para el capital, esa nueva competencia significa una restricción a las ganancias que se necesitan para emprender nuevas inversiones productivas. El mantenimiento de niveles altos de empleo se presenta como un obstáculo para introducir la nueva alta tecnología, que es más productiva y que ahorra mano de obra.

La nueva situación destruye también la coincidencia general de intereses entre el bienestar social general y el crecimiento económico. Uno de los primeros resultados de la crisis de los setenta fue el hecho de que se dieron por terminados los esfuerzos de mantener el crecimiento económico mediante aumentos del gasto público, para servicios sociales y algunos bienes. Se argumentó entonces que esos esfuerzos habrían sido causa de crisis fiscales, que disminuían la legitimidad estatal y que habrían impulsado la inflación de los setenta.[12] Estos cambios del patrón de desarrollo hacen más difícil para el Estado la organización de la hegemonía política, por dos razones principales. Por una parte, estos cambios económicos rompen los acuerdos entre tantos sectores de clase. Por la otra, el Estado ya no puede recurrir a medidas distributivas. Pero además, esa tarea del Estado también se complica porque se tiene que llevar a cabo dentro de un patrón de desarrollo basado en la inserción de sectores nacionales en una nueva división mundial del trabajo. Por su misma naturaleza, este patrón acentúa el desarrollo desigual entre regiones, sectores y grupos capitalistas y de trabajadores. Cabe esperar que aumenten las demandas de compensación de los grupos perdedores frente al Estado y disminuyan los incentivos para que cooperen los ganadores.

Sin embargo, cabe señalar que este proceso de cambio hacia un nuevo patrón de reproducción también presenta nuevas fuentes de crecimiento que pueden sostener nuevas coaliciones entre capitalistas y nuevos acuerdos entre

12 O'Connor (1973).

algunos trabajadores y capitalistas. La naturaleza de estos pactos y la ideología que puede sostenerlos, dentro de ese nuevo patrón de acumulación y reproducción, es muy diferente a las que conocimos durante el período de posguerra. No parece posible una coincidencia total entre las clases capitalistas y trabajadoras; en cambio, lo que parece más factible son las coaliciones entre los trabajadores y los capitalistas de los sectores orientados hacia la exportación y/o hacia sectores de alta tecnología. Esas coaliciones son muy estrechas, abarcan pocos trabajadores; por su desigual inserción en la economía mundial, no pueden servir como base de un desarrollo general e integrado y, en el corto plazo, tampoco pueden servir como base de los acuerdos entre las clases.

El desenvolvimiento de un nuevo panorama de alternativas de política industrial

Dentro del nuevo patrón de reproducción y estrategias capitalistas cambiantes antes descritos se dio el auge y el ocaso de las recientes propuestas de política industrial. La revisión cuidadosa del debate entre quienes propusieron, en Estados Unidos, ''políticas industriales'' reformadoras de la base industrial de ese país, nos permite identificar sus contradicciones económicas y políticas. Lo que encontramos es una nueva estructura de opciones políticas, con nuevas implicaciones en el crecimiento, en la equidad de su distribución, en la internacionalización, y en la naturaleza de las relaciones entre Estado y clases que podrían sostener nuevos proyectos económicos políticos hegemónicos. El análisis de esos debates nos revela las rupturas entre los intereses de diferentes capitalistas, trabajadores y el Estado, en una época en que las nuevas fuentes de acumulación son la mayor internacionalización y la restructuración tecnológica. Ello significa una ruptura definitiva del presente con el pasado, y abre los nuevos dilemas que enfrenta el Estado para trazar políticas de reforma industrial que generen nuevos patrones de crecimiento acelerado y políticas de distribución que permitan sostener una coalición hegemónica.

Al revisar los debates de política industrial de Estados Unidos y de México, encontramos un paralelo entre la naturaleza y la evolución de las diferentes propuestas de política industrial, y los beneficios que pueden ofrecer a cambio de ciertos costos *(tradeoffs)*. La gráfica resume tres diferentes tipos de costos y beneficios para cada país que podrían resultar de diferentes propuestas de reforma industrial: a) mayor internacionalización (o mayor protección al mercado interno) y mayor o menor crecimiento; b) la relativa igualdad o desigualdad del desarrollo y distribución, y c) el grado de organización de clases requerido para sostener diferentes tipos de política industrial. Al señalar los relativos costos y beneficios de tres tipos de política industrial —neocompetitiva, neoproteccionista y de interdependencia administrada—, los ejes de la gráfica también permiten señalar la naturaleza de los actuales dilemas que enfrentan Estados Unidos y México en su política industrial.

El eje vertical resume una relación de costos y beneficios: a mayor internacionalización, mayor crecimiento; a mayor protección, menor crecimiento.

La nueva estructura de opciones estratégicas
(México y Estados Unidos)

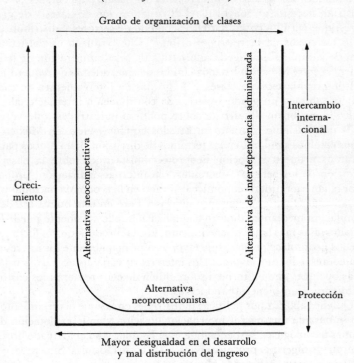

Grado de organización de clases

Intercambio interna-cional

Crecimiento

Alternativa neocompetitiva

Alternativa de interdependencia administrada

Alternativa neoproteccionista

Protección

Mayor desigualdad en el desarrollo
y mal distribución del ingreso

De ahí que se subraye la nueva importancia de la internacionalización como fuente del crecimiento económico en ambos países. El eje horizontal inferior permite señalar las consecuencias en la desigualdad de desarrollo y de distribución del ingreso de los tres diferentes tipos de política industrial antes mencionados. El patrón de desarrollo y de distribución del ingreso más desigual corresponde a la opción de crecimiento neocompetitivo. El patrón de desarrollo y de distribución más equilibrado corresponde a la opción de interdependencia administrada. Entre estos extremos se encuentra la opción neoproteccionista. Se considera que esta posibilidad podría dar buenos resultados en un patrón de desarrollo y de distribución no tan desiguales como los de la neocompetitiva, pero que, comparada con las otras opciones, es la menos capaz de generar acumulación y crecimiento (ver el fondo de la curva en *U*). El eje horizontal superior presenta el grado de organización de clases que se necesita para que el Estado aplique cualquiera de las tres opciones de política industrial indicadas. Debido a que la opción neocompetitiva provoca una distribución y un desarrollo muy desiguales, se requiere un mínimo grado de organización entre clases y grupos de interés que contenga la oposición política que podría enfrentar la operación del mercado.[13] En cambio, la instrumentación de políticas que requieren mayores grados de intervención del Estado para obtener una reforma industrial, necesita un mayor nivel de organización de clases y de grupos de interés, que permita coordinar el reacomodo de sectores y distribuir políticamente los costos de la restructuración.[14] Este requisito es particularmente difícil de cumplir si se elige la alternativa de la administración de la interdependencia entre México y Estados Unidos porque, además de requerir el mayor nivel de organización de clases y de grupos de interés dentro de cada país, requiere también un grado superior de coordinación internacional.

En la evolución del debate sobre políticas industriales, que veremos en detalle más adelante, primero en Estados Unidos y luego en México, descubrimos cambios similares en los términos de discusión. Para ambos países consideramos primero la opción neoproteccionista que, sobre la base de una exposición de los peligros inherentes a la internacionalización, propone restaurar el anterior orden económico centrado en la economía nacional y reconstruir además el antiguo consenso de clase. Pero en esta nueva era de rápida acumulación mediante la internacionalización, ello solamente puede lograrse mediante tasas más bajas de crecimiento, lo cual produce un conflicto profundo entre los neoproteccionistas, que favorecen principalmente los intereses de los trabajadores, y los que favorecen los intereses de capitalistas. La discusión entre ambas opciones gira en torno a sobre quién de ellos recaerán los costos de un crecimiento y un bienestar reducidos.

Quienes abogan por políticas industriales en las que el crecimiento económico se basa en una mayor internacionalización y en la explotación de innovaciones tecnológicas, sostienen que es el Estado, y no el mercado libre, quien mejor puede digerir el proceso y reducir los costos sociales. Sin embargo, tanto en México como en Estados Unidos presenciamos una evolución similar de esta posición hacia los principios de la posición neocompetitiva, en que el mayor crecimiento y la mayor internacionalización corresponden a patrones de desarrollo y de distribución de ingreso muy desiguales. Parece que, una vez aceptada la competitividad internacional como prioritaria para generar acumulación, existe una fuerte tendencia a "resbalarse" por el lado izquierdo de la curva en U del cuadro 1, tanto en el sentido de las políticas económicas como en el de la organización de las relaciones entre el Estado y las clases. En Estados Unidos, esa tendencia se expresa con el abandono, por parte del ala liberal tradicional del Partido Demócrata, de la búsqueda de una política industrial explícita y de enfoques corporativistas. En México, esa tendencia se manifiesta en la evolución de varios planes económicos gubernamentales que, después de haber aceptado la promoción de exportaciones como fuente primordial del crecimiento y como vía de pagar la deuda externa, se confía cada vez más en la lógica de la competitividad para el mercado internacional, a costa de un desarrollo nacional equilibrado mediante la rectoría gubernamental.

[13] Olson (1971), (1982).
[14] Katzenstein (1983).

En el último apartado del trabajo analizamos las contradicciones que están surgiendo como resultado de las políticas puestas en marcha en los dos países, tanto en el interior de cada país como entre ellos. Mientras ambos han adoptado políticas que persiguen mayor competitividad internacional y que producen mayores grados de interdependencia, los dos enfrentan la fuerte oposición de los grupos que tienen mucho que perder en ese proceso. Como resultado de las actuales formas de gobierno de México y Estados Unidos, hay una tendencia a caer en una posición en la que se protegen sectores ineficientes pero políticamente influyentes y la promoción de exportaciones se aplica tan sólo selectivamente, lo que produce mayores desigualdades dentro y entre los países. Esta dinámica está generando agudos conflictos comerciales y de inversión entre los países que, dada la estrecha interdependencia actual del estado del sistema financiero norteamericano y el éxito del modelo mexicano de industrialización, amenazan con hundir los actuales proyectos de economía política dentro y entre México y Estados Unidos, sobre todo cabe la probabilidad de una próxima recesión.

Tratamos de demostrar que las políticas industriales que ven hacia dentro, ya sea de posición neocompetitiva o neoproteccionista, son incapaces de superar las contradicciones internas y externas de la actual interdependencia. Creemos que solamente la opción de la administración de la interdependencia tiene posibilidades de resolver ambos tipos de contradicciones de una manera económicamente coherente. Aun así, en tanto este enfoque da cabida a un nuevo discurso potencialmente hegemónico, también exige la construcción de relaciones esencialmente nuevas entre Estado y sociedad civil, tanto interna como externamente. He aquí otro reto político: una nueva movilización política y reformas institucionales y estructurales similares a las de los treinta, pero esta vez a escala internacional.

Principio y fin del debate norteamericano sobre política industrial

No fue sino hasta el final del período de gobierno de James Carter cuando emergieron posiciones diversas y bien definidas de política industrial en Estados Unidos. La recesión con la que inauguró Ronald Reagan su gestión, le dio mayor impulso al debate, que empezó a atraer entonces a un amplio y variado público, pero que corrió una suerte diferente a la del mensaje reaganiano simplista de manejar la economía por el lado de la oferta *(supply-side economics)*. El surgimiento del interés norteamericano por una política económica altamente intervencionista no pudo sostenerse y terminó en una división creciente de sus abogados según sus grupos de clase y regiones de origen, buena parte de los cuales se ubican dentro del ámbito político del Partido Demócrata.

Tomando en cuenta las bases tan diferentes de clase y de región que apoyaron los proyectos de política industrial, y las divergencias de enfoque que se presentaron con respecto a la relación Estado-industria, es verdaderamente notable que, dentro de lo que es la norma del proceso político estadunidense, varias ideas novedosas y radicales fueran aceptadas por esos diferentes abogados de una política industrial. Entre esas ideas, sobresalen cuatro.

Primera, la economía norteamericana ha ingresado en una nueva era económica de mayor competencia internacional, porque la anterior habría provocado dislocaciones masivas sectoriales, regionales y de bienestar social. Segunda, el mercado, como mecanismo de adaptación, había fracasado en esta situación, no solamente en nivel de la economía nacional, sino también sectorial e industrial, donde la iniciativa privada debería ahora aceptar una mayor intervención del Estado. Tercera, habría de relegar a un segundo término la anterior preocupación liberal por el desarrollo económico del Tercer Mundo en favor de políticas unilaterales para recuperar el predominio industrial mundial por Estados Unidos, o para proteger la economía nacional de importaciones que provocarían una desindustrialización. Finalmente, se necesitaría establecer un nuevo pacto social por medio de nuevas estructuras corporativistas aglutinantes o de la descentralización absoluta del poder económico hasta las bases.

Estos planteamientos fueron el punto de partida común de las dos principales corrientes en que se dividió el debate sobre política industrial. La primera propone afrontar la cambiante situación de Estados Unidos en la economía mundial aislando la economía de los golpes externos que amenazan con arrasar sectores económicos estratégicos de altos niveles de empleo y acelerar aún más la decadencia económica de Estados Unidos. La segunda propone acelerar el cambio norteamericano hacia industrias ascendentes de alta tecnología *(high-tech, sunrise industries)* para asegurar el dominio industrial norteamericano.

Ese debate consumió mucha energía en las secciones liberales del Partido Demócrata. Cuando se comparó la profundidad de la crisis industrial norteamericana con el costo político y económico de la aplicación de una nueva política industrial, hubo una reacción de oposición entre los economistas de la corriente dominante del partido. La misma recuperación económica de 1984 que había hecho reelegir a Reagan dio fin a la discusión con los demócratas de la corriente principal; se abandonó la idea de una política industrial y se regresó a la posición de que lo único que se necesitaba era una combinación adecuada de políticas fiscales y monetarias.

La estrategia proteccionista-integracionista

Los grupos que abogaron por esta posición argüían que la única manera de asegurar la salud industrial y el bienestar social era reafirmar el compromiso con el orden industrial, regional y político de la posguerra. Esta posición fue apoyada por la coalición tradicional del Partido Demócrata del gran capital financiero e industrial y por los sindicatos, las minorías étnicas y la izquierda académica. Sin embargo, hubo divergencias entre esos grupos sobre varias cuestiones clave: a) la distribución del costo de reconstruir el viejo orden industrial; b) la decisión de enfatizar la acumulación de capital o la redistribución del

ingreso como elemento central de la política económica y social, y c) la forma
institucional que adoptaría el nuevo pacto social y el poder relativo del capital
y del trabajo dentro de ese pacto.

El enfoque del capital: Rohatyn. El banquero Félix Rohatyn propone aumentar
los privilegios del gran capital socialmente consciente,[15] para preservar el equilibrio tradicional del poder regional e industrial. Lamenta como "uno de los
acontecimientos más graves de nuestra historia" el actual auge económico del
sur y del oeste de Estados Unidos y el deterioro del dominio histórico de ciudades
como Nueva York y de industrias como el acero y la automovilística.[16] Rechaza explícitamente una política industrial que concentre el capital en sectores
de alta tecnología, que son más competitivos en el mercado internacional. Al
contrario, dice:

> Esta noción, actualmente de moda, de apoyar a los ganadores y no a los perdedores,
> es tan simple como superficial. Los perdedores hoy son las industrias automotriz,
> del acero, del hule, del vidrio y otras básicas... Lo que tenemos que hacer es
> convertir los perdedores en ganadores, restructurar nuestras industrias básicas para
> hacerlas más competitivas y usar cualquier recurso del gobierno de Estados Unidos
> para cumplir con la tarea... A los ganadores les está yendo muy bien sin que
> sean seleccionados para recibir apoyo especial del gobierno. Eficientes utilizado-
> res de nueva tecnología, tales como IBM, Hewlett-Packard y Tektronix Intel, han
> tenido un éxito espectacular en los cincuenta, sesenta y setenta. No hay necesidad
> de que el gobierno trate de identificar sus contrapartes en los ochenta y noventa;
> ya emergerán por sí solas.[17]

Una política industrial dirigida a conservar la posición de las industrias
básicas, va de la mano con una política regional "cuya finalidad sería mantener
a Estados Unidos como un país en que tanto los costos como los beneficios
que ese país tiene que ofrecer serían compartidos por todas las zonas geográficas
(y, por ende, todas las clases y razas)".[18]

Dos cosas llaman la atención en estas propuestas. Primera, Rohatyn pre-
fiere ignorar la existencia de una poderosa lógica económica y tecnológica por
la cual el actual equilibrio sectorial entre las industrias manufactureras de
Estados Unidos no sólo es imposible, sino también indeseable. En lugar de
considerar esa posibilidad, supone que una adecuada infusión de recursos
financieros puede hacer "ganadora" a cualquier industria. Su declaración de
que si todas las regiones geográficas "comparten los beneficios y las cargas"
también los comparten "todas las clases y razas", revela una posición ingenua
con respecto a la cuestión de la equidad en la distribución.

Rohatyn parece no dar peso a las cuestiones del bienestar social, con la

[15] Rohatyn (1981a), (1981b), (1982).
[16] Rohatyn (1981b), p. 16.
[17] *Ibid.*
[18] *Ibid.*

excepción de su preocupación por la distribución regional existente y una aparente simpatía por la situación de los negros del *ghetto*. La mayoría de los norteamericanos —dice— viven en una "sociedad acolchonada", y "es el acolchonamiento de nuestra sociedad lo que se ha convertido en nuestro albatros inflacionario".[19] Entre los elementos que configuran ese albatros incluye "las prestaciones ajustadas para compensar las alzas en el costo de vida y los aumentos automáticos para los trabajadores, independientemente de su productividad, el constante aumento en el seguro de desempleo, las recompensas pagadas a los trabajadores que pierden su empleo debido a la penetración de importaciones en su actividad industrial, el aumento constante de las pensiones de los jubilados, los premios a ejecutivos, independientemente de los resultados de su dirección, en sus contratos y los valores que se les ofrece, los aumentos de costo de vida de las pensiones de seguro social y los subsidios, mediante precios de garantía, a los agricultores".[20]

Según Rohatyn, para desembarazarse de ese albatros habría que seguir la misma receta que él aplicó como presidente de la Corporación de Asistencia Municipal de Nueva York (*Municipal Assistance Corporation*): la imposición de "un período limitado de austeridad, bajo las más terribles amenazas, seguido por una relajación gradual".[21] Esto supone una congelación de sueldos que se sumaría a los diferidos aumentos anteriores, aumento de los impuestos y de los precios de los servicios públicos, así como despidos de personal del sector público.

Cuando considera los temas del bienestar social y la equidad, las recetas de Rohatyn se parecen a las "neocompetitivas": los actuales problemas económicos de Estados Unidos surgen del hecho de que el individuo común y corriente está demasiado aislado de los rigores del mercado y por eso vive en un nivel de comodidad irreal. Lo que separa a Rohatyn de los conservadores tradicionales y lo coloca en las filas de quienes se preocupan por la política industrial, es su convicción de que el gobierno no puede disminuir la reglamentación y quitar los "desalientos" al crecimiento económico derivados de los altos impuestos, limitándose al cuidado de las políticas fiscal y monetaria y esperando que el mercado actúe por sí mismo. En cambio, se requiere de una activa intervención del Estado en las operaciones industriales.

La piedra de toque institucional de la política industrial rohatyana es la Corporación de Finanzas de Reconstrucción (*Reconstruction Finance Corporation*, RFC). La RFC es un banco de inversiones creado por el gobierno de Estados Unidos para cubrir las tareas que los mercados privados de capital no pueden o no quieren realizar. Mediante un capital de 5 mil millones de dólares y otros 25 mil millones de dólares en bonos garantizados por el gobierno federal como base de apoyo (*leverage*), la RFC "reconstruiría" las industrias actualmente "perdedoras". A cambio de aportar capital "obtendría concesiones". A los

---

[19] Rohatyn (1981a), p. 23.
[20] *Ibid.*
[21] *Ibid.*, p. 20.

sindicatos, "se les pediría que hicieran sus contribuciones en forma de concesiones salariales y de cambios en las reglas laborales que aumentasen la productividad".[22] La RFC "tendría el derecho de insistir en cambios del personal de alto nivel y cambios del consejo de directores" porque sus inversiones tomarían la forma de insumo de valor al capital de la compañía. De ser necesario, podría "insistir, como condición para proporcionar capital, en que se eliminasen las partes más débiles de algunas industrias y que se modificasen los contratos de trabajo".[23] Aunque de alguna manera tendría que rendir cuentas ante el público, la RFC "se manejaría fuera de la política".[24]

La propuesta de política industrial de Rohatyn pasaría entonces el poder a manos de un grupo de financieros que operarían nominalmente como parte del aparato del Estado, legitimados como representantes de intereses más colectivos que privados. Esta amalgama del capital financiero y Estado impodría su programa a los capitalistas industriales individuales, lo mismo que a los grupos subordinados a ellos. Rohatyn sabe que las estructuras de toma de decisiones que propone son elitistas, y responde sin disculpas "a exigencias de elitismo o al temor de crear un nuevo *establishment*; yo diría que, hacia donde vamos, de la otra manera es infinitamente peor".[25] La posibilidad de una política industrial claramente autoritaria parece emerger de manera natural de la visión que propone Rohatyn, más bien apocalíptica, de las consecuencias políticas del estancamiento económico. La "inminente emergencia" hará que los norteamericanos deseen ceder el poder a banqueros sancionados por el Estado, como sucedió a los neoyorkinos, en vista del colapso fiscal de su ciudad.

El sector laboral y la academia de izquierda

Otras proposiciones surgidas del movimiento laboral y de la academia de izquierda, buscaban, como Rohatyn, mantener el patrón previo de organización industrial y regional, pero, a diferencia de Rohatyn, pretendían usar esta coyuntura para aumentar el control de los trabajadores sobre las decisiones económicas de las corporaciones y del mercado. Con la ruptura del acuerdo previo entre las clases, lo que se propone a los trabajadores consiste entonces en transferir el costo y la incertidumbre de la actual situación a los capitalistas.

Un ejemplo importante de estas proposiciones puede encontrarse en el trabajo de Barry Bluestone y Bennett Harrison,[26] dos economistas comprometidos desde hace mucho tiempo con sindicatos de trabajadores y con la izquierda del Partido Demócrata. Su argumento básico es que "subyacente a las altas tasas de desempleo, el lentísimo crecimiento de la economía nacional

[22] Rohatyn (1981b), p. 17.
[23] *Ibid.*, p. 18.
[24] *Ibid.*
[25] Rohatyn (1981a), p. 24.
[26] Bluestone y Harrison (1980), (1982).

y la incapacidad para competir exitosamente en el mercado internacional, está la desindustrialización de Estados Unidos".[27] Esa desindustrialización es según estos economistas, el resultado de la "falta de inversión extendida y sistemática en la capacidad productiva básica de la nación". Este análisis sitúa el origen de los problemas del país directamente en las salas de consejo de las corporaciones de Estados Unidos, donde se toman las decisiones de inversión.

Su argumento no dice que los gerentes corporativos se niegan a invertir por falta de capital, sino "que se rehúsan a invertir en las industrias básicas del país", y no porque no sean rentables, sino porque no son suficientemente rentables. En vez de invertir, dicen, el capital de Estados Unidos se ha embarcado en una estrategia de "hipermovilidad", caracterizada por un "traslado de capital lo más rápidamente posible de una actividad a otra, de una región a otra y de un país a otro".[28] Esto es posible ahora mediante el uso de la nueva "tecnología permisiva". Atribuyen entonces los actuales problemas de la economía de Estados Unidos a los despiadados intentos del capital de recuperar las altas tasas de ganancias de corto plazo a que estaba acostumbrado. Tal como concluyó un vicepresidente de la central sindical AFL-CIO, "la inversión extranjera directa desvía activos que podrían estimular el crecimiento económico, aumentar la productividad y aumentar la competitividad en los mercados mundiales".[29]

Cuando buscan las causas de este giro estratégico, los autores advierten cambios en la economía mundial de los que las mismas corporaciones transnacionales han sido parcialmente responsables. Ven la desindustrialización como el resultado de una crisis mundial en el sistema económico.

> Los mismos éxitos de la larga expansión de la posguerra crearon condiciones que, en última instancia, convirtieron el proceso normal, y a veces saludable, de desinversión, en un torrente de huida de capital y de desindustrialización masiva. Durante los años de bonanza, la expansión económica externa de Estados Unidos generó enormes ganancias de corto plazo, pero, en el transcurso del proceso, coadyuvó a instalar un exceso de capacidad productiva (no utilizada) en una tras otra de las industrias básicas. A través de sus subsidiarias transnacionales y la venta rentable de patentes y licencias a empresas extranjeras, las principales firmas norteamericanas ayudaron incluso a generar su propia competencia futura.[30]

Las corporaciones transnacionales no son las únicas señaladas como culpables de la creciente competencia internacional y de la hipermovilidad del capital. Las políticas de desarrollo del Tercer Mundo también son acusadas de acelerar la caída del dominio industrial de Estados Unidos: "para aumentar su participación en el mercado de manufacturas de alto valor agregado, los países de industrialización reciente (NICS), en particular, han insistido en que esas cor-

---

[27] Bluestone y Harrison (1982), p. 6.
[28] *Ibid.*, p. 16.
[29] Chaikin (1982).
[30] Bluestone y Harrison (1982), p. 15.

poraciones acepten compromisos de coproducción o requisitos de contenido local".[31]
La conclusión política de éste y otros estudios de la misma posición, es que la única manera de alcanzar ahora las metas keynesianas tradicionales de pleno empleo y de bienestar social, es controlar más directamente el proceso de inversión y aumentar el gasto público de previsión social. Las recetas para llevar esto a cabo van desde el establecimiento de una legislación en contra del cierre de fábricas, hasta requisitos de contenido local para productos importados,[32] y una mayor inversión gubernamental en industrias donde "el punto estratégico del comercio consiste en la reducción de las importaciones más que en la expansión de las exportaciones".[33] Las sugerencias acerca de los medios para poner en práctica estas recomendaciones políticas varían desde la creación de un consejo tripartito de planeación estratégica nacional (sector laboral, gobierno, iniciativa privada) "para obtener normas de ejecución económica en el nivel nacional y coordinar planes sectoriales",[34] hasta programas demócratas anticorporativistas para "transferir la toma de decisiones económicas de los pocos a los muchos".[35]

La estrategia de política industrial ascendente

En contraste con la posición proteccionista-integracionista, diversos autores opinan que lo que necesita Estados Unidos es una política industrial planeada para desarrollar nuevos sectores "ascendentes" en las fronteras de la innovación, que puedan competir en los mercados internacionales. Este enfoque representaba diferentes facciones de clase y regiones geográficas. Los defensores de los sectores "ascendentes" criticaron las propuestas protectoras de los sectores "declinantes" por malinterpretar el reto industrial que encara Estados Unidos, el cual, según ellos, no es conservar las industrias tradicionales sino deshacerse de ellas y reorientar los recursos hacia industrias eficientes y de alto crecimiento.

También se dijo que las propuestas en favor de los sectores "declinantes" estaban condenadas al fracaso político porque intentaban reconstruir la antigua coalición del Nuevo Trato rooseveltiano mediante políticas proteccionistas. Esta controversia se hizo popular durante la contienda electoral entre los candidatos a la presidencia Walter Mondale y Gary Hart, en el Partido Demócrata, que terminó enfrentando al capital tradicional contra el nuevo, al noreste contra el suroeste, a los *yuppies* contra los obreros. Se temía que los votantes rechazaran propuestas que defendían viejos privilegios a costo de los consumidores por medio del proteccionismo o de subsidios a los sectores de

---

[31] Bluestone y Harrison (1980).
[32] *Ibid.* y United Auto Workers, 1983.
[33] Alperovitz (1981), p. 28.
[34] United Auto Workers, 1983.
[35] Carnoy y Shearer (1980), p. 4. Véase también Bowles, Gordon y Weisskopf (1983).

baja productividad, mediante impuestos. En comparación con una política orientada hacia sectores de alto crecimiento, la posición declinante fue vista como una receta para decrecer, que crearía serios conflictos de distribución cuyo peso muerto se cargaría sobre las clases. Los capitalistas se dividieron acerca de quién recibiría primero la ayuda, y acerca del proteccionismo, al que se oponían los capitalistas que querían importar insumos baratos y exportar más artículos, en un ambiente de mercado internacional más liberal.

Buscando una política industrial alternativa, que ayudara a sectores de nuevo crecimiento, los defensores de los sectores "ascendentes" se encontraron, sin embargo, con problemas políticos semejantes a los encarados por los defensores de política industrial de los sectores "declinantes". Surgieron entre ellos distintas opiniones sobre quién pagaría los costos de la reindustrialización, si el capital o el sector laboral, y sobre el nivel en que serían compensados los miembros de las industrias agonizantes. Como la organización política en que hacían pensar estas discusiones iba a ser algo tremendo, muchos economistas del Partido Demócrata se desviaron aún más hacia una posición que minimizara la intervención directa del Estado en la restructuración industrial.

Capital ascendente: Business Week. Según *Business Week,*[36] la reindustrialización "requiere una planificación indicativa que involucre la participación del gobierno". Esta necesidad se basa en la valoración radical de la redacción de que "el mercado libre se ha vuelto obsoleto",[37] punto de vista derivado en buena medida en la percepción de *Business Week* de las prácticas de otros gobiernos:

> Los planes industriales de otras naciones, puestos en ejecución por una creciente telaraña de subsidios, incentivos fiscales y otros arreglos, significan que la competencia internacional está siendo cada vez más influida por la política del gobierno. Y que Estados Unidos no tiene más opción real que desarrollar su propia política industrial para evitar quedarse atrás. . . En un alto grado, la política industrial en ultramar se está convirtiendo en una competencia entre países avanzados, en la cual el gobierno intenta escoger a los ganadores de las industrias potenciales orientadas a la exportación y promover su desarrollo tanto como sea posible. Así, las listas de industrias elegidas, que salen de las oficinas del gobierno en París y Tokio, están sólidamente llenas de empresas de alta tecnología. Estados Unidos, por supuesto, debe hacer lo mismo.[38]

De hecho, la redacción no está empeñada en que hay que "escoger a los ganadores". El respaldo a las industrias de alta tecnología orientadas a la exportación significaría quitar, antes que nada, las "trabas" de la reglamentación. Cree que un "programa racional" debería llamar a reducir las actividades

---

[36] *Business Week* (1980), p. 80.
[37] *Ibid.*, p. 120.
[38] *Ibid.*

de la industria del acero "mediante políticas que alientan la eliminación de las fundiciones menos eficientes", y arguyen que "las perspectivas a largo plazo" de la industria automotriz "son realmente bastante buenas".[39] Su incursión más a fondo en materia de intervencionismo es la sugerencia de que "si es necesario, debería crearse una institución comparable a la Corporación de Finanzas de Reconstrucción de los años treinta, para canalizar crédito a la reindustrialización".[40]

En pocas palabras, *Business Week* no defiende tanto un programa específico de ajuste sectorial, sino la necesidad de reafirmar el consenso sobre la prioridad de la acumulación de capital. En tanto haya acuerdo entre las "élites" acerca de que el crecimiento debe preceder a otras posibles metas nacionales, la mesa de redactores parece confiar en que las prioridades sectoriales se ordenarán fácilmente por sí solas.

El primer punto de su plan fue el llamado para establecer consenso: "Los líderes de la iniciativa privada, del sector laboral y de la academia deberían establecer un foro para forjar un nuevo contrato social para Estados Unidos."[41] La necesidad de un "nuevo contrato social" desempeña un papel prominente a lo largo de todo su análisis. ¿Alrededor de qué contenido pensaron los redactores de *Business Week* que se iba a establecer el consenso? Principalmente en torno al restablecimiento de la prioridad de las "metas económicas". Según ellos,[42] "el diseño de un contrato social debe preceder a las aspiraciones de los pobres, las minorías y los ambientalistas". Su esperanza es que "todos los grupos sociales en Estados Unidos entiendan ahora que su interés común en hacer regresar el país a una senda de crecimiento económico sobrepasa a otros intereses en conflicto".[43] En pocas palabras, *Business Week* propone un enfoque estadunidense muy tradicional del problema del consenso: si se puede centrar la suficiente atención sobre el problema del crecimiento, las discusiones divisorias de las consecuencias del crecimiento para la vida de la gentes, la naturaleza de los artículos producidos, la manera en la que se van a repartir, etc., pueden ser evitadas. Las cuestiones de la equidad en la distribución reciben en consecuencia muy poca atención de *Business Week*. Mientras afirman que el nuevo contrato social "debe ser justo", definen a la justicia como el principio por el que "el ingreso de cada grupo debe estar firmemente relacionado con su logro económico".[44] En otras palabras, se deja que el mercado defina lo que es equitativo. Aún más, existe al menos la implicación de que los salarios del sector laboral organizado tienen que descender, porque los trabajadores norteamericanos se están "colocando en precios fuera del mercado".[45] Los redactores parecen reconocer que esto tensará el proceso de establecimiento

---

[39] *Ibid.*, p. 121.
[40] *Ibid.*, p. 138.
[41] *Ibid.*
[42] *Ibid.*, p. 139.
[43] *Ibid.*, p. 89.
[44] *Ibid.*, p. 86.
[45] *Ibid.*, p. 83.

del "nuevo contrato social". Ponen mucho énfasis en los modos de atenuar la probable confrontación entre los sindicatos y la gerencia y en llamar la atención del liderazgo sindical y de las bases hacia programas de "círculo de calidad" y de "calidad de la vida laboral" más que hacia los salarios.[46]

A pesar de sus alusiones a "nuevos comienzos" e "innovación", la visión que tiene *Business Week* sobre la política industrial implica la reconstrucción de un consenso profundamente conservador, que reafirmaría y reforzaría las prerrogativas del capital. Sin embargo, se aleja de los puntos de vista convencionales del "mercado libre" en dos aspectos. Primero, porque considera legítima la intervención del gobierno, si tal intervención está claramente del lado del capital. Segundo, porque reconoce que el consenso no puede surgir naturalmente del funcionamiento del mercado y del marco de las políticas electorales, sino que debe ser deliberadamente construido, no sólo por medio de acuerdos entre las élites, sino también por medios institucionalizados para cooptar a grupos subordinados. Aún así, es difícil imaginar que los obreros norteamericanos respaldaran tal propuesta. Ha de verse como lo que es: un plan para reducir el nivel de vida del sector laboral mediante recortes en el bienestar social, en los programas ambientales y de seguridad y de una transferencia de recursos a las gerencias que dé lugar al crecimiento económico. A corto plazo, se le pide al sector laboral que se sacrifique, y lo único que se le ofrece a cambio es la promesa de que a través del crecimiento económico las cosas mejorarán en el futuro. Pero las últimas tendencias de la economía de Estados Unidos, hacen pensar que esa promesa carece de credibilidad. Puede entonces ponerse en duda la posibilidad de un consenso político en favor de tal programa.

Thurow: industrias ascendentes y redistribución. Como los redactores de *Business Week* y Felix Rohatyn, Lester Thurow entiende las dificultades para lograr un consenso como asunto medular de los problemas económicos de Estados Unidos. Thurow ofrece, sin embargo, un diagnóstico más específico de las razones por las cuales es tan difícil lograr el consenso: en el pasado, el poder político y económico estaba distribuido de tal manera que podían imponerse pérdidas económicas sustanciales a algunos sectores de la población, si el círculo gobernante decidía que eso era de interés general. Las pérdidas económicas se hacían caer sobre grupos particulares sin poder, en vez de distribuirlas entre toda la población. Estos grupos ya no están dispuestos a aceptar más pérdidas y están en capacidad de hacer elevar sustancialmente los costos para quienes desean imponerles pérdidas,[47] especialmente si el Partido Demócrata se encuentra en el poder, porque debe rendir cuentas a sus votantes.

Según el diagnóstico de Thurow, cualquier solución de los problemas económicos actuales "requiere que algún grupo grande minoritario o mayoritario

[46] *Ibid.*, pp. 100-101.
[47] Thurow (1980), p. 12.

esté dispuesto a tolerar una reducción grande en su nivel de vida real".[48] Ya que, según Thurow, aun los que carecen relativamente de poder tendrían la capacidad de bloquear de manera efectiva las soluciones que los dañan, las soluciones políticamente factibles son nulas. "Mientras no haya un consenso acerca de cuáles son los ingresos que deben bajar, y un reconocimiento de que éste es el centro del problema, estamos paralizados."[49]

¿Qué clase de política industrial propone Thurow, que da tanta importancia a la asignación de pérdidas? Su parte central es el concepto de "desinversión". Según Thurow, "la esencia de la inversión es la desinversión",[50] la desinversión es "aún más importante" que el aumento de la tasa de inversión. Incluso "eliminar una planta de baja productividad eleva la productividad tanto como abrir una planta de alta productividad... Pero hacerlo supone menos recursos".[51] (Thurow supone que el obrero de la planta de baja productividad obtendrá un trabajo con productividad más alta.)

La desinversión es el centro del planteamiento, porque asegurar que el capital sea "más rápidamente canalizado de nuestras industrias declinantes a las ascendentes"[52] es calcular la mitad más difícil del problema. El movimiento de capital de sectores de alta productividad hacia los que en ésta es baja es, según Thurow, la esencia de la política industrial. Para lograr esto, Thurow considera necesario que el gobierno se comprometa en decisiones de inversión más importantes. Lo que necesitamos, dice,[53] es el "equivalente [a escala] nacional de un comité de inversiones de una corporación". Igual que Rohatyn, Thurow sugiere crear un banco nacional de inversiones, algo similar a la Corporación de Finanzas de Reconstrucción (salvo, por supuesto, que mientras la RFC de Rohatyn invertía activamente en las industrias automotriz y del acero, el banco de Thurow estaría ocupado "desinvirtiendo" en estas industrias).

Dada su estimación del poder de los grupos perjudicados por el bloqueo de nuevos proyectos, Thurow se ve obligado a preocuparse más que Rohatyn o los redactores de *Business Week* por los problemas de equidad. Es inflexible en lo que concierne a la necesidad de proporcionar una "generosa" compensación a los individuos (no a las firmas) cuyos intereses sean prejuiciados por el proceso de transformación estructural que proyecta: "[. . .] el respaldo a individuos para ayudarlos a cambiar de industrias declinantes a ascendentes debiera ser generoso. Debiera ser generoso por la simple razón de que si no lo es, no podremos adoptar las políticas que el país necesita".[54]

La preocupación de Thurow por la equidad se extiende, sin embargo, más allá de lo que parece necesario para suavizar el proceso de ajuste estructural.

[48] *Ibid.*, p. 10.
[49] *Ibid.*, p. 24.
[50] *Ibid.*, pp. 80-81.
[51] *Ibid.*, p. 191.
[52] *Ibid.*
[53] *Ibid.*
[54] *Ibid.*, p. 192.

Aboga por una distribución mucho más igualitaria de ingreso y, para lograrla, hace una proposición que suena a herejía: ya que la empresa privada es incapaz de garantizar empleo para quienes quieren trabajar, entonces el gobierno, y en particular el gobierno federal, debe instituir los programas necesarios".[55] Esos incluyen, según Thurow, un programa permanente de empleo para millones de trabajadores, no de salario mínimo, sino provistos de manera tal que "estructurarían los sueldos y promoverían oportunidades de la misma manera en que están estructurados para los blancos con empleo de tiempo completo".[56] En este punto, Thurow parece regresar al punto de partida. Parte de la premisa de que el sistema político es incapaz de imponer pérdidas a los grupos de alto ingreso en general y a los capitalistas en particular, pero sólo la pérdida de la "disciplina de trabajo" que implica su esquema sería suficiente para provocar la más virulenta oposición posible entre los empleadores. De todos modos, Thurow no da a sus lectores una razón para creer que tal programa antipatronal pueda llegar a ser instituido.

Magaziner y Reich. El trabajo de Ira Magaziner y Robert Reich puede verse como un intento de ofrecer una propuesta de mayor tacto político que las propuestas de Thurow. El diagnóstico de Magaziner y Reich se refiere al problema de la competividad internacional y, consecuentemente, al del sector manufacturero. Igual que los de *Business Week* estos autores ven una mejor asignación de capital como sólo una respuesta parcial al problema del crecimiento de la productividad. Creen que la estrategia de los negocios y la organización interna de las relaciones obrero-patronales son determinantes fundamentales de la productividad relativa. Al mismo tiempo que se preocupan por inyectar a las industrias ascendentes, la desinversión no tiene la misma preeminencia en sus prescripciones que en el esquema de Thurow. Sin embargo, comparten plenamente la preocupación de Thurow por los problemas de equidad derivados de la transformación estructural.

Los asuntos de equidad reciben en *Ocupándose de los negocios de América* una atención mucho menos explícita que la manera de desarrollar estrategias de negocios internacionalmente competitivos, pero Magaziner y Reich ven la equidad como un prerrequisito esencial para aumentar la productividad. Según ellos,[57] "un compromiso colectivo con respecto a la productividad competitiva es posible si se basa en una organización económica en la cual los frutos de tal productividad se reparten equitativamente". Magaziner y Reich no definen lo que entienden por una distribución equitativa del ingreso, excepto cuando sugieren que sería parecida a las de Alemania, Suecia o Japón. Ya que sus propuestas para aumentar la equidad se reducen a políticas para mitigar los efectos de la dislocación social, y que su propuesta principal en esta área (bo-

---

[55] *Ibid.,* p. 204.
[56] *Ibid.*
[57] Magaziner y Reich (1982), p. 380.

nos de transición o bonos de empleo)[58] beneficiaría tanto a los empleadores como a los obreros, Magaziner y Reich no parecen tan utópicos como Thurow. La cuestión en su caso es si los cambios marginales en materia de equidad que podrían surgir de sus propuestas serían suficientes para inducir un "compromiso colectivo a la productividad competitiva". Las propuestas de Magaziner y Reich, como las de *Business Week*, no confían en la toma de decisiones centralizada que conlleva las proposiciones de Rohatyn. En tanto que no dicen que los líderes empresariales deben juntarse y "presentar un programa a Washington", afirman que "las decisiones de inversión no deberían ser dictadas por el gobierno, sino que deberían ser iniciadas por los negocios cercanos al mercado".[59] También rechazan una supersecretaría tipo MITI de Japón[60] y sugieren crear bancos de desarrollo regional, más que un banco nacional de inversiones o una RFC.[61]

Magaziner y Reich recomiendan principalmente mejorar la capacidad del Estado para tomar decisiones estratégicas. Esta mejoría parece estar basada parcialmente en el aumento de la cantidad de habilidad tecnocrática concentrada en la política industrial. Pero, más importante aún, está también basada en la existencia de un consenso acerca de la meta de competitividad internacional, que permitiría, a su vez, el desarrollo de un conjunto más coherente de políticas.

La respuesta de Magaziner y Reich a la pregunta "¿por qué tener una política industrial?" es bastante simple: una estrategia coherente para perseguir la meta de competitividad internacional es seguramente preferible a las políticas *ad hoc* que se encuentran actualmente en desarrollo, en respuesta a la empresa políticamente poderosa, pero a menudo menos competitiva, dentro de varias industrias.[62] Aunque esto sea sensato, parece ser dudoso que la meta bastante abstracta de la futura "competitividad internacional" despierte atractivo o credibilidad suficientes para producir un consenso entre el sector obrero norteamericano. Los cambios marginales en equidad, que podrían emanar de las propuestas expuestas por Magaziner y Reich, tampoco parecen ser suficientes para generar un respaldo político sustancial.

La frustración del consenso de la política industrial

Mientras se desarrollaba el debate entre los defensores de los sectores ascendentes y declinantes, surgían posiciones muy diferentes en los niveles regionales y de clase, y en algunas importantes instituciones liberales tradicionales de Estados Unidos. Esos sectores cuestionaban la mera idea de que una política industrial fuera un proyecto económico y político viable. Discutían la necesi-

[58] *Ibid.*, p. 374; Reich (1982).
[59] Magaziner y Reich (1982), p. 325.
[60] Reich (1982).
[61] *Ibid.*
[62] Magaziner y Reich (1982), p. 341.

dad económica de una política industrial y el hecho de que las propuestas en su favor no tomaran en cuenta la estructura política del Estado y de los grupos de interés, en otras palabras, su principal preocupación era que, en un contexto de grupos de interés desigualmente organizados y con un gobierno descentralizado, con poca capacidad para dirigir o coordinar las mejores estrategias a largo plazo, la política industrial podría llevar al proteccionismo y a la ineficiente distribución de recursos, los cuales a su vez podrían disminuir el crecimiento económico. Por otra parte, al mismo tiempo que reconocían la existencia de problemas importantes en la actual restructuración industrial de la economía de Estados Unidos, afirmaban que éstos podían ser resueltos regresando a los mecanismos tradicionales de la política keynesiana, esto es, el manejo de la demanda agregada mediante la correcta combinación de políticas fiscales y monetarias y confianza en el mercado como el mejor mecanismo de asignación de recursos de inversión. Esta posición, sin embargo, parecía ignorar los problemas que esas políticas habían producido en el pasado y se sustentaba en la creencia de que el actual sistema político puede absorber la restructuración sin fuertes tendencias hacia el proteccionismo.

Poco después de la primera ronda de propuestas de una política industrial, y aún más durante la recuperación de 1983-84, algunos destacados economistas liberales empezaron a tachar de exagerada la argumentación económica que planteaba la necesidad de tal política, afirmando que la situación no justificaba una interferencia masiva del gobierno en un nivel sectorial. También empezaron a aparecer estudios provenientes de instituciones representativas de distintas corrientes de pensamiento, como la Institución Brookings en Washington, uno de los bastiones tradicionales del pensamiento liberal keynesiano, o el *Harvard Business Review,* uno de los primeros foros de las propuestas de política industrial. En esos estudios se atacaban los "mitos" de las supuestas desindustrialización norteamericana y pérdida de competitivdad internacional de la economía estadunidense, así como el "mito" del éxito de las políticas industriales en otros países.[63] El trabajo de Robert Lawrence, investigador de la Institución Brookings, es quizá el más explícito. Analizando datos selectivos de la posguerra y particularmente de los años setenta, Lawrence desarrolla sus argumentos en tres puntos básicos.

En primer lugar, dice que si se consideran el crecimiento de la fuerza de trabajo en el sector manufacturero, y las reservas de capital y de producción, Estados Unidos no ha experimentado una total desindustrialización, ni en 1950-73 ni en 1973-80",[64] lo que no puede afirmarse de Europa. Al mismo tiempo, admite que "ha declinado la proporción del sector manufacturero en el empleo total de Estados Unidos, el capital y el gasto en investigación y desarrollo". Esta declinación es un fenómeno reciente que se explica "en parte porque en los años setenta el producto nacional bruto creció lentamente y en parte porque el crecimiento de la productividad laboral en el sector manufac-

---

[63] Lawrence (1983a), (1984); Badaracco y Yoffie (1983).
[64] Lawrence (1983b), p. 32.

POLÍTICAS INDUSTRIALES Y CONSENSO HEGEMÓNICO

turero fue menor que en el resto de la economía".[65]
En segundo lugar, después de examinar las raíces del cambio estructural ocurrido en este período, Lawrence concluye que "entre 1973 y 1980, en 38 de las 52 industrias del sector manufacturero de Estados Unidos, el comercio (el efecto neto entre la competencia de importaciones y la expansión de exportaciones) hizo una contribución positiva al empleo... y que los cambios en el consumo interno fueron una causa mucho más importante del cambio estructural que los cambios en el comercio internacional".[66] Asimismo, aunque reconoce que "la ventaja comparativa de Estados Unidos en productos de mano de obra no especializada y productos estandarizados con alto contenido de capital han ido declinando secularmente..., la ventaja comparativa de Estados Unidos en productos de alta tecnología e intensivos en recursos se ha fortalecido".[67] Es importante notar que en el análisis de Lawrence, la política industrial de los gobiernos del Tercer Mundo no es el villano, sino el reflejo de una vertiente natural del ciclo del producto de los "sectores Hecksher-Ohlin" al Tercer Mundo que, según afirma, debieran ser alentados. Los actuales déficit comerciales son más el resultado de un dólar sobrevaluado que cualquier otra cosa, y calcula que una declinación de 28% en la tasa de cambio eliminaría esta distorsión.

Finalmente, Lawrence afirma que los problemas de ajuste de empleo causados por el paso a nuevas industrias se pueden superar sin necesidad de proteger a los sectores declinantes: "A juzgar por sus características demográficas, regionales y educativas, la mayoría de los trabajadores antes empleados en industrias de baja tecnología, podrían ser empleados en industrias de alta tecnología."[68]

Con base en estos estudios, Lawrence y otros han trazado una serie de conclusiones políticas que reivindican la tradicional ortodoxia keynesiana estadunidense de mantener la intervención del gobierno en el nivel de la "macroeconomía" y respetar el comportamiento micro del mercado libre.[69] "Un crecimiento global lento de la economía y una moneda fuerte parecen ser los motivos principales de los problemas de ajuste que afronta el sector manufacturero de Estados Unidos. Las políticas macroeconómicas contribuyen significativamente a disminuir estas dificultades. Si el crecimiento económico es sostenido, la creación de empleos y la inversión surgirán automáticamente."[70] De hecho, sería una mala política tratar de detener la actual restructuración, ya que una dosis de "destrucción creativa" schumpeteriana, es siempre útil. Lo que realmente se necesita son políticas fiscales más estrictas y políticas monetarias más flexibles que bajen el déficit presupuestal y las tasas de interés, y estimulen así la inversión y la baja del dólar para hacer más competitivo a

[65] Lawrence (1984), p. 6.
[66] Ibid., p. 9.
[67] Ibid., p. 49.
[68] Lawrence (1983a).
[69] Fortune, (1983).
[70] Lawrence (1983b), p. 10.

Estados Unidos. Aunque critican ampliamente el concepto de una política industrial, Lawrence y otros creen, sin embargo, en una limitada asistencia por los ajustes que se den en el proceso de empleo/reentrenamiento y una asistencia temporal en el ajuste comercial; un tipo de "política de mercado libre con perfil humano".

En la raíz de esta oposición liberal a la adopción de una política industrial, aparte de algunas lealtades ideológicas a los mercados libres, yace el temor de que el intento de llevar a cabo tal política en Estados Unidos diera como resultado un crecimiento más lento, a causa del aumento de las ineficiencias de la asignación de recursos, y que, por lo tanto, fracasara como proyecto político-económico. Los obstáculos básicos parecen ser la capacidad del Estado para aplicar tales políticas y la naturaleza de la articulación entre los grupos de interés en Estados Unidos:[71] en primer lugar, se duda de la capacidad administrativa de los diferentes estados de la Unión Americana para hacerse cargo de la información y el seguimiento de políticas microsectoriales.[72] Tampoco se sabe con qué continuidad institucional se cuenta para llevar a cabo proyectos de tan largo plazo. Hay que considerar los ciclos legislativo y presupuestario así como el constitucionalmente obligatorio sistema de frenos y contrapesos sobre las agencias del gobierno, porque sin un amplio consenso nacional, la dirección política no puede tener continuidad. De hecho, la naturaleza de los frenos y contrapesos, que permite a una amplia variedad de grupos que pueden afectar los resultados a través de diversos canales, es antitética a la propuesta de una política industrial, aunque sea del tipo que propicia una institución política independiente de planeación de élite (Rohatyn), o que promueva una restructuración corporativista del proceso político para crear consenso (Reich-Thurow-Bluestone-House Democratic Caucus).[73] Eso, porque el Estado norteamericano tiene muy poca capacidad para someter y forzar al sector privado o al sector obrero a seguir una política especial para ayudar a una industria en particular;[74] el Estado, por otro lado, también tiene poca capacidad para impedir que otras coaliciones del capital y del sector laboral se organicen en busca de ayuda para su industria. (A esto se refiere Charles Schultze, presidente de la Brookings, sobre el programa de "ciudades modelo" supervisado por la Administración de Desarrollo Económico, que había sido pensado para operar en unas cuantas áreas deprimidas pero que las presiones políticas habían ampliado hasta alcanzar 80% de los condados en Estados Unidos, con el resultado de que cada uno de ellos sólo recibió una pequeña ayuda simbólica.)[75]

Además de que el Estado norteamericano es incapaz de organizar grupos de interés movilizados en torno a políticas de largo plazo, los grupos de interés que prevalecen en Estados Unidos se caracterizan precisamente por no abarcar todo el sector, por tener bases más bien estrechas y comandar un poder

---

[71] Los números del *Harvard Business Review* de 1983 se centraron en estas cuestiones.
[72] Lawrence (1984), capítulo 6. La creación de tal oficina es una de las propuestas de Reich.
[73] Badaracco y Yoffie (1983) tratan el problema de la legitimidad de ambos enfoques.
[74] Thurow (1984).
[75] Shultze (1985).

muy desigual. Por lo tanto, más que para permitir un consenso que reorganizara de manera más eficaz los recursos nacionales a través de caminos que llegaron a mejorar la competitividad, el crecimiento y la distribución, la política industrial podría ser utilizada para mantener a las ya poderosas coaliciones sectoriales. Los resultados no previstos podrían ser una ineficiente asignación de recursos, el proteccionismo comercial a largo plazo y una mayor "esclerosis institucional".[76]

A pesar de esta reacción del *establishment* liberal tradicional, el debate sobre la política industrial no está muerto porque la mayoría de las preguntas que planteó permanecen sin resolver. Lo que logró el debate fue delinear los contornos de la contradictoria situación actual, mostrando que lo que se proponen los defensores de las distintas propuestas de política industrial es más importante que lo que se pensó originalmente. Una política industrial no sólo implica transformaciones radicales de las estructuras sociopolíticas del país, sino que aparecen en un momento en el que el sistema actual, todavía es capaz de generar un fuerte aunque cada vez más desigual patrón de crecimiento. Es importante notar que hasta los datos de Lawrence prevén crecientes dislocaciones de empleo y pérdidas desiguales de bienestar social, asociadas a una "casi neta" reubicación del empleo.[77] Como ha señalado Thurow, "el libro de Lawrence es de interés, principalmente, por la luz que arroja en lo rápido que los salarios y estándares de vida norteamericanos tendrían que caer para que Estados Unidos mantuviera su competitividad en el resto del mundo.[78]

La premisa implícita en la crítica liberal a la idea de una política industrial, igual que en la propuesta "neocompetitiva" es que el sistema político, tal como se encuentra ahora, puede absorber estas dislocaciones crecientes del desarrollo. Aun así, como ya lo han advertido muchos,[79] y lo han demostrado las recientes políticas de Reagan, la actual relación descentralizada entre el Estado y los grupos de interés propicia la proliferación de estrechas coaliciones proteccionistas. Aún más, la incapacidad del Estado para asegurar a los trabajadores o al capital su permanencia en la actual restructuración, ha llevado a los sindicatos y a los capitalistas a buscar cada quien por su lado a aumentar al máximo sus intereses dentro de un plazo más corto. La incógnita de la economía política de los ochenta es saber si los efectos de esta creciente dislocación llegarán a producir coaliciones políticas poderosas en favor de una política industrial, o si Reagan tendrá éxito en la edificación de una coalición política más fuerte apoyada en la desigual recuperación actual.

El debate mexicano sobre política industrial

Aunque tanto dentro como fuera del Estado mexicano, a partir del gobierno

---

[76] Olson (1982).
[77] El pronóstico optimista de Lawrence ha sido duramente cuestionado (véase Harris, 1984; Thurow, 1984 y Miller y Tomaskovic-Devey, 1983).
[78] Thurow (1984), p. 29.
[79] Zysman y Tyson (1983), Hart (1982).

de Echeverría, la crítica a la política de desarrollo estabilizador de los años cincuenta y sesenta se convirtió en una gran preocupación, sólo al final del período presidencial de López Portillo ésta empezó a ser claramente enfocada, alrededor de dos rígidas alternativas políticas divergentes que podían resolver este *impasse* en la política económica del país. El trabajo de Cordera y Tello, *La disputa por la nación*, destiló las diferentes posiciones del cada vez más polarizado debate que antecedió a la sucesión presidencial de 1982. Una parte de los autores del debate que comentan se inclinaba hacia la alternativa "nacionalista", con la que se identificaban claramente Cordera y Tello, y la otra parte, se orientaba hacia la alternativa "neoliberal", orientada hacia afuera, que, más que una posición de completo *laissez faire*, describe mucho de lo que el presidente Miguel de la Madrid iba a anunciar después en su Plan Nacional de Desarrollo (PND, 1983-1988) y en el Programa Nacional de Fomento Industrial y Comercio Exterior (Pronafice) de la Secretaría de Comercio y Fomento Industrial (Secofi, 1984-1988).[80]

Aunque estos dos enfoques son radicalmente divergentes, es importante señalar que ambos concuerdan en que hay un agotamiento estructural del proceso de industrialización a causa de la sustitución de importaciones iniciada en los cincuenta y continuada en los sesenta, y en que el actual modelo ya no permite la reproducción política y económica. Ambos aceptan también el concepto de una economía mixta, con los varios grados de participación del Estado que admite la Constitución de 1917,[81] y rechazan tanto los modelos capitalistas de *laissez faire* del cono sur como la alternativa socialista.

A partir de allí, comienzan a emerger en varias áreas clave de la política económica e industrial divergencias acerca de temas sobre los cuales había amplio consenso durante el período de la industrialización de sustitución de importaciones. Cordera y Tello por un lado, quieren avanzar por la senda de esa industrialización. Creen que acelerando el retrasado proceso de integración en bienes de capital dentro de ese modelo, pueden lograr la "independencia industrial" y una integración nacional más igualitaria. El proyecto de De la Madrid, por otro lado, busca romper definitivamente con la pasada estrategia de desarrollo "orientada hacia dentro" y adoptar una estrategia donde "en contraste con el patrón histórico de crecimiento, el sector industrial exportador es el que presenta el mayor dinamismo".[82]

Para los propósitos de este trabajo es importante señalar que estas dos estrategias divergentes suponen profundos realineamientos sociopolíticos. La estrategia de Cordera y Tello, a la vez que busca reunir el mismo consenso de clase que logró la estrategia nacionalista de Cárdenas,[83] se rehúsa a ser consecuente con su propio reconocimiento de que esa estrategia los pone ahora

---

[80] Secretaría de Programación y Presupuesto (1983), Secretaría de Comercio y Fomento Industrial (1984).

[81] Cordera y Tello (1981), pp. 10, 107; Secretaría de Programación y Presupuesto, (1983), p. 148.

[82] Secretaría de Comercio y Fomento Industrial (1984), p. 91.

[83] Cordera y Tello (1981), p. 11.

totalmente en contra de los intereses de la mayoría de los capitalistas. En cambio, el proyecto de De la Madrid busca fomentar el desarrollo del capital privado, nacional y extranjero, en sectores de exportación con posibilidades de alto crecimiento, alrededor de los cuales se puedan reintegrar otros sectores menos dinámicos. La estrategia delamadridiana de esta manera asume el riesgo de romper con los viejos patrones de interés y establecer rápidamente una nueva forma de crecimiento, capaz de construir y sostener una nueva coalición hegemónica orientada hacia afuera. Al terminarse los altos ingresos petroleros y la posibilidad de continuar con el endeudamiento externo como base de acumulación, la actual coyuntura presenta un dilema muy rígido entre una mayor dependencia del capital privado, tanto nacional como extranjero, o una reubicación del centro de acumulación hacia el Estado, a través de la expropiación de grandes sectores de capital.

Es importante tomar en cuenta el impacto que está ejerciendo la nacionalización de la banca, como un *shock* externo en las estrategias de inversión, tanto a corto como a mediano plazo especialmente del gran capital. Finalmente, mientras ambas estrategias dependen profundamente de la reacción del resto del mundo para su posible éxito, especialmente a corto plazo, ambas en gran parte consideran al resto del mundo como una variable exógena constante. El fracaso de incorporar la reacción internacional a sus políticas, o, como algunos sugerirían, el fracaso de no insistir en una coordinación internacional de su políticas (en ambos casos con particular referencia a Estados Unidos) podría convertirse en el conceptual y estratégico talón de Aquiles de ambas alternativas.[84]

Cordera y Tello

La estrategia nacionalista propuesta por Cordera y Tello, y apoyada por muchos otros,[85] es un intento de utilizar el patrón de desarrollo político y económico de posguerra como base para promover un programa más progresista para los trabajadores y las masas marginadas por la aplicación anterior de ese patrón. Su meta básica en la estrategia económica es intensificar el proceso de industrialización por sustitución de importaciones para "lograr, en el plazo más breve, una efectiva integración económica nacional y una disminución sustancial de la marginalidad social prevaleciente".[86]

No es nueva la idea de que la mayor integración económica nacional y la disminución de la desigualdad son consecuencia una de la otra, y de hecho ha sido uno de los pilares principales del pensamiento estructural de posguerra en América Latina.[87] Esta virtual relación, no resultaría sin embargo, del fun-

---

[84] Secretaría de Programación y Presupuesto (1983), p. 3; Hinojosa Ojeda (1983).
[85] López (1983).
[86] Cordera y Tello (1981), p. 11.
[87] Padilla (1969), Pinto (1974), Vuskovic (1974). Lustig (1981) hace un amplio comentario al respecto.

cionamiento del mercado libre, especialmente en las condiciones del capitalismo periférico. Más bien, tendría que lograrse por medio de una fuerte intervención del Estado, no sólo en el nivel de la política industrial, sino también por medio de una política de redistribución del ingresos (y de la propiedad) dirigida especialmente hacia los que perciben menores ingresos, lo cual podría aumentar la demanda de artículos de consumo básico que requieren mano de obra intensiva, lo que a su vez permitiría sustituir importaciones de bienes de capital y lograr así el desarrollo nacional de una "tecnología adecuada".[88] Una vez que este sector de bienes de capital pudiera ser establecido en la periferia, también se podría establecer, teóricamente, una base nacionalmente integrada para la acumulación y la reproducción en forma semejante a la de una economía capitalista articulada del centro (pero sin periferia).

La estrategia de Cordera y Tello buscaría entonces llevar este modelo de industrialización hasta sus últimas consecuencias; "la industrialización (dicen) es un proceso de integración que se dirige explícitamente a crear las bases de la autorreproducción interna".[89] Este proceso estaría simbióticamente relacionado con un ataque a las grandes desigualdades de México por medio de: a) una reducción de las desigualdades entre zonas rurales y urbanas mediante inversiones en infraestructura y aumentos de los precios de garantía de los alimentos; b) un combate a la desigualdad social en las áreas urbanas reorientando el gasto del Estado hacia el desarrollo social, y c) un aumento de los salarios reales que no olvide la necesidad de aumentar la productividad. El núcleo de la política industrial del proyecto nacionalista de Cordera y Tello es entonces su idea de "acceder a un proceso de desarrollo industrial más intenso e integrado que avance en la producción masiva de bienes de capital seleccionados, que aproveche más plenamente, incorporando mayor valor agregado, los recursos naturales del país; que esté estrechamente relacionado con las necesidades de equipos y de insumos que requiere la industria básica estatal y que responda a las prioridades en materia de alimentos, educación, salud y vivienda".[90]

Aunque el cambio hacia el consumo interno y la regulación más estricta de inversión extranjera directa sean parte indiscutible de esta estrategia nacionalista, se advierte que son condiciones necesarias pero no suficientes: "Sin una política expresa de diversificación e integración de la industria —destinada a constituir una sólida base interna para la acumulación de capital—, ni un mayor control nacional sobre la industria de consumo, incluso sobre la de bienes intermedios, ni reglamentos más estrictos sobre la inversión foránea, son garantía de que el desarrollo será más nacional y menos dependiente."[91] La idea básica es que la prioridad debe ser transformar la actual relación de México con la economía mundial y establece a la vez una base industrial nacionalmente integrada. Desde dicha base, México podrá decidir cómo relacionarse mejor con la economía mundial: "En la medida en que se avance por este ca-

[88] Vuskovic (1974), p. 71.
[89] Cordera y Tello (1981), p. 147.
[90] *Ibid.*, p. 124.
[91] *Ibid.*, p. 147.

mino, la capacidad de autodeterminación nacional se fortalecerá y las posibilidades de decidir nacionalmente el lugar de México en la división internacional del trabajo serán más tangibles."[92] Mientras que la estrategia neoproteccionista norteamericana es similar en términos económicos al enfoque estructuralista, los proyectos de Cordera y Tello, mucho más avanzados, se dan cuenta de que es necesario afirmar la existencia de una posibilidad de coalición para su proyecto. Están también muy conscientes de que su instrumentación supone una movilización política de las masas. La coalición de Cordera y Tello es la vieja coalición cardenista, pero esta vez sin los poco democráticos controles corporativistas del pasado. Cuando planean una estrategia política para cumplir sus reformas, comienzan por el muy realista axioma de que "no hay reforma socioeconómica sin política de masas y no hay política de masas sin reforma socioeconómica", un axioma bien enseñado por el "presidente Cárdenas cuando se hizo evidente que la consolidación del Estado y del sistema político no podría darse sino a partir de un intenso proceso de reformas económicas y sociales".[93] Cordera y Tello muestran sabiduría política cuando reconocen que cualquier proyecto de reforma debe producir los resultados que necesitan sus bases de apoyo, y que, en el caso actual, "lo que las masas buscan es participación social (democracia de bases en los sindicatos, en los ejidos, en las comunidades)".[94]

Sobre los principales elementos de la coalición nacionalista dicen: "En el momento actual, junto con los campesinos pobres (con o sin tierra) y los trabajadores no organizados y no calificados —que constituyen las bases clásicas de la política de masas mexicana— aparecen grupos importantes de ejidatarios organizados, pequeños asalariados, etc., todos ellos contingentes potenciales que respaldarían la puesta en acta del proyecto nacionalista."[95] Otros que podrían entrar en esa coalición son: "algunas fracciones" de las clases medias asalariadas, principalmente intelectuales, y algunos elementos de la burocracia estatal, aunque es necesario "ideologizar" a muchos de los nuevos cuadros de orientación tecnócrata. Finalmente, Cordera y Tello tratan de identificar a los elementos de la burguesía que podrían respaldar esta estrategia nacionalista. Aunque reconocen que, aunque sea recientemente, "los empresarios habían constituido un bloque homogéneo", dicen que hay, de hecho, un proceso de redefinición" en marcha, que abre al gobierno "la posibilidad de llevar a cabo negociaciones parciales con grupos empresariales importantes, a partir de las cuales podría formarse un polo empresarial que apoyara la política nacionalista".[96] Estos grupos están formados por "empresarios que ven su destino asociado a la ampliación del mercado y al fortalecimiento de la economía nacional". Aun los pequeños y medianos empresarios, tradicionales

[92] Ibid., p. 146.
[93] Ibid., p. 129.
[94] Ibid., p. 130.
[95] Ibid.
[96] Ibid., p. 131.

aliados de la coalición de Cárdenas,[97] son vistos como si hubiesen estado sujetos a la "maniobra de los grandes grupos económicos", y por consiguiente como representantes de "una posibilidad real de que el gobierno recupere su base social de apoyo", si el Estado da un tratamiento de emergencia a sus problemas en la presente crisis.[98]

Hay en esta estrategia algunos problemas muy serios que impiden obtener un respaldo hegemónico, dada la estructura actual del capitalismo y del sistema político mexicanos. Los problemas de esta estrategia reflejan el dilema general de la clase trabajadora, tanto en el Norte como en el Sur. Cuando esta clase trata de volver al antiguo patrón de reproducción económica y de relaciones políticas pierde, en la lucha política interna, aún más credibilidad como líder hegemónico viable.

El problema básico está en el intento de construir una economía integrada dentro del actual patrón de reproducción internacional. Para países como México, esto es aún más difícil que para los del Norte, porque, además de absorber los costos del proteccionismo, el Sur debe, al mismo tiempo, invertir en el desarrollo de un sector de bienes de capital, el más complejo y costoso de cualquier economía. En las muchas revisiones de las crisis de la estrategia de sustitución de importaciones que se hicieron en los años setenta, se señaló una variedad de nuevos costos económicos y constreñimientos propios del intento de ahondar el proceso de sustitución de importaciones en la fase de bienes de capital, tales como:[99] a) el enorme gasto de desarrollar un complejo sector industrial con pequeñas economías de escala dictadas por mercados nacionales; b) la mayor demanda de nueva tecnología y la necesidad de concentrar recursos para comprarla, desarrollarla e instrumentarla; c) la necesidad de nuevas infraestructuras para respaldar a las nuevas industrias; d) la modificación del proceso mismo de la manufactura de productos industriales terminados porque los insumos y el equipo empleado en la manufactura de tales productos serán suplidos por las nuevas industrias creadas por el ahondamiento, y —a consecuencia de los costos anteriores— e) una situación por la que, a diferencia de las primeras fases de la industrialización de los días de Cárdenas, esta estrategia no puede ser financiada por una redistribución del ingreso hacia quienes cobran salario y, de hecho, implica un cambio de recursos hacia niveles altos de acumulación de capital y el desvío de fondos públicos para financiar estas costosas inversiones con alto contenido de capital.[100]

Estas nuevas restricciones económicas hacen mucho más difícil la edificación política de la coalición de Cárdenas tanto porque esa coalición ya no se encuentra entre los mejores intereses de los capitalistas como porque no se puede sostener a corto plazo el respaldo de las masas que se necesita para llevarlos a cabo. A diferencia del período de Cárdenas, cuando la clase capitalista no estaba muy desarrollada y necesitaba un mercado cerrado para su desarrollo,

[97] Hamilton (1982).
[98] Cordero y Tello (1981), p. 131.
[99] Hirschman (1968), Serra (1979), O'Donnell (1973), Tavares (1980).
[100] Tavares (1980).

existen ahora grupos económicos privados muy poderosos, que no ven el consumo o el mercado de bienes de capital como su única o más importante área de desarrollo. También las corporaciones transnacionales se han extendido mucho y, además, hay ahora mayor unión con los mercados de capital de Estados Unidos. Ambos desarrollos están respaldados por un gran capital mexicano que les permite, mediante la fuga de capital, vetar cualquier política del Estado.

Además, a la mayoría de los capitalistas del Tercer Mundo, ya no les interesa esta estrategia ''nacionalista'' contra lo que creían los teóricos acerca de que el ''ahondamiento'' de la sustitución de importaciones era el siguiente paso lógico hacia el capitalismo. De hecho, todo el debate sobre el estancamiento de ese modelo surgió en torno a la falta de disposición de los capitalistas para arriesgarse a expandir la producción en esta área, a causa del alto costo de la inversión para los que podían invertir, y por la oposición de la mayoría de los capitalistas que producen para el mercado interno, que podían importar bienes de capital más baratos.[101] Si se aplicara el plan de Cordera y Tello, los capitalistas mexicanos, tanto los orientados al mercado interno como los orientados a la exportación, se opondrían al plan no sólo por estas razones, sino también porque el plan va acompañado de una redistribución del ingreso hacia otros sectores fuera del capital que lo hace menos atractivo. De hecho, la tesis de O'Donnel sobre la afinidad entre el Estado Burocrático Autoritario del Cono Sur y el ahondamiento del modelo de sustitución de importaciones predecía que el Estado tendría que ser más represivo con los trabajadores y con el consumo general para crear las condiciones bajo las cuales los capitalistas corrieran los riesgos de tan costosa inversión, sólo recuperable a largo plazo, en una tarea que, además, exigiría grandes capitales, altamente organizados, ya fueran oligopolios nacionales o transnacionales, además de las grandes empresas del Estado.

El intento de ahondar el proceso de industrialización mediante la sustitución de importaciones también implicaría grandes sacrificios y desviación de recursos. Dada la oposición del capital, su instrumentación requeriría de transformaciones radicales en las relaciones de propiedad y abriría la posibilidad de una huelga de capital en forma de fugas. La carga de la inversión para el desarrollo de bienes de capital sería asumida por el Estado, que tendría entonces que desviar recursos de los programas redistributivos en el mismo momento crítico en que necesitara satisfacer demandas de mejoramiento de las condiciones socioeconómicas de las masas para mantener su apoyo en la estrategia estatal de mediano y corto plazo.[102]

---

[101] Hirschman (1968).
[102] Hinojosa Ojeda (1983).

La estrategia de De la Madrid:
la industrialización basada en la promoción de exportaciones

Aunque coincide con la posición de Cordera y Tello en que las fases previas de la industrialización basada en la sustitución de importaciones no podían ya servir como base para la acumulación, el nacimiento y la toma de posesión del gobierno de De la Madrid mostraron el rechazo de la alternativa "nacionalista" y el inicio de un giro definitivo hacia la estrategia de industrialización basada en la promoción de exportaciones. Si se analizan el PND y su posterior evolución en el plan de la Secofi,[103] puede verse que los actuales dirigentes del Estado mexicano han decidido que el proceso de acumulación no puede sostenerse sólo con base en crecientes ingresos petroleros o al endeudamiento externo, y que la única solución a largo plazo para México es reorientar la industrialización hacia su inserción en la división mundial de la producción. La meta de estos planes es que el nuevo tipo de industrialización empiece por un auge de inversiones privadas que reconstruya encadenamientos hacia atrás y llegue a las exportaciones. Tal estrategia no sólo significa un rompimiento deliberado con el patrón de desarrollo anterior, sino también un rompimiento con la configuración de relaciones de clase que lo sostenían.

Conscientes de sus riesgos, los planes del actual gobierno mexicano están diseñados para avanzar muy sutilmente en la promoción de las industrias de exportación y para mantener al mismo tiempo ligas con la industria tradicional. Gradualmente, se irá rompiendo con la antigua alianza y se intentará edificar una nueva coalición alrededor de la estrategia de exportación. Su propósito parece entonces evitar cualquier bache económico o político profundo de transición estructural. A pesar de que todavía es demasiado pronto para hacer una declaración definitiva sobre sus posibles resultados, podemos ver ya las dificultades que cuesta mantener estas metas contradictorias con los intereses de una burguesía todavía sobresaltada por la profunda crisis económica y la nacionalización de la banca, y con Estados Unidos, cuyas altas tasas de interés atraen al capital mexicano, y cuyo régimen está mal dispuesto hacia la coordinación internacional de la restructuración industrial. Hay claros síntomas de un alejamiento de ese sutil camino por la cuerda floja y se confía más en poder "crear las condiciones adecuadas y establecer los precios correctos" para que inviertan las corporaciones transnacionales y el capital nacional. Como se evidencia a través de los cambios del PND al Pronafice, esto significa tanto poner menos énfasis en los encadenamientos hacia atrás del sector exportador hacia el resto de la economía, contemplados en el PND, como un cambio de la carga hacia la clase trabajadora.

Al entrar en funciones, el gobierno de Miguel de la Madrid señaló dos problemas centrales en la definición de una nueva política económica: en primer lugar, la crisis "estructural" a largo plazo del modelo de sustitución de

---

[103] Secretaría de Programación y Presupuesto (1983). Secretaría de Comercio y Fomento Industrial (1984).

importaciones, y, en segundo lugar, la resultante crisis "coyuntural" de la deuda y la balanza de pagos. La definición de ambas crisis en términos internacionales, indicaban la necesidad de reorientar la economía hacia el resto del mundo. El contexto general "estructural" consistía en una renovada definición de la crisis de la estrategia de sustitución de importaciones: "La política de sustitución de importaciones ha sido, en general, indiscriminada en favor de la producción interna de bienes de consumo duradero y no ha propiciado un crecimiento más articulado de las industrias de bienes intermedios y de capital, produciendo así desequilibrios y rigideces importantes."[104] Estos desequilibrios son la sobrevaluación de la moneda, las tarifas excesivas y permanentes, la protección de medios de producción ineficientes, la falta de competitividad de las exportaciones, la dependencia externa respecto de insumos y financiamiento, y el agravamiento de la mala distribución del ingreso y la concentración oligopólica. El resultado fue un mayor déficit del comercio exterior, y el agotamiento del recurso de los préstamos externos, las crecientes exportaciones de petróleo, o "la política activa de gasto de los años setenta",[105] para financiar las nuevas inversiones y el déficit externo. El apoyo en estas fuentes de financiamiento permitió en el pasado "postergar la implementación de políticas de ajuste macroeconómicas y cambio estructural para corregir dicho desequilibrio".[106]

Desde este punto de vista, la solución a la actual crisis parecía muy clara y técnicamente definida: "ante las limitaciones y agotamiento de las mencionadas fuentes de financiamiento del déficit externo, la opción para crecer es financiar las importaciones, principalmente con recursos provenientes de la propia industria nacional. Se requiere para esto una industrialización más eficiente y competitiva que permita que las exportaciones manufactureras financien una proporción creciente de las importaciones del sector".[107]

El PND, documento político y económico introducido por el nuevo régimen, insistió en que aunque la orientación hacia la promoción de exportaciones es definitiva, no se contradice necesariamente con la orientación hacia la demanda interna. Como lo declara el mismo PND: "El plan pretende romper con la falsa dicotomía de desarrollo hacia afuera y desarrollo hacia dentro", y tiene como meta a mediano plazo: "un sector industrial integrado hacia dentro y competitivo hacia fuera".[108] Y aunque afirma que "las dificultades que atraviesa actualmente el país responden en cierta medida a la ejecución de una

[104] Secretaría de Programación y Presupuesto (1983), p. 93.
[105] Ibid., 191.
[106] Secretaría de Comercio y Fomento Industrial (1984), p. 20.
[107] Ibid., p. 20. Para ver que el gobierno de Miguel de la Madrid significa un cambio básico en la perspectiva estratégica de los dirigentes del Estado mexicano, es sólo necesario anotar las agudas diferencias entre el Plan Nacional de Desarrollo y el Plan Nacional de Desarrollo Industrial, 1979-1982, elaborado por la Secretaría de Patrimonio y Fomento Industrial (1979), el cual sostuvo (p. 20) que en "el caso de México, la posibilidad de superar la crisis radica en el potencial financiero que brindan los excedentes derivados de la exportación de hidrocarburos".
[108] Secretaría de Programación y Presupuesto (1983), p. 112.

estrategia de desarrollo que no consideró suficientemente la vinculación económica con el exterior entre los elementos objetos del proceso de planeación",[109] sugiere que, sin embargo, "sería inadecuado fomentar un sector exportador desvinculado totalmente de la demanda interna".[110]

Las cinco medidas de política general para lograr este balance entre la orientación hacia el exterior y el interior son las siguientes:

— Aumentar la oferta de bienes y servicios básicos.
— Aumentar la integración intra e intersectorial mediante el desarrollo selectivo de la industria de bienes de capital.
— Vincular la oferta industrial con el exterior, impulsando la sustitución eficiente de exportaciones y la promoción de exportaciones diversificadas.
— Adaptar y desarrollar tecnologías y ampliar la capacitación en el uso de las mismas para impulsar la producción y la productividad.
— Aprovechar eficientemente la participación directa del Estado en áreas prioritarias y estratégicas para reorientar y fortalecer la industria nacional.[111]

Además de tratar de avanzar sobre el estrecho camino de la orientación hacia el mercado nacional frente a la de exportación, el PND habla de "la decisión de distribuir equitativamente la carga del programa de ajuste".[112] Busca también "fortalecer la rectoría del Estado, impulsar al sector social y estimular al sector privado".[113] Sin embargo, el PND es muy crítico sobre el anterior desempeño del Estado en la política económica, especialmente cuando alude al efecto de aglomeración del excesivo gasto público,[114] la ineficiente política comercial proteccionista y las distorsiones de los precios relativos que perjudicaron la utilización del trabajo y del capital. Aún así, la importancia del papel del Estado es reafirmado y muy bien definido: "En un régimen democrático de economía mixta como el nuestro, corresponde al Estado, en el marco de derecho, dirigir y conducir el desarrollo de acuerdo a las aspiraciones y objetivos de la sociedad."[115]

A pesar de que todavía no se puede saber con certeza el resultado final de un plan que intenta específicamente la reestructuración de la planta productiva a mediano y largo plazo, ya hay síntomas de que la estrategia es más contradictoria de lo que quiere admitir el optimismo del PND. Puede verse que el PND tiene dificultades para entusiasmar al capital privado, especialmente al mexicano, y que los pronunciamientos gubernamentales se están desviando de la cuerda floja tan finamente establecida por el PND. El encierro en la lógica dictada por la estrategia de la promoción de exportaciones, típicamente neoliberal, tiene paralelismos con la situación que se presentó durante el período

[109] *Ibid.*, p. 191.
[110] *Ibid.*, p. 132.
[111] *Ibid.*, p. 130.
[112] *Ibid.*, p. 111.
[113] *Ibid.*, p. 146.
[114] *Ibid.*, p. 321.
[115] *Ibid.*, p. 147.

de la sustitución de importaciones, cuando el Estado mexicano se hundía más y más en la lógica de ese modelo, y seguía atrayendo inversiones que al final le costaron muy caras.

Desde que se escribió el PND, hasta la aparición del Pronafice, México sufrió la peor crisis económica de su historia. La principal preocupación del gobierno de De la Madrid fue, y continúa siendo, la lentitud de recuperación de la inversión privada (particularmente de capital mexicano) en el sector industrial, especialmente en las nuevas industrias de exportación, en las que el PND puso tantas esperanzas.[116] La versión final del Pronafice apareció en julio de 1984, en la etapa más grave de esta crisis, después de un largo periodo de consulta de su contenido con asociaciones privadas y con el movimiento obrero organizado oficial. Desde la primeras versiones del plan,[117] las asociaciones privadas lo tacharon severamente de "estadista", "reglamentarista" y "totalitarista".[118] Aunque excedería nuestro propósito analizar en detalle el intrincado proceso por el cual se llegó al plan definitivo, es intesante notar que la versión final contiene reorientaciones sustantivas y cualitativas de importancia, de las posiciones mantenidas por el PND y por las versiones previas del plan, claramente destinadas a hacerlo más atractivo a los inversionistas potenciales, nacionales y extranjeros.

Estos cambios pueden ser claramente identificados en dos áreas básicas: la redifinición de la rectoría del Estado y la relación entre la orientación hacia las exportaciones, los encadenamientos hacia atrás y el mercado interno. Los nuevos papeles del Estado y del capital privado se reflejan en la modificación del mismo nombre del plan original: del Plan Nacional de Desarrollo Industrial y Comercio Exterior, se conviere en Programa Nacional de Fomento Industrial y Comercio Exterior. Aunque el PND declaraba que "en un régimen democrático de economía mixta como el nuestro, le corresponde al Estado, en un marco de derecho, dirigir y conducir el desarrollo de acuerdo con las aspiraciones y objetivos de la sociedad",[119] el Pronafice remplaza ese acuerdo por la idea de que "se trata, en suma, de avanzar hacia una sociedad donde se aprovechen plenamente las potencialidades y creatividad de los sectores público, privado y social en un marco de coordinación, complementariedad, confianza y libertad".[120] En el ejercicio público de la política, este cambio se refleja en el relajamiento de muchos proyectos reguladores del Estado, que ceden más terreno a las exigencias del mercado internacional. Mientras que la meta básica del PND era "constituir el motor de un crecimiento económico autosostenido capaz de generar empleos, divisas y recursos internos suficientes para establecer condiciones de estabilidad en estos tres mercados",[121] el

---

[116] Véanse las memorias de "Conference on U.S.-Mexico Investment Relations", Universidad Stanford, enero de 1985, especialmente el trabajo de Reyes Heroles (1985).
[117] Véase Secretaría de Comercio y Fomendo Industrial (1983) (1984)..
[118] *Proceso*, núm. 406, 13 de agosto de 1983, p. 16.
[119] Secretaría de Patrimonio y Fomento Industrial (1979), p. 147.
[120] Secretaría de Comercio y Fomento Industrial (1984), p. 11 (subrayado nuestro).
[121] Secretaría de Patrimonio y Fomento Industrial (1979), p. 318.

Pronafice vuelve a definir y a estrechar esta meta: "En síntesis, el desafío fundamental para recuperar con bases sólidas y diferentes nuestra capacidad de crecimiento es generar y ahorrar nuestras propias divisas mediante un proceso de industrialización que reduzca progresivamente la exigencia de moneda extranjera para desarrollar la planta productiva, que fomente exportaciones y que sustituya selectivamente importaciones. Esto es lo que permitirá, finalmente, un crecimiento autosostenido."[122]

En la medida en que predominan los criterios del sector externo, la política industrial se transforma para acomodar estas metas. Por ejemplo, como ya vimos, el PND intentó avanzar por un camino estrecho entre las exportaciones y el desarrollo de encadenamientos hacia atrás en capital y en artículos intermedios, dentro del criterio de que "se actuará con selectividad, en función del tamaño del mercado interno de dichos bienes".[123] La versión final del Pronafice cambia los criterios del desarrollo de encadenamientos hacia atrás: "El país seguirá importando algunos componentes de procesos productivos cuya especialización alcanzada a nivel internacional hace que sea inconveniente, aunque no inviable, su producción interna."[124]

En resumen el Pronafice transforma la actuación mesurada del PND en un mayor apoyo en los mercados extranjeros, como principal motor de crecimiento. Mientras que el PND tuvo siempre como meta prioritaria "aumentar la oferta de bienes y servicios básicos",[125] las actuales proyecciones sectoriales expuestas por el Pronafice cuentan una historia diferente: "En el período 1985-1988, el sector industrial endógeno crecerá entre 6.6 y 7.7%, el sector sustitutivo entre 7.3 y 8.6% y el exportador entre 7.6 y 9%...así, en contraste con el patrón histórico de crecimiento, el sector industrial exportador es el que presenta el mayor dinamismo."[126]

México y Estados Unidos: ¿cómo internacionalizarse?

En este trabajo hemos delineado el desarrollo y la crisis del patrón de posguerra de la reproducción económica, y las correspondientes estrategias e instituciones sociopolíticas. Luego, hemos analizado sistemáticamente las dificultades que tanto Estados Unidos como México han afrontado al tratar de organizar propuestas de políticas hegemónicamente viables para la restructuración industrial en una nueva era, en la que pueden obtenerse altas tasas de acumulación a partir de la internacionalización y la instrumentación de nuevas tecnologías. En ambos países advertimos una tendencia teórica y política hacia políticas que intentan generar altas tasas de crecimiento a través de un creciente desa-

---

[122] Secretaría de Comercio y Fomento Industrial (1984), p. 21.
[123] Secretaría de Patrimonio y Fomento Industrial (1979), p. 131.
[124] Secretaría de Comercio y Fomento Industrial (1984), p. 89.
[125] Secretaría de Patrimonio y Fomento Industrial (1979), pp. 130, 112.
[126] Secretaría de Comercio y Fomento Industrial (1984), p. 91.

rrollo apoyado en fuerzas de mercado y un papel decreciente del Estado en la planificación económica y social.

En esta sección analizamos los posibles patrones futuros de reproducción económica internacional y sociopolítica dentro y entre ambos países. Empezamos por analizar las contradicciones estructurales inherentes a los enfoques de políticas actualmente en operación, que provocan cada vez mayores conflictos internos de distribución, la dispareja aplicación del proteccionismo y los conflictos internacionales que todo esto ocasiona en el comercio y la inversión. Estos acontecimientos señalan el principio de una era de no complementariedad entre los procesos nacionales y las relaciones internacionales, situación fundamentalmente diferente a la de la posguerra. Mientras tanto, las propuestas alternativas nacionalistas de política industrial que hasta ahora hemos revisado son incapaces de resolver ninguna de estas contradicciones internas o internacionales. Sólo una política industrial basada en la "administración de la interdependencia", empieza a superar las contradicciones de una manera económicamente coherente. Esto abre la posibilidad de un enfoque conceptual fundamentalmente diferente de la reforma económica de orientación transnacional y cooperativa. En contraste con la estrategia de promoción de exportaciones, centrado en una sola nación, e incluso con el enfoque nacionalista, que incluye propuestas de promover la exportación, esta "tercera alternativa" establece que es dentro del nuevo marco conceptual internacional que deberían empezar a desarrollarse las respuestas políticas nacionales. Aun así, mientras este acercamiento consolida un discurso potencialmente nuevo y hegemónico, es necesario también edificar una relación con bases diferentes entre el Estado y la sociedad civil, en el nivel interno e internacional. Esto producirá un nuevo dilema acerca de la dinámica entre la movilización política y la reforma institucional y estructural que, a diferencia de la dinámica nacional interna de los años treinta, es ahora necesaria a una escala internacional.

El tipo de políticas actualmente en operación a ambos lados de la frontera están produciendo una serie de contradicciones potencialmente serias y desestabilizadoras, tanto dentro de cada país como en la relación entre ambos. Como se plantea en la gráfica (pág. 67), las actuales políticas están demostrando que son capaces de producir altas tasas de crecimiento. Pero como este crecimiento se está dando principalmente en sectores selectos vinculados con una naciente economía internacional y, consecuentemente, produce cada vez mayores desigualdades sobre sectores y regiones, y en la distribución del ingreso. Si bien es cierto que la base material para establecer alianzas nacionalistas entre las clases ha sido debilitada por esta nueva dinámica, también es cierto que está siendo remplazada por una base material potencial de poderosas, aunque estrechas, coaliciones entre aquellos capitalistas y trabajadores de ambos lados de la frontera ubicados en esos nuevos sectores estratégicos de alto crecimiento e internacionalmente competitivos. Y mientras que el anterior patrón estable de relaciones internacionales también está llegando a su fin, se puede pensar en un nuevo orden internacional de comercio y de inversión relativamente estable, sobre la base de una operación irrestricta del principio de ventajas comparativas. De ahí las dos cuestiones cruciales: 1) ¿puede organizarse y mantenerse, sobre la base de estos nuevos patrones de crecimiento desigual, una transición a nuevas estructuras políticas hegemónicas en el interior, aunque fundamentadas en estrechas coaliciones de subclases de capitalistas y trabajadores en aquellos sectores que están siendo insertados exitosamente en una nueva economía mundial interdependiente?, y 2) ¿pueden producir, estos nuevos patrones de estrategias de clase, patrones complementarios y estables de interdependencia comercial, de inversión y de consumo?

Los principales impedimentos para lograr el éxito de cualquiera de estas metas parecen ser los sistemas políticos y las estructuras de mediación, entre el Estado y las organizaciones de clases, establecidos durante el período de la posguerra y atrincherados ahora tanto en el Norte como en el Sur. Los sistemas políticos y las estrechas estructuras de mediación de clase de Estados Unidos y de México, es decir, el "corporativismo social" y el "corporativismo estatal", para usar la terminología de Schmitter,[127] permitieron en el pasado coaliciones exclusivas y bastante duraderas que se adecuaron fácilmente al orden internacional, de comercio y de inversión de la posguerra. Ahora, sin embargo, estos sistemas políticos y la fuerza de las organizaciones de clase y de sector son capaces de detener los recientes intentos de reforma de cada sistema nacional. Esto impide el desarrollo de un nuevo orden internacional y nacional de libre mercado en el consumo y de inversión, lo que revela la incompatibilidad entre los sistemas sociopolíticos nacionales y los ajustes que son necesarios en el nivel internacional para favorecer el proceso de acumulación.

En tanto que ambos países persiguen actualmente políticas de creciente competitividad que favorecen un mayor crecimiento e interdependencia, ambos están encontrando también una fuerte oposición de grupos que tienen mucho que perder en el proceso. Los actuales sistemas políticos de ambos países tienden a mantener protegidos a sectores influyentes aunque ineficientes, y promueven sólo selectivamente las exportaciones, produciendo así mayores desigualdades dentro y entre ambos países. En el nivel internacional, lo que está sucediendo es que precisamente los sectores donde debe producirse un cambio hacia ventajas comparativas para favorecer la acumulación, son los más capaces de protegerse políticamente. De esta manera vemos que en México son los viejos sectores de la industria de sustitución de importaciones los que más se oponen a las nuevas políticas de fomento de las exportaciones,[128] mientras que, en Estados Unidos, es el viejo sector manufacturero no competitivo el que trata de imponer las medidas neoproteccionistas.[129]

---

[127] Schmitter (1979).

[128] Éste ha sido, aparentemente, el caso en la oposición a las primeras versiones del Programa Integral de Fomento a las Exportaciones de 1985, que intenta continuar desarrollando una política dirigida a las exportaciones, a expensas de un relajamiento de los requerimientos de vinculación anterior que dañaría a los capitalistas nacionales.

[129] Zysman y Tyson (1983) y Hart (1982) señalan que el aumento disparejo en el proteccionismo de Estados Unidos es precisamente lo que debería esperarse dado un sistema caracterizado por fuertes de grupos de interés y un Estado relativamente débil. Cf. Vega Cánovas (1982) para ver los efectos del neoproteccionismo norteamericano en México.

Estas incongruencias e ineficiencias internacionales están produciendo serios problemas al actual intento de reconstituir un patrón económico de reproducción internacional estable y creciente. La principal contradicción es que la creciente internacionalización de ambas economías desde los años setenta ha producido un número cada vez mayor de áreas interdependientes en la relación binacional, que no pueden ser reguladas simplemente por el *laissez faire* hasta ahora practicado. Lo más sobresaliente es la interdependencia crítica entre la salud del sistema financiero de Estados Unidos y el resultado positivo del desarrollo industrial mexicano mediante la expansión de las exportaciones. Hay también algunos desbalances, que pueden ser serios, entre los procesos de inversión y de consumo a escala internacional. Por un lado, existe la posibilidad de una crisis internacional de "realización" en la producción de aquellos artículos cuyo consumo se destinará a una capacidad decreciente de compra por los trabajadores. Por otro lado, el proteccionismo bloquea el desarrollo de nuevos mercados integrados, ligados a productores de grandes volúmenes, que operen a economías de escala suficiente en el país "más adecuado". Sin el desarrollo de un nuevo patrón estable de consumo, de inversión y de comercio internacional, la llegada de la siguiente recesión podría exacerbar seriamente tanto los clamores internos por un mayor proteccionismo, como la fragilidad del comercio internacional y del sistema financiero, y podría impedir el éxito de los proyectos económicos y políticos vigentes en ambos países.

Los actuales intentos de ambos países de reconstituir una hegemonía interna nueva y duradera y un orden internacional estable en el comercio y la inversión, han encontrado dificultades especialmente por la falta de compatibilidad entre la estructura del sistema político y los nuevos requisitos de la acumulación internacional. Existe la posibilidad de caer en el peor de los mundos posibles, en una desigualdad cada vez mayor, sin transición a un nuevo y estable patrón de crecimiento. Así, a diferencia del período de la posguerra, cuando había complementariedad en los arreglos institucionales entre el Estado y la sociedad civil, y el patrón de reproducción económica internacional, los arreglos institucionales impiden racionalizar la acumulación capitalista.

Se ha entrado en una etapa de agudas contradicciones en las vertientes de la política actual, y no parece vislumbrarse un claro espacio para políticas alternativas que puedan afrontar los complejos problemas nacionales e internacionales de una manera eficaz, política y económicamente. A lo largo de este trabajo hemos visto cómo los intentos de las coaliciones opositoras por presentar alternativas de política industrial que permitan al Estado actuar para mitigar estas desigualdades de distribución, han sido impedidos por temor a que disminuyan las altas tasas de crecimiento. Esto es cierto tanto en el caso de políticas industriales de promoción de exportaciones ascendentes como en el caso de políticas de sustitución de importaciones declinantes, que desviarían recursos del nuevo proceso de acumulación directa o indirectamente, cambiando la relación entre la sociedad civil y el Estado, necesaria para aplicar las nuevas políticas industriales. En la dimensión internacional, tanto una nación proteccionista como una nación abierta, con una política industrial orientada a las exportaciones, tendrán conflictos en el comercio y en la inversión internacional y tendrán menos posibilidades de un crecimiento interdependiente. Las propuestas de política industrial que analizamos están entonces mal preparadas para confrontar una mayor interdependencia de los mercados financieros de Estados Unidos y la actuación industrial mexicana. De hecho, podrían muy bien llegar a colocar en oposición directa los intereses de los trabajadores de ambos lados de la frontera, mientras también sería perjudicada la economía internacional. ¿Qué estrategias favorables a los intereses de la clase trabajadora podrían presentarse como intereses hegemónicos también para el resto de la sociedad, y, al mismo tiempo, como respuesta a este nuevo patrón de reproducción internacional?

Mientras se desarrollaban los debates sobre política industrial en ambos países, apareció una propuesta política y teórica muy diferente, que advirtió sobre las peligrosas consecuencias de los desbalances sectoriales de la libre internacionalización, y expuso los intereses de los trabajadores sobre la distribución del ingreso dentro de una estrategia internacional y cooperativa.[130] Este nuevo enfoque de la cuestión de la política industrial y comercial va más allá de los intentos basados en la promoción de las exportaciones y ve el sistema mundial como la necesaria unidad de análisis y objeto de reforma dentro de la cual deben ser elaboradas las políticas internas de cada país.

Lo más interesante de esta posición es que hace ver que la creciente interdependencia de las economías, que considera inevitable, puede ser en esta fase tan peligrosa como benéfica tanto para el Sur en vías de desarrollo, como para el Norte ya desarrollado. Lo mejor que puede hacer esta internacionalización es institucionalizar una estrategia cooperativa internacional de la "administración de la interdependencia". De hecho, según la Comisión Brandt, ésta es la única posibilidad de "supervivencia" de la economía mundial.[131] Aun así, para que esta posición pueda ofrecer una solución económica racional a las contradicciones internacionales y nacionales, necesita una instrumentación política más compleja aun que la requerida por los enfoques "neocompetitivos" o los de política industrial centrados en la nación.

Uno de los más ardientes defensores del enfoque de "interdependencia manejada" para México y Estados Unidos es Clark Reynolds,[132] quien observa que ambos países han pasado recientemente por una "integración silenciosa" a través de los flujos de aumento de capital, de los energéticos, de comercio y de mano de obra. Aunque dice que este fenómeno puede ser un gran beneficio potencial para ambos países, advierte que también está "haciendo a cada uno más vulnerable al comportamiento del otro de lo que eran antes".[133] Reynolds parte de las premisas de que "los intentos de aislar a los

[130] Reynolds (1983a, 1983b, 1984a, 1984b), Brandt Commission (1980, 1983), International Labor Office (1981), Grunwald (1978), Leontief y otros (1977), Organization for Economic Cooperation and Development (1983).
[131] Brandt Commission (1983).
[132] Reynolds (1983a, b 1984a, b).
[133] Reynolds (1983b), p. 4.

países unos de otros en el mundo actual, están condenados al fracaso desde el principio",[134] y que hay "poderosas presiones para la convergencia en la productividad y el ingreso entre México y Estados Unidos".[135] Según Reynolds, lo más urgente no es decidir si queremos o no la interdependencia, sino "cuán sensible podría ser el proceso de nivelación a las políticas alternativas, relativas a la interdependencia, y que involucran al comercio, la migración, la inversión y la transferencia de tecnología".[136] En pocas palabras, la incógnita para ambos países es el tipo de interdependencia que será adoptado y la manera en que sus beneficios pueden ser mejor aprovechados por ambas sociedades.

Reynolds defiende un enfoque cooperativo binacional hacia la "interdependencia manejada", que distingue de la "interdependencia natural" de *laissez faire*, y de una "interdependencia patológica". La primera sólo sería posible en un mundo ideal donde no hubiera interferencias con el mercado "natural", mientras que la segunda deriva de la imposición en el mundo real de políticas internas unilaterales que generalmente desembocan en perjuicios y en un proceso de retroalimentación no anticipada.[137] En contraste, piensa en la interdependencia manejada como una solución de "suma positiva" a un mundo real que presenta un juego de "suma negativa". Como ejemplo de tal solución, el autor señala que "si ambos países buscaran políticas de desarrollo industrial complementarias, su crecimiento combinado proporcionaría un mercado en expansión para el sector obrero que permitiría que subieran los salarios en ambos lados de la frontera".[138] La noción de Reynolds de una política industrial binacional "consideraría el establecimiento de guías de política que podrían perfilar las instituciones existentes para facilitar la expansión, tanto de la producción como del mercado compartido entre los dos países".[139]

Su idea central es que debe haber una restructuración coordinada y una integración de la capacidad productiva industrial y de los mercados potenciales de ambos países. Para esto se necesitaría, primero, transferir hacia México inversiones de Estados Unidos de procesos de producción de empresas norteamericanas en las fases finales intensivas en trabajo, y que Estados Unidos se concentrara más en el desarrollo y exportación de procesos de producción intermedios e intensivos de capital. Las nuevas industrias de exportación que resultaran en México, ligadas a Estados Unidos, elevarían los niveles de empleo y productividad en los segmentos no capacitados y semicapacitados de la fuerza de trabajo de México, reforzado así el mercado mexicano de trabajo y aumentando los salarios. A diferencia de las proposiciones de crear una planta productiva de "maquila" en gran escala, Reynolds busca desarrollar los

---

[134] Reynolds (1984b), p. 13.
[135] *Ibid.*
[136] Reynolds (1984a), p. 21.
[137] Reynolds (1983b), p. 2.
[138] *Ibid.*, p. 22.
[139] *Ibid.*, p. 12.

encadenamientos hacia atrás de estas industrias de trabajo intensivo y encaminar la producción hacia mercados de Estados Unidos y de México que se extenderían por medio de los salarios de los trabajadores y del nuevo crecimiento industrial.[140] Estados Unidos se beneficiaría de varias maneras, porque reduciría la inmigración que deprime los salarios y porque se detendría la desinversión total de sus industrias básicas, ya que los aspectos de mayor uso intensivo de capital en el proceso de producción podrían permanecer y desarrollarse en este mismo país. El desarrollo de las industrias mexicanas de exportación abriría también nuevos mercados para los bienes de capital de Estados Unidos.[141] Un amplio "intercambio total" entre México y Estados Unidos beneficiaría a ambos países de diversas maneras gracias a los aumentos de la productividad a ambos lados de la frontera logrados por una asignación más racional de los recursos y basada en la dinámica de las ventajas comparativas.

Reynolds advierte que la falta de coordinación de las políticas de inversión, de comercio y de migración, han producido ya varios problemas a los dos países: una distribución del ingreso cada vez peor y desigualdades regionales derivadas de una convergencia no regulada de la migración que deprime los salarios,[142] del aumento de las fugas de capital y de la atracción de empresas maquiladoras hacia México, debida a las desigualdades salariales y a las diferentes condiciones de trabajo entre México y Estados Unidos, y que el resultado de todo esto es la erosión de los salarios de Estados Unidos,[143] y la necesidad de aumentar la transferencia de pagos de Estados Unidos hacia México, para ayudar a la capacidad de pago de la deuda.[144]

De hecho, Reynolds afirma que la administración de la interdependencia no sólo sería más benéfica para ambos países, sino que se está convirtiendo en una necesidad urgente, ya que la "integración silenciosa" está llevando a una situación en la que "las políticas de uno o de otro de esos sistemas introducen disturbios que exageran la relación de una manera patológica".[145] Reynolds cita ejemplos de los mercados binacional de capital, de trabajo, de comercio y de tecnología, donde las políticas unilaterales, que podrían tener beneficios nacionales a corto plazo, han producido una serie de consecuencias paradójicas, no deseadas en el otro país, y cuya retroalimentación produjo consecuencias que sorprendieron a los autores de la política. Las recientes políticas

[140] *Ibid.*, pp. 15-19.
[141] El aumento del comercio Norte-Sur, principalmente de bienes de capital cambiados por bienes acabados es el meollo del plan mundial de la OIT (ILO, 1981). Su éxito, sin embargo, dependería de la coordinación mundial del crecimiento económico en los niveles macro de cada país así como de la instrumentación de acuerdos sobre las tasas de cambio entre divisas y los términos de políticas comerciales.
[142] Reynolds (1984a), p. 22. La estrategia de administrar la interdependencia intentaría conducir la convergencia de productividades medias superiores a través de la transferencia de tecnología y de capital y no a través de la migración internacional.
[143] Reynolds (1984b), p. 137.
[144] *Ibid.*, p. 20.
[145] *Ibid.*, p. 11.

de ajuste monetario y fiscal de Estados Unidos provocaron, por ejemplo, una caída de los precios del petróleo y un aumento de las tasas de interés que pusieron a México al borde de la suspensión de pagos de sus préstamos, lo que hubiera dañado seriamente a las instituciones financieras de Estados Unidos. Cuando Estados Unidos cambió su política monetaria, México impuso políticas de ajuste draconiano que suprimieron las importaciones, crearon un déficit comercial en Estados Unidos y aumentaron la inmigración de mexicanos hacia Estados Unidos.

Esta posición llamó mucho la atención cuando coincidieron el auge petrolero de México y la "crisis de energéticos" de Estados Unidos, y también cuando la "crisis de la deuda" de México amenazaba la salud de las instituciones financieras de Estados Unidos. Aunque esta vulnerabilidad binacional es un hecho objetivo para quienes formulan la política mexicana, hace poco tiempo que las dimensiones de la interdependencia de Estados Unidos y México se están convirtiendo en una preocupación para los diseñadores de la política norteamericana. Reynolds dice que hay que "poner en claro que con mayor interdependencia, debe haber algún elemento de administración",[146] y que "por no tomar en consideración estas ligas entre las políticas internacionales y nacionales en términos de la relación binacional se forzará a cada país a tomar medidas *ad hoc* que podrían tener repercusiones muy perjudiciales".[147]

La incorporación internacional de más sectores de la sociedad de ambos lados de la frontera a empleos de mayor productividad y a niveles más altos de consumo, vincula la propuesta de Reynolds con el "keynesianismo global" de Piore y Sabel,[148] con el "fordismo global" de Aglietta[149] y Lipietz[150] y con las políticas industriales internacionales de la Organización Internacional del Trabajo, la OCDE y de Brandt. En todas estas proposiciones existe una intención deliberada de edificar este enfoque, como base para la posible reconstrucción de un sistema hegemónico que, al tiempo que tiene efectos internos directos, es explícitamente transnacional en su concepto y en su manejo: "Lo que se arguye aquí es que un esfuerzo concertado para expandir la producción y compartir el mercado entre los Estados Unidos y México, si se administra efectivamente, podría ofrecer beneficios sociales adicionales, que van más allá del beneficio privado al capital, en términos de mejoramiento de la seguridad, el bienestar y el progreso social de ambos países" (1984a: 6-7).

Aunque los enfoques mencionados empiezan a señalar la naturaleza del dilema económico al que ahora se enfrenta la división Norte-Sur y fijan las posibles bases materiales para el consenso hegemónico, también advierten sobre los muchos problemas políticos de su instrumentación. A continuación enlistamos esos problemas y sus implicaciones:

[146] *Ibid.*, p. 13.
[147] Reynolds (1983b), p. 11.
[148] Piore y Sabel (1984), capítulo 10.
[149] Aglietta (1979).
[150] Lipietz (1982).

1. La capacidad de los estados para instrumentar la coordinación internacional. La burocracia está naturalmente orientada hacia lo interno. Por tanto, la completa instrumentación de la interdependencia administrada tendría que reorientar a cada burocracia hacia la cooperación internacional en la restructuración industrial.[151] Esto muy probablemente implique una fuerte oposición de las burocracias establecidas y de los grupos de interés relacionados con ellas, por lo que se necesitaría mayor atención y una experta aplicación de medidas oficiales por parte de las autoridades centrales.

2. La necesidad de cambios importantes en las amplias organizaciones de clase *dentro* de los países, para coordinar la restructuración y la distribución de costos.

   La naturaleza de la restructuración industrial bionacional propuesta, implica la necesidad de una mayor integración y centralización en las organizaciones de clase tanto del capital como del trabajo, que puedan negociar con el Estado su parte en los costos y los beneficios, y la manera de realizar la restructuración.[152] Como en el caso de la posición neocompetitiva, aquí también aparece la cuestión de la desigualdad de las relaciones entre el Estado y la sociedad civil. En este punto, el orden mexicano parece estar más adecuado a la restructuración coordinada. A Estados Unidos, que es más liberal, le resulta más difícil esa coordinación y necesitaría hacer mayores esfuerzos de organización de clase que México para lograrla.

3. La necesidad de una amplia cooperación de los países en el nivel de las organizaciones de clase de la sociedad civil, particularmente entre los trabajadores, para que puedan coordinar su presión política y balancear su poder con respecto al del capital, frente a una mayor interdependencia de sus intereses. Esto evitaría la actual situación, por la que los trabajadores y las comunidades pueden ser enfrentados unos contra otros en competencia comercial y de inversión, y que puede impedir, en cualquiera de las dos sociedades, la formación de un amplio consenso hegemónico en favor de una mayor interdependencia.

4. Todas estas reformas institucionales necesitarán movilizaciones políticas importantes, como respaldo político de corto plazo para los líderes del Estado que apliquen las reformas burocráticas, y para lograr impulsos prolongados de participación intensa que permitan una mayor organización de los trabajadores y del capital en un nuevo balance de poder de la sociedad. Esto supone una nueva dinámica entre la movilización política, la reforma estructural y el logro de un nuevo consenso hegemónico, y un cambio desde la perspectiva exclusivamente nacional a

[151] De ahí que se torne más complejo el problema, y que no sea tan sencillo como parecería en las propuestas de Reich (1982) para aumentar la capacidad del Estado para instrumentar una política industrial.

[152] La necesidad de estructuras corporativistas para el caso nacional, véase Katzenstein (1983), sería más pronunciada en el caso de políticas industriales coordinadas internacionalmente.

una transnacional. Es importante notar que las movilizaciones de los años treinta, cuyos altos niveles de organización de clase permitieron al Estado realizar las reformas estructurales que dieron lugar a un nuevo "pacto social", no fueron precisamente el resultado que esperaban tanto los represantes de la clase trabajadora como los del Estado cuando empezaron las movilizaciones. Aunque se puede esperar que los beneficios económicos de la "interdependencia manejada" sean suficientes para lograr la transición hacia un nuevo nivel de organización y un "pacto social internacional" óptimo para ambas sociedades en un plazo mediano o largo, no se puede asegurar que la movilización política pueda ser mantenida en esta dirección.

5. Finalmente, todas estas difíciles reestructuraciones de las relaciones institucionales dentro y entre los estados implican una pérdida importante de soberanía en las relaciones mutuas y cambios fundamentales en la relación tradicional entre el Estado, la sociedad civil y la "nación". Esto implica serios obstáculos para los dirigentes del Estado, que deben asegurar su capacidad de defender los "intereses nacionales", al menos por su propia seguridad política. Esta nueva relación no definida complica aún más la dinámica de la movilización política, que ha respondido muy bien siempre que se ha invocado la unidad de la "nación". La cuestión a resolver pasa a ser entonces la dinámica entre las necesidades de asegurar que el proceso hacia la cooperación internacional no sea tan riesgoso como mantener el control sobre un solo Estado, y la necesidad de establecer un marco internacional de referencia para la acción política, que pueda satisfacer a los intereses de grupos, más que el marco centrado en una sola nación.

Bibliografía

Aglietta, Michel, 1979. *Regulación y crisis del capitalismo*, México, Siglo XXI.
Alperovitz, Gar, 1981. "The Issue of Long-Term Stability: Asking Tough Questions about Industrial Policy and Reindustrialization", *Capital Formation and Industrial Policy*, compendio de trabajos e informes presentado al House Committee on Energy and Commerce, Washington, D.C., U.S. Government Office, pp. 1-34.
Amin, Samir, 1976. *Unequal Development*, Nueva York, Monthly Review Press.
Balassa, Bela, 1983. "Trade Policy in Mexico", *World Development*, vol. 11, núm. 9, pp. 795-811.
Badaracco, J.L. y D.B. Yoffie, 1983. "Industrial Policy: It Can't Hppen Here", *Harvard Business Review*, vol. 83, núm. 6, pp. 96-106.
Bluestone, Barry y Bennett Harrison, 1980. *Capital and Communities: The Causes and Consequences of Private Disinvestment*, Nueva York, Progressive Alliance.
_____, 1982, *The Deindustrialization of America*, Nueva York, Basic Books.
Boltvinik, Julio y Enrique Hernández Laos, 1981. "Origen de la crisis industrial: el agotamiento del modelo de sustitución de importaciones", *Desarrollo y crisis de la economía mexicana*, Rolando Cordera (comp.), México, Fondo de Cultura Económica.

Bowles, Samuel y Herbert Gintus, 1982. "The Crisis of Liberal Democratic Capitalism: The Case of the United States", *Politics and Society*, vol. 11, núm. 1, pp. 51-93.
Bowles, Samuel, David M. Gordon y Thomas E. Weisskopf, 1983. *Beyond the. Wasteland: A Democratic Alternative to Economic Decline.* Nueva York, Anchor Press y Doubleday.
Brandt Commission, 1980. *North-South: A Program for Survival,* Cambridge, Mass., Massachussetts Institute of Technology Press.
_____, 1983. *Common Crisis: Cooperation for World Recovery,* Cambridge, Mass., Massachussetts Institute of Technology Press.
Business Week, 1980. "The Reindustrialization of America", número especial, 30 de junio.
Cardoso, Fernando Enrique y Enso Faletto, 1979. *Dependency and Development in Latin America,* Berkeley, University of California Press.
Carnoy, Martin y Dereck Shearer, 1980. *Economic Democracy,* Nueva York, Sharpe.
Cordera, Rolando y Carlos Tello, 1981. *La disputa por la nación,* México, Siglo XXI.
Chaikin, Sol C., 1982. "Trade, Investment and Deindustrialization: Myth and Reality", *Foreign Affairs,* vol. 60, núm. 4, pp. 836-852.
Dervis, K., J. de Melo y S. Robinson, 1982. *General Equilibrium Models for Developing Countries,* Cambridge, Cambridge University Press.
Evans, Peter, 1979. *Dependent Development,* Princeton, Nueva Jersey, Princeton University Press.
Fajnzylber, Fernando, 1983. *La industrialización trunca de América Latina,* México, Nueva Imagen.
Fitzgerald, E.V.K., 1978. "The State and Capital Accumulation in Mexico", *Journal of Latin American Studies,* vol. 10, núm. 2, pp. 263-282.
_____, 1983. "Mexico-United States Economic Relations and the World Cycle: A European View", *U.S.-Mexico Relations. Economic and Social Aspects,* Clark W. Reynolds y Carlos Tello (comps.), Stanford, Stanford University Press.
Fortune, 1983. "Industrial Policy: Crisis for Liberal Economists", 14 de noviembre, pp. 83-86.
Frank, Robert H. y Richard Freeman, 1978. *The Distributional Consequences of Direct Foreign Investment,* Nueva York, Academic Press.
Friedman, Milton, 1973. *Money and Economic Development,* Nueva York, Praeger.
Grunwald, Joseph, 1978. "North-South Intra-Industry Trade: Sharing Industrial Production Between Developed and Developing Countries". Trabajos presentados en el coloquio The New International Economic Order and Cultural Values, Madrid, Institute for Intercontinental Cooperation.
Grubel, Herbert, 1977. "The Case Against the New International Economic Order". *Reshaping the World Economic Order,* H. Giersch (comp.), Kiel.
Hamilton, Nora, 1982. *The Limits of State Autonomy,* Princeton, Princeton University Press.
Hansen, Roger, 1974. *The Politics of Mexican Development,* Baltimore, Johns Hopkins University Press.
Harris, Candee, 1984. "The Magnitude of Job Loss From Plant Closings and the Generation of Replacement Jobs: Some Recent Evidence", *The Annals of the American Association of the Advancement of Science,* septiembre.
Hart, Jeffrey A., 1982. "An Industrial Policy for the United States". Trabajo presentado en la reunión anual de The American Political Science Association, Washington, D.C.
_____, 1983. *The New International Economic Order,* Nueva York, St. Martins.
Hinojosa Ojeda, Raúl, 1983. "Políticas internacionales de clase originadas por los flujos

de capital y mano de obra", *Revista de ciencias y humanidades,* UAM-A, vol. 4, núm. 8 (enero-abril), pp. 27-51.

Hirschman, Albert O., 1968. "The Political Economy of Import-Substituting Industrialization in Latin America", *Quarterly Journal of Economics,* vol. 82, núm. 1, pp. 2-32.

International Labor Office, 1981. *Employment, Trade and North-South Cooperation,* Geogfrey Renshaw (comp.), Ginebra, International Labor Office.

Jacobs, E. y J. Martínez, 1981. "Competencia y concentración: el caso del sector manufacturero", *Economía mexicana,* núm. 2, pp.

Kantrow, Alan M. (comp.), 1983. "The Political Realities of Industrial Policy: A Roundtable Discussion", *Harvard Business Review,* vol. 83, núm. 5. pp. 76-86.

Katzenstein, Peter J., 1983. "The Small European States in the International Economy: Economic Dependence and Corporatist Politics", *The Antinomies of Interdependence,* J. Ruggie (comp.), Nueva York, Columbia University Press.

Lawrence, Robert, 1983a. "Is Trade Deindustrializing America? A Medium-Term Perspective", *Brookings Papers on Economic Activity,* vol. 1, pp. 129-171.

_____, 1983b. "Changes in U.S. Industrial Structure: The Role of Global Forces, Secular Trends and Transitory Cycles", *Industrial Change and Public Policy,* Kansas City, Federal Reserve Bank.

_____, 1984. *Can America Compete,* Washington, The Brookings Institution.

Leontief, W. y otros, 1977. *The Future of the World Economy,* Nueva York, Oxford.

Leone, Robert A. y Stephen P. Bradley, 1981, "Towards an Effective Industrial Policy", *Harvard Business Review,* vol. 59, núm. 6, pp. 91-97.

Lipietz, Alain, 1982. "Towards Global Fordism?". *New Left Review,* núm. 132, pp. 33-48.

López, Julio, 1983, "The Mexican Economy: Present Situation, Perspective, and Alternatives", *World Development,* vol. 4, núm. 5. pp. 455-465.

Lustig, Nora, 1981, *Distribución del ingreso y crecimiento en México: un análisis de las ideas estructuralistas,* México, El Colegio de México.

MacEwan, Arthur, 1978. "The Development of the Crisis of the World Economy", *U.S. Capitalism in Crisis,* Nueva York, URPE.

Magaziner, Ira y Robert Reich, 1982. *Minding America's Business: The Decline and Rise of the American Economy,* Nueva York, Harcourt Brace and Jovanovitch.

Marini, Ruy Mauro, 1973. *Dialéctica de la dependencia,* México, Era.

Miller, S. M. y Donald Tomaskovic-Devey, 1983. *Recapitalizing America,* Boston, Routledge and Kegan Paul.

Musgrave, Peggy B., 1975. "Direct Foreign Investment Abroad and Multinational Effects on the U.S. Economy". Subcommittee on Multinational Corporations, Committee on Foreign Relations, U.S. Senate, 94th. Congress, Washington, D.C., Government Printing Office.

O'Connor, James, 1973. *The Fiscal Crisis of the State,* Nueva York, St. Martins.

O'Donnel, Guillermo, 1973. *Modernization and Bureaucratic Authoritarianism: Studies in South American Politics,* Berkeley, University of California Press.

Offe, Claus, 1974. "Structural Problems of the Capitalist State: Class Rule and The Political System. On the Selectiveness of Political Institutions", *German Political Studies,* núm. 1, Claus von Beyme (comp.), Beverly Hills, California, Sage Publications.

Organization for Economic Cooperation and Development, 1983. *World Economic Interdependence and the Evolving North-South Relation,* París, OECD.

Olson, Mancur, 1971. *The Logic of Collective Action: Public Goods and the Theory of Groups,* Cambridge, Massachussetts, Harvard University Press.

_____, 1982. *The Rise and Decline of Nations: Economic Growth, Stagflation and Social Rigidities,* New Haven, Yale University Press.

Padilla Aragón, Enrique, 1969. *México; desarrollo con pobreza,* México, Siglo XXI.

Pinto Aníbal, 1974. "El modelo de desarrollo reciente en América Latina", *Desarrollo latinoamericano; ensayos críticos.* J. Serra (comp.), México, Fondo de Cultura Económica.

Piore Michael y Charles Sabel, 1984. *The Second Industrial Divide: Possibilities for Prosperity,* Nueva York, Basic Books.

Poulson, Barry W. (comp.), 1979. *U.S.-Mexico Economic Relations,* Boulder, Colorado, Westview Press.

Przeworski, Adam, 1980a. "Material Basis of Consent: Economics and Politics in a Hegemonic System", *Political Power and Social Theory,* vol. 1, pp. 21-66.

_____, 1980b. "Social Democracy as a Historical Phenomenon". *New Left Review,* núm. 122, julio-agosto, pp. 27-58.

_____, 1981. "Compromiso de clases y Estado: Europa Occidental y América Latina". *Estado y política en América Latina,* N. Lechner (comp.), México, Siglo XXI.

_____, y Michael Wallerstein, 1982. "The Structure of Class Conflict in Democratic Capitalist Societies", *American Political Science Review,* vol. 76, núm. 2, pp. 215-238.

Reich, Robert, 1982. "Why the U.S. Needs an Industrial Policy", *Harvard Business Review,* vol. 60, núm. 1, pp. 74-81.

_____, 1983. "Beyond Free Trade", *Foreign Affairs,* vol. 60, núm. 4 (primavera).

Reyes Heroles G. G., Jesús, 1985. "Perspectivas de la inversión privada en México durante la segunda mitad de los ochentas". Trabajo presentado en "Conference on U.S.-Mexico Investment Relations", enero, Universidad de Stanford.

Reyna, José Luis, 1974. *Control político, estabilidad y desarrollo en México,* México, El Colegio de México, Serie Cuadernos del CES, núm. 3.

_____, 1976. *Tres estudios sobre el movimiento obrero,* México, El Colegio de México.

Reynolds, Clark W., 1983a. "Mexican-U.S. Interdependence: Economic and Social Perspectives", *U.S.-Mexican Relations; Social and Economic Aspects,* Clark W. Reynolds y Carlos Tello (comps.), Stanford, Stanford University Press.

_____, 1983b. "U.S. View of the Political-Economic Implications of Trade and Financial Interdependence with Mexico". Trabajo inédito.

_____, 1984a. "Industrial Strategy and Policy: Mexico and the Untited States: Complementation and Conflict". Trabajo presentado en Conference on Industrial Strategy and Policy, agosto.

_____, 1984b. "Beyond the Mexican Crisis: Implications for Business and the U.S. Government". Trabajo inédito.

Rohatyn, Felix, 1981a. "The Coming Emergency and What Can be Done about It". *The New York Review of Books,* 4 de diciembre, pp. 20-25.

_____, 1981b. "Reconstructing America". *The New York Review of Books,* 5 de marzo, pp. 16-19.

_____, 1982. "Alternatives to Reaganomics". *The New York Times Magazine,* 5 de diciembre.

Ruggie, John Gerard (comp.), 1983. *The Antinomies of Interdependence: National Welfare and the International Division of Labor,* Nueva York, Columbia University Press.

Schmitter, Philippe C., 1979. "Still the Century of Corporatism?", *Trends towards Corporatist Intermediation,* Beverly Hills, California, Sage Publications.

Schultze, Charles L., 1985. "Do We Need an Industrial Policy?", *Harper's Magazine*, (febrero), pp. 35-48.

Secretaría de Comercio y Fomento Industrial, 1983. *Plan Nacional de Desarrollo Industrial y Comercio Exterior*: versión para consulta, México, Secofi.

———, 1984. *Programa Nacional de Fomento Industrial y Comercio Exterior, 1984-1988*, México, Secofi.

Secretaría de Patrimonio y Fomento Industrial, 1979. *Plan Nacional de Desarrollo Industrial, 1979-1982*, México, Sepafin.

Secretaría de Programación y Presupuesto, 1983. *Plan Nacional de Desarrollo, 1983-1988*, México, SPP.

Serra, José, 1979. "Three Mistaken Theses Regarding the Connection Between Industrialization and Authoritarian Regimes". *The New Authoritarianism in Latin America*, David Collier (comp.), Princeton, Nueva Jersey, Princeton University Press, pp. 99-163.

Skocpol, Theda, 1981. "Political Response to Capitalist Crisis: Neo-Marxist Theories of the State and the Case of the New Deal", *Politics and Society*, vol. 10, núm. 2, pp. 155-201.

Sunkel, Osvaldo y Edmundo Fuenzalida, 1979. "Transnationalization and its National Consequences", *Transnational Capitalism and National Development: New Perspective on Dependence*, José Joaquín Villamil (comp.), Atlantic Highlands, Nueva Jersey, Humanities Press.

Tavares, Maria de Concepcão, 1980. *De la sustitución de importaciones al capitalismo financiero*, México, Fondo de Cultura Económica.

Thurow, Lester, 1980. *The Zero-Sum Society: Distribution and the Possibilities for Economic Change*, Nueva York, Penguin Books.

———, 1984. "Losing the Economic Race". *The New York Review of Books*, vol. 31, núm. 4, 27 de septiembre.

Unger, Kurt, 1984. "The Importance of Foreign Firms in Trade in Manufactures in Mexico". Trabajo inédito, El Colegio de México.

United Auto Workers, 1983. "Statement of UAW President Owen Bieber on Industrial Policy". Subcommittee on Economic Stabilization, Committee on Banking, Finance and Urban Affairs, U.S. House of Representatives, Washington, Government Printing Office.

Vega Cánovas, Gustavo, 1982. "Las exportaciones mexicanas y el neoproteccionismo norteamericano", *México-Estados Unidos, 1982*, Lorenzo Meyer (comp.), México, El Colegio de México.

Villarreal, René, 1976. *El desequilibrio externo en la industrialización de México (1929-1975)*, México, Fondo de Cultura Económica.

Vuskovic, ??? 1974. "Distribución del Ingreso y Opciones del Desarrollo" en J. Serna *Desarrollo Latinoamericano: Ensayos Críticos*, México, F.C.E.

Zysman, John y Laura Tyson, 1983. *American Industry in International Competition*, Ithaca, Nueva York, Cornell University Press.

COMERCIO Y POLÍTICA EN EUA: LIBRECAMBISMO *VERSUS* PROTECCIONISMO DESDE LA SEGUNDA GUERRA MUNDIAL*

GUSTAVO VEGA CÁNOVAS
El Colegio de México

Introducción

DE ACUERDO CON EL PROYECTO que días antes habían aprobado ambas cámaras del Congreso, el presidente Reagan promulgó en octubre de 1984 la Ley sobre Comercio y Aranceles.

Esta legislación se aprobó después de un proceso de incertidumbre que había hecho suponer a la mayoría de los observadores que había escasas probabilidades de que el jefe del ejecutivo estadunidense rubricara alguna de las versiones de legislación comercial que entonces discutía el legislativo, a causa del marcado contenido proteccionista que todas ellas exhibían. Esta ley, sin embargo, fue presentada, según palabras del propio presidente Reagan, como un instrumento que "al mismo tiempo que promueve el libre comercio, insiste en algo igualmente importante: el comercio justo".** Con esta declaración el ejecutivo norteamericano corroboraba la tradicional retórica librecambista de todos los anteriores presidentes estadunidenses desde la segunda guerra mundial.

En este artículo nos proponemos demostrar que el conjunto de disposiciones de la nueva ley de comercio de 1984 legitima algunas tendencias recientes de la política comercial estadunidense que tienen poco que ver con la retórica librecambista de los discursos presidenciales.

Nuestro principal argumento es que el tradicional apoyo a la política de libre comercio que prevalece en Estados Unidos durante las dos décadas y media que siguieron a la segunda guerra mundial ha sido paulatinamente abandonado y que en su lugar se ha impuesto un clima de restricción y protección asociado con una tendencia de largo plazo de deterioro estructural de algunos sectores industriales y con una presión más coyuntural derivada de la competencia

---

* Buena parte de la investigación para este trabajo se realizó cuando el autor estuvo como investigador visitante en el Centro de Estudios de Estados Unidos-México de la Universidad de California, San Diego.

** Reagan Signs Trade Bill. Provisions of New Trade Act Explained, *mimeo.*

de otros países desarrollados y de la política económica del actual gobierno norteamericano.

En el nivel de la política gubernamental esos desarrollos se han expresado desde principios de la década de los años setenta en la combinación de una política comercial librecambista de carácter general, y de un proteccionismo sectorial y por países, así como en el surgimiento y la consolidación del llamado neoproteccionismo, término que designa una política proteccionista utilizada de manera encubierta.

En los últimos cuatro años, los desarrollos de largo plazo se complementaron con un acelerado aumento del déficit comercial norteamericano, que alcanzó en 1984 la cifra aproximada de 125 000 millones e hizo ver a las importaciones como causa de los desajustes productivos, lo que propició el fortalecimiento de una forma de proteccionismo cuyas nuevas modalidades legitima claramente la Ley de Comercio de 1984.

Este artículo puntualiza esas nuevas modalidades del proteccionismo y las alteraciones de la posición estadunidense tradicional ocurridas desde la década de los setenta, que aclaran los lineamientos centrales que la política comercial estadunidense habrá de tener en lo que resta de la década de los ochenta.

Evolución de la política comercial estadunidense de posguerra

Los especialistas coinciden en reconocer que el régimen de comercio internacional de posguerra está estrechamente ligado al trabajo de la diplomacia norteamericana durante y después de la segunda guerra mundial, que procuró, según la concepción del secretario de Estado Cordell Hull, eliminar las trabas comerciales entre los países para lograr una mayor eficiencia económica y un mayor bienestar internacional y asegurar también las condiciones de una paz mundial duradera.[1]

En Estados Unidos predomina la idea de que a partir de estos años el gobierno estadunidense contrajo un compromiso que no ha deshecho con la filosofía del libre comercio, expresado en su apoyo a las Negociaciones Comerciales Multilaterales (NCM) del Acuerdo General de Aranceles y Comercio y a los principios torales de dicha organización, planteados como principios de liberalización del comercio y de multilateralismo no discriminatorio. Con apoyo en estos principios se ha realizado una serie de rondas de NCM, que se tradujeron en un crecimiento del comercio mundial de 8.5% anual hasta mediados de los setenta y un crecimiento todavía mayor de 11%[2] en el comercio de manufacturas.

[1] Entre otros puede consultarse a Charles Kindleberger, *The World Depression 1929-1939*, Berkeley, University of California Press, 1973; Richard Gardner, *Sterling Dollar Diplomacy: the origins and Prospects of our International Economic Order*, Nueva York, McGraw-Hill, 1969; Clair Wilcox, *A charter of Word Trade*, Nueva York, Macmillan, 1949; Gerard Curzon, *La diplomacia del comercio multilateral*, México, Fondo de Cultura Económica, 1969.
[2] Véase Fred Bergsten y William Cline, "Trade Policy in the 1980s: An Overview", en

De acuerdo con esta idea, ese compromiso con la liberalización, con escasas excepciones, continúa vigente hasta la fecha y se ha constituido en el principio reactor de la política de comercio internacional.

Este artículo propone, sin embargo, que una visión más adecuada de los fundamentos actuales de la política de comercio exterior estadunidense tiene que reconocer que el tradicional apoyo de Estados Unidos a la filosofía de libre comercio ha sufrido en los últimos 15 años modificaciones en favor del proteccionismo de enorme y profunda relevancia para la comprensión del manejo actual de la política de comercio exterior norteamericano.

Esas modificaciones favorables proteccionismo tienen relación con las presiones que enfrenta el comercio exterior de Estados Unidos, derivadas de una combinación de tendencias de largo plazo que apuntan hacia el ajuste estructural de su economía y de dificultades coyunturales asociadas con la recesión internacional de los últimos años y el lento crecimiento económico.

Una de las tendencias que según nuestra hipótesis lleva al abandono incondicional del apoyo a la política librecambista tiene que ver con el hecho de que la superioridad industrial con que la economía norteamericana emergió de la segunda guerra mundial se fue diluyendo a lo largo de las décadas siguientes en perjuicio de su competitividad internacional.

Como puede observarse en los cuadros 1 y 2, Estados Unidos gozaba en 1949 de balanzas comerciales positivas en todos los productos de las principales categorías SITC (*Standard International Trade Classification*) de las Naciones Unidas, con excepción del petróleo crudo y parcialmente refinado. Como Europa y Japón no se habían recuperado todavía, la única economía capaz de exportar en esos años una gran variedad de productos era la norteamericana.

Desde 1960 la situación empieza a cambiar. Estados Unidos experimenta entonces balanzas comerciales negativas en alimentos, materias primas, combustibles y manufacturas básicas (categorías SITC 0, 2, 3 y 6), aunque conviene señalar que, con excepción de los combustibles, ninguno de estos déficit era demasiado amplio en relación con las exportaciones. Por otra parte, todavía prevalecían en esa década balanzas positivas en las categorías de bebidas y tabaco, aceites animales y vegetales, productos químicos, manufacturas varias y maquinaria y equipos de transporte. Aun los vehículos automotores mostraban un gran saldo positivo (categorías SITC 1, 4, 5, 7 y 8). Sin embargo algunos sectores industriales de tecnología básica sufren ya en 1960 una importante competencia extranjera. Los productores de zapatos norteamericanos dejan de exportar totalmente y las importaciones son en este sector nueve veces mayores en 1960 que en 1955.[3] En el ramo de las industrias tradicionales, tanto la textil

---

William Cline (comp.), *Trade Policy in the 1980's,* Washington, D.C., Institute for International Economics, 1983, pp. 59-65.

[3] Stephen Krasner, "United States Commercial and Monetary Policy: Unraveling the Paradox of External Strenght and Internal Weakness", en J. Peter Katzenstein (comp.), *Between Power and Plenty: Foreing Economic Policy of Advanced Industrial States,* Madison, University of Wisconsin Press, 1978, pp. 51-89.

Cuadro 1

Balanzas comerciales de Estados Unidos por sector, 1949 y 1960

Número SITC[a]	Tipo de bienes	1949			1960		
		Importaciones	Exportaciones	Balance	Importaciones	Exportaciones	Balance
0	Alimentos	1 986	2 105	119	3 004	2 668	−336
1	Bebidas y tabacos	166	320	154	397	482	85
2	Materias primas con excepción de combustibles	1 859.5	1 346	−513	3 155	2 774	−381
3	Minerales combustible, lubricantes	484.9	872	388	1 570	830	−740
3.12 o 331	Petróleo crudo y parcialmente refinado	348.1	116	−232	951	8	−943
4	Aceites animales y vegetales y grasas	84.8	147	62	95	306	211
5	Productos químicos	113.2	742	629	451	1 749	1 298
6	Manufacturas básicas	1491	2 030	539	3 432	2 756	−676
	Textiles y prendas de vestir	686	1 547	861	866	618	−248
681 o 67	Hierro y acero	47.9	611	563	566	662	96
7	Maquinaria y equipos de transporte	136	3 522	3 386	1 460	6 987	5 527
732	Vehículos de motor, automóviles	14	719	715	645	1 243	598
8	Manufacturas varias	179.7	618	438	1 057	1 303	246
851	Calzado	6.2	20.9	15	141	—	−11
9	Bienes sin clasificación especial	95.2	232	137	393	450	57
Total		*6 598*	*11 885*	*5 287*	*15 016*	*20 308*	*5 292*

[a] Standard International Trade Classification.
Fuente: Anuarios de estadísticas de comercio internacional de las Naciones Unidas, varios números.

Cuadro 2

Balanzas comerciales de Estados Unidos por sector, 1970 y 1973

Número SITC[a]	Tipo de bienes	1970			1973		
		Importaciones	Exportaciones	Balance	Importaciones	Exportaciones	Balance
0	Alimentos	5 374	4 451	−923	7 986	12 101	4 115
1	Bebidas y tabacos	855	716	−139	1 213	1 026	−187
2	Materias primas con excepción de combustibles	3 306	4 663	1 357	4 986	8 444	3 458
3	Minerales, combustible, lubricantes	3 074	1 695	−1 379	8 101	1 672	6 429
312 o 331	Petróleo	1 448	—	−1 448	4 581	—	−4 851
4	Aceites animales y vegetales y grasas	159	495	336	493	692	199
5	Productos químicos	1 450	3 840	2 390	2 437	5 779	3 342
6	Manufacturas básicas	8 539	5 179	−3 360	13 199	7 444	−5 755
	Textiles y prendas de vestir	2 404	801	−1 603	3 748	1 503	−2 245
681 o 69	Hierro y acero	2 030	322	−1 708	3 008	74	−2 934
7	Maquinaria y equipos de transporte	11 171	18 018	6 847	20 969	28 078	7 109
732	Vehículos de motor, automóviles	5 480	3 573	−1 907	10 009	6 045	−3 964
8	Manufacturas varias	4 846	2 692	−2 154	8 184	4 229	−3 955
851	Calzado	629	—	−629	1 079	—	−1 079
9	Bienes sin clasificación especial	1 273	1 472	199	1 790	1 839	49
	Total	39 951	43 224	3 273	69 127	71 314	2 193

[a] Standard International Trade Classification.
Fuente: Anuarios de estadísticas de comercio internacional de las Naciones Unidas, varios números.

como la del vestido pasan de una balanza positiva en 1955 a una negativa en
1960 y si bien la industria del hierro y del acero muestran en 1960 una balanza
positiva, la razón de las exportaciones a las importaciones cae de 3.27 a 1.17
desde 1955 a 1960.[4] La dependencia de Estados Unidos del petróleo extranjero alcanza en 1960 20% del consumo interno.

Cuadro 3

Inversión extranjera estadunidense directa (IEED)
(millones de dólares)

Período	Promedio anual de salida neta de capital	Año	Valor de la IEED	Ganancias de la IEED
1950-1954	676	1950	11 788	1 766
1955-1959	1553	1955	19 395	2 878
1960-1964	1823	1960	32 765	3 546
1965-1969	3227	1965	49 217	5 431
1970-1974	5034	1970	75 456	8 023
		1975	133 168	17 433

Fuente: Departamento de Comercio de Estados Unidos y *Survey of Current Bussiness*, varios números citados en Stephen Krasner, "US Commercial and Monetary Policy", en Peter
Katzenstein, *Between Power and Plenty*, Madison University of Wisconsin Press, 1978, p. 70.

Desde 1970 la economía norteamericana se ve ya francamente sujeta a una
gran competencia externa y con una clara tendencia al deterioro competitivo.
Aparecen fuertes balanzas negativas no sólo en los bienes de escaso nivel de
procesamiento sino también en las manufacturas básicas. Los textiles y el hierro
sufren balanzas negativas aunque ambas industrias se encontraban protegidas
ya por los "acuerdos de exportación voluntaria" negociados durante los años
sesenta. Las importaciones de vehículos automotores exceden significativamente
las exportaciones aunque la categoría SITC núm. 7 continúa mostrando importantes y considerables balanzas positivas.[5] En 1971, Estados Unidos incurre
de hecho en el primer déficit comercial absoluto en el período de posguerra,
que se acrecentará desde entonces.

La tendencia al deterioro competitivo de la economía norteamericana estaba
ligada a la rápida expansión de los aparatos industriales de los países europeos
y de Japón, primero, y de los Países de Industrialización Reciente (NICS), posteriormente. Sin embargo, los elementos decisivos de la dinámica de pérdida
de competitividad de la economía norteamericana se encuentran en el relativo

[4] *Ibid.*
[5] *Ibid.*

estancamiento de la misma economía norteamericana y en el papel jugado por las inversiones norteamericanas en el exterior.

Como puede constatarse en los cuadros 3 y 4, a la enorme presión de las importaciones se añaden las fuertes salidas de capital norteamericano en forma de inversión extranjera, cuyo valor ascendía en 1975 a 133 168 millones de dólares. Paralelamente a la expansión mundial de la inversión norteamericana directa hay una gradual internacionalización de la banca norteamericana, que se acelera durante la década de los sesenta. Los activos de las operaciones foráneas de los bancos norteamericanos crecen de 3 500 millones en 1960 a 52 600 millones de dólares a finales de la década.[6]

Cuadro 4

Actividades foráneas de los bancos estadunidenses

Año	Número de bancos filiales en el extranjero	Número de filiales extranjeras	Activos de las filiales extranjeras (miles de millones de dólares)	Activos totales de los bancos comerciales de EUA (miles de millones de dólares)	Activos de las filiales extranjeras como porcentaje del total de activos de todos los bancos comerciales en EUA
1960	8	131	3.5	255	1.3
1965	13	211	9.1	374	2.4
1970	79	536	52.6	676.2	9.1
1973	125	699	118.0	827.1	14.2
1974 (sep)	129	737	155.0	872.0 (junio)	

Fuente: Andrew F. Brimmer y Frederick R. Dahl, "Growth of American International Banking. . .", citado por Stephen Krasner, "U.S. Commercial. . .", *op. cit.*, p. 71.

Una de las consecuencias importantes de la internacionalización del capital norteamericano ha sido la compensación del deterioro del comercio de bienes sobre la cuenta corriente, debida a la evolución favorable de los ingresos netos por inversión, como puede constatarse en el cuadro 5.[7]

No obstante, el dato más relevante para explicar la tendencia al deterioro competitivo de la economía norteamericana es que la salida de capitales privó a las industrias domésticas de las fuentes de capital necesarias para renovar

[6] *Ibid.*; también consúltese Thomas Ferguson y Joel Rogers, "The Reagan Victory: Corporate Coalitions in the 1980 Campaign", en T. Ferguson y J. Rogers (comps.), *The Hidden Election. Politics and Economics in the 1980 Presidential Campaign*, Nueva York, Random House, 1981, pp. 3-65.

[7] Sistema Económico Latinoamericano (SELA), *Las relaciones económicas de América Latina con Estados Unidos, 1982-1983*, México, Siglo XXI, 1983, pp. 60-64.

Cuadro 5

Estructura de la balanza de pagos estadunidense como porcentaje del PNB (1960-1980)

	Porcentaje del PNB		Cambio porcentual (en puntos)
	1960-1960	1974-1980	
Comercio de bienes	0.86	−0.80	−1.66
Ingresos por inversión	0.74	1.06	0.32
Transacciones militares	0.41	−0.03	0.38
Viajes y servicios	−0.04	0.12	0.16
Transferencias	−0.44	−0.30	0.15
Cuenta corriente	−0.70	0.06	−0.64

Fuente: Reporte Económico de la Presidencia de EUA, 1983, citado por SELA, *Las relaciones económicas de América Latina con Estados Unidos, 1982-1983*, Siglo XXI, 1983, p. 61.

las plantas industriales y restaurar la competitividad internacional. Atraídos por los mercados extranjeros, los grandes capitales norteamericanos abandonaron Estados Unidos y aunque la declinación de la competitividad no pueda atribuirse totalmente a la exportación de capitales, a finales de los años sesenta la tasa anual de crecimiento del proceso de formación de capital en Estados Unidos había caído a 2.6% desde 9.6% de principios de esa década y 5.8% de los años 1949-1966.[8]

Esta declinación en la formación de capital fijo se reflejó a su vez en una relativa declinación de la participación de Estados Unidos en la producción mundial, que cayó de 60% de la producción de manufacturas a finales de los años cuarenta hasta la mitad de dicha participación a finales de los setenta.[9]

Otro factor importantísimo entre los que impulsaron el alza de importaciones y la salida de capitales norteamericanos fue el sistema monetario internacional de Bretton Woods, adoptado a finales de la segunda guerra mundial. Como se sabe, el sistema de Bretton Woods impuso tasas de cambio fijas entre las monedas nacionales y designó al dólar norteamericano como principal medio de intercambio internacional, garantizando su convertibilidad en oro. El dólar se convirtió entonces en el baluarte de la estabilidad del sistema liberal de intercambio y su papel como moneda de reserva internacional dependiente —a su vez de la supremacía del poder industrial norteamericano— facilitó ampliamente la expansión de la industria y las inversiones norteamericanas en el exterior, limitando los costos de los déficit económicos de la balanza de capitales en que habría incurrido Estados Unidos durante el período de posguerra. La disposición de los gobiernos extranjeros a comprar el exceso de dólares que fluían a través del mundo para utilizarlos como moneda de reserva, permitió aislar el dólar de las presiones internacionales para su devaluación. El sistema

[8] Thomas Ferguson y Joel Rogers, "The Reagan Victory. . .", *op. cit.*

[9] Gerald Epstein, "Domestic Stagflation and Monetary Policy: The Federal Reserve and the Hidden Election", en Ferguson y Rogers (comps.), *op. cit.*, pp. 141-195.

de tasas de cambio fijas fue por lo tanto hábilmente explotado por Estados Unidos, que pudo entonces adquirir mayor poder internacional en fábricas y armas, poniendo a trabajar la máquina de hacer dinero.

Sin embargo, aunque el sistema monetario internacional de Bretton Woods estimuló la inversión extranjera directa norteamericana, la verdad es que funcionó también en contra de los intereses de las industrias norteamericanas cuya producción se dirigía a satisfacer el mercado interno. Fue por ese papel del dólar como la moneda de reserva internacional, que se consideró que su devaluación en términos de otras monedas haría incurrir a Estados Unidos en costos demasiado altos, por lo que la devaluación fue descartada como opción política, por lo menos hasta la década de los setenta. Con el crecimiento de las importaciones, esta inflexibilidad propició que los precios de los productos norteamericanos se mantuvieran artificialmente altos en relación con los precios de los competidores extranjeros. Esta situación desestimuló las exportaciones norteamericanas, que aparecían muy costosas en los mercados internacionales, y estimuló las importaciones y la inversión extranjera directa norteamericana adicional.[10]

En el cuadro 6 se presenta una comparación del crecimiento de la Inversión Extranjera Estadunidense Directa (IEDD) con el crecimiento de las exportaciones totales de 1950 a 1973. Como puede notarse claramente allí, la IEED había alcanzado en 1976 ya casi el doble del total de las exportaciones totales estadunidenses, y era la dimensión más importante de la participación norteamericana en la economía mundial.

¿Pero qué implicaciones tuvo esta tendencia al deterioro competitivo en la política de comercio exterior norteamericana?

Dijimos antes que en Estados Unidos prevalecía desde la posguerra un

Cuadro 6

Comparación del crecimiento de las exportaciones estadunidenses con el crecimiento de la inversión extranjera estadunidense directa (IEED)
(miles de millones de dólares)

	1950	1960	1970	1973
Exportaciones totales	10.3	20.6	43.2	70.3
IEED	11.8	32.0	78.1	107.3

Fuente: Congreso de los EUA, Comités de Finanzas del Senado, *Implicaciones de las empresas multinacionales para el comercio mundial e inversión y para el comercio y empleo de EUA*, vol. 93, Congreso, 1a. sesión, 1973, p. 95. Las cantidades correspondientes a 1973 provienen del Departamento de Comercio de EUA, *Survey of Current Business*, agosto de 1974, parte II, p. 18 y diciembre 1974, pp. 5-3.

[10] *Ibid.*

compromiso con la filosofía del libre comercio. Pero en realidad, en ningún momento de la era de posguerra el apoyo norteamericano al régimen liberal de comercio ha estado libre de una oposición poderosa y bien organizada dentro del mismo país. Aunque sí es cierto, sin embargo, que durante la década de los cincuenta, la impresionante hegemonía económica norteamericana limitó la protesta a un reducido número de sectores de la economía: los textiles, las compañías petroleras independientes, un grupo pequeño de productos agrícolas y algunos sectores de la industria química.

Por otra parte, en la medida en que resurgían los aparatos industriales europeos y japonés, y los costos se agolpaban sobre un mayor número de industrias, empezó a producirse un profundo cisma en el sector privado norteamericano. Los sectores defensores del libre comercio —i.e. industrias de tecnología alta y de punta e industrias internacionalmente competitivas— y los sectores proteccionistas compuestos por las industrias básicas y las industrias cuya producción se dirige a satisfacer el mercado interno, tales como las industrias del calzado, del acero, textiles, del petróleo (compañías independientes) y, más recientemente, las industrias del hule, la automotriz y algunos sectores de la industria química.

El principal efecto de ese cisma del sector privado en el manejo de la política comercial norteamericana durante los últimos 15 años ha sido que los sectores proteccionistas han forzado, a través del congreso norteamericano, la combinación de una política librecambista de carácter general con un proteccionismo sectorial y una presión selectiva por países y además, ya en los años setenta, ha aumentado el llamado "nuevo proteccionismo".

Los desarrollos de largo plazo de que venimos hablando se complementaron en los últimos cuatro años con una acelerada ampliación del déficit comercial norteamericano, que alcanzó la cifra aproximada de 125 000 millones de dólares en 1984, e hizo ver a las importaciones como las causas de los desajustes productivos, lo que propició el ulterior fortalecimiento del proteccionismo como mecanismo para superar el declive productivo norteamericano.*

Proteccionismo sectorial y por países

Ya se dijo antes que el régimen liberal de comercio surgió del apoyo de la diplomacia norteamericana a la idea de que la eliminación de las trabas comerciales entre los países podía lograr un mayor bienestar internacional y evitar las restricciones comerciales discriminatorias características de las décadas de los veinte y treinta, las cuales en buena medida habían llevado al conflicto bélico.[11]

---

* Conviene aclarar que también se han planteado otras opciones de "política industrial" para enmendar el declive productivo norteamericano, las cuales son analizadas ampliamente en el artículo de Raúl Hinojosa Ojeda, en este mismo volumen.

[11] Richard Gardner, "Sterling-Dollar Diplomacy. . . , *op. cit.*

Originalmente, la idea norteamericana era crear un código sustantivo de comercio que regularía el comercio internacional bajo la égida de una nueva organización internacional a establecer —la Organización Internacional de Comercio (OIC). La OIC no encontró las condiciones políticas para prosperar, pero dejó un subproducto, el Acuerdo General sobre Aranceles Aduaneros y Comercio (GATT), que se estructuró como mecanismo para el intercambio de concesiones arancelarias y como código de normas sobre la no discriminación y contra las prácticas comerciales desleales.[12]

Por eso es que una base importante de sustentación del GATT ha sido la aplicación del principio de la Cláusula de la Nación Más Favorecida (MFN) que exige a cada parte contratante la extensión inmediata e incondicional a las demás partes, de toda ventaja o privilegio concedido a cualquier tercer país, con respecto a los derechos de aduana, gravámenes, reglas y formalidades relativas a las importaciones y exportaciones. Con base en este principio se realizaron seis rondas de negociaciones previas a la denominada Ronda Tokio, que culminaron en la Ronda Kennedy, con el logro de una tarifa arancelaria sumamente baja en los países industrializados, de 7.7% para productos industriales, de 9.8% para manufacturas terminadas y de 8% para productos semiterminados.[13]

Sin embargo, el principio de no discriminación, tal como se expresó en el GATT, que debía suprimir también todos los procedimientos restrictivos al comercio que no fuesen los de tipo arancelario, contuvo desde el principio importantes excepciones. En virtud de la enorme presión de los agricultores norteamericanos, el gobierno del presidente Truman abogó a finales de los años cuarenta por la excención del sector agrícola de la política de discriminación, propuesta apoyada prontamente por Canadá, Gran Bretaña y otros países industrializados.[14]

A partir de Truman cada administración presidencial ha tenido que hacer concesiones proteccionistas por dos motivos principales. Primero, para obtener la aprobación del Congreso de las iniciativas de ley que han permitido la liberalización y la reducción arancelaria negociada por Estados Unidos en cada una de las Rondas del GATT de posguerra.[15] Segundo, para impedir las propuestas de política del Congreso, consideradas más proteccionistas aún.[16]

Como ya se dijo antes, el presidente Truman, por ejemplo, tuvo que admitir la exclusión del sector agrícola de las NCM para obtener la autorización de entablar dichas negociaciones a finales de los años cuarenta.[17]

[12] Gerard Curson "La diplomacia. . .", op. cit.; Clair Wilcox, A Charter for World. . . ,op. cit.

[13] Fred Bergsten y W. Cline, "Trade policy. . .", op. cit.

[14] Pueden consultarse E. Robert Baldwin, "Protectionist Pressures in the United States", en C. Ryan Amacher et al., Challenges to a Liberal International Economic Order, Washington, D.C., American Enterprise Institute for Public Policy Research, 1979, pp. 223-239; Jack Finlayson y Mark Zacher, "The GATT and the Regulations of Trade Barriers: Regime Dynamics and Functions", en International Organization, núm. 35, vol. 4 (otoño, 1981).

[15] E. Robert Baldwin, op. cit.

[16] Ibid.

[17] Véase las obras citadas en supra, nota 14.

Eisenhower también obtuvo en 1958 una extensión de cuatro años de la Ley de Acuerdos Recíprocos y una autorización para negociar la reducción de aranceles en 20% pero sólo después de que impuso a Japón un "Acuerdo de reducción voluntaria" para las exportaciones de productos textiles de algodón, en 1955, y de que estableció cuotas voluntarias a la importación de petróleo en 1958, impuestas legislativamente en 1959 bajo una enmienda de seguridad nacional en la ley comercial.[18]

El presidente Kennedy continuó la práctica de ceder a los intereses proteccionistas cuando permitió la negociación de un acuerdo internacional que autorizaba el uso generalizado de cuotas a la importación de textiles de algodón. La justificación de esta cesión a los intereses proteccionistas se fundamentó en la necesidad de obtener la promulgación de la Ley de Expansión Comercial de 1962, por la cual el gobierno norteamericano negoció ulteriores rebajas de aranceles en la Ronda Kennedy del GATT.[19]

Sin embargo, ya en los gobiernos de Johnson y Richard Nixon los intereses proteccionistas lograrían hacer avanzar sus intereses hasta forzar el abandono de la política de liberalización comercial durante más de siete años y restringir las importaciones en un número cada vez mayor de sectores de la economía estadunidense.

La ofensiva proteccionista se inició poco después de concluida la Ronda Kennedy, por iniciativa de los representantes de las industrias textil, del acero, electrónica y del calzado, quienes exigieron ante el Congreso norteamericano medidas de alivio y protección ante las crecientes importaciones. El Congreso respondió prontamente con la presentación de un gran número de iniciativas de ley que pedían el establecimiento de cuotas a las importaciones de productos tan variados como los equipos electrónicos o las fresas.[20]

Johnson, mediante sus poderes de veto, detuvo las iniciativas de leyes restrictivas que serían aprobadas por el Congreso pero no logró obtener el apoyo del Congreso para su propia iniciativa, que buscaba autorización para continuar con las negociaciones comerciales de liberación y aplicar algunos de los acuerdos alcanzados por los EUA en la Ronda Kennedy.[21] De hecho, aun para mantener el *statu quo*, Johnson se vio forzado a negociar un acuerdo de "reducción voluntaria" de exportaciones de acero con Japón y algunos países europeos.[22]

De igual manera, en 1969, Nixon intentó obtener autorización del Congreso para participar en negociaciones comerciales internacionales mediante la presentación de una iniciativa de ley similar a la de Johnson, pero que tampoco tendría éxito. Esto no fue todo. En 1970 diversos miembros del Congreso apoyaron la iniciativa de ley "Mills", que pedía que se impusieran cuotas de importación, en los niveles de 1967-69, para todos los artículos de importación

[18] *Ibid.* y Hideo Sato, "U.S. -Japan Textile Issues in the changing postwar International System", *mimeo.*

[19] *Ibid.*

[20] Robert Baldwin, *op. cit.*

[21] *Ibid.* y Jack Finlayson y M. Zacher, *op. cit.*

[22] Hideo Sato, *op. cit.*

que hubieran tenido un nivel de penetración del mercado norteamericano correspondiente a 15% o más del consumo interno en esos años.[23] Esta iniciativa tampoco fue promulgada, pero Nixon quedó al fin y al cabo, igual que Johnson, sin autorización para entrar en negociaciones internacionales.

No pasaría mucho tiempo antes de que diversos miembros del Congreso, esta vez con el apoyo abierto de la poderosa AFL-CIO, presentaran la iniciativa de ley Burke-Hartke, que no sólo pedía topes a las importaciones sino también restricciones a las inversiones norteamericanas en el exterior y ampliación de la protección a la industria textil.[24]

Por otra parte, fue en el período de Johnson y Nixon cuando la economía internacional empezó a tener efectos importantes en la política interna estadunidense. La masiva intervención militar norteamericana en Vietnam acabó drenando la economía nacional; la tasa de ganancia de las corporaciones, después de un aumento vertiginoso en 1965, cayó estrepitosamente en el resto de la década.[25] Y apareció la inflación en la escena nacional. Johnson se vio forzado a retirar su candidatura durante la crisis cambiaria de 1967-1968. Al final de la década y al principio de los años setenta aparecieron los primeros desafíos importantes al dólar en los mercados monetarios internacionales, y el histórico déficit comercial estadunidense de 1971 agudizó la rivalidad entre Estados Unidos y sus aliados europeos y Japón.

El shock de Nixon

El año de 1971 marca un hito decisivo en la evolución de la política de comercio exterior norteamericano. Es en este año que el presidente Nixon decide abandonar la plataforma librecambista e inaugurar una política claramente favorable a los intereses particulares de los sectores menos competitivos de la economía norteamericana. A partir de ese año se puede decir que se conforma un nuevo equilibrio entre la política librecambista y el proteccionismo, que lleva a la proposición, en la década de los años setenta, de una política general de liberalización comercial de EUA para ampliar los mercados de sus exportaciones y una política más específica de apoyo a los sectores sujetos a grandes presiones del exterior. Esta política ya no se expresa solamente como política de contención y de otorgamiento de concesiones aisladas sino como estrategia de nivel internacional que llevaría a formular dentro del GATT nuevas reglas de comercio internacional para evitar que las importaciones dañaran a los sectores internos no competitivos.

Este nuevo equilibrio de fuerzas entre los sectores proteccionistas y los defensores del libre cambio se inaugura en el verano de 1971, con el famoso *shock*

[23] Robert Baldwin, *op. cit.*
[24] S. Krasner, *op. cit.*, Hideo Sato, *op. cit.*
[25] F. Edward Denison, *Accounting for Slower Economic Growth: The United States in the 1970's*, Washington D.C., Brookings Institution, 1979.

de Nixon o lo que se denominó la Nueva Política Económica (NEP) a través de la cual el presidente Nixon devaluó unilateralmente el dólar y suspendió su convertibilidad en oro. Asimismo, el gobierno norteamericano impuso una sobretasa de 10% a casi todas las importaciones norteamericanas y exigió un control voluntario de las exportaciones de textiles a Estados Unidos de parte de Hong Kong, Taiwan y Corea del sur y el relajamiento de las barreras comerciales acumuladas de la CEE y Japón para permitir un mayor acceso de las exportaciones estadunidenses a sus mercados domésticos.[26]

La justificación fundamental de estas acciones provenía de la idea de que el gobierno y el Congreso norteamericano, y diversos sectores de la sociedad temían acerca de las causas del primer déficit comercial absoluto en la historia reciente de EUA. Esas causas se vinculaban con el papel que venían jugando en la economía internacional la CEE, Alemania Occidental, Japón y un número limitado de países en desarrollo denominados NICS o países de industrialización reciente.

La necesidad de acelerar la reconstrucción económica de los países europeos y para quienes se convertían en los aliados estratégicos de EUA al finalizar la segunda guerra mundial llevó a este país a establecer un programa especial de ayuda financiera para ellos y, aún más, a permitir excepciones en la política de no discriminación, como por ejemplo la de aceptar la continuación de los esquemas preferenciales de preguerra de Inglaterra y Francia, y posteriormente, la de apoyar la formación de la Comunidad Económica Europea (CEE), que favoreció la discriminación respecto incluso de los propios productos norteamericanos.[27] En ese entonces, este trato especial —según propone el prestigiado economista Bela Balassa— se apoyaba en la idea norteamericana de la necesidad de fortalecer a los países aliados frente a las amenazas comunistas internas y externas.[28]

Sin embargo, cuando avanzó la década de los años sesenta, ese apoyo incondicional a los aliados de la Alianza Atlántica se fue convirtiendo gradualmente en insatisfacción y en abierta oposición por parte de Estados Unidos, particularmente frente a la clara preferencia europea por una política de discriminación, expresada en el desarrollo de acuerdos sectoriales y bilaterales que, en opinión de diversos sectores en EUA, habrían servido como mecanismos de discriminación comercial y de desviación de los flujos internacionales de comercio. Un claro ejemplo de esta política discriminatoria era el sistema de preferencias comerciales que la CEE había otorgado a sus antiguas colonias de África bajo la Convención de Yaoundé, en 1963, claramente discriminatoria hacia otros países, por ejemplo, los de Latinoamérica.[29]

[26] David Gisselquist, *Oil Prices and Trade Deficts: U.S. Conflicts with Japan and West Germany*, Nueva York, Praeger, 1979.
[27] Gardner Paterson, ''The European Community as a Threat to the System'', William Cline, *Trade Policy in the 1980's. . .* , *op. cit.*
[28] Bela Balassa, ''The Political Motivations of trade Liberalization'', en *Trade Liberalization Among Industrial Countries,* Nueva York, McGraw-Hill Eook Co., 1967.
[29] Gardner Paterson, *op. cit.,* y Jack Finlayson y Mark Zacher.

Con todo, una de las políticas de la CEE que mayor oposición despertó en Estados Unidos fue la famosa Política Agrícola Común (PAC) que EUA veía como responsable un régimen de protección de la agricultura de los países miembros de la CEE, a través de un sistema de precios basados en los costos de los productores menos eficientes. La PAC había favorecido también un exceso de producción que se exportaba después a través de un amplio sistema de subsidios gubernamentales cuyo resultado era que, aunque la Comunidad había sido a mediados de los años sesenta un importador neto de granos, azúcar, productos lácteos y carne de res, a principios de la década de los setenta se había convertido en exportadora agresiva de dichos productos al vasto y abierto mercado norteamericano, mientras sus propios mercados permanecían cerrados para los productores norteamericanos.[30]

En el caso de Japón, la política norteamericana al finalizar la guerra también había sido determinada por el deseo de contener el avance del comunismo en Asia.[31] * Este deseo había dado lugar a un apoyo norteamericano para la reconstrucción económica japonesa por medio de ayuda financiera y de asistencia técnica para acelerar la recuperación de la capacidad industrial japonesa y de la búsqueda de nuevos mercados para los productos japoneses.[32] ** Según la visión norteamericana, esta política hacia Japón había resultado sumamente exitosa, porque había logrado la firme inclusión de dicho país en el bloque occidental y había propiciado el famoso "milagro" japonés. Sin embargo, pese a que EUA había persuadido a los otros aliados a aceptar el ingreso de Japón al GATT, y había logrado su participación en las negociaciones de reducción de aranceles, Japón se había convertido desde entonces en un paraíso del proteccionismo no tarifario que no participaba equitativamente de su responsabilidad en el mantenimiento de un sistema comercial abierto.[33]

En opinión de algunos autores, las medidas económicas de 1971 tenían además, como causas más inmediatas, el rechazo europeo y, particularmente de Alemania y Japón, a la propuesta norteamericana de modificar voluntariamente su estrategia de crecimiento basada en la promoción de exportaciones, para aliviar la presión sobre la balanza comercial norteamericana[34] y/o aceptar la revaluación del yen y del marco con el mismo propósito.[35] Las negativas

[30] Ibid.

[31] Hideo Sato, op. cit.

* Obviamente, con la excepción del breve período de 1945-1947 durante el cual la ocupación a Japón se planteó castigo por su afrenta a EUA.

[32] Ibid.

* Los mercados tradicionales de Japón antes de la guerra habían sido China y Corea del Norte. La nueva alianza con Occidente implicaba la apertura de nuevos mercados en el mundo libre para impedir que Japón pudiera verse obligado a recuperar sus mercados tradicionales.

[33] Ibid. y U.S. General Accounting Office, United States-Japan trade: Issues and Problems, septiembre 21 de 1979.

[34] David Gisselquist, op. cit., y Fred Block, The Origins of International Monetary Disorder, Berkeley, University of California Press, 1977.

[35] Ibid.

europea y japonesa se basaban, por su parte, en la creencia de que no se justificaba la subordinación de sus estrategias de crecimiento a la supervivencia de un orden internacional que beneficiaba sistemáticamente a Estados Unidos.[36]

Por otra parte, como ya se ha dicho, las presiones norteamericanas también afectaban a un grupo de países en desarrollo para los cuales se acuña un término con el cual se les conoce desde entonces: NICS, o países de industrialización reciente: Hong Kong, Taiwán y Corea de Sur que, a diferencia de la mayoría de los países en desarrollo, habían logrado adquirir durante los años sesenta ventajas competitivas en un número de productos industriales y habían aumentado su presencia en las economías de los países avanzados, particularmente Estados Unidos. Desafortunadamente, los sectores en que los NICS habían extendido su influencia coincidían con los que estaban sufriendo un proceso más agudo de ajuste estructural dentro de EUA, como los textiles, y esto aumentaba las presiones por un nivel más alto de proteccionismo.[37]

La confusión creada en el sistema de comercio internacional por el *shock* de Nixon se acentuó aún más durante el proceso de negociaciones que se iniciaría exclusivamente entre las naciones industrializadas para eliminar las restricciones comerciales impuestas por EUA y alcanzar cierta estabilidad cambiaria. Haciendo uso del poder de negociación que le concedían las armas de la convertibilidad y la sobretasa a las importaciones, EUA exigió importantes concesiones unilaterales de parte de Europa y Japón, entre otras, revisiones a la PAC, al sistema preferencial de la CEE, y un paro a la expansión de los acuerdos preferenciales de la CEE, así como un levantamiento de las restricciones comerciales japonesas. Como parte de las negociaciones monetarias, EUA demandó un saldo comercial permanente y favorable.[38]

Aunque los europeos y los japoneses rechazaron las principales demandas de EUA, no impusieron medidas de represalia y finalmente aceptaron establecer nuevos tipos de cambio que permitieron aliviar por un corto período el déficit comercial norteamericano. A cambio, Estados Unidos levantó la sobretasa y retiró las demandas de concesiones unilaterales, no sin comprometer a los países europeos y Japón a analizar problemas más profundos, monetarios y comerciales, desde 1972 en adelante, "en un marco de mutua cooperación".[39] La reforma comercial, sin embargo, fue obstaculizada durante los tres años siguientes por motivos políticos internos de EUA. El gobierno de Nixon encontró un freno en la creciente fortaleza de los sectores proteccionistas y especialmente en la necesidad de detener la iniciativa Burke-Hartke. Los europeos y los japoneses condicionaron su entrada en negociaciones con Estados Unidos a que el ejecutivo de ese país obtuviera la autorización del Congreso para cerrar acuerdos internacionales.[40]

---

[36] *Ibid.*

[37] Fred Bergsten y W. Cline, "Trade policy in the 1980's. . .," *op. cit., infra,* nota 2.

[38] David Gisselquist, *op. cit.;* Fred Block, *op. cit.,* y Fred Bergsten, "The New Economic Policy and U.S. Foreign Policy", en *Foreign Affairs* 50 (enero 1972).

[39] *Ibid.*

[40] *Ibid.*

En ese tiempo, sin embargo —y como era de esperarse—, la respuesta de los sectores favorecedores del libre cambio no se limitó a criticar las medidas de Nixon sino que organizó la defensa del sistema liberal reuniendo fuerzas y encontrando apoyo en todo el espectro político norteamericano y del exterior.[41] A finales de 1971 se publicaron los reportes especiales Williams y Peterson, encargados por Nixon, sobre las relaciones económicas internacionales.[42] En ambos se recomendaba que EUA enfrentara los múltiples problemas económicos internacionales, en los ámbitos financiero, comercial, de inversión y de seguridad militar, adoptando una postura negociadora agresiva.

Sin embargo, pese a su ánimo bélico, ambos estudios insistían también en la necesidad de mantener el tradicional compromiso con el libre comercio y con las NCM del GATT. Del mismo modo, reconocían la necesidad de iniciar una nueva ronda de NCM que discutiera los varios problemas que enfrentaban la economía internacional y la norteamericana.

Al mismo tiempo, otros grupos del Congreso se unían en contra de las tendencias proteccionistas y recibían apoyo de importantes organizaciones privadas.[43]

Los países europeos y Japón reconocieron que si se quería reavivar la negociación internacional había que satisfacer a los sectores proteccionistas dentro del Congreso. En consecuencia, aceptaron negociar acuerdos comerciales bilaterales restrictivos de sus importaciones, que removieron algunas de las barreras políticas más importantes para la aprobación congresional de una ley comercial a finales de 1974 que autorizó al presidente a negociar otra vez en el GATT.[44]

Finalmente, como parte de la estrategia de la coalición liberal, se promovieron fórmulas de negociación y cooperación en foros internacionales, que empezaron a preparar la nueva Ronda dentro del GATT y la Organización para la Cooperación y Desarrollo Económicos (OCDE); ésta se convertiría en un importante foro de negociaciones informales comerciales y de cooperación. Por iniciativa norteamericana se formó en la OCDE un comité de alto nivel para discutir posibles propuestas de reforma comercial y económica, que acordó

[41] La creación por David Rockefeller en 1972-73 de la Comisión Trilateral culminaría un intenso proceso de consulta de los sectores privados favorecedores del libre cambio. La comisión trilateral rápidamente enrolaría a un grupo importante de bancos y empresas trasnacionales, fundaciones privadas y representantes de los medios masivos de comunicación. Véase a H. Sklar (comp.), *Trilateralism: The Trilateral and Elite Planning for World Managament*, Boston, Southern Press, 1980. Esta organización tendría ulteriormente una enorme influencia en el manejo de la política económica internacional estadunidense.

[42] Joan Edelman Spero, *The Politics of International Economic Relations*, Nueva York, St. Martins Press, 1973, pp. 65-87.

[43] U.S. Congress, Senate Committee on Finance, *Trade Policies in the 1970's*, Report by Senator Abraham Ribicoff, 92nd. Congress, 1st. Sess.; National Planning Association, *U.S. Foreign Economic Policy for the 1970's: A New Approach to New Realities*, Washington, D.C., 1971.

[44] Tanto la CEE, Japón y los NICS aceptarían reducir voluntariamente sus exportaciones de textiles de fibras sintéticas y lana. Consúltese Joan Edelman Spero, *op. cit.*

iniciar, a finales de 1972, una nueva ronda de NCM que se reuniría en Tokio en 1973.[45]

En marzo de 1973, el presidente Nixon presentó la iniciativa de Ley de Comercio con el doble propósito de solicitar autorización del Congreso para entrar en negociaciones comerciales en la Ronda Tokio y de satisfacer los intereses proteccionistas. La iniciativa del Presidente solicitaba innumerables prerrogativas para concluir distintos acuerdos comerciales, eliminar totalmente aranceles, remover una amplia gama de barreras no arancelarias, otorgar preferencias arancelarias a algunas exportaciones de países en desarrollo y poder otorgar un tratamiento de Nación Más Favorecida (MFN) a los países detrás de la Cortina de Hierro, así como establecer nuevos programas de ajuste y asistencia a los sectores industriales afectados por las importaciones. En otras palabras, esta ley había sido pensada para convertirse en una poderosa palanca de negociación del ejecutivo norteamericano.[46]

Sin embargo, la resistencia de los sectores proteccionistas y la indisposición de otros sectores del Congreso a conceder autoridad de negociación al presidente Nixon, precisamente en el momento en que se empezaba a saber la complicidad de la Casa Blanca en la trama de Watergate, retrasaron la promulgación de la ley durante casi tres años.

Así, cuando se hizo la inauguración formal de las NCM de la Ronda Tokio del GATT, en septiembre de 1973, el presidente Nixon asistió sin la autorización del Congreso para negociar. Por esa causa, se retrasó hasta febrero de 1975, un mes después de la promulgación de la Ley de Comercio estadunidense de 1974, la iniciación plena de la Ronda Tokio.[47]

El neoproteccionismo

Dijimos antes que la iniciativa de Ley de Comercio de 1974 se propuso dos objetivos: obtener la autorización para entrar en las NCM y satisfacer los intereses proteccionistas. Nos interesa recalcar en qué consistieron las concesiones a los intereses proteccionistas, porque esas concesiones darían origen a lo que denominamos nuevo proteccionismo o neoproteccionismo.

Ya se ha señalado cómo la reacción al déficit comercial norteamericano a comienzos de los años setenta consistió en una campaña dentro del Congreso en favor de una serie de iniciativas de ley que restringían las importaciones, como la ley "Mills" o la "Burke-Hartke", y en la denuncia de ciertas medidas políticas de los países europeos y de Japón que perjudicaban a la economía norteamericana.

Ante el fracaso de las iniciativas del tipo de la ley Burke-Hartke, el tibio efecto del *shock* de Nixon y la reacción de la coalición librecambista, los sectores

[45] Miriam Camps, *First World's Relationships: the Role of the OECD,* Nueva York, Council on Foreign Relations and Atlantic Institute for International Affairs, 1975.
[46] Joan Edelman Spero, *op. cit.*
[47] *Ibid.*

proteccionistas encauzaron sus esfuerzos hacia la promoción de una política que lograra, con herramientas diferentes de los tradicionales instrumentos proteccionistas, como las barreras arancelarias, los mismos efectos. Esos sectores buscaron también asegurar en el marco multilateral del GATT lo que Nixon no había alcanzado de manera unilateral con la NEP. El primero de esos propósitos se lograría por medio del neoproteccionismo, mientras que el segundo debía alcanzarse forzando al ejecutivo norteamericano a tomar una actitud negociadora agresiva e inflexible frente a la CEE, Japón y los NICS, que asegurara la supresión de las políticas que consideraban como principal fuente de sus problemas. Después, ante lo que se vio como el fracaso del segundo objetivo en las NCM, los sectores proteccionistas decidirían centrar sus esfuerzos en fortalecer el neoproteccionismo.

El neoproteccionismo había surgido de la idea de perfeccionar algunas leyes estadunidenses, cuyo propósito es aliviar los daños causados por el aumento de las importaciones y castigar abusos comerciales especiales. Esas leyes, como la de *antidumping*, la de subsidios e impuestos compensatorios, o la sección 337 de la Ley Arancelaria de 1930, se encontraban en vigor desde antes de la fundación del GATT.

Sin embargo, dichas leyes casi no habían sido aplicadas en las décadas de los cincuenta y los sesenta debido a la escasa presión de importaciones que sujetaba a las industrias norteamericanas y a que imponían demasiados requisitos técnicos y jurídicos difíciles de cumplir que las inhabilitaban como eficaces mecanismos de contención a las importaciones. Como ejemplo cabe mencionar que en el caso de una petición de alivio de acuerdo con la legislación vigente en la década de los cincuenta y sesenta, el peticionario debía probar fehacientemente que estaba sufriendo un perjuicio grave cuya *causa principal* era el incremento de las importaciones. También habría que probar que el incremento en las importaciones provenía de concesiones arancelarias otorgadas por Estados Unidos al país importador. Pero además, aun cuando el peticionario probara la procedencia de su acción ante la Comisión de Aranceles, el presidente gozaba de poder para conceder o no las medidas de alivio, es decir que, en realidad, no estaba obligado a acatar una resolución favorable de aquella.

En el caso de la Ley *Antidumping* y de la de subsidios e impuestos compensatorios también se imponían importantes cargas de prueba, que dificultaban la demostración del *dumping* o la existencia de subsidios.

Pues bien, lo que hicieron los sectores proteccionistas fue presionar hasta conseguir una legislación más adecuada a sus intereses, con recursos más expeditos para poner en marcha las medidas de alivio a los perjuicios derivados del aumento de las importaciones y protegerse de las prácticas que consideraban desleales en el comercio y principal origen de sus problemas. Como vimos al discutir la política estadunidense hacia la CEE, se criticaban especialmente políticas como la PAC y el uso cada vez más frecuente de subsidios a la exportación y de acuerdos comerciales "preferenciales" promovidos por la CEE.*

* Ver *supra*, p. 124.

La presión de los sectores proteccionistas logró su objetivo cuando hizo incluir en la Ley de Comercio de 1974 disposiciones que facilitaban la aplicación de las medidas de alivio a los perjuicios ocasionados por el aumento de las importaciones y la legislación que los protegía contra las prácticas desleales en el comercio. Estas disposiciones aparecieron en las secciones 201 y 301 de la Ley de Comercio de 1974 y en las reformas a las leyes de *antidumping* y de subsidios e impuestos compensatorios, y en la sección 337 de la Ley Arancelaria de 1930.

La sección 201 de la Ley de Comercio de 1974 permitía restringir las importaciones que dañaran a la industria, aunque no fueran la causa más importante del daño. Tampoco se exigía ya demostrar una derivación directa entre el aumento de las importaciones y las concesiones arancelarias concedidas por el gobierno de EUA.[48]

Dentro de las restricciones admitidas se reconocía la posibilidad de llegar a Acuerdos de Libre Comercio Organizado (OMAS), imposición de cuotas, aumento en los impuestos o restricciones cuantitativas.

La justificación de esta sección se encontraba supuestamente en el artículo XIX del GATT, denominada cláusula de salvaguardia, que exige que las medidas restrictivas sean coherentes con el principio de la MFN.* En realidad, sin embargo, los OMAS autorizados por la sección 201 resultaban desde el principio incompatibles con el artículo XIX, porque suponían negociaciones bilaterales irreconciliables con el principio de la MFN.[49]

En la sección 301 de la Ley de Comercio de 1974 y en las reformas a la sección 337 de la Ley Arancelaria de 1930 se permitía imponer restricciones a las importaciones provenientes de un país que tratara en forma desleal a las exportaciones norteamericanas y se prohibían los "métodos desleales de competir y actos desleales al importar bienes a Estados Unidos". Esta última prohibición se entendía según esta reforma que ya no sólo cubría asuntos como la protección de patentes, marcas y otros derechos de propiedad industrial, sino que podía aplicarse a un ámbito mucho mayor, que llegase hasta acciones de *dumping* y subsidios.

Finalmente, se concedía a ambas cámaras del Congreso la prerrogativa de revocar la decisión presidencial que rechazara las decisiones positivas de la Comisión Internacional de Comercio en asuntos relativos a la sección 201 o en investigaciones *antidumping*.[50]

Finalmente, las reformas a la Ley *Antidumping* removieron los principales obstáculos para probar la existencia del *dumping*. De acuerdo con las nuevas

---

[48] J.J. Marks, "Remedies to 'Unfair' trade: American Action Against Steel Imports", *The World Economy*, vol. 1, núm. 2; Bela Balassa, "The New Protectionism: An Evaluation and Proposals for Reform", en C. Ryan Amacher *et al.*, *Challenges to a Liberal. . .*, *op. cit.*, véase *supra*, nota 14.

* Ver *supra*, p. 121.

[49] J.J. Marks, *op. cit.*

[50] *Ibid.* y Bela Balassa, "The New Protectionism. . .", *op. cit.* La Comisión de Aranceles sería renombrada Comisión Internacional de Comercio.

disposiciones, el Departamento del Tesoro no debía tomar en cuenta las ventas menores que el costo de producción en el mercado nacional cuando juzgaba si una industria extranjera cometía o no *dumping* en Estados Unidos, con lo cual, teóricamente, se posibilitaba que dijera que había *dumping* aun cuando los precios de exportación superaran los precios del mercado nacional. También se impusieron plazos más cortos para la realización de investigaciones *antidumping* y relativas a subsidios e impuestos compensatorios.[51]

Estas enmiendas a las leyes referidas tuvieron un efecto inmediato sobre su efectividad. Dice un estudio de la Oficina de Análisis Económico del Servicio de Aduanas de Estados Unidos que el número de acciones derivadas de esta legislación aumentó notablemente en la década de los años setenta, aunque no acalló las demandas de los proteccionistas.[52] Esos sectores siguieron arremetiendo duramente contra el manejo de la legislación sobre prácticas desleales en el comercio que hacía el Departamento del Tesoro hasta que lograron imponer en 1979 nuevas enmiendas, mucho más favorables aun a sus intereses.[*]

Como ya hemos dicho, estas reformas legislativas son el origen del neoproteccionismo, que caracterizaría el comercio exterior norteamericano en los años setenta.[**]

Nuestra caracterización del neoproteccionismo hace referencia, como las de otros autores, a una política proteccionista encubierta que superó las herramientas proteccionistas tradicionales, como los aranceles aduaneros, las cuotas y las restricciones cuantitativas que se usaban en todo el mundo industrializado desde el *shock* petrolero de 1973 y la grave recesión internacional de 1974-75.[53]

Sin embargo, a diferencia de la visión predominante que caracteriza al neoproteccionismo como la utilización de instrumentos como las llamadas "restricciones voluntarias a las exportaciones" (VERS o *Voluntary Export Restraints*), o los "Acuerdos para la Comercialización Ordenada" (OMAS u *Orderly Marketing Agreements*). Nosotros caracterizamos al término neoproteccionismo como la utilización de una gran variedad de instrumentos legales con propósitos proteccionistas.

En otras palabras, los sectores proteccionistas de Estados Unidos no se conformaron con lograr acuerdos voluntarios de reducción de exportaciones, como los VERS o los OMAS, sino que obligaron a flexibilizar la legislación sobre prácticas desleales en el comercio para asegurarse el control de las importacio-

---

[51] *Ibid.*

[52] Este estudio es citado en D.P. Ehrenhaft, "What the Antidumping and Countervailing Duty Provisions (can) (will) (should) Mean for U.S. Trade Policy", en *Law and Policy in International Business*, núm. 4, vol. II, 1979.

[*] En la Ley de Acuerdos Comerciales de 1979 se le concedería incluso al Departamento de Comercio competencia para conocer de este tipo de investigaciones. Este Departamento en contraste del Departamento del Tesoro, se ha identificado tradicionalmente más claramente con los intereses de los sectores que producen para el mercado interno.

[**] Véase *supra*, p. 129

[53] Bela Balassa, "The New Protectionism. . . ", *op. cit.;* Fred Bergsten y William Cline, "Trade Policy in. . . ", *op. cit.;* Jan Tumlir, "The New Protectionism, Cartels and the International order", en C. Ryan Amacher *et al.*, *Challenges to a Liberal. . . "*, *op. cit.*, pp. 239-259.

nes. Por otro lado, también buscaron forzar al Ejecutivo a través de la NCM a obtener que los países europeos, Japón y los NICS modificaran las políticas que consideraban dañinas a sus intereses.

La Ronda de Tokio

A diferencia de las anteriores NCM, cuyos propósitos centrales habían sido liberalizar las transacciones comerciales eliminando las restricciones cuantitativas y reduciendo los aranceles a las importaciones, la Ronda Tokio prentedió sobre todo eliminar o al menos atenuar las barreras no arancelarias.

A causa de la presión norteamericana se planteó en ese foro que las barreras arancelarias habían dejado de ser el principal instrumento para obstaculizar el libre comercio, porque muchos países miembros del GATT negociaban reducciones de aranceles que inmediatamente neutralizaban mediante el uso de barreras no arancelarias como las restricciones cuantitativas, las técnicas de valoración de las mercancías en aduanas, la utilización de las compras del gobierno para discriminar en favor de los proveedores nacionales, las barreras técnicas y sanitarias, etc., que a final de cuentas erosionaban las concesiones arancelarias del GATT.

Además, el uso de otro tipo de barreras no arancelarias, como los subsidios a la exportación, cuya utilización había proliferado en muchos países miembros del GATT, se habían convertido en el principal estímulo de una gran variedad de exportaciones que desplazaban en forma desleal a otras exportaciones en terceros mercados o inundaban mercados en detrimento de industrias y sectores internos muy sensibles a las importaciones.

Esta doble preocupación de EUA en suprimir las barreras al comercio y asegurar que los demás países se sujetaran a una nueva disciplina en el uso de políticas como los subsidios, explica por qué los objetivos de la NCM de la Ronda Tokio fueron, para los negociadores de Estados Unidos, la búsqueda de un comercio más libre y *más justo*. La supresión de las barreras al comercio permitiría a EUA ampliar los mercados de sus exportaciones. La estructuración de un nuevo marco normativo, que asegurara que los demás países se sujetaran a sus pautas de justicia, es decir, que suspendieran las políticas que concedían ventajas desleales a las exportaciones, facilitaría aliviar la situación de las industrias y sectores internos norteamericanos altamente sensibles a las importaciones.

También se decidió en la Ronda Tokio que las NCM buscarían integrar bajo su mismo esquema a los países en desarrollo y particularmente a los denominados NICS.[54]

Dados los objetivos de la Ronda Tokio, no debe sorprender que las NCM tuvieran que discutir durante cinco años innumerables y complejos trabajos

[54] John Mathieson, ''The Tokio Round Trade Agreements what effect on the Developing Countries?'', *Overseas Development Council Communique*, Washington, D.C., junio de 1979.

sobre aranceles, medidas no arancelarias, enfoque sectorial, salvaguardias, productos tropicales, agricultura y estructura internacional.

Desde la perspectiva norteamericana, los resultados de estas negociaciones fueron considerados logros favorables pese a algunos puntos en que habían fracasado. Esos fracasos eran no haber obtenido reglas de exportación más estrictas para los principales socios comerciales de EUA y un grupo de países en desarrollo. Este fracaso daría nuevo vuelo a los sectores proteccionistas dentro de EUA, que, no conformes con todos los acuerdos logrados, forzaron nuevas restricciones en la legislación promulgada en 1979 para aplicar en EUA los acuerdos negociados en la Ronda Tokio.

En efecto, es innegable que al igual que en anteriores NCM hubo en la Ronda Tokio una importante reducción de aranceles entre los países desarrollados, que se comprometieron a reducir sus aranceles en aproximadamente 33% durante los ocho años posteriores a 1979.

Asimismo, se establecieron diversos códigos de conducta para regular o atenuar la utilización de algunas barreras no arancelarias. Éstos eran el Código de Subsidios y Derechos Compensatorios, que prohíbe los subsidios a la exportación de manufacturas; el Código de Valoración Aduanera que impone que el precio pagado o por pagar por las mercancías sea la base de aplicación de los gravámenes *ad valorem*; el Código de Compras Gubernamentales, mediante el cual se elimina la discriminación en contra de proveedores y productos extranjeros; el Código de Normas Técnicas, que desalienta el manejo discriminatorio de las normas de los productos, de los procesos de prueba y de los métodos de certificación, facilitan el comercio y finalmente el Código de Procedimiento para el Trámite de Licencias de Importación, que reduce los impedimintos administrativos para obtener Licencias de Importación.

Otro fracaso importante de EUA fue que no consiguió la liberación del sector agrícola y mucho menos la modificación de la PAC de la CEE. Tampoco consiguió el reconocimiento de la necesidad de proscribir todo tipo de subsidios, tanto los dirigidos a las exportaciones como los dirigidos a sustituir importaciones dentro del Código de Subsidios, lo que reavivó la protesta de los sectores proteccionistas. Pero antes de pasar a analizar el alcance y direcciones de los esfuerzos en favor del neoproteccionismo, conviene analizar brevemente en qué consistió realmente lo que hemos descrito como supuesto fracaso de EUA en las negociaciones del Código de Subsidios.

El Código de Subsidios

Como ya sugerimos antes, el objetivo principal del gobierno de EUA durante la negociación del Código de Subsidios era establecer un nuevo marco normativo que proscribiera las prácticas gubernamentales de subsidiación, las cuales, en opinión de importantes miembros del Congreso norteamericano, eran una de las "medidas más perniciosas que distorsionaban el comercio internacional en detrimento de Estados Unidos".[55] Lo pernicioso de esas medidas surgía de que los subsidios eran considerados "subvenciones o concesiones otorgadas usualmente por los gobiernos a una manufactura, producción o exportación de bienes importados cuyo efecto es proporcionar, a menudo una ventaja competitiva en relación con los productos de otro país".[56] La competencia provocada por los subsidios se veía como la causante de graves perjuicios a los productores norteamericanos en el propio mercado norteamericano y en los mercados extranjeros a las exportaciones norteamericanas.

Esta concepción de los subsidios había sido la causa de que, en la negociación, Estados Unidos no hubiera establecido ninguna diferencia entre los subsidios a la exportación y los destinados a sustituir importaciones o lograr objetivos de desarrollo económico, y que su posición hubiera sido buscar una proscripción de ambos tipos de medidas.[57]

Esta posición norteamericana recibiría, sin embargo, un rechazo inmediato de la mayoría de los países participantes en las negociaciones particularmente de la CEE, Japón y los países en desarrollo. La CEE defendió particularmente las disposiciones tradicionales del GATT que proscriben el uso de subsidios para la promoción de exportaciones, siempre y cuando perjudiquen a la industria del país importador, pero no admitió la propuesta norteamericana de incluir en las negociaciones otros subsidios que los que sirven para promover exportaciones, los cuales eran considerados como prácticas normales y adecuadas para el logro de objetivos de desarrollo económico y social y parte integrante del derecho soberano de cada país.[58] Esta postura de la CEE fue apoyada por todos los demás países participantes, y los países en desarrollo, además, insistieron en que cualquier reglamentación de las políticas de subsidiación debía reconocer las necesidades especiales de ellos por medio de un trato especial y diferenciado.

Estas posiciones tan encontradas estuvieron a punto de hacer fracasar toda la negociación. No obstante, el interés europeo y japonés de comprometer a EUA a conceder el beneficio de la comprobación del perjuicio material como condición previa a la aplicación de impuestos compensatorios, lograron de la CEE y Japón algunas concesiones. ¿A qué nos referimos?

Para que sus principales socios comerciales aceptaran el endurecimiento de las normas sobre subsidios, EUA había amenazado con usar las facultades que le concedía la Cláusula del Abuelo del GATT para no tener que conceder el beneficio de la comprobación del perjuicio material antes de aplicar impuestos compensatorios y medidas *antidumping* a las importaciones. Aunque la Ronda Kennedy había acordado que los impuestos compensatorios y las medidas *antidumping* sólo se aplicarían luego de la comprobación de un perjuicio o daño

---

[55] D.P. Ehrenhaft, "What the. . . ", *op. cit.*
[56] U.S. Congress, Reporte del Comité de Finanzas del Senado núm. 96-249. Para acompañar a HR 4537, *Ley de Acuerdos Comerciales de 1979*, 96avo Congreso, 1a. sesión, 1979.
[57] *Ibid.*
[58] D.P. Ehrenhaft, "What the. . . ", *op. cit.*; Jack Finlayson y Mark Zacher. *"The GATT and. . ."*, *op. cit.*, *supra*, nota 14.

al país importador, la Cláusula del Abuelo del GATT eximía de esta obligación al país cuya legislación no la impusiera expresamente desde la creación del GATT, en 1948. Tanto la ley de subsidios e impuestos compensatorios de EUA como la de *antidumping* habían aparecido antes de la entrada en vigor del GATT. Estados Unidos, por tanto, no estaba obligado a cumplir el acuerdo de la Ronda Kennedy, y la CEE y Japón sabían que esa posibilidad podía afectar sus exportaciones a Estados Unidos.

A final de cuentas, las negociaciones condujeron a un Código de transacción entre la posición norteamericana, la de la CEE y la de los países en desarrollo. EUA obtuvo de los otros países el compromiso de evitar las subvenciones a las exportaciones y un reconocimiento de que los subsidios distintos de los concedidos a la exportación podían causar graves perjuicios, especialmente cuando afectaban las condiciones normales de la competencia. De ahí se deducía el compromiso de tratar de no causar tales efectos.

La CEE obtuvo de EUA el reconocimiento de que sólo impondría impuestos compensatorios después de comprobar la existencia de un perjuicio a los productores nacionales y también el reconocimiento de la legitimidad de la utilización de subsidios distintos a los concedidos a las exportaciones para conseguir importantes objetivos de política social y económica, aun con las limitaciones que ya se han señalado. Asimismo, la CEE logró frenar la pretensión norteamericana de incluir en el Código una lista exhaustiva de los subsidios gubernamentales que quedaban prohibidos aceptando únicamente la inclusión de una lista ilustrativa de subsidios que podían ser gravados con impuestos compensatorios.[59]

Los países en desarrollo, por su parte, obtuvieron el reconocimiento de que los subsidios eran parte integral de sus programas de desarrollo y de que los subsidios a la exportación podían ser útiles a sus programas económicos y sociales. Sin embargo, los países en desarrollo convinieron también en no utilizar los subsidios a la exportación de manera tal que causaran serios perjuicios al comercio o la producción de otro signatario y en que si llegaban a ser incompatibles con sus necesidades de competencia y desarrollo tenían que reducirlos o suprimirlos.*

Avance del neoproteccionismo

Las NCM de la Ronda Tokio dieron, sin duda, a finales de la década de los setenta un nuevo ímpetu a la liberalización comercial, en particular a una serie de rubros de interés especial para las Empresas Transnacionales (ET) y las industrias de punta. Sin embargo, mientras esto ocurría, diversos factores norteamericanos e internacionales fortalecieron la política neoproteccionista de EUA.

[59] *Ibid.*

* Esta cláusula se denominaría principio de graduación y se había incluido por la insistencia y presión norteamericana. Obviamente se dirigía a los *NICS*.

Cuando enumerábamos los factores que habían permitido la promulgación de la Ley de Comercio de 1974, dijimos que dos de los más importantes habían resultado, primero, el establecimiento de nuevos tipos de cambio en las monedas de los países europeos y Japón, que había alividado por un corto periodo el déficit comercial norteamericano, y segundo, el reconocimiento por parte de los países europeos, Japón y los NICS, de la necesidad de satisfacer a los sectores proteccionistas del Congreso Norteamericano con acuerdos bilaterales restrictivos de sus productos textiles de fibras distintas al algodón. *

Lo que no señalamos antes, sin embargo, es que esos acuerdos bilaterales restrictivos de los productos textiles distintos del algodón iban a someter al gobierno norteamericano a una constante crítica de los países firmantes con el argumento de que dichos convenios resultaban incompatibles con el Acuerdo de Largo Plazo Relativo al Comercio de Textiles de Algodón (LTA), celebrado en 1962,** y a que le dijeran que no debía esperar que fueran renovados. Esta situación llevó al gobierno norteamericano a proponer un nuevo acuerdo internacional que sustituyera al LTA e incluyera los productos textiles de algodón, lana y fibras sintéticas. La iniciativa norteamericana tuvo éxito y culminó con la firma, el 1º de enero de 1974, del Acuerdo Multifibras (MFA), que como su antecesor, autorizaba el uso generalizado de cuotas a las importaciones de todos los productos textiles incluidos en ese acuerdo, con el claro propósito de proteger a la industria textil norteamericana, que estaba en clara y franca declinación.[60]

Conviene mencionar que al mismo tiempo que se negociaban los términos del MFA, había en EUA un brusco vuelco hacia la liberalización comercial como fórmula de solución a la profunda inflación que se disparó en ese país entre 1973 y 1974. Durante esos dos años el gobierno norteamericano daría por terminadas las cuotas impuestas a final de la década de los años sesenta sobre el petróleo, el azúcar, la carne y el acero.[61]

No obstante, este impulso hacia la liberalización se vería pronto detenido, tras el primer *shock* de petróleo, en 1973, sus consecuentes presiones sobre la balanza de pagos, y la profunda recesión internacional de 1975, que provocó la más severa declinación de la actividad económica internacional desde la década de los trenta. Esta situación fortaleció el neoproteccionismo. Por eso, durante los siguientes cuatro años, mientras que los negociadores de EUA buscaban una reducción de tarifas y una serie de Códigos de Conducta relativos a las barreras no arancelarias en Ginebra, en Estados Unidos se adoptaban medidas proteccionistas en cada vez más sectores de la economía.*** Aparte

---

* Véase *supra*, p. 124.

** Véase *supra*, p. 124.

[60] Martin Wolff, "Managed Trade in Practice: Implications of the Textile Arrangements", en William Cline (comp.), *Trade Policy in the 1980's. . .*", *op. cit.*, pp. 455-483.

[61] Fred Bergsten y W. Cline, "Trade policy in the. . .", *op. cit.*

*** Como ya se mencionó, la tendencia al neoproteccionismo durante estos años no es un fenómeno privativo de EUA, sino también de los otros países miembros de la OCDE. Sin embargo, aquí nos interesa discutir exclusivamente el neoproteccionismo estadunidense.

de la industria textil, cuyo caso ya hemos comentado, durante esos años fueron afectados por el neoproteccionismo las industrias del calzado, la electrónica, en particular los aparatos de televisión a color, la de buques mercantes y la del acero.[62]

En lo que se refiere a la industria del calzado, Estados Unidos negociaría dos OMAS con Corea y Taiwan en 1977. En ese mismo año, también se llegaría a un OMA con Japón por los aparatos de televisión, y en 1979 con Corea y Taiwan.[63]

En el caso de los buques mercantes, la protección tomó la fórmula de subsidios a los constructores de barcos y a los operadores de buques norteamericanos para compensar los altos salarios que habría que pagar a los marinos norteamericanos.[64]

En cuanto a la industria del acero, no habían pasado tres años desde la terminación de la cuota en 1974, cuando nuevas presiones impusieron las medidas proteccionistas de 1977. Sin embargo, conviene detallar brevemente el manejo del gobierno de Carter de lo que se denominó la "crisis del acero", que constituiría un hito fundamental de la evolución del neoproteccionismo durante la década de los setenta.

En 1977, ante un creciente influjo de importaciones de acero proveniente de la CEE y de Japón, la industria del acero estadunidense demandó a la administración Carter medidas de alivio apoyadas en la sección 201 de la Ley de Comercio de 1974. Preocupado de las implicaciones que la imposición de medidas cuantitativas o un Acuerdo de Libre Comercio Organizado podría tener sobre las NCM en el GATT, Carter decidió resistir las presiones de la industria, después de sugerir un recurso de protección alternativo.

En un trascendental discurso, Carter propuso el recurso de la leyes *antidumping* afirmando que el caso que los ocupaba era un claro ejemplo de prácticas comerciales desleales de los fabricantes extranjeros. Después de acusar duramente al Departamento del Tesoro de incumplimiento de su deber en la administración de la leyes *antidumping,* el Presidente se comprometió a hacerlas cumplir estrictamente en el futuro. La posición de Carter alentaba claramente la restricción de las importaciones por medio de las leyes *antidumping.*[65]

La respuesta de la industria del acero no se hizo esperar y a un escaso mes del discurso presidencial se habían iniciado 16 investigaciones *antidumping* que afectaban a un total de 1 600 millones de dólares de importaciones del metal. Ante la subsecuente crisis internacional que estas medidas ocasiona-

[62] Bela Balassa, "The New Protectionism. . . ", *op. cit.*; Robert Baldwin, "Protectionist Pressures. . . ", *op. cit.*

[63] En el caso de las televisiones de color japonesas la importaciones se limitarían a 1.75 millones de aparatos por año hasta 1980, lo cual representaba una reducción de 40% del nivel alcanzado en 1976. Las limitaciones a las importaciones del calzado se aplicaban hasta 1981 y pese a los aumentos anuales en las cuotas los cuatro primeros años del acuerdo las importaciones no debían rebasar el nivel alcanzado 1976 ver Bela Balassa, *ibid.*

[64] *Ibid.*

[65] J.J. Marks, "Remedies to 'Unfair trade'. . . ", *op. cit.*

ron, la administración Carter propuso una solución que se denominó "mecanismo del precio gatillo" (TPM). Mediante este mecanismo, el gobierno norteamericano se comprometía a iniciar automáticamente una investigación con respecto a cualquier importación de acero que se vendiera a un precio menor de su costo calculado (incluidos costos totales, ganancias y flete) del acero japonés, al cual se consideró el producido de manera más eficiente. La medida obligaba a la industria acerera norteamericana a no presentar ulteriores demandas *antidumping* y a retirar las que hubiera iniciado.

El principal propósito del TPM era dar a la industria norteamericana la protección de un precio mínimo sobre la competencia extranjera, mientras otorgaba a los productores extranjeros certidumbre de cuándo la Ley *Antidumping* sería aplicada. La protección que este mecanismo dio a los productores no satisfizo a todos y ulteriormente la United Steel inició una serie de acciones en contra de las importaciones europeas.[66]

El recurso a esta nueva serie de acciones *antidumping* era, sin duda, un efecto del discurso de Carter en el sector privado norteamericano. Sin embargo, también confirmaba la tendencia neoproteccionista que se había iniciado con la promulgación de la Ley de Comercio de 1974.

En efecto, a partir de 1974 encontramos la tendencia a un incremento sustancial de las resoluciones favorables en las investigaciones relativas a Subsidios e Impuestos Compensatorios. En el período que va de 1974 a 1977, por ejemplo, se dieron 34 decisiones favorables mientras que en los 11 años precedentes sólo se habrían dado 11.[67] Al mismo tiempo, también hubo un aumento en el número de investigaciones *antidumping* y, evidentemente, en las investigaciones de la Comisión Internacional del Comercio (ITC) sobre demandas de petición de alivio por parte de la industria norteamericana, que incluso llegaron a invadir la jurisdicción de otras agencias gubernamentales.[68] Así, ya para 1976, la ITC había dictado 42 decisiones favorables en comparación con sólo 15 de 1975, que afectaban a un total de importaciones que ascendían desde 248 millones de dólares en 1975 a 1 900 millones de dólares en 1977, hasta alcanzar la suma de 5 000 millones de dólares en 1977.[69]

Pese al efecto de imitación que el creciente número de resoluciones favorables de la ITC o del Departamento del Tesoro ejerció sobre otros sectores de la industria, el mayor número de demandas de protección provenía de las in-

---

[66] *Ibid.*

[67] Bela Balassa, "The New Protectionism. . . ", *op. cit.;* D.P. Ehrenhaft, "What the Antidumping. . . ", *op. cit.*

[68] En 1978, el *Washington Post* reportaba que la ITC había encontrado culpables a los productores de acero japonés de imponer precios "predatorios" concepto aplicable a la investigación *antidumping* las cuales eran competencia del Departamento del Tesoro. Véase *Washington Post,* enero 15 de 1978. Unos meses antes el *Wall Street Journal* reportaba una objeción de la Casa Blanca a las negociaciones que a iniciativa propia había iniciado la ITC para regular importaciones de aparatos de televisión de color, en clara apropiación de prerrogativas que no le pertenecían. Véase *Wall Street Journal,* noviembre 28 de 1977.

[69] Bela Balassa, "The New Protectionism. . .", *op. cit.*

dustrias en agudo proceso de deterioro competitivo sujetas a una gran presión de las importaciones.

En un estudio preparado por la Oficina de Análisis Económico del Servicio de Aduanas de Estados Unidos se encontró que de todos los casos de acciones *antidumping* e impuestos compensatorios que hubo desde 1975 hasta mediados de 1979, de esas acciones habían sido iniciadas 86% por las industrias del acero, la textil, la química y la automotriz. Asimismo, 79% de las acciones de impuestos compensatorios habían sido inciadas por las industrias del acero, de alimentos del cuero y textiles.[70]

Dos de estas industrias por cierto, la del acero y la textil, eran las que mayor presión habían ejercido por el endurecimiento de las disposiciones en materia de *dumping* e impuestos compensatorios durante el período de discusión de la Ley de Comercio de 1974.

Tal como se deduce de lo anterio las nuevas disposiciones de la Ley de comercio de 1974 estaban empezando a servir, sin lugar a dudas, a su propósito de frenar a las importaciones. Empero, los sectores proteccionistas no se conformaron con el nuevo manejo de la leyes comerciales y buscarían endurecerlo aún más.

En 1977, y a resultas de la presión de las industrias del acero y la textil se creó en la Cámara de Diputados del Congreso estadunidense una coalición acerera de 150 diputados y una coalición textilera de 229 diputados, para defender los intereses de ambas industrias. Estas coaliciones tendrían gran injerencia en las negociaciones ante las NCM, especialmente en los grupos de trabajo sobre subsidios y *dumping,* sobre la renovación del Acuerdo Multifibras en 1977, (el cual por cierto resultaría aún más restrictivo) y sobre la denominada "crisis del acero" a que hemos hecho referencia.[71]

Con todo, en 1979, las actividades de las coaliciones acereras y textiles en el Congreso obtuvieron triunfos de gran trascendencia para el curso futuro de la política de comercio exterior estadunidense. Dichos triunfos marcaron la consolidación del neoproteccionismo.

En nuestra discusión de la Ronda Tokio mencionamos que Estados Unidos había obtenido en ella importantes logros en la reducción de aranceles de una serie de rubros de particular interés para EUA y en la conformación de una serie de códigos de conducta que regulan la utilización de un buen número de barreras no arancelarias. Sin embargo, también mencionamos que EUA había sufrido fracasos importantes, como la imposibilidad de conseguir la liberalización del sector agrícola y mucho menos la modificación a la Política Agrícola común de la CEE (PAC); Japón también se había negado a incluir a ciertas industrias de especial interés para EUA en la política de trato no discriminatorio que estableció el Código de Compras Gubernamentales.[72]

Con todo, lo que más se criticó en Estados Unidos fue lo que se consideró

---

[70] Este estudio es citado en D.P. Ehrenhaft "What the. . .", *op. cit.* JJ. Marks. *op. cit.*

[71] Bela Balassa, "The New Protectionism. . .", *op. cit.,* J.J. Mark, *op.cit.*

[72] R. Thomas Graham, "Revolution in trade Politics", en *Foreign Policy,* 1979, p. 54.

como la "gran" concesión del beneficio de la comprobación del perjuicio material, a cambio de reglas no suficientemente estrictas en materia de subsidios y *dumping*. Estas críticas surgieron lugo de una campaña en el Congreso, durante 1978, en la cual el déficit comercial norteamericano —que en ese año se incrementó de mil a 12 mil millones de dólares con Japón, y de mil a tres mil millones con Alemania Occidental— había servido de bandera para la denuncia de las ventajas desleales que los gobiernos extranjeros proporcionaban a sus industrias.

Como ejemplo de esas ventajas se mencionaban la creciente incidencia de los gobiernos extranjeros en la propiedad de las empresas, la mayor y cada vez más frecuente ayuda gubernamental a algunas industrias del exterior, la extensión de créditos a la exportación a una tasa más favorable que la existente dentro de Estados Unidos y el uso creciente de subsidios domésticos y subsidios a las exportaciones.[73]

A los ojos de estos sectores, el beneficio de la comprobación del perjuicio material, y las concesiones hechas por el gobierno estadunidense en el Código de subsidios (el reconocimiento de la legitimidad de los subsidios domésticos y el trato especial y diferenciado a los países en desarrollo) eran concesiones insostenibles que no debían promulgarse como derecho vinculatorio dentro de EUA.[74]

Ahora bien, como en virtud de una peculiaridad de la tradición constitucional estadunidense, los acuerdos alcanzados por EUA en las NCM debían adaptarse a la legislación comercial interna,[75] durante ese proceso los sectores proteccionistas pudieron obstaculizar la promulgación de algunas cláusulas contrarias a sus intereses.

Consolidación del neoproteccionismo

Normalmente, la Ley de Acuerdos Comerciales de 1979 es vista como el principal instrumento jurídico usado para incorporar a la legislación vigente los diversos compromisos contenidos en la NCM de la Ronda Tokio, uno de cuyos

---

[73] U.S. House of Representative Committee of Foreign Affairs, *Congress and Foreign Policy 1979*, Washington, D.C., U.S. Government Printing Office, 1980, pp. 125-148.

[74] U.S. Congress, Reporte del Comité de Finanzas, *op. cit.*, *supra*, nota 56; D.P. Ehrenhaft, "What the Antidumping. . .", *op. cit.*, y J.J. Marks, "Recent Changes in American Law on Regulatory Trade Measures", en *The World Economy*, vol. 21, núm. 4 (febrero de 1980).

[75] El derecho constitucional estadunidense distingue entre tratados de aplicación automática (*self executing treaties*) los cuales adquieren fuerza obligatoria automáticamente y tratados de no aplicación automática (*non-self-executing treaties*), los cuales para su aplicación deben incorporarse a la legislación interna. En el caso de muchos países, los tratados como el GATT adquieren automáticamente fuerza obligatoria, impidiéndose la posibilidad de una discusión o revisión legislativa de las obligaciones contenidas en el tratado. En Estados Unidos, por el contrario, el GATT y las NCM no son considerados tratados de aplicación automática y, por ende, únicamente la ley interna que los rige y no el tratado mismo es aplicable en cualquier controversia o litigio ante los tribunales estadunidenses. A este respecto puede consultarse D. Stanley Metzger, *Lowering Nontariff Barriers. U.S. Law, Practice and Negotiating Objetives*, Washington, D.C., The Brookings Institution, 1974, pp. 13-16.

propósitos centrales había sido precisamente eliminar las barreras comerciales no arancelarias.[76]

De acuerdo con nuestro análisis, sin embargo, es más útil tener en cuenta que dicha ley reflejó la convergencia de dos imperativos contradictorios surgidos en 1979. Esos imperativos eran, por un lado, la necesidad de armonizar los acuerdos alcanzados en la NCM con las leyes estadunidenses preexistentes, ejercicio que exigía diluir y modificar algunas de sus disposiciones, y, por otro lado la necesidad de reconocer las presiones internas para endurecer y hacer más expedita la nueva legislación, independientemente del resultado de la NCM.[77]

De la combinación de esos dos imperativos resultó una ley que por un lado satisfizo algunos compromisos contraídos en las NCM, y por el otro consolidó al neoproteccionismo como un instrumento para contrarrestar las tendencias a la liberalización del intercambio con el exterior. Esto último se logró con la promulgación de nuevas leyes sobre prácticas desleales en el comercio, suficientemente ambiguas y flexibles, que podían proteger a cualquier industria que lo requiera.

Ley de Subsidios e Impuestos Compensatorios

Una prueba palpable del éxito de los sectores proteccionistas en el proceso de incorporación a la legislación vigente de los compromisos de las NCM era la nueva Ley de Subsidios e Impuestos Compensatorios incluida en la Ley de Acuerdos Comerciales de 1979.

En primer lugar, esa ley norteamericana cataloga como prácticas desleales a cualquier clase de subsidios que afecte la manufactura, la producción o la exportación de productos importados a EUA.[78] Con ello desconoce claramente la diferencia establecida por el Código de Subsidios entre los subsidios a la exportación y los domésticos, los cuales, de acuerdo con el Código, son prácticas legítimas para el logro de objetivos de desarrollo económico y social.[79]

En segundo lugar, la ley norteamericana no sólo incluye en su lista de sub-

---

[76] Tomás Peñaloza, "La Ley de Acuerdos Comerciales de EUA", en *Comercio Exterior*, vol. 30, núm 2 (febrero de 1980); Raymond Vernon, "El comercio y la inversión en las relaciones méxico-norteamericanas", en C. Tello y Clark Reynolds, *Las Relaciones México-Estados Unidos*, México, Fondo de Cultura Económica, "Lecturas 43", 1981; H. Jack Jackson, "GATT Machinery and The Tokio Round Agreements", en W. Cline, *Trade Policy in the 1980's, op. cit.* pp. 159-189.

[77] Esta visión es compartida entre otros por D.P. Ehrenhaft, "What the Antidumping. . .", *op. cit.;* B. Peter Feller, "Observations on the New Contervailing Duty Law", en *Law and Policy in International Business. . ., op. cit., supra,* nota 52, J.J. Marks, "Recent changes in American. . .", *op. cit.*

[78] Sección 771 (5) de la Ley Arancelaria de 1930, como quedó enmendada por la Ley de Acuerdos Comerciales de 1970.

[79] La importancia de los subsidios como instrumento de política para el logro de objetivos de desarrollo económicos y sociales es mencionada cuando menos cuatro veces en el Código de Subsidios; véase el preámbulo y los artículos 8°, párrafos I, II, párrafo y 14 párrafo VII.

sidios prohibidos a las prácticas gubernamentales contenidas en la lista ilustrativa del Código sino también a otras como: a) las concesiones de capital, préstamos o garantías en condiciones inconsistentes con las prácticas comerciales; b) la provisión de bienes y servicios con arreglo a tarifas preferenciales, y c) las concesiones de fondos o las remisiones de deudas con el fin de cubrir las pérdidas en las operaciones de alguna industria específica.[80]

Es evidente que estas categorías cubren prácticas y políticas gubernamentales a las que recurren normalmente muchos gobiernos, incluyendo a Estados Unidos. Los estímulos que concede el gobierno norteamericano a los constructores de barcos mercantes a que aludimos antes son un ejemplo claro de esto. *

Otra disposición del Código no incluida en la legislación estadunidense es la referida al trato especial y diferenciado para los países en desarrollo. **
La legislación no sólo no hace referencia alguna a elementos de trato especial y diferenciado para países en desarrollo, sino que el Congreso estableció además que el beneficio de la comprobación del perjuicio material, como condición previa a la imposición de impuestos compensatorios, sólo fuera aplicable a los países partes del "acuerdo" o sea a los países: a) signatarios del Código de Subsidios o que asuman las obligaciones del Código; b) a los que hayan asumido hacia Estados Unidos obligaciones sustancialmente equivalentes a las obligaciones estipuladas en el Código, y c) a los que sin ser miembros del GATT tuvieran un convenio comercial en vigor con Estados Unidos hasta el 19 de junio de 1979, y en el que se estableciera un trato incondicional de nación más favorecida. Es sólo a estos países que la legislación norteamericana conceden el beneficio de la comprobación del perjuicio material acordado en el GATT.[81]

En el caso de países no comprendidos en el acuerdo, las disposiciones aplicables de EUA no concede el beneficio de la comprobación del perjuicio material, porque el impuesto compensatorio se aplica automáticamente cuando se determina la existencia de un subsidio y se estima su monto.[82]

Es evidente que este elemento de discriminación, aunque se impone de manera general, afecta principalmente a los países en desarrollo y es una manifestación patente del desconocimiento de las disposiciones de trato especial y diferenciado acordadas por el GATT.

Pero aun el beneficio de la comprobación del perjuicio material como condición previa a la aplicación de impuestos compensatorios y de medidas *antidumping,* tal como se había fijado en los Códigos del GATT, sufrió modificaciones en la legislación interna norteamericana.

Como ya se mencionó, uno de los principales objetivos de la CEE y de los demás países participantes en las negociaciones de los Códigos de Subsidios y *antidumping,* era asegurar, por parte de EUA, el beneficio de la comprobación del perjuicio material como condición previa a la aplicación de impuestos com-

---

[80] Sección 771 (5) de la Ley Arancelaria. . ., *op. cit.*
* Ver *supra,* p. 137.
** Para mayores detalles véase la p. 134, *supra.*
[81] Título primero de la Ley de Acuerdos Comerciales de 1979.
[82] Sección 303 de la Ley Arancelaria de 1930.

pensatorios y medidas *antidumping*. Estados Unidos había amenazado con no conceder ese beneficio, apoyándose en las facultades que le concede la Cláusula del Abuelo del GATT, si no se imponían reglas más severas a las prácticas de subsidiación.* A final de cuentas EUA aceptó incluirlo, a cambio de otras concesiones, y quedó expresado en el Código de Subsidios de la siguiente manera:

Art. 6. La comprobación de la existencia de un perjuicio se realizará mediante un examen objetivo que analice el volumen de las importaciones subvencionadas y sus efectos en los precios del mercado interno para productos similares y en los productos nacionales de esos productos. Respecto del volumen, la investigación deberá considerar si ha existido un *aumento importante* de las importaciones en términos absolutos o en relación con la producción o el consumo del país importador. Con respecto al precio, considerará si las importaciones subvencionadas tienen un precio considerablemente inferior al de un producto similar del país importador. Art. 8 párrafo 2º. Se considerá que existe perjuicio cuando se demuestre la existencia de distorsiones en el mercado interno del país importador; desplazamiento o impedimento de importaciones de productos similares en el mercado del país que otorgue los subsidios; y desplazamientos de exportaciones de productos similares de otros signatarios al mercado de un tercer país.

En el artículo VI del GATT se había establecido también que el *dumping* debe prohibirse cuando amenaza causar un *perjuicio importante* a una producción existente de una parte contratante o si retrasa sensiblemente la creación de una producción nacional. Dentro del espíritu del Código estaba claro entonces que por perjuicio debía entenderse un perjuicio importante y significativo para los productores nacionales.

Sin embargo las sesiones de consulta pública (*hearings*) relativas a la implementación de los Acuerdos de la Ronda Tokio, en EUA y pese a que un gran número de representantes de empresas importadoras norteamericanas y de los socios comerciales de EUA propugnaron porque en la nueva ley se definiera el perjuicio material en la caracterización del *dumping* y la existencia de subsidios sujetos a impuestos compensatorios como un perjuicio importante, significativo y sustancial, el Congreso norteamericano se rehusó a admitir esta definición por considerarla muy restrictiva. En su lugar definió el perjuicio material como un perjuicio que no es inconsecuente, inmaterial o no importante.[83]

Las justificaciones que se ofrecieron para la adopción de esta vaga y flexible definición se encuentran en el Reporte del Comité sobre Medios y Arbitrios de la Cámara de Representantes:

Este Comité no considera que los perjuicios provocados por prácticas des-

---

* Véase *supra*, p. 134.
[83] U.S. Congress, Reporte del Comité de Finanzas del Senado. . . , *op. cit.*, ver *supra*, nota 56.

leales como el *dumping,* requieran de una relación tan estricta y estrecha de causalidad como en el caso para determinar la existencia de perjuicio bajo condiciones normales en el comercio.[84]

Además de esto, la ley *antidumping* estadunidense impuso nuevas fórmulas técnicas alternativas, como los criterios definitorios del *dumping,* cuyo resultado —según reconocía el mismo Abogado General de la Oficina del Representante Comercial de la Casa Blanca— fue hacer "dudoso que muchos productores extranjeros puedan saber si sus prácticas comerciales constituyan *dumping* en el sentido técnico.[85]

Otras disposiciones importantes de la legislación estadunidense en materia de *dumping* y subsidios e impuestos compensatorios, que también evidencian el propósito principal de servir de mecanismo protector de los productores estadunidenses, son las relativas a los criterios rectores para la autoridad administrativa en la aplicación de las normas sustantivas de la ley y de las normas que buscan asegurar un uso más expedito de la legislación.

En el primer caso, nos referimos al hecho de que a pesar de que la ley busca supuestamente prevenir las prácticas desleales en el comercio, en ninguna parte impone a la autoridad administrativa la obligación de guiar sus decisiones por las convenciones de la teoría de la competencia, o el menos por criterios que permitan una justa apreciación acerca de si una política o una práctica gubernamental de un país exportador está realmente impidiendo el logro de una mayor competitividad en la industria o mercado a que se refiere la investigación.

Las reglamentaciones que estableció el Departamento de Comercio como guía de aplicación de la ley tampoco requieren que el demandante en particular o la industria como un todo operen según criterios de eficiencia; ni permite que las empresas demandantes puedan ser sujetas a una contrademanda por su propia violación de la Ley de Subsidios Impuestos Compensatorios, o que, en el caso de la Ley *Antidumping,* las sanciones no sean aplicadas porque la empresa demandante esté a su vez practicando *dumping* en el extranjero, o vendiendo parte de su producción por debajo del valor justo, mientras acusa de *dumping* a los métodos de venta similares empleados por los productores extranjeros.[86] En nuestra opinión, estas disposiciones y omisiones revelan claramente que las leyes de impuestos compensatorios y *antidumping* no se proponen lograr una mayor competitividad en general, sino que realmente buscan

[84] U.S. Congress, Comité sobre Medios y Arbitrios, Reporte de la Cámara de Representantes, núm. 96-137. Para acompañar HR-4537, *La Ley de Acuerdos Comerciales de 1979,* 96avo Congreso, 1a. sesión, 1979, p. 47.

[85] Robert E. Cassidy, Testimonio ante el Subcomittee on International Trade of the Senate Finance Committee, marzo 11 de 1980. Asimismo, para un examen detallado de las distintas fórmulas adoptadas en la Ley *Antidumping* y sus complejidades técnicas puede consultarse Gustavo Vega, "Las exportaciones norteamericanas y el neoproteccionismo norteamericano", en Lorenzo Meyer (comp.), *México-Estados Unidos: 1982,* México, El Colegio de México, 1982, pp. 38-41.

[86] D.P. Ehrenhaft, "Wat the Antidumping. . .", *op. cit.*

proteger a los productores norteamericanos de la competencia del exterior. En cuanto a las disposiciones que buscan asegurar un uso más expedito de la legislación, su objetivo proteccionista se revela claramente en varias normas que limitan enormemente la autoridad discrecional para decidir la procedencia o no de una acción de comercio desleal. Como ilustración, conviene recordar que en el pasado las demandas de impuestos compensatorios eran a menudo rechazadas por el Departamento del Tesoro si no señalaban una referencia y elementos de prueba de las prácticas de subsidio reclamadas. La nueva ley, por el contrario, limita enormemente la autoridad discrecional del Departamento de Comercio para decidir si procedía a no investigar las supuestas acciones de comercio desleal. Impone que la demanda deba revisarse en 20 días; reduce los elementos de prueba en apoyo de estas acciones; impone al Representante Especial para Negociaciones Comerciales de la Casa Blanca (USTR) la obligación de asistir a los demandantes en la búsqueda de información pertinente, y exige la publicación en el *Federal Register* (equivalente a nuestro *Diario Oficial*) de las razones que se encontraron para no aplicar las sanciones contra prácticas desleales en caso de que esa haya sido la decisión.[87] Además de reducir el tiempo de las investigaciones, desde un año, como era anteriormente, a 160 días,* la nueva ley permite recurrir al poder judicial para que decida sobre la legalidad de las decisiones del Ejecutivo que hubieran realizado una acción sobre prácticas desleales en el comercio. Finalmente, la nueva legislación autorizaba a los sindicatos a iniciar acciones relativas al comercio desleal.[88]

Como había pasado en el período posterior a la ley de Comercio de 1974, una de las principales consecuencias de las enmiendas a la legislación sobre comercio desleal fue un notable incremento del número de investigaciones desarrolladas por la ITC y el Departamento de Comercio. Sin embargo, a diferencia del período 1975-1979, las industrias estadunidenses habían adquirido ahora la capacidad no sólo de protegerse por medio de todas estas enmiendas sino que ahora también tendrían la posibilidad de hostigar a muchos importadores usando simplemente su derecho a iniciar una sucesión casi interminable de procedimientos legales para amenazar el crecimiento y la continuidad de una corriente de importaciones.

Algunos autores dicen que el efecto de estas acciones sobre las importaciones globales de EUA ha sido mínimo.[89] Sin embargo esta evaluación olvida que los efectos negativos sobre las importaciones son relativamente independientes del número de acciones o del fallo final al que se llegue.

En nuestra opinión, el efecto proteccionista de este tipo de acciones debe

[87] U.S. Congress, Reporte del Comité de Finanzas del Senado. . . , *op. cit.*; J.J. Marks, "Recent changes in. . . ", *op. cit.*; D.P. Ehrenhft, "What the Antidumping. . . ", *op. cit.*

* Esta disposición, de acuerdo con prominentes juristas estadunidenses, obstaculizaba la preparación de la defensa y alentaba decisiones apresuradas. Véase J.J. Marks, "Recent. . .", *op. cit.* y D.P. Ehrenhaft, "What the. . .", *op. cit.*

[88] *Ibid.*

[89] F. Bergsten y W. Cline, *op. cit.*

medirse desde la perspectiva de la planeación y de la certidumbre en el comercio. Uno de los mayores efectos del neoproteccionismo es prevenir la competencia y la planificación de la oferta exportable. En efecto, las acciones de *antidumping* y de subsidios han inducido a algunos productores extranjeros a limitar sus exportaciones a Estados Unidos por el temor a sufrir pérdidas financieras en forma de impuestos adicionales o de los pesados gravámenes que la más simple defensa impone al importador en formas de gastos, honorarios, estudios técnicos, etc. Pero aun cuando resulten infructuosos, se reconoce que estas acciones han sido iniciadas para que los productores extranjeros detengan o reduzcan sus planes de expansión en el mercado estadunidense.[90]

Ni siquiera la consolidación del neoproteccionismo, y la consecuente simplificación de las exigencias que los productores y sindicatos deben cumplir para inicar procesos legales por competencia desleal, sería suficiente para disminuir la oleada de mayor proteccionismo que creció a partir de 1981. A partir de ese año, el déficit comercial de Estados Unidos se amplió aceleradamente hasta alcanzar en 1984 un desequilibrio estimado en aproximadamente 125 000 millones de dólares.[91]

Tres factores principales contribuyeron a ese rápido deterioro de la balanza comercial estadunidense. En primer lugar, la valorización del dólar desde la segunda mitad de 1980 colocó a la producción norteamericana en una marcada desventaja competitiva con la producción externa, tanto en su propio mercado como en otros países. Según las estimaciones del economista Fred Bergsten, cada punto de deterioro a la competitividad estadunidense se refleja —en el término de un año o de un par de años siguientes— en un efecto negativo sobre la balanza comercial que oscila entre los 2 000 y 3 000 millones de dólares. De acuerdo con este cálculo, si entre mediados de 1980 y 1984 el dólar aumentó su valor ponderado entre 30 y 40%, el deterioro en la balanza comercial de Estados Unidos inducido por la valorización del dólar oscilaría entre los 60 000 y los 120 000 millones de dólares.[92]

En segundo lugar, a partir del inicio de la recuperación en Estados Unidos a finales de 1982 luego de la profunda recesión internacional de 1980-81, la economía estadunidense ha crecido de manera más rápida que la del resto de los países industrializados, con los consiguientes efectos sobre los flujos de comercio.

Por último, la crisis financiera externa de varias economías subdesarrolladas, particularmente las latinoamericanas, ha forzado la contracción de sus

[90] Los productos coreanos y japoneses han sido objeto claro de este hostigamiento en los últimos años a través de la simultánea presentación de acciones *antidumping* petitorias de impuestos compensatorios y de alivio con base en la sección 201. Consúltese Bela Balassa, "The New Protectionism. . . ", *op. cit.;* General Accounting Office, United States-Japan Trade. . . , *op. cit, supra*.
[91] C. Fred Bergsten, "The U.S. Trade Deficit and the Dollar Statement Before the Subcommittee on International Finance and Monetary Policy, Senate Committee on Banking, Housing and Urban Affairs, Washington, D.C., junio 6 de 1984.
[92] *Ibid.*

importaciones de EUA que durante los últimos años de la década de los setenta se habían expandido aceleradamente, estimuladas por un dinámico proceso de endeudamiento externo. Ese activo papel del mercado latinoamericano en las exportaciones norteamericanas se reflejó, por ejemplo, en el aumento de la participación de la región en las ventas externas de aquel país, que pasó de 13% en 1973 al 17% en 1981.[93] La súbita reducción en la capacidad de importar de América Latina desde la crisis financiera redujo sensiblemente las compras al exterior y deterioró de manera también notable la balanza comercial de EUA.

Fred Bergsten estima que el deterioro del comercio externo estadunidense registrado entre 1981 y 1984 habría representado a fines de ese último año aproximadamente 2 500 000 empleos menos en los sectores de exportación y en los competidores con la producción importada. Aproximadamente 3/4 partes de esos empleos perdidos corresponden a la industria manufacturera. El mantenimiento de elevados índices de desocupación y su concentración en un número de sectores específicos reforzó poderosamente la tendencia proteccionista que hemos venido analizando. Así, durante el primer período de gobierno del presidente Reagan se decidieron un conjunto de acciones proteccionistas con relación a productos y sectores específicos, tales como textiles y vestido, automóviles, acero, azúcar, motocicletas y aceros especiales.[94] En el caso de los textiles se concluiría una nueva versión del Acuerdo Multifibras —más restrictivo que los anteriores— según la cual Estados Unidos y otros países industrializados estarían en condiciones de establecer niveles de crecimiento de las importaciones inferiores al programado 6% anual para cada país individual. Esta decisión afectaría particularmente a los NICS del Sudeste asiático y algunos países de América Latina.[95]

Un acontecimiento sumamente importante del año de 1981, y que resulta de particular interés para nuestros propósitos, es el alineamiento de la industria automotriz y de sus sindicatos junto a los sectores proteccionistas. Las razones de ese cambio no son difíciles de encontrar. Estados Unidos producía 68% de los vehículos automotores en 1955 pero sólo 21% en 1981. El empleo en la industria cayó 27% entre los años de 1978 y 1981 y significó una pérdida de 275 000 nuevos empleos. Las ventas de los productores de automóviles estadunidenses durante 1981 y 1982 resultaron las más bajas en 20 años, mientras que las importaciones capturaban 27% del mercado automotriz.[96]

A ese desafío, la industria respondería con el programa de inversiones más costoso y ambicioso de su historia, dirigido a rediseñar sus líneas de productos. Sin embargo, los sindicatos y algunas de las principales compañías, particular-

[93] Ibid.
[94] Fred Bergsten y William Cline, "Trade Policy in. . . ", op. cit.
[95] Sistema Económico Latinoamericano (SELA), Las relaciones económicas de América Latina. . ., op. cit., p. 68. Véase supra, nota 7.
[96] Robert Walters, "Patterns in U.S. Domestic Economic and Foreign Trade Policies: Industrial crises in Steel and Automobiles", XIIth World Congress of the International Political Science Association, Rio de Janeiro, agosto 9-14 de 1982.

mente la Ford, manifestaron también una gran insatisfacción ante las políticas distorsionadoras del mercado provocadas por las acciones del gobierno norteamericano y de los gobiernos extranjeros.

Entre las acciones de los gobiernos extranjeros se mencionaban innumerables barreras no arancelarias, en particular los subsidios gubernamentales, algunos acuerdos bilaterales comerciales que habían desviado las exportaciones de autos japoneses desde Europa hacia Estados Unidos, y los denominados "requisitos de actuación" (*performance requirements*), mediante los cuales habían impuesto requisitos de contenido doméstico o niveles de exportaciones, lo que había propiciado la pérdida de empleos y de producción en Estados Unidos.[97]

Convencida de la ilegitimidad de estas políticas de los gobiernos extranjeros, la industria automotriz presionó al gobierno norteamericano para limitar las importaciones de autos japoneses. Ante estas presiones, el gobierno norteamericano inició gestiones oficiales y extraoficiales que condujeron, en mayo de 1981, a una "restricción voluntaria de las exportaciones" (VER), según la cual, durante el primer año de vigencia, las ventas se mantendrían en 92% del nivel alcanzado durante 1980, y en el segundo año crecerían en 16% del incremento en el mercado, proporción igual a la participación de que entonces gozaban en la oferta total.[98]

Otra medida proteccionista decidida en el contexto de una tensión en aumento que amenazaba con desatar un importante enfrentamiento entre la CEE y Estados Unidos fue la "imposición" a la CEE de un VER a las exportaciones de algunos tipos de acero al mercado estadunidense, en octubre de 1982. Este conflicto se originó como consecuencia de la presentación, por parte de varias empresas aceraras estadunidenses, de una acción petitoria de impuestos compensatorios a las importaciones provenientes de algunos países europeos, bajo el pretexto de que estaban subsidiadas.[99]

También en el Congreso aumentaron las presiones proteccionistas, lo que estimuló la discusión y la presentación de un conjunto de iniciativas de ley restrictivas al comercio. Una base común de sustentación ideológica que apoyaba a estas iniciativas era la creencia de que el sistema de libre comercio exigía asumir responsabilidades equitativas por parte de todos los participantes, y que ello no había sido la regla en el período reciente.[100] A continuación se discuten, de esas iniciativas, las que resultarían más importantes porque se constituirían en el antecedente inmediato y en el caso de una de ellas parte medular de la Ley de Comercio y Aranceles de 1984.

La iniciativa de ley más importante que configuraría lo que se ha denominado el principio de reciprocidad fue introducida por el senador Danforth (*Reciprocal Trade and Investment Act*), uno de los principales representantes de los

---

[97] *Ibid.*
[98] *Ibid*; SELA, *Las relaciones económicas. . ., op. cit.*, p. 68.
[99] *Ibid.*
[100] William Cline, "Reciprocity. A New Approach to World Trade Policy?", en William Cline, *Trade Policy in the 1980'. . . , op. cit.*, pp. 121-153.

sectores proteccionistas del Congreso.* Según las palabras del propio senador Danforth, su proyecto buscaba "nada más y nada menos que la oportunidad de competir en los mercados mundiales en un pie de igualdad". Con tal objeto, el proyecto reforzaba la autoridad presidencial para contrarrestar acciones de comercio "injustas".

Entre otras cosas, el proyecto proponía: 1) que el representante comercial de Estados Unidos (USTR) pudiera iniciar denuncias sobre prácticas desleales de comercio, en vez de esperar hasta que algún afectado iniciara un cargo; 2) que se autorizara al gobierno a retirar concesiones o imponer recargos u otras restricciones en contra de países que persistieran en mantener barreras a los proveedores norteamericanos; 3) expandir la capacidad negociadora del presidente, particularmente en lo referido al comercio de servicios y productos de alta tecnología; 4) exigir al gobierno que informara anualmente al Congreso, a través del USTR, no sólo sobre las barreras existentes a las exportaciones estadunidenses de bienes (incluyendo los productos agrícolas) y servicios, sino también sobre las medidas que el gobierno estuviera tomando para que esas barreras fueran retiradas.[101]

Asimismo, la propuesta del senador Danforth ampliaba la definición de comercio internacional para incluir específicamente los productos agrícolas, los servicios, la propiedad intelectual, las exportaciones de alta tecnología y la inversión en el exterior, particularmente si ésta suponía comercio de bienes o servicios.

Un hecho importante que ayuda a entender la influencia que esta iniciativa ejercería en la redacción de la Ley de Comercio y Aranceles de 1984 es el relativo al respaldo político con que contó al aparecer. La iniciativa Danforh, aunque no estaba avalada ampliamente por el gobierno estadunidense, contó con el apoyo de algunas de las organizaciones más influyentes del sector privado estadunidense, como la National Association of Manufacturers, la Business Roundtable, la Chamber of Commerce, el National Foreign Trade Council y el American Farm Bureau.[102]

Otra iniciativa que también ejerció una importante influencia, pues contaba con el sólido apoyo del sector obrero organizado, fue la presentada por el diputado Richard Ottinger (*"Fair Practices in Automobile Parts"*, *HR 1234*). En ella se imponía la utilización de una proporción de componentes locales en ciertas ramas industriales, particularmente la industria automotriz. Esta iniciativa fue vista como excesivamente proteccionista por el gobierno de Reagan, quien manifestó en diversas ocasiones que se opondría a cualquier legislación de esta clase, aunque reconocía su influencia.[103] Otra cuestión debatida intensamente durante 1981-1984, antes de la promulgación de la Ley

* El senador Danforth había sido uno de los principales defensores de las enmiendas a las leyes sobre Comercio desleal en 1979. Véase D.P. Ehrenhaft, "What the Antidumpling. . ." *op. cit.*, J.J. Marcks, "Recent Changes. . .", *op. cit.*
[101] *Ibid.*
[102] *Ibid.*
[103] *Ibid.*

de Comercio y Aranceles, aunque no se expresaría en forma de iniciativa de ley, fue el curso que debía darse a las relaciones con los NICS.

Esta cuestión ganó un creciente interés pues el Sistema Generalizado de Preferencias (SGP), establecido en la Ley de Comercio de 1974, debía expirar el 1 de enero de 1985.* En términos generales, es posible argüir que en estos años ya se había conformado el consenso acerca de la necesidad de aplicar a los NICS el llamado "principio de graduación", según el cual los países que ya habían alcanzado un nivel determinado de industrialización, debían dejar de gozar de las preferencias asignadas a los países de menor desarrollo. La cuestión clave era, entonces, cómo debía graduarse a los beneficiarios mayores del programa.

Las alternativas que se discutieron entonces incluían la eliminación completa de países de la lista de beneficios, la exclusión de países en desarrollo cuyas exportaciones a Estados Unidos excedían los 250 millones anuales; la reducción a 35-40% del —para entonces— actual nivel de 50% de la cláusula de necesidad competitiva; el condicionamiento de la inclusión de un país en el sistema a su disposición para eliminar requerimientos de exportación a inversionistas norteamericanos, la eliminación de prácticas comerciales "injustas", etcétera.[104]

La Ley de Comercio y Aranceles de 1984

Fue precisamente la proximidad del vencimiento del SGP lo que llevó al presidente Reagan a rubricar la Ley de Comercio y Aranceles en octubre de 1984.

Aunque en agosto había pocas posibilidades de que el presidente Reagan rubricara algunas de las iniciativas de ley comercial que entonces se discutían en el Congreso, por el marcado contenido proteccionista que todas ellas exhibían, en opinión del ejecutivo la falta de una nueva legislación antes del fin de la sesiones del período congresional hubiera colocado a EUA en la posición de ser en el primer país que no disponía de un esquema de tratamiento preferencial.

Esta situación indujo al ejecutivo estadunidense a desarrollar junto a algunos legisladores un activo trabajo orientado a diluir los elementos que parecían más conflictivos en las versiones que se discutían en el Congreso.

La transacción resultante, como mencionamos al inicio de este artículo, sería presentada con marcado optimismo por el presidente Reagan como un instrumento para promover el libre comercio y a la vez favorecer el comercio justo.

---

* Para un tratamiento detallado acerca de los orígenes, características y modo de operación del SGP estadunidense, véase el artículo de Isabel Molina en este mismo volumen.

[104] SELA, *Las relaciones económicas. . ., op. cit.*, pp. 67-68; United States Trade Representative (USTR), "Summary of Generalized System of Preferences Renewal Act of 1983", mimeo. sin fecha, Claudio Urencio, "El concepto de graduación y los países en desarrollo en la economía mundial", Universidad Nacional Autónoma de México, ENEP Acatlán, *Anuario Mexicano de Relaciones Internacionales,* 1980, México, 1981.

La Ley de Comercio y Aranceles (LCA) que algunos han denominado "ley ómnibus", por la amplia variedad de materias que regula, propone un conjunto de principios y estrategias de negociación dirigidas a incrementar la capacidad de Estados Unidos de obtener concesiones de sus socios comerciales, particularmente en el mundo en desarrollo. Estos principios y estrategias de negociación deben resultar, sin duda, causa de preocupación en los principales socios comerciales del vecino país debido a la orientación general que se imprime a la política comercial de EUA y a los cambios que introduce en los procedimientos, práctica y normas legales que regulan el acceso al mercado de ese país. Varias disposiciones de la LCA refuerzan el carácter restrictivo de la legislación comercial estadunidense y estimulan el recurso a medidas unilaterales de protección.

El gobierno de Reagan consiguió retirar del proyecto finalmente aprobado algunos de los componentes proteccionistas más irritantes que la nueva legislación incluía originalmente, como la posibilidad de aplicar impuestos para compensar el precio más bajo de ciertos recursos naturales en el extranjero, o para compensar el menor precio de algunos componentes de importaciones vendidas con *dumping* por terceros países, y las reformas más radicales de la cláusula de escape (sección 201). Sin embargo, el texto aprobado incluye disposiciones claramente proteccionistas referidas a las industrias del acero, el cobre y el vino. En relación con el acero, se impone que el total de exportaciones de ese producto a Estados Unidos no podrá exceder 20.2% del mercado norteamericano, lo cual fortalece la determinación del ejecutivo de Estados Unidos de negociar restricciones "voluntarias" con los países exportadores, entre los cuales se encuentran Brasil, Argentina, Venezuela y México.[105] En consecuencia, estos países verán seriamente limitadas sus posibilidades de acceso al mercado estadunidense, pues ya se han convenido cupos con Japón, la CEE y Canadá, equivalentes a más de 16% de este mercado.[106]

La Ley incluye además una mayor flexibilidad para la aplicación de medidas proteccionistas en Estados Unidos, aumentando así la capacidad de respuesta estadunidense. Para ello, autoriza la iniciación de casos conforme a la sección 301 por el USTR (hasta el momento sólo el presidente podía iniciar tales acciones).

Por otra parte, en lo que respecta a las medidas de represalia la LCA, modifica la sección 301. Como ya vimos, esta sección comprende diferentes instrumentos legales encaminados a lograr de los gobiernos extranjeros la eliminación o alteración de cualesquiera políticas o prácticas comerciales que Estados Unidos consideren, "desleales".* La LCA amplía el alcance de la sección 301 a los "nuevos ramos" de servicio y asuntos de inversión. Esto se hace por medio de nuevas definiciones como la de "comercio", que ahora incluye

---

[105] Ver Ley de Comercio y Aranceles, título VIII.
[106] Sistema Económico Latinoamericano, Secretaría Permanente "América Latina y la Ley de Comercio y Aranceles de Estados Unidos", Documento Sp/AL-EU/LCA/DT.
* Véase *supra*.

152 GUSTAVO VEGA CÁNOVAS

los "nuevos temas" y "discriminatorio", con el fin de incorporar las tesis norteamericanas sobre el derecho de establecimiento y el tratamiento nacional para las inversiones extranjeras. Además, otra nueva definición, la de "irracional" (*unreasonable*) coloca los intereses de Estados Unidos por encima de la letra estricta de los acuerdos internacionales existentes, en la medida en que se consideran "desleales" ciertas prácticas políticas y otras medidas, aun cuando éstas no sean contrarias a los compromisos internacionales asumidos por ese país.[107]

En otras palabras, los cambios y las nuevas orientaciones que introduce la LCA en la sección 301 cuando privilegia los asuntos relacionados con los servicios y las inversiones, compromete las políticas nacionales de los países socios comerciales de EUA. Lo que parece deducirse de estas nuevas disposiciones es que EUA se propone utilizar su poder de represalia para tratar de modificar las políticas internas y las prácticas comerciales que ese país considera "irracionales", "discriminatorias", "injustificables" o simplemente "desleales". Este último concepto incluye los subsidios a la exportación y la producción, las políticas de desarrollo industrial, las normas que rigen la aceptación y presencia de inversión extranjera y determinan su comportamiento (*Export Performance Requirements*), las empresas del Estado, etcétera.*

Otra nueva disposición que revela claramente la intención de restringir el acceso al mercado estadunidense es la que dispone que la ITC no debe dar un paso decisivo tomando en cuenta un solo factor para evaluar el "importante perjuicio" que causan ciertas importaciones en los términos de la sección 201.** Como ya comentamos, esa sección regula las condiciones bajo las cuales los productores norteamericanos pueden recurrir a acciones proteccionistas, aun cuando las importaciones resulten "justas", y ahora al hacer tal evaluación, debe tomarse también en consideración el cierre de plantas.[108]

Además, la nueva ley modifica las disposiciones que regulan los subsidios y el *dumping* dirigidas a reforzar la posición de los peticionantes, y facilitar la aplicación de los impuestos compensatorios y las medidas *antidumping*. Para ello, la ley dispone explícitamente que la autoridad considere el efecto acumulativo de las importaciones procedentes de varios países al evaluar los perjuicios por *dumping* o la aplicación de subsidios.[109]

Dentro de las modificaciones más importantes se encuentran también la adición de los subsidios a los insumos (*upstream subsidies*) a la lista de subsidios prohibidos contra los cuales Estados Unidos puede imponer impuestos compensatorios. Este concepto, que no está definido en el Código de Subsidios del GATT, designa a los subsidios que no se otorgan directamente al producto en cuestión, sino a uno de sus componentes principales. Aunque los elementos para probar la existencia de ese tipo de subsidio requiere información muy

---

[107] *Ibid.*, pp. 10-22.
* Esta tendencia, sin duda, se reveló en la controversia entre México y Estados Unidos en relación con el decreto mexicano que regula la inversión extranjera en el sector farmacéutico.
** Véase *supra*, p. 130.
[108] *Ibid.*, pp. 57-62.
[109] Ver Ley de Comercio y Aranceles, título VI, sección 612.

detallada sobre costos y precios comparativos, el Departamento de Comercio se ha mostrado dispuesto a investigar subsidios a los insumos que se apoyen en pruebas totalmente circunstanciales.[110]

Por otra parte, la nueva ley incluye el concepto de reciprocidad como un criterio clave de la política comercial norteamericana, acepta el principio de graduación, e incluye de manera explícita, en el ámbito de las negociaciones comerciales internacionales, áreas anteriormente descuidadas, tales como el comercio de servicios, y transforma la regulación de la inversión extranjera directa por terceros países en un punto de negociación estrechamente asociado con las cuestiones del comercio internacional.

Entre las nuevas disposiciones, las que más afectan a los países en desarrollo son las relativas a la renovación del Sistema Generalizado de Preferencias (SGP). Una lectura cuidadosa de las mismas lleva a la convicción de que la naturaleza global del SGP norteamericano ha sido cambiada por la introducción de exigencias de reciprocidad y que el programa no puede ya ser considerado como un esquema unilateral, sino como un instrumento para obtener concesiones de parte de los países beneficiarios en desarrollo. En este sentido se aleja completamente de los principios del SGP, tal como fueron definidos en la UNCTAD.*

La LCA autoriza al presidente a celebrar un acuerdo de libre comercio con Israel, lo cual abre la puerta para otras negociaciones de este tipo previamente aprobadas por los Comités de Medios y Procedimientos de la Cámara de Diputados y del Comité de Finanzas del Senado. La aceptación y el estímulo de los canales bilaterales de negociación implica un claro abandono del tradicional compromiso estadunidense con el multilateralismo, que se consideró en proceso de estancamiento. Los canales bilaterales son vistos como alternativas ideales que permitan a EUA ofrecer ventajas de un trato privilegiado a cambio de concesiones recíprocas, y crean de esta forma situaciones que estimulan el interés por las negociaciones globales.[111]

Finalmente, la LCA plantea también objetivos de negociación para el comercio internacional de servicios y la inversión directa, a la vez que exige un informe anual elaborado por la oficina del USTR sobre barreras al comercio de servicios y a la inversión norteamericana en el exterior. El interés por las nuevas áreas del comercio internacional se extiende, asimismo, a los productos de alta tecnología, afectados por un conjunto de acciones de política derivadas del estímulo que buena parte de los países industrializados otorga al desarrollo de dicho sector.

---

[110] Ver Sistema Económico Latinoamericano, Secretaría Permanente, "América Latina y la ley. . . ", *op. cit.*, pp. 77-81.

* Un análisis exhaustivo de este tema se encuentra en el artículo de Isabel Molina en este mismo volumen.

[111] Véase Reagan Signs Trade Bill. Provisions of new trade Act. explanied *mimeo.*

La política comercial de EUA: perspectivas para el futuro

La LCA representa un importante paso en la política comercial de Estados Unidos porque define los lineamientos centrales que esa política debe tener en el futuro inmediato.

En este artículo hemos tratado de demostrar que son la importancia creciente del comercio exterior en la economía norteamericana en los últimos 15 años y la cada vez más vulnerable posición comercial que Estados Unidos ha tenido que enfrentar, las que han dado origen a la actitud defensiva adoptada por la legislación y la práctica comercial de ese país.

La nueva Ley de 1984 contiene, además, alteraciones de la posición estadunidense tradicional que conviene puntualizar por su importancia futura.

En primer lugar, la nueva legislación abre un espacio de negociación bilateral, que se convierte en un poderoso instrumento de los intereses comerciales norteamericanos. En segundo lugar adopta la noción de ''reciprocidad'' como eje de la negociación comercial internacional; esto implica que los países socios comerciales de EUA deberán enfrentar exigencias crecientes de liberalización a cambio de la concesión o el mantenimiento de preferencias o aun de la no aplicación de acciones proteccionistas contempladas por la legislación estadunidense.

Finalmente, el activismo desplegado por Estados Unidos en el ámbito del comercio internacional desplaza hacia otros actores la responsabilidad por las crecientes presiones proteccionistas de los últimos años. Esta transferencia de responsabilidades significa un importante instrumento de negociación para Estados Unidos. En el futuro inmediato será cada vez más difícil confrontar esta nueva estrategia comercial norteamericana, si no se dispone de una alternativa articulada y convincente.

LA RENOVACIÓN DEL SISTEMA GENERALIZADO DE PREFERENCIAS ARANCELARIAS Y SUS IMPLICACIONES PARA MÉXICO

ISABEL MOLINA

EL 30 DE OCTUBRE DE 1984 fue renovado el Sistema Generalizado de Preferencias Arancelarias de Estados Unidos (SGP). Durante el proceso de su renovación, el sistema suscitó muy diversas opiniones; hubo grupos que se opusieron abiertamente a la aprobación del esquema y hubo momentos en que parecía difícil lograr que se mantuviera. En este trabajo se trata de mostrar la manera en que las tendencias proteccionistas en Estados Unidos determinaron las características del nuevo SGP, que pasó de ser un esquema preferencial no recíproco a un instrumento de negociación por medio del cual los países en desarrollo que buscan mayor acceso al mercado estadunidense tengan que hacer ciertas concesiones.

La primera parte de nuestro análisis se ocupa de presentar los antecedentes del SGP, el origen del esquema y sus principios fundamentales. Explica el contexto en que ocurrió la renovación y las posiciones de los grupos de interés que participaron en ese proceso. La segunda parte analiza el esquema y revisa los principales cambios que sufrió y la manera en que funciona actualmente. Por último, se intenta evaluar la importancia del SGP para México y la manera en que sus modificaciones pueden afectar las exportaciones mexicanas.

Antecedentes

La evolución en la estructura y la operación del Sistema Generalizado de Preferencias de Estados Unidos (SGP) es producto de los cambios de la política estadunidense hacia los países en desarrollo y de las tendencias proteccionistas que se han ido imponiendo en el ámbito del comercio internacional.

El concepto de preferencias arancelarias surgió originalmente como un mecanismo para corregir los desequilibrios del comercio entre países desarrollados y países en desarrollo, como una manera de iniciar la restructuración de las relaciones comerciales y dar el primer paso hacia el establecimiento de un nuevo orden económico internacional. Durante la primera Conferencia de Comercio y Desarrollo de las Naciones Unidas (UNCTAD-I), en 1964, surgió la idea de establecer sistemas preferenciales, de aplicación generalizada, no recíproca y no discriminatoria, que facilitaran el acceso a los mercados para las exportaciones de los países en desarrollo, y promover así la industrialización y el crecimiento económico. En un principio el planteamiento fue vigorosamente objetado por la delegación estadunidense con el argumento de que violaría los principios esenciales del GATT, particularmente el "principio de la nación más favorecida". Sin embargo, otros países industrializados se mostraron más receptivos a la idea y aunque en esa ocasión no pudo llegarse a un acuerdo sobre el tema, la propuesta se mantuvo viva y continuó discutiéndose en diversos foros internacionales como la OCDE, la OEA y el propio GATT en el transcurso de los siguientes años.

La presión política internacional fue modificando gradualmente la posición de Estados Unidos y se abrió la posibilidad de que ese país considerara más favorablemente el establecimiento de un sistema preferencial. Algunos grupos lo veían como una manera de contrarrestar los efectos del bloque comercial de la Comunidad Económica Europea y sus antiguas colonias, cuyos arreglos comerciales resultaban discriminatorios contra las exportaciones estadunidenses. Esto, unido a las presiones por parte de América Latina, que quedaba fuera de los esquemas preferenciales existentes y pedía que Estados Unidos buscara la manera de compensar la desventaja que enfrentaba la región latinoamericana frente a otros países en desarrollo, sirvió para conseguir apoyo al SGP en Estados Unidos.[1]

El proceso de maduración de la idea de crear sistemas preferenciales culminó en 1968, durante la segunda conferencia de la UNCTAD realizada en Nueva Delhi, en la que se logró la aprobación unánime de la resolución 21 (II) por medio de la cual los países industrializados se comprometieron a establecer un sistema que otorgara entrada preferencial o libre de gravámenes a las manufacturas y semimanufacturas exportadas por los países en desarrollo a los países desarrollados. Se creó una comisión especial de preferencias para estudiar el asunto y negociar su aplicación; con base en sus recomendaciones se decidió que los sistemas deberían:

1. Ser concesiones temporales y unilaterales.
2. Otorgar preferencias a sectores no competitivos en el mercado internacional.
3. Incluir mecanismos de salvaguardia para proteger a las industrias internas sensibles.

En noviembre de 1969, las naciones desarrolladas miembros de la Organización para la Cooperación y el Desarrollo Económicos (OCDE) presentaron sus programas de preferencias a los países en desarrollo a través del Secretario General de la UNCTAD. Las negociaciones para su revisión y perfeccionamiento

[1] Stephen D. Cohen, *United States International Economic Policy in Action: Diversity of Decision Making*, Nueva York, Praeger, 1982, pp. 120-131.

tomaron dos años. Finalmente, el 1 de julio de 1971, la Comunidad Económica Europea estableció el primer sistema de preferencias arancelarias; le siguieron Japón, en agosto de 1971, Noruega, Dinamarca, Finlandia, Irlanda, Nueva Zelandia, Suecia, el Reino Unido, Suiza y Australia en el transcurso de los siguientes meses y Canadá, en 1974. Estados Unidos también estableció su Sistema Generalizado de Preferencias Arancelarias en este último año cuando se aprobó la Ley de Comercio, pero no se empezó a poner en práctica hasta julio de 1976.[2]

En un principio, había 98 países y 39 territorios beneficiarios del esquema estadunidense, pero se excluían algunos países en desarrollo, como los miembros de la OPEP. Asimismo, quedaron fuera del esquema los productos considerados sensibles, como textiles, ropa, zapatos, relojes, artículos de vidrio y eléctricos; precisamente algunos de los principales sectores en que los países en desarrollo tenían capacidad exportadora. Además de estas limitaciones, el SGP estadunidense sólo tenía vigencia por diez años y estaba sujeto a revisiones anuales que podían eliminar o incluir productos.

Durante los años en que estuvo vigente este primer esquema preferencial pasó por varias modificaciones que lo fueron endureciendo. En abril de 1980, el presidente de Estados Unidos presentó un informe al Congreso de su país sobre los primeros cinco años de operación del SGP. En dicho informe se hicieron varias recomendaciones, entre las que llama la atención la de "graduación", es decir, la idea de que los productos competitivos de los países de mayor desarrollo relativo deben irse retirando del SGP con el objeto de que no se acaparen los mercados en perjuicio de los países de menor desarrollo. Para los países en desarrollo más adelantados, como México, esto implicaba que aunque siguieran participando en el SGP, sus productos, sujetos a las revisiones anuales, se juzgarían con una norma diferente a la de los países menos desarrollados y estarían en desventaja.[3]

Al acercarse el final del período de vigencia del SGP, en enero de 1985, surgió un intenso debate dentro y fuera de Estados Unidos en torno a la renovación del esquema. Importantes grupos de presión estadunidenses se oponían a la renovación o pedían disminuir la cobertura, en tanto que los países en desarrollo pedían su continuación y mejores condiciones de acceso al mercado estadunidense.

Los principales opositores del SGP provenían del sector de la industria tradicional, que quería cerrar las fronteras a la competencia internacional, y de algunos sindicatos preocupados por los niveles de desempleo. Aunque estos dos grupos no representan necesariamente los intereses globales ni mayoritarios de Estados Unidos, tienen una capacidad de influencia importante debido a

---

[2] Tomás Peñaloza, "Efectos del Sistema General de Preferencias de Estados Unidos en América Latina y México: una evaluación preliminar", *Comercio Exterior,* vol. 28, núm. 7, México, julio de 1978, pp. 868.

[3] Leslie Alan Glick y Javier Moctezuma Barragán, "Aspectos jurídicos del Sistema General de Preferencias de Estados Unidos y sus efectos para México", *Comercio Exterior*, vol. 31, núm. 10, México, octubre de 1981, p. 1124.

las características del sistema político estadunidense, que funciona en un proceso de constante consulta y tiene canales abiertos de comunicación con los diversos sectores.

En un ambiente cada vez más proteccionista, la posición de estos grupos se vio favorecida. Estados Unidos se enfrenta a ciertos problemas estructurales en los sectores tradicionales como la siderurgia, el sector automotriz, la petroquímica y la producción de textiles y calzado, que han perdido competitividad internacional debido a la baja productividad y la obsolescencia de sus líneas de manufactura. En 1962, sólo 2.3% del mercado estadunidense se abastecía de productos importados; para 1982, esta proporción subió a 5.9%. Basta señalar como ejemplo que, en 1962, 4% de los textiles consumidos en Estados Unidos eran importados y, en 1982, 15.4%; de la misma manera, 18% de los artículos electrónicos eran importados en 1962 y 20 años después 42%. En esos mismos años, las importaciones de calzado pasaron de 5.3 a 43.5 por ciento.[4]

Como consecuencia, el desempleo llegó a niveles históricamente altos, de 10%, y a pesar de que para finales de 1984 se redujo a 7.2%, el deterioro del empleo es evidente si se comparan las cifras anteriores con la tasa promedio de desempleo que imperó durante los setenta, que fue de 4.8 por ciento.

Otro elemento importante que fortaleció las tendencias proteccionistas en Estados Unidos fue el déficit de la balanza comercial, que en 1983 arrojó un saldo negativo de 61 mil millones de dólares y en 1984 ascendió a 107 mil millones.[5] Estos problemas afectaron directamente el proceso de negociación que llevó a la renovación del SGP en términos más proteccionistas y determinaron sus nuevas características.

Por parte de los países en desarrollo también hubo intentos de influir en el proceso. Uno de los más importantes se llevó a cabo en el seno de la OEA, cuando se organizó una reunión técnica de CEPCIES* en Panamá, en junio de 1983, para discutir la renovación del SGP estadunidense. Se hicieron planteamientos muy concretos sobre posibles mejorías del esquema que debían tomarse en cuenta al renovarlo. Algunas de las principales sugerencias fueron:

— Que se respetasen los principios de generalidad, no reciprocidad y no discriminación.
— Que se diera vigencia permanente al esquema.
— Que se eliminaran los límites de necesidad competitiva.
— Que se flexibilizaran las normas de origen y se introdujera el concepto de "origen acumulativo".
— Que se ampliase la cobertura de productos.
— Que se eliminasen las revisiones anuales, porque causaban incertidumbre.[6]

[4] Peter T. Kilborn, "The Twilight of Smokestack America", *The New York Times,* mayo 5 de 1983.
[5] Catherine L. Mann, "US International Transactions in 1984", *Federal Reserve Bulletin,* Washington, D.C., mayo de 1985, p. 281.
* Comisión Ejecutiva Permanente del Consejo Interamericano Económico y Social.
[6] OEA/CIES, *Informe de la renovación técnica sobre el Sistema Generalizado de Preferencias,* OEA/SER. H/XIV, CEPCIES/860 rev. 1, 10 de junio de 1983, pp. 83-89.

Ninguna de las sugerencias hechas por los países en desarrollo fue tomada en cuenta en el proceso de renovación del SGP. En cambio, se endureció el acuerdo al incluir algunos cambios propuestos por los grupos proteccionistas, como se verá más adelante.

El esquema en vigor durante el pasado decenio tenía algunas limitaciones importantes en cuanto a cobertura de productos, límites cuantitativos, tratamiento discriminatorio a algunos países en desarrollo y el concepto de graduación. El nuevo SGP no sólo no corrigió esos limitaciones, sino que significó un retroceso en cuanto a la lucha por ampliar el acceso a los mercados para los países en desarrollo.

El resultado final del debate quedó plasmado en el título V de la Ley de Comercio y Aranceles, que fue aprobado en octubre de 1984. El Sistema Generalizado de Preferencias Arancelarias fue renovado por ocho años y medio adicionales, pero con modificaciones sustantivas que afectan su propia naturaleza y van en contra de los principios básicos con que fue ideado originalmente.

Si bien es cierto que el ejecutivo estadunidense se oponía a las posiciones proteccionistas más radicales y logró moderar algunas de las propuestas, el resultado final fue un triunfo de las corrientes proteccionistas y, como se verá más adelante, no se incorporó ninguna de las sugerencias hechas por los países latinoamericanos.

El nuevo Sistema Generalizado de Preferencias

La principal característica del nuevo SGP recientemente aprobado es el alto poder discrecional que otorga al ejecutivo estadunidense en la aplicación del esquema y lo vuelve un arma de doble filo, ya que esta flexibilidad puede ser usada como premio o castigo para los países en desarrollo. Se ha convertido en un instrumento de negociación que permite a Estados Unidos presionar a los beneficiarios para obtener concesiones en materia de política comercial o económica en sus relaciones bilaterales, a cambio de un mayor acceso a las preferencias arancelarias del SGP. En la parte introductoria del acuerdo, donde se señalan los objetivos, queda claramente estipulado que el SGP busca exhortar a los países en desarrollo a:

— Eliminar o reducir significativamente las barreras al intercambio de bienes y servicios y a la inversión.
— Proveer medios efectivos bajo los cuales los extranjeros puedan asegurar, ejercer y aplicar derechos exclusivos de propiedad intelectual.
— Otorgar a los trabajadores los derechos laborales internacionalmente reconocidos.[7]

A continuación comentamos algunas de las modificaciones más importantes del sistema preferencial.

[7] Ley de Comercio y Aranceles de 1984, sección 501.

Duración

El nuevo esquema sólo se aprobó por ocho años y medio como una transacción entre la extensión de diez años aprobada por el Senado y la de cinco años que aprobó la Cámara de Representantes. Además, con esa duración la próxima renovación del SGP sería considerada por el Congreso hasta después de la elección presidencial de 1992.

Criterios de designación de beneficiarios

En el nuevo esquema del Sistema Generalizado de Preferencias se hicieron más rígidas las normas para aceptar como beneficiarios a los países en desarrollo. Se añadieron algunos criterios obligatorios que el presidente puede eximir por razones de interés económico nacional.

— Que el país asegure a Estados Unidos que se abstendrá de llevar a cabo prácticas de exportación "no razonables".
— Que un país otorgue dentro de sus leyes a los nacionales extranjeros los medios adecuados y efectivos para asegurarse derechos exclusivos sobre propiedad intelectual incluyendo patentes, marcas y registros.
— Que el país haya tomado acciones tendientes a reducir la distorsión de políticas y prácticas de inversión (incluyendo requisitos de comportamiento) y a reducir o eliminar barreras al intercambio de servicios.
— Que el país haya tomado o esté tomando medidas para otorgar a los trabajadores de ese país los derechos internacionales laborales reconocidos.[8]

Estos nuevos reglamentos dan mayores posibilidades a Estados Unidos para otorgar acceso al SGP o limitarlo bajo criterios que tienen implicaciones políticas sustanciales.

Graduación

Otra característica importante del nuevo esquema preferencial es que incluye mecanismos de "graduación", es decir, que se da un trato diferenciado a los países en desarrollo de niveles distintos, y que se pueden negar los beneficios del esquema a los países de mayor desarrollo relativo. La graduación también se aplica a productos específicos que quedan excluidos del SGP al alcanzar cierto grado de competitividad. La inclusión de este concepto ha sido objetado reiteradamente por los propios países en desarrollo y se le considera contrario al espíritu de los compromisos adquiridos en UNCTAD sobre trato discriminatorio.

La nueva ley no incluye ninguna nueva disposición de graduación por

---

[8] Ley de Comercio y Aranceles de 1984, sección 502.

países específicos, a pesar de las presiones de algunos sectores por que la hubiera. Por el contrario, retira a Hungría de la lista de países no elegibles. No obstante, establece un límite para los ingresos de países beneficiarios; a los que tengan un ingreso que supere los 8 500 dólares se les aplicará la graduación dentro de los dos años siguientes al haber alcanzado ese nivel. Esta disposición no afecta por lo pronto a ningún país de América Latina y el Caribe; los únicos países beneficiarios cercanos a alcanzar el límite son Brunei y Singapur. Sin embargo, la medida preocupa porque al incorporar la posibilidad de graduar a los países en desarrollo que superen cierto nivel de ingreso sin tomar en cuenta otros factores, se rompió un principio básico de no discriminación.

En cuanto a la graduación de productos, ya quedó establecida en la cláusula de necesidad competitiva dual. Además, existe dentro del esquema otra modalidad por la que se ''gradúan'' los productos mediante una revisión anual que decide cuáles de ellos deben ser suprimidos del SGP con base en varios elementos un poco ambiguos: el grado de desarrollo del país de origen, el grado de competitividad del producto específico y los intereses globales de Estados Unidos, incluida la situación de la industria estadunidense en cuestión. Evidentemente este tipo de consideraciones afecta principalmente a los países beneficiarios más avanzados, como México.

En la legislación comercial de 1974 no se contemplaba el concepto de ''graduación''; sin embargo, en la práctica, se incorporó al esquema desde 1980, a raíz de la evaluación de los cinco primeros años de funcionamiento del SGP. En esa ocasión se decidió eliminar gradualmente el tratamiento preferencial a los países beneficiarios, a medida que fueran avanzando en su proceso de desarrollo. La oficina del representante comercial de Estados Unidos (USTR) estableció que ''las partes interesadas pueden solicitar una limitación del tratamiento preferencial para los países en desarrollo más avanzados económicamente, con relación a productos específicos elegibles, en casos en que hayan demostrado un nivel de competitividad''. Con esta disposición quedó instituido el concepto de graduación; la ley actual recoge esta decisión y amplía su aplicación.

Cabe señalar que la experiencia acumulada durante los años en que se ha aplicado la ''graduación'' a algunos productos ha sido negativa, ya que no se ha logrado una mejor distribución de los beneficios del SGP entre los países de menor desarrollo relativo. Por el contrario, el mercado ha beneficiado de hecho a otros países industrializados debido a la baja capacidad productiva de los países más pobres, que no pueden llenar los huecos creados por la eliminación de los productos más competitivos de los países de mayor desarrollo relativo. Por esta razón, la justificación de la ''graduación'' que hacen las autoridades estadunidenses, con el argumento de que da más oportunidad a los países de menor desarrollo relativo, queda invalidada.

Exclusiones bajo la cláusula de necesidad competitiva[9]

En el SGP anterior había sólo un límite de necesidad competitiva para todos los países. El nuevo esquema establece en cambio dos tipos de límites: el límite más alto (50% o 63.8 millones de dólares) para los países que se ajusten a las políticas promovidas por Estados Unidos, es decir que abran sus mercados a productos y servicios norteamericanos, y un límite menor (25% o 25 millones de dólares) para los que no se adecuen a esas políticas y cuyos productos hayan alcanzado un "grado suficiente de competitividad". Por cierto, no queda definido cuál va a ser el criterio utilizado para juzgar esa competitividad. Esa segunda condición entrará en vigor a partir de enero de 1987 para los productos y los países que determine un proceso de revisión general actualmente en curso.

Esta revisión decidirá qué artículos y qué países beneficiarios estarán sujetos a los límites menores de la cláusula de necesidad competitiva y estudiará las solicitudes de exención o *Waiver* para algunos productos o países. Aquellos productos en que los países beneficiarios hayan alcanzado un "grado suficiente de competitividad" estarán sujetos a la aplicación de los límites de necesidad competitiva menores (25% o 25 millones de dólares). El efecto neto de esta reducción de los límites de necesidad competitiva será una graduación acelerada de los productos.

En la nueva ley quedó establecido un mecanismo de manipulación adicional que faculta al presidente de Estados Unidos para otorgar una suspensión o *waiver* en la aplicación de la cláusula de necesidad competitiva como recompensa a los países beneficiarios que hayan adoptado las políticas promovidas por Estados Unidos en el terreno de comercio, inversión y derecho de propiedad intelectual. Evidentemente, este tipo de mecanismo podría resultar negativo para los países en desarrollo ya que los induciría a hacer concesiones contrarias a sus intereses.

La suspensión en la aplicación de la cláusula de necesidad competitiva puede otorgarse cuando se considere que sirve al interés económico de Estados Unidos. Sin embargo, antes de otorgar cualquier exención, el presidente deberá consultar a la Comisión de Comercio Internacional de Estados Unidos acerca de si alguna industria estadunidense puede ser afectada adversamente. También deberá tomar en cuenta los siguientes factores:

— El grado en que el país beneficiario ha asegurado a Estados Unidos que otorgaría acceso razonable y equivalente a sus mercados y recursos básicos.
— El grado en el que dicho país provea medios adecuados y efectivos, conforme a sus leyes, para que los extranjeros aseguren, ejerzan y hagan valer, derechos

[9] Según la cláusula de necesidad competitiva los países pierden su carácter de beneficiarios con respecto a un producto en el año siguiente a aquél en que: 1) su participación en las importaciones totales de dicho producto exceda un cierto porcentaje (que en el primer SGP era de 50%) y/o cuando estas importaciones sobrepasan un límite cuantitativo que se ajusta anualmente para reflejar el crecimiento del PIB de Estados Unidos.

exclusivos en propiedad intelectual, incluso patentes, marcas y derechos registrados.[10]

Existen algunos límites cuantitativos para poder conceder una suspensión. Las suspensiones otorgadas en cualquier año calendario no pueden superar un valor agregado del 30% del valor total de todas las importaciones bajo el SGP en el calendario anterior. La distribución de ese total está determinada por el nivel de desarrollo de los beneficiarios. Los países en desarrollo más avanzados no podrán recibir más de la mitad del total del valor de las suspensiones (estos países se definen como los que tienen ingresos *per capita* superiores a 5 000 dólares y/o representen más de 10% de las importaciones del SGP). México podría en un futuro próximo verse afectado por el límite del 10 por ciento.

Elevación del nivel de minimis[11]

La única modificación de esquema que parece responder a los intereses de los países en desarrollo es la elevación del nivel de *minimis*, que aumentó de un millón de dólares en 1979 a cinco millones de dólares del mismo año. Esa cifra se ajustará cada año en función de los cambios del PIB de Estados Unidos. Este incremento conducirá a una mayor seguridad de acceso para algunos productos al SGP, pero también podría traducirse en una mayor capacidad de maniobra para las negociaciones entre Estados Unidos y los países beneficiarios.

Elegibilidad de productos

El nuevo esquema preferencial no amplía la cobertura. Por el contrario, excluye del SGP de manera permanente a productos de piel, específicamente calzado, bolsas, equipaje, guantes de trabajo y ropa de piel. De hecho, estos artículos ya eran considerados sensibles y se habían excluido administrativamente; la nueva ley simplemente hace permanente por estatuto esa exclusión. El problema, desde el punto de vista de los países en desarrollo, es que la cobertura se ha limitado en vez de ampliarse. Los productos con derecho a trato preferencial se redujeron de 31% de las importaciones gravables en 1976 a 26% en 1982 y la cobertura efectiva (debido a exclusiones por graduación o cláusulas de necesidad competitiva) bajó de 22% a 16.8% en el mismo período).[12]

---

[10] Ley de Comercio y Aranceles de 1984, sección 505.

[11] Cuando los productos exportados por un país superan el límite de necesidad competitiva en una cantidad muy pequeña (de *minimis*) el USTR otorga una suspensión de la cláusula de necesidad competitiva que es virtualmente automática para casi todos los países beneficiarios del SGP; la excepción son los países de mayor desarrollo relativo.

[12] UNCTAD, *Noveno Informe General sobre la aplicación del Sistema Generalizado de Preferencias*, TD/B/C.5/96, 20 de febrero de 1985, p. 12.

Normas de origen

El problema de las normas de origen no fue resuelto satisfactoriamente para los países en desarrollo en el sistema preferencial. Actualmente, para poder gozar de los beneficios del SGP, los productos deben contener por lo menos 35% del valor agregado local. La nueva ley permite a algunos grupos de países organizados compartir el valor agregado; en este caso están el Pacto Andino, el Mercado Común Centroamericano y el Mercado de la Comunidad del Caribe. Esto significa que un producto puede ser parcialmente elaborado en Costa Rica, con insumos provenientes de otros países del Mercado Común Centroamericano, y que si el valor agregado total de ambos países en el producto es de 35%, entonces es elegible para el SGP; sin embargo, no se ha logrado extender esta posibilidad a todos los países beneficiarios.

Tampoco se ha podido lograr que se considere como contenido local a los insumos provenientes de Estados Unidos, lo que facilitaría la incorporación al esquema de los productos elaborados por la industria maquiladora.

Productos alimenticios

Una nueva sección añadida al SGP refleja la preocupación del Congreso norteamericano por la potencial desviación de alimentos de los mercados internos de los países beneficiarios, pero no es de aplicación obligatoria. Preocupa su ambigüedad, porque el texto no determina cómo será aplicada en el futuro. Dice así:

— Las agencias apropiadas de Estados Unidos darán ayuda a los países en desarrollo beneficiarios para desarrollar e implementar medidas diseñadas para asegurar que los sectores agrícolas de sus economías no se dirijan a mercados de exportación en detrimento de la producción de alimentos para sus ciudadanos.[13]

La intención de esta disposición es similar a la de una estipulación en la Iniciativa de la Cuenca del Caribe, que exige a los países beneficiarios que preparen un Plan de Producción estable de alimentos antes de poder exportar carne y productos lácteos exentos de impuestos a Estados Unidos, para asegurar que los alimentos básicos no sean desviados del consumo interno.

Los efectos del Sistema Generalizado de Preferencias Arancelarias que acaba de renovarse dependerá finalmente de cómo sea aplicado por las autoridades comerciales de Estados Unidos y del giro que quiera darle el presidente en turno. Como se ha visto en el análisis de las principales modificaciones, varias de las cuestiones fundamentales del SGP quedan un poco en el aire, se expresan con ambigüedad y se deja a discreción del presidente de Estados Unidos la decisión final sobre el modo de aplicar el esquema.

---

[13] Ley de Comercio y Aranceles de 1984, sección 507.

En el fondo, lo que ha implantado el nuevo esquema es el concepto de reciprocidad: Estados Unidos da preferencias a cambio de ciertas concesiones de los países en desarrollo. Esta idea viola el espíritu original del SGP y contradice también las disposiciones del GATT, ya que cuando se otorgó la suspensión de la cláusula de la nación más favorecida, en 1971, para crear los sistemas preferenciales, se especificó que el SGP no debía exigir reciprocidad. El enorme esfuerzo del gobierno Reagan para que se incluyese en el esquema de renovación el concepto de reciprocidad hace pensar que la Casa Blanca y la Oficina del Representante Comercial de Estados Unidos piensan forzar la apertura de los mercados del Tercer Mundo mediante la amenaza de quitar el acceso preferencial al mercado estadunidense.[14]

Debe hacerse notar que el nuevo esquema del SGP ha sido modificado de manera tal que los grupos de interés tienen actualmente mayor posibilidad de influir en su aplicación. Este cambio aumenta la inseguridad de los países en desarrollo, ya que las autoridades comerciales estadunidenses estarán sujetas a mayores presiones internas. En el esquema anterior la revisión anual para incluir o excluir nuevos productos era un proceso cerrado en el que sólo podían participar los grupos directamente afectados, a los que se pedía información muy específica sobre producción y mercado. Dentro del esquema actual pueden participar todo tipo de grupos: sindicatos, consumidores, etc. El SGP da ahora un papel más importante al Congreso y al público en general en la selección de productos y países beneficiarios. Estos dos entes pueden evaluar e influir en el presidente al aplicar el programa. La actitud proteccionista que predomina en el comercio estadunidense hace prever fuertes presiones para que el presidente Reagan "gradúe" productos provenientes de los países de mayor desarrollo relativo.[15] Se considera que el SGP se ha hecho cada vez más sensible a las presiones internas y que en su modalidad actual sirve más para resolver asuntos de interés nacional que como un instrumento de ayuda para los países en desarrollo. Parece que con el tiempo se ha convertido en un instrumento enfocado a problemas específicos de productos, se le ve con un enfoque técnico y ha ido perdiéndose el concepto de SGP como mecanismo vital de las relaciones Norte-Sur. Un funcionario del sector comercial de Estados Unidos ha dicho: "hemos tratado de evitar entrelazamientos con otros desarrollos en las relaciones Norte-Sur, así como de que no intervengan en el proceso cuestiones externas. Sólo llevan a interferencias en el funcionamiento del programa".[16]

En este contexto y con las actuales características del Sistema Generalizado de Preferencias de Estados Unidos, su papel en el desarrollo del comercio de los países beneficiarios probablemente continúe siendo menos importante de lo que sería deseable.

[14] Dn. Pease y William J. Goold, "The New GSP: Fair Trade with the Third World", *World Policy Journal*, primavera de 1985, p. 357.
[15] Dn. J. Pease, *op. cit.,* p. 353.
[16] Stephen D. Cohen *op, cit.,* pp. 158-159.

Implicaciones de la renovación del sgp para México

Antes de entrar de lleno en el análisis de lo que implican o podrían implicar algunas de las modificaciones del Sistema Generalizado de Preferencias para el comercio entre México y Estados Unidos y la relación bilateral, valdría la pena hacer notar que, aunque es importante, el sgp no juega un papel fundamental en las relaciones comerciales entre los dos países.

En 1983 sólo 27% de las exportaciones totales de México a Estados Unidos eran susceptibles de beneficiarse del esquema preferencial, y de esta cantidad sólo 6% pudo realmente incorporarse al esquema, ya que el resto de los productos quedaron fuera porque rebasaban los límites de necesidad competitiva, por graduación o por problemas administrativos.[17]

Aprovechamiento global

México es el quinto país beneficiario del sgp estadunidense de 8.4% del total de las importaciones preferenciales. El primer lugar lo ocupa Taiwán, con 24.8%, seguido por Corea con 11.5%, Hong Kong 10.2% y Brasil 9.2%.[18] Sin embargo, se observó un lento crecimiento de la participación de México en el esquema y exclusión de un gran número de productos mexicanos por diversas razones que se analizarán más adelante, y que responden a la idea de las autoridades comerciales estadunidenses de dar un tratamiento más duro a los países de mayor desarrollo relativo.

Los efectos de la nueva ley en el aprovechamiento futuro del sgp son imposibles de determinar por la ambigüedad con que ha sido elaborada. En última instancia dependerá del criterio de las autoridades estadunidenses y de su opinión acerca de México y la política económica mexicana. Sin embargo, se puede decir que es probable que México continúe disminuyendo su participación relativa en el sgp ya que, precisamente por la ventaja comparativa que le da su cercanía geográfica, está más expuesto que otros países de niveles similares de desarrollo a sufrir por la aplicación de la cláusula de necesidad competitiva.

Criterios de designación

Cuando estipula los criterios de designación para los países que pueden ser beneficiados del sgp, la nueva ley dice que el presidente deberá tomar en cuenta las medidas que el país haya adoptado "para reducir prácticas y políticas que distorsionan la inversión (incluso requerimientos en relación a las expor-

---

[17] Derivado del cuadro "Importaciones SGP a EUA procedentes de los principales países beneficiarios en desarrollo, 1983. Ver cuadro 1.
[18] Datos de la Oficina del Representante Comercial de Estados Unidos (USTR).

Cuadro 1

*Importaciones SGP a EUA procedentes de los principales países
en desarrollo beneficiarios (1983)
(en millones de dólares y PNB por habitante correspondiente a 1982)*

	Artículos elegibles en el SGP	Importaciones preferenciales realizadas	Porcentaje del total de las importaciones preferenciales	PNB por habitante (1982)*
15 beneficiarios principales:				
Provincia china de				
Taiwán	5 757	2 981	27.7	2 640
República de Corea	2 365	1 524	14.1	1 910
Hong Kong	3 036	1 102	10.2	5 340
México	3 859	725	6.7	2 270
Brasil	1 170	633	5.9	2 240
Singapur	1 394	512	4.8	5 910
Israel	512	474	4.4	5 090
Filipinas	386	258	2.4	820
Venezuela	258	239	2.2	4 140
Argentina	315	225	2.1.	2 520
India	227	181	1.7	260
Yugoslavia	196	162	1.5	2 800
Perú	156	142	1.3	1 310
Tailandia	142	118	1.1	790
Portugal	134	107	1.0	2 450
Total parcial de los 15 beneficiarios principales	19 907	9 383	87.2	
Países menos adelantados[a]	186	70	7.0	
Otros beneficiarios	2 490	1 312	12.0	
De los cuales Brunéi Darussalam	—	—	—	26 640[b]
Trinidad y Tobago	5	4	—	6 840[b]
Total	22 583	10 765	100.0	

[a] Están incluidos los 36 países que las Naciones Unidas reconocen como menos adelantados, con excepción de Afganistán, Etiopía, la República Democrática Popular de Lao y el Yemen Democrático, que no son beneficiarios del esquema de Estados Unidos.

[b] Según fuentes de la UNCTAD.

Fuente: Basado en el Informe de la Subcomisión de Comercio de la Comisión Presupuestaria, adjunto al proyecto de ley H.R. 6023, en su versión enmendada, 18 de septiembre de 1984, p. 4.

* Dólares.

taciones). . .'' Este punto coloca a México en una posición vulnerable, ya que, por ejemplo, el decreto automotriz mexicano contiene requisitos de comportamiento cuya modificación atentaría contra el esquema de política industrial adoptado por el gobierno mexicano. Estados Unidos, que ha presionado a México para que cambie este decreto, cuenta ahora con una nueva palanca de negociación que podría usar en cualquier momento para cuestionar el derecho de México a ser país beneficiario. En este sentido, el SGP es una espada de Damocles para México.

El problema es por ahora de incertidumbre. El presidente de Estados Unidos dispone de un considerable poder discrecional para la aplicación de estas normas y no es posible, por el momento, anticipar de qué manera se verá afectado México; todo depende de cómo sea interpretada y/o aplicada la ley.

Cláusula de necesidad competitiva

Desde la entrada en vigor del SGP se llevan a cabo revisiones anuales para determinar cuáles productos sobrepasan los límites de necesidad competitiva y por lo tanto pierden su carácter de beneficiarios en el año siguiente.

Cuadro 2

Exclusiones en virtud de la cláusula de necesidad competitiva para productos mexicanos (miles de dólares)

	Exclusiones a México	Exclusiones a América Latina
1981	1 224 093	3 037 432
1982	1 693 914	2 698 914
1983	2 278 651	3 761 667
1984[a]	239 000	n.d.

[a] Los datos de 1984 fueron dados por la Oficina del Representante Comercial de Estados Unidos, "Informe de los resultados de la revisión de 1984", mimeo.
Fuente: SELA, Secretaría Permanente, *América Latina y la Ley de Comercio y Aranceles de Estados Unidos*, Documento SP/AL-EU/LCA/DI/ núm. 1, mayo de 1985, p. 37.

Cabe señalar que la cifra de exclusiones de 1984 es mucho más baja que en los años anteriores, pero corresponde a la tónica general, ya que el total de las exclusiones sólo ascendió a 1 800 millones de dólares.[19] Además, como se advierte en el cuadro 2, las exclusiones sufridas por México en 1981, 1982 y 1983 representan 54% del total de las exclusiones de productos latinoamericanos durante el mismo período.

En principio, estos productos excluidos podrían recuperar su elegibilidad para el SGP en el caso en que las exportaciones caigan debajo del nivel estipulado por la cláusula de necesidad competitiva mediante un proceso de redesignación que es virtualmente automático para la mayor parte de los países. En el caso de México y de otros países más avanzados, la oficina del representante comercial ha ejercido su autoridad para negar la redesignación.

[19] Datos de la Oficina del Representante Comercial de Estados Unidos, "Informe de los resultados de la revisión de 1984", mimeo.

Cuadro 3

Redesignación de productos previamente excluidos en virtud de la cláusula de necesidad competitiva: valores totales de los productos elegibles para la redesignación y porcentaje efectivamente redesignado
(miles de dólares)

	1981		1982		1983	
Brasil	27 776	(0%)	9 544	(17%)	45 952	(0%)
México	91 176	(7%)	14 759	(22%)	144 582	(7%)
Argentina	1 343	(100%)	41 653	(100%)	1 952	(100%)
Chile	21 076	(100%)	60 370	(100%)	4 999	(100%)
Perú	3 431	(100%)	12 437	(100%)	825	(100%)

Fuente: SELA, Secretaría Permanente, *op. cit.*, p. 38.

En la revisión de 1984 no se obtuvo la reincorporación de ningún producto al SGP, aunque había solicitudes de redesignación de productos por un valor de 216 millones de dólares. Este tipo de decisión administrativa es una graduación *de facto*.

Graduación de productos

México, igual que otros países en desarrollo más avanzados, es uno de los principales blancos para el efecto de la graduación de productos durante las revisiones anuales del SGP. En 1982 se graduaron productos mexicanos por 27 millones de dólares y en 1984 sólo un producto mexicano (cuyas exportaciones a EUA tienen valor de 1.2 millones de dólares), ladrillo y bloques de concreto, fue graduado, parece haber tendencia a graduar productos mediante mecanismos menos directos.[20]

Suspensión de minimis

Otro indicador de la dureza en la aplicación del SGP por parte de las autoridades estadunidenses, en particular hacia los países de mayor desarrollo, es el derecho a las llamadas suspensiones de *minimis*. Cuando los productos exportados por un país superan el límite de necesidad competitiva en una cantidad muy pequeña (de *minimis*), el USTR otorga una suspensión de la cláusula de necesidad competitiva virtualmente automática para casi todos los países beneficiarios del SGP.

Sin embargo, a México se le ha negado este tipo de suspensión en las últimas tres revisiones de productos, principalmente para productos agrícolas

[20] SELA, *op. cit.*, p. 47.

de los llamados "sensibles". De productos mexicanos elegibles para la exención de *minimis* se negó 21% de las excenciones solicitadas en 1981, 22% en 1982 y 10% en 1983. Esto puede constatarse en el cuadro 4.

Cuadro 4

Exenciones de minimis *para México, 1981-1983*
(miles de dólares)

	1981	1982	1983
Elegible para exención	10 040	7 755	7 482
Exenciones concedidas	7 905	6 002	6 769
%	79	78	90
Exenciones no concedidas	2 135	1 753	713
%	21	22	10

Fuente: SELA, *op. cit.*, p. 47.

En 1984 se concedieron exenciones a México por el valor de 31 673 mil dólares y se negaron las exenciones a 27 075 mil dólares, según cifras de USTR.[21] Esto significa que si bien el monto de exenciones concedidas aumentó notablemente su proporción relativa bajó.

Cobertura

La tarifa norteamericana de importación comprende aproximadamente 7 000 fracciones, de las cuales 2 800 están contenidas dentro del esquema preferencial. México sólo exporta a través de 1 200 de estas fracciones; los datos permiten apreciar la limitada cobertura que dicho esquema ofrece para los productos mexicanos. Más aún, el valor de comercio de los productos mexicanos realmente beneficiados por el tratamiento preferencial en 1982 era de 602 millones de dólares, que representaban únicamente 0.2% de las importaciones totales de Estados Unidos en ese año.[22]

Durante las revisiones anuales se decide cuáles nuevos productos pueden ser elegibles para el SGP. México ha sido el principal beneficiario de nuevas designaciones entre los países latinoamericanos, aunque el número total ha disminuido notablemente. En 1984 sólo se incluyen 4 nuevos productos mexicanos con un valor de 430 mil dólares, en comparación con 1983, cuando el valor de los productos incorporados fue de 1 772 mil dólares.[23]

[21] USTR, "Informe de los resultados de la revisión de 1984", mimeo.
[22] Datos de Secofi.
[23] SELA, *op. cit.*, p. 45.

Conclusiones

Si bien se logró la extensión del esquema norteamericano de preferencias arancelarias, lo cierto es que los términos se han endurecido y que violan el propósito con que fue ideado originalmente en la UNCTAD: crear un mecanismo que ayudara a los países en desarrollo a diversificar sus economías y disminuir su dependencia externa. En las nuevas condiciones, los países beneficiarios verán paulatinamente mermarse sus ventajas, sobre todo los de mayor grado de desarrollo. México será afectado igual que los demás países con nivel de industrialización similar; sin embargo, por su cercanía geográfica y la ventaja comparativa que de ella se deriva, tiene mayor riesgo de sobrepasar los límites de necesidad competitiva.

Si bien hay que luchar para que la ambigüedad contenida en la ley sea aprovechada en beneficio de los países en desarrollo, no debe perderse de vista que el esquema tiene una importancia limitada y debe estudiarse cuidadosamente hasta qué punto vale la pena hacer concesiones de fondo en materia de política económica a cambio de concesiones comerciales en el SGP, que tiene en realidad pocas perspectivas de mejorar en el actual ambiente de proteccionismo económico.

RELACIONES AGRÍCOLAS MÉXICO-EUA EN 1980: ¿EL PRINCIPIO O EL FIN DE UNA POLÍTICA?*

GUSTAVO DEL CASTILLO
*Centro de Estudios Fronterizos
del Norte de México*

Introducción

A MEDIADOS DEL SIGLO XIX, después de la guerra de la independencia mexicana, uno de los conservadores de mayor renombre en el país, Lucas Alamán, fundó la primera escuela agrícola de la nación para llevar asistencia técnica al campo y desarrollar así la agricultura mexicana. Este plantel fue el antecedente de la ahora famosa escuela de Chapingo, donde se han desarrollado muchas de las políticas agrícolas del país, así como los diversos tipos de semillas que dieron principio a la revolución verde en México.

Este interés por el desarrollo de la agricultura mexicana se ha mantenido durante los últimos 150 años. Ello no quiere decir que los esfuerzos por aliviar los problemas del campesino hayan sido constantes. De hecho, la de la agricultura ha sido una preocupación errática, porque a lo largo de este período los problemas de la agricultura mexicana se han entendido de diferentes maneras. El movimiento de independencia de 1910 fue tanto un movimiento agrario como una legítima aspiración de autonomía frente a España; y ya casi nadie discute que la revolución de 1810 se inició para resolver problemas agrarios acumulados en el curso de 100 años. Es por eso que el interés por la agricultura en México se ha relacionado siempre con la preocupación por la estabilidad política.

Detrás de la actual crisis mexicana, cuya naturaleza parece puramente monetaria o financiera, hay una crisis estructural más seria que no sólo atañe a la planta industrial sino también a la agricultura. Uno de los principales rasgos de esta crisis estructural es el crecimiento acelerado de una clase media —pro-

* Gran parte de la investigación se realizó durante mi estancia como becario de postdoctorado en el Centro de Estudios Mexicano-estadunidenses de la Universidad de California en San Diego. Mi más profundo agradecimiento para el Centro y para Rosario Barajas, que trabajó conmigo en la elaboración de este escrito.

ducto del reciente desarrollo de México— que reclama una dieta modificada, que rechaza los carbohidratos e ingiere en cambio más cantidad de alimentos de alto contenido proteínico, especialmente carne. Pero buena parte de ese desarrollo, basado en los cultivos de exportación que generan las tan necesarias divisas, reduce también las superficies requeridas para cultivos de consumo humano local. La combinación de estas tendencias ha tenido en la agricultura mexicana consecuencias tan importantes como el desplazamiento del campesino tradicional hacia áreas periféricas de la economía. Es por eso que los productores de este estratégico sector se han visto obligados a abandonar la producción de cultivos tradicionales como el maíz, cuya importación actual desde Estados Unidos agrava aún más el problema de la deuda nacional.

Uno de los puntos principales en cualquier discusión sobre la marginalización del sector campesino mexicano debe ser averiguar si su separación de los mercados tradicionales (que implica la desarticulación de las estructuras de mercado) encadena consecuencias a largo plazo y, en particular, si tal separación afecta la capacidad de ese sector para reincorporarse por sí mismo al mercado de productores agrícolas. Es importante precisar también la naturaleza específica del mercado en el momento de la separación del campesinado y en el momento de su supuesta reintegración. Esto es importante, por ejemplo, en el caso de un campesino que quisiera volver a participar como productor y se encontrara con que en su ausencia la estructura de mercado ha cambiado tanto que ya no le permite reintegrarse. La intervención del Estado en la agricultura, mediante programas como el Sistema Alimentario Mexicano (SAM), ha cambiado la estructura de los cultivos nacionales.[1] Una de las tesis de este escrito es que tales cambios han sido inducidos por el Estado mexicano, cuya política ha obligado al país a depender de la importación de alimentos de Estados Unidos para satisfacer la creciente demanda de la población mexicana. Esta dependencia ha creado una clara integración económica entre los sistemas productivos agrícolas de México y aquel país, que comprende financiamientos nacionales e internacionales (de fuentes tanto públicas como privadas) y la participación y el compromiso del sector público a ambos lados de la frontera.

La marginalidad del campesinado, los intentos de satisfacción de las demandas de una dieta modificada y la utilización de tierras para alimento de animales son resultado de la política gubernamental. Pero lo que aquí nos interesa analizar principalmente son los aspectos de la formulación de políticas agrícolas de México y Estados Unidos que tienden a articular no sólo la producción agrícola sino hasta las mismas estructuras de la toma de decisiones en ambas naciones.

Una de las principales conclusiones a las que hemos llegado aquí es que aun cuando el proceso de articulación creciente de que hablamos ocurre en

---

[1] Ver Juan Manuel Durán Juárez, "Aspectos de la migración en el noroeste de Michoacán. Transformación agrícola y migración en la Ciénega de Chapala", ponencia presentada en la Cuarta Conferencia de Antropología y Estudios Regionales, Zamora, Michoacán, 30 de julio de 1982.

los niveles económico y político, no hay indicios claros de que la formulación de políticas estadunidenses referentes a México hayan alcanzado algún grado de continuidad y racionalización.[2] Con frecuencia se proponen en el nivel ejecutivo de Washington políticas contradictorias según el área temática que adquiere mayor significancia en un momento dado. Con el fin de mostrar tales contradicciones, este trabajo examina las opciones de política propuestas en Washington en 1979, cuando se hizo evidente la necesidad de dar alguna dirección especial a la política frente a México, país cuyas vastas reservas petroleras podían hacerlo surgir como potencia mundial. El constante aumento de los precios del petróleo, derivado de las maquinaciones de los países de la OPEP y de la manifiesta inestabilidad política en el Medio Oriente, hizo ver a Estados Unidos la necesidad de encontrar un aliado en México.

Era necesario dar una nueva dirección a la política estadunidense y el presidente Carter puso a trabajar en ello a la burocracia de Washington. El resultado fue un documento, inspirado en los postulados del Consejo Nacional de Seguridad (NSC) y conocido como el *Presidential Review Memorandum* núm. 41. Sin embargo, este documento no proponía sólo una dirección política, sino una serie de opciones que este trabajo trata en detalle.

Antes de emprender la discusión de las políticas agrícolas de México y EUA que llevaron a la importación masiva de granos desde Estados Unidos en 1980, conviene analizar las recientes tendencias agrícolas mexicanas. El patrón seguido por el sector agrícola en México durante la última década no difiere en mucho del de otros países en desarrollo que dependen de la importación de alimentos para sufragar sus necesidades. También hay que tener en cuenta que Estados Unidos es actualmente el principal productor agrícola del mundo y que sus exportaciones agrícolas son ya parte esencial de su política global de exportaciones y de cualquier política agrícola de esa nación. Como se menciona en la Ley norteamericana de Agricultura y de Alimentos de 1981:

Estados Unidos controla una parte sustancial del comercio mundial de varios artículos de primera necesidad, muy particularmente el de granos sin procesar, soya y productos elaborados. En 1977-78, 63% del comercio mundial de granos sin procesar se originó en Estados Unidos. Durante los dos años siguientes dicho porcentaje ascendió a 64 y 71%, respectivamente. Este año, 1980-1981, un 71% proyectado del comercio mundial de granos sin procesar será de origen estadunidense.[3]

Mientras Estados Unidos se ha convertido en un importante exportador de alimentos, México se ha visto obligado a convertirse en un gran importador de los mismos. El descenso de la mortalidad infantil y los inciertos resultados de la campañas de control natal han elevado las tasas de crecimiento demográfico. Al mismo tiempo, el crecimiento económico ha permitido —como ya hemos

---

[2] Carlos Rico, "Method and Madness: Looking for a Typology or Issue Areas in U.S. Foreign Policy-Making", México, Centro de Investigación y Docencia Económicas, Instituto de Estados Unidos, 1980, mimeo.

[3] *Agriculture and Food Act of 1981.* Report of the Committee on Agriculture, Nutrition and Forestry, United States Senate, Washington, U.S. Government Printing Office, 1981, p. 119.

dicho— que grandes sectores de la población cambien sus hábitos alimenticios (ver cuadro 1). En efecto, tal como Barkin y Suárez señalan:

> Se estima hoy en día que una quinta parte de las tierras agrícolas producen granos, forraje y oleaginosas utilizadas como productos alimenticios para ganado. Esto es particularmente significativo si se considera el limitado número de personas que consumen carne entre la población mexicana.[4]

Al mismo tiempo se ha restringido el abastecimiento de algunos alimentos por disminución de las superficies cultivables disponibles. Todo esto indica que para satisfacer el nivel de la demanda actual la agricultura mexicana estará sujeta a presiones cada vez más fuertes que las autoridades políticas tendrán que enfrentar en el terreno de la política interna.

Cuadro 1

Consumo e importación de granos en México 1960 - 1980

Año	Consumo de granos (miles de toneladas)				Importaciones de granos	
	Total	Consumo humano	Consumo ganadero	Consumo ganadero como proporción del total (%)	Millones de toneladas	Importaciones como proporción del total (%)
1960	7.2	69	0.3	4.8	0.1	2.0
1965	9.7	8.8	0.9	9.5	0.2	1.6
1970	12.8	10.5	2.3	18.2	0.2	1.4
1975	17.7	13.4	4.3	24.5	1.8	10.1
1976	18.6	13.9	4.7	25.5	2.3	12.4
1977	18.9	14.4	4.5	24.8	2.9	15.3
1978	19.7	14.7	5.0	25.2	3.2	16.3
1979	20.7	15.3	5.4	26.2	7.5	36.1
1980					10.3	

Fuente: Departamento de Agricultura de Estados Unidos.

Una alternativa posible sería aumentar la extensión de las tierras cultivables y con ello la producción global. Pero aunque esta posibilidad parezca atractiva, su realización es poco probable porque los costos de ponerla en práctica están fuera del alcance de México en esta época de inflación y de condiciones económicas inestables. Las tierras sin explotar son ya un bien escaso en México y el desarrollo de nuevas tierras para la agricultura debe realizarse en áreas cada vez más marginales, que exigen costosos insumos tecnológicos, o en regiones

---

[4] David Barkin y Blanca Suárez, *El fin de la autosuficiencia alimentaria*, México, Centro de Ecodesarrollo/Nueva Imagen, 1982, p. 85.

tropicales donde no se han resuelto aún los problemas técnicos que permitirían su utilización integral.

Esto nos explica los niveles de productividad encontrados en las inciertas áreas de temporal de México, que son generalmente bajos. Por otra parte, la utilización de distritos de riego de alta productividad para la producción de alimentos básicos tiende a hacer recaer los elevados costos de producción sobre el consumidor y a avivar la espiral inflacionaria. El consumidor, como contribuyente fiscal, sufraga también el costo de los subsidios gubernamentales a los distritos de riego, que van desde el desarrollo infraestructural subsidiado hasta las políticas de fijación de precios del gobierno.

Considerando la única alternativa restante, las autoridades políticas mexicanas planearon, a fines de los años setenta, incrementar radicalmente la producción de alimentos en las inciertas áreas de temporal. Ese plan tomó la forma del Sistema Alimentario Mexicano (SAM). A través del SAM se fijaron nuevas políticas de precios, se otorgaron subsidios adicionales y mayores créditos y se dispuso de mayor apoyo tecnológico. El objetivo del SAM era convertir a las áreas marginales en zonas productivas con capacidad de satisfacer los requerimientos alimentarios de México. El programa tuvo un éxito irregular en el campo, aunque utilizó la entonces favorable posición de México en los mercados financieros del mundo para concertar préstamos de capital, avalados por la riqueza petrolera del país, que, en última instancia, se sumaron a la creciente deuda externa del país.

Las inversiones masivas de capital en la agricultura sólo duraron cuatro años. La crisis económica actual no sólo ha obligado a suspender las inversiones sino que ha desmantelado toda la infraestructura administrativa establecida durante la vigencia del SAM. Otro camino posible para las autoridades políticas mexicanas, aunque costoso, era la importación de los alimentos que la agricultura no podía ni puede abastecer. Esta opción, decidida en 1979 y confirmada en 1983-1984 resulta cada vez más onerosa, por los costos desorbitados de la deuda externa actual y la devaluación de la moneda mexicana.

Lo que debe quedar claro es que la agricultura de México carece de la capacidad estructural para satisfacer la actual demanda de productos agrícolas y que la ausencia de programas como el SAM permite inferir que México ha optado de hecho por una política de dependencia alimentaria por lo menos en el futuro próximo. Esta decisión política refuerza *per se* la posición del sector del gobierno que favorece el bilateralismo como forma de manejar los asuntos entre México y Estados Unidos. Lo que ocurre es que si bien la tendencia descrita fortalece el bilateralismo, consolida al mismo tiempo la naturaleza asimétrica de las relaciones mexicano-estadunidenses. Lo que se encuentra en juego en la reconfirmación del bilateralismo sobre estas bases es la ponderación del costo implícito de programas como el SAM, en vista del costo de la importación de alimentos. Aun así, los costos reales rebasan con mucho esta dimensión monetaria.

Es muy probable que a medida que aumente la demanda de dietas de mayor contenido proteínico, las autoridades políticas mexicanas tengan que hacer frente a diversas pruebas, entre ellas la de valorar la conveniencia de intercambiar un recurso no renovable, como el petróleo, por granos para consumo humano, un recurso renovable.[5] Sin embargo, la prueba más difícil será determinar cuáles sectores de la población tendrán acceso a dietas altas en proteínas y cuáles tendrán que continuar con la dieta tradicional prehispánica centrada en los carbohidratos.

Otro punto por definir en la futura política agrícola de México es si los productores agrícolas con menos probabilidades de obtener subsidios y créditos oficiales —y los beneficios inherentes— habrán de contarse también entre los limitados a la dieta de carbohidratos. Los costos de oportunidad asociados a cualquiera de las alternativas políticas antes enunciadas implican naturalmente a corto y largo plazo costos sociales. Hasta la fecha, gran parte de la carga que implican el crecimiento económico y la estabilidad política ha recaído principalmente en un campesinado controlado por medio de acciones combinadas de la Confederación Nacional Campesina (CNC) y el ejército mexicano.

Cualquiera que haya sido la política agrícola mexicana desde finales de la segunda guerra mundial, las consideraciones globales a que ha obedecido han atendido siempre menos a las necesidades de los agricultores, los campesinos y los pequeños propietarios, que a las necesidades y demandas de los sectores industriales urbanos. Esto ha determinado que la extracción de excedentes producidos por campesinos beneficiara finalmente al sector industrial, y ha sido el Estado mexicano el principal promotor y planificador de este proceso de intercambio desigual (ver cuadro 2). La marginalización política y económica del campesinado mexicano ha sido elocuentemente descrita y analizada por varios investigadores mexicanos,[6] quienes han señalado los particulares modos de integración del campesinado en el proceso productivo.[7]

Otros factores importantes, apenas considerados en esta sección, son los patrones de producción agrícola de surgimiento reciente, la sustitución de cultivos tradicionales por cultivos intensivos en capital orientados hacia la exportación, y la creciente utilización de tierras cultivables para granos forrajeros en áreas destinadas anteriormente a la producción de alimentos para consumo humano. Si estas tendencias agrícolas perduraran, el problema de la marginalización del campesinado adquiriría una nueva dimensión: la que vincula la economía política de la producción alimenticia mundial con los campesinados de cada región de una nación en particular. En este sentido las acciones de, las naciones-estado toman un mero significado.

Es a la luz de todas estas consideraciones que deben ser analizadas las recientes tendencias agrícolas de México. Las cuestiones por tratar no son muy complejas: si las tendencias agrícolas demuestran que se está llevando a cabo la sustitución de cultivos en gran escala, ¿es el campesinado tradicional el más

[5] Conceptos de la doctora Olga Pellicer de Brody, presentados en la Binational Consultation on U.S.-Mexican Agricultural Relations, San Diego, California, febrero de 1981.
[6] Ver Arturo Warman, *Y venimos a contradecir: los campesinos de Morelos y el Estado nacional*, México, Ediciones de la Casa Chata, Centro de Investigaciones y Estudios Superiores del INAH, 1976.
[7] Ver Ángel Palerm, *Modos de producción y formaciones socioeconómicas*, México, EDICOL, 1976.

Cuadro 2

Inversión pública en el sector agrícola como proporción de la total

Años	(%)
1965	9.2
1966	9.1
1967	10.4
1968	10.0
1969	9.7
1970	10.34
1971	12.81
1972	13.01
1973	15.42
1974	16.73
1975	18.2
1976	17.66

Fuente: Elaboración propia basada en datos proporcionados por la Dirección General de Inversiones Públicas, Secretaría de Programación y Presupuesto, Departamento de Información y Registro.

afectado? Es decir, ¿la "composición" de los productores agrícolas se está modificando de tal modo que excluye al campesino del proceso productivo? ¿La crisis agrícola mexicana es, en otro nivel, resultado de la tendencia hacia la exclusión del campesinado como actor principal del proceso productivo? Esta breve introducción no pretende dar respuesta a tan importantes cuestiones. No obstante, cabe aclarar que los datos resumidos en las páginas siguientes indican que quizá no haya sido 1979 el año más significativo de la crisis agrícola. Si bien fue en ese año cuando afloró dicha crisis, su origen viene desde por lo menos una década antes. Esto debería servir para demostrar que las acciones políticas del tipo de las del SAM —intentos por superar décadas, quizá siglos de inacción y apatía hacia el destino de millones de ciudadanos mexicanos— no pueden rendir fruto en un sexenio. Todos los argumentos que niegan este hecho son hojarasca del discurso político.

Algunas tendencias de la política agrícola de México antes de 1980

La preferencia por un cultivo en particular está asociada generalmente con la política oficial de créditos, con la estructura de la fijación de precios y con la infraestructura agrícola global.[8] A este respecto, la disponibilidad de recursos

---

[8] Para un análisis completo de la política de créditos dirigida por el Estado, ver Tomás Martínez Saldaña, *El costo social de un éxito político*, Chapingo, Estado de México, Colegio de Postgraduados, 1980.

Cuadro 3

Superficie cultivada con cuatro productos principales

	Hectáreas irrigadas			
Año	Maíz	Frijol	Trigo	Sorgo	Total
1970	396 883	71 634	406 754	312 363	1 187 637
1975	1 133 530	390 256	741 856	706 671	2 972 313
1976	1 291 443	316 789	835 621	713 462	3 157 315
1977	979 251	166 120	624 573	410 223	2 180 167
1978	946 867	206 214	663 569	578 151	2 394 801
1979	853 492	202 946	570 156	547 026	2 174 620

	Hectáreas de temporal			
Año	Maíz	Frijol	Trigo	Sorgo	Total
1970	7 044 066	1 676 677	479 860	668 240	9 868 843
1975	5 786 455	1 411 550	79 445	762 540	8 039 990
1976	5 772 520	1 069 378	99 595	589 828	7 531 321
1977	6 490 398	1 462 889	84 275	1 002 847	9 040 409
1978	6 244 212	1 374 013	95 912	819 168	8 553 305
1979	4 715 339	836 964	78 185	615 167	6 245 655

Fuente: De 1970 a 1976, *Manual de Estadísticas Básicas del Sector Agropecuario y Forestal*, cuadros varios; de 1977 a 1979, Secretaría de Agricultura y Recursos Hidráulicos, Dirección General de Economía Agrícola, *Información Agropecuaria*.

hidráulicos seguros es un elemento clave para entender la relación entre los productores, los diferentes mercados y el Estado, y la crisis contemporánea de la agricultura en México. Gran parte del actual desorden de la agricultura mexicana puede atribuirse a la política de irrigación del Estado, que ha acentuado las diferencias (y por tanto las relaciones) entre los productores de tierras de riego y los que dependen de la temporada de lluvias. Estas diferencias aparecen también entre los productores situados en tierras donde la oportunidad y la cantidad de la lluvia pueden preverse (como en la región del Bajío) y los productores situados en áreas con lluvias irregulares (como el norte de San Luis Potosí y Zacatecas).

Un análisis de la década de los setenta revela que el área de tierras irrigadas aumentó 266% en el período de 1970 a 1976, año de máxima utilización de las mismas. Este crecimiento refleja la intención del Estado de incorporar tierras marginales a la agricultura, en especial durante el sexenio de gobierno de Luis Echeverría.[9] No obstante, el análisis de las tendencias anuales de la década de los setenta, indica una disminución en la utilización de tierras de

[9] Tan sólo cantidades mínimas de la inversión total del sector público en los últimos 40 años se han aplicado efectivamente al desarrollo del sector agrícola. Sin embargo, un promedio del 84.3% del presupuesto de este último se destinó a proyectos de irrigación. Barkin y Suárez, *op. cit.*

riego a partir del máximo alcanzado en 1976; asimismo, dejan de cultivarse 2 337 522 hectáreas de temporal en las que se sembraban anteriormente maíz, frijol, trigo y sorgo (ver cuadro 3). Este decremento de 24% anula el incremento del número de hectáreas sembradas con estos mismos cuatro cultivos en tierras de riego: 982 695 hectáreas adicionales de tierras, en contraposición a 2 337 527 hectáreas de temporal menos durante el mismo período. El cambio puede significar que lo que antes se producía en más de 2 millones de hectáreas de temporal, se produjo, en 1976, en 980 000 hectáreas de tierras de riego. La disminución del número total de hectáreas de temporal cultivadas de 1976 a 1979 asciende a 17% (alrededor de 1 285 666 hectáreas), porcentaje sustancialmente inferior a la disminución de 31% registrada en el mismo período en la utilización de tierras de riego. Sin embargo, mientras que 1976 fue el año de utilización máxima de tierras de riego, 1977 fue el año pico en el cultivo de las tierras de temporal (después del decremento de 1970 a 1975). El aumento de la utilización se debe a que se incrementó en 70% la cantidad de tierras sembradas con sorgo y en 37% las tierras asignadas al cultivo de frijol (cuadros 3 y 4). De este año de utilización máxima (1977) al punto más bajo en 1979, el decremento en las áreas de temporal sembradas con estos cuatro cultivos fue de 2 794 754 hectáreas, o de 31% —el mismo decremento que se registró en el caso de las tierras de riego durante el período de 1976 a 1979.

Puede decirse que desde los años pico de 1976-1977 al período de producción más baja de estos cuatro cultivos básicos y del inicio de las importaciones masivas a México en 1980, el cultivo general de tierras, tanto de riego como

Cuadro 4

*Superficie total cultivada con cuatro productos principales**
(miles de hectáreas)

1970	11 044
1971	11 207
1972	10 775
1973	11 301
1974	10 199
1975	10 670
1976	10 244
1977	11 223
1978	10 920
1979	8 720
1980	11 035

* Maíz, trigo, sorgo y frijol.
Fuente: De 1970 a 1976, *Manual de Estadísticas Básicas del Sector Agropecuario y Forestal*, cuadros varios; de 1977 a 1980, Secretaría de Agricultura y Recursos Hidráulicos, Dirección General de Economía Agrícola, *Información Agropecuaria*.

Cuadro 5*

Irrigación y producción

Productos	Riegos requeridos[a]	1976-1977 Has cultivadas	1977-1978 Has cultivadas	Cambio porcentual
Todos		318 280	242 260	− 24
Productos básicos				
Maíz	3.5	6 897	3 869	− 44
Frijol	1.3	18 070	13 999	− 23
Arroz	11.1	33 508	29 153	− 13
Trigo	5.0	16 795	19 576	+ 17
Cártamo	1.7	74 580	73 981	− 01
Frijol de soya	5.5	57 758	4 368	− 92
Vegetales		14 519	18 749	+ 29
Tomate[b]	9.2	6 747	8 095	+ 20

* David Mares, "Agriculture and Dependent Development: Politics in an Evolving Enclave Economy", tesis doctoral, Harvard University, 1982.
[a] SARH, "Cuotas de servicio. . ."
[b] No incluye tomate para uso industrial en el mercado interno.
Fuente: SARH, "Producción y valor de los cultivos del ciclo agrícola, Distrito de Riego núm. 10.

de temporal, disminuyó en 31%. Las razones subyacentes de esta significativa disminución no pueden clasificarse dentro de una sola categoría: ¿dejaron de cultivarse tierras por la falta de redituabilidad derivada de la estructura de precios de garantía? ¿Las políticas de créditos oficiales inhibieron la producción de los pequeños y los grandes productores? ¿O bien la tierra permaneció sin cultivo por la sequía, por el descenso del nivel de los mantos acuíferos y por el agotamiento de los "bordos", que también afectaron a las tierras de riego? En el cuadro 5 se muestra la forma en que la sequía afectó al distrito de riego núm. 10, en Sinaloa, el más rico del país por el valor de su producción. Como puede verse, la mayoría de los cultivos importantes sufrieron mermas severas, con excepción del trigo y las hortalizas. El aumento de la producción de hortalizas responde al aumento en la demanda de Estados Unidos; sin esa demanda, las hortalizas también hubieran sufrido pérdidas.[10]

Aunque existen datos sobre el porcentaje de tierras dedicadas a los diferentes cultivos, el rendimiento de la tierra, etc., desde antes de 1975, esas cifras pierden validez si se considera que corresponden a un período de fuertes cambios en la cantidad de tierras cultivables y en la de incorporación de áreas cada vez mayores al cultivo de riego.[11] Este notable aumento de la cantidad de tie-

[10] El cuadro 5 aparece en David Mares, "Agriculture and Dependent Development: Politics in an Evolving Enclave Economy", tesis de doctorado, Universidad de Harvard, 1982.
[11] Barkin y Suárez, *op. cit.*, pp. 68-85.

rras cultivables con riego —de 1 187 637 a 2 174 620 hectáreas— tuvo una importancia trascendental en la agricultura mexicana. A medida que se abrían nuevas hectáreas a la agricultura, hubo que tomar decisiones políticas para determinar cómo se usarían todas aquellas tierras con las que no se contaba antes. Aunque no podemos precisar en este punto si las tierras de riego pertenecían al sector privado (pequeños propietarios), si eran de propiedad comunal o si, aun siendo de propiedad comunal, las explotaban particulares, es indiscutible que el gobierno pudo influir en la producción por medio de subsidios —sistemas de riego, electricidad a bajo costo y asistencia técnica— y la fijación de precios oficiales de garantía diferenciales para los diversos cultivos básicos.

En lo que se refiere a la estructura de fijación de los precios de garantía oficiales diferenciales para los cultivos, el cuadro 6 indica que los precios de garantía oficiales de los cuatro productos básicos considerados aumentaron entre 102% para el maíz y 243% para el frijol durante el período de 1971 a 1975, lapso del mayor esfuerzo de incorporación de tierras adicionales al cultivo de riego. El hecho de que los subsidios al maíz no aumentaran en la misma proporción que en los otros cultivos posiblemente se deba a que existen subsidios para productos procesados de maíz, tales como la masa o las tortillas, subsidios ausentes en el caso de otros cultivos. Además, es necesario preguntarse si el subsidiar al campesinado mexicano ofrece el mismo capital político que el que podría obtenerse apoyando a las oligarquías políticas y económicas del Bajío y el noroeste. Por supuesto, es posible que en un principio se haya considerado que el maíz era el cultivo menos indicado para ser sembrado en tierras de riego y que a estas tierras podría asignárseles un uso más redituable. Sin embargo, los continuos incrementos en los subsidios gubernamentales mediante los precios de garantía dieron lugar a aumentos significativos en la producción de los cuatro alimentos básicos en tierras de riego durante este período, incluyendo el maíz, cuya superficie se triplicó (ver cuadros 3 y 4).[12]

No obstante, es importante observar el decremento global paralelo del número de hectáreas (tanto de riego como de temporal) sembradas con maíz entre 1977 y 1979, hecho que refuta el argumento de la incompetencia del maíz producido en tierras de temporal frente a los rendimientos de las tierras de riego. Durante este período, el decremento es general (ver cuadro 3). No fue sino

---

[12] Podría especularse sobre la forma en que la presencia de un bien de costo de oportunidad ayudaría a explicar los patrones cambiantes de la agricultura en México. Puesto que el comportamiento del mercado lo determinan los productores cuyas explotaciones han logrado utilidades económicas proporcionales a la escala de operación, la presencia de este tipo de bien ayudaría a explicar, asimismo, la relativa marginalidad de los individuos que producen dicho bien en cantidades cuya importancia es tan sólo marginal para el mercado global. Una cuestión por determinarse es si en el proceso de marginalización, los productores (sean campesinos o pequeños propietarios) pueden encontrar su propio bien de costo de oportunidad hacia cuya producción se verán inducidos como una estrategia de sobrevivencia. Los patrones agrícolas dependerán entonces de los productores capitalistas con una capacidad menor para realizar este cambio y de las estrategias de adaptación de los campesinos puestas de manifiesto en su elección de nuevos cultivos que son, necesariamente, diferentes del bien del costo de oportunidad prevaleciente en un momento y lugar específicos. Las ideas aquí vertidas me surgieron de la discusión con la maestra Rosario Barajas.

Cuadro 6

Precios de garantía (pesos mexicanos por tonelada)

Productos	1970	1971	1972	1973	1974	1975	1976	1977	1978	1979	1980
Maíz	940	940	940	1 200	1 500	1 900	2 340	2 900	2 900	3 480	5 000
Trigo	800	913	835	1 200	1 500	1 750	2 050	2 050	2 600	3 000	4 600
Frijol (calidad estándar)	n.d.	1 750	1 750	2 000	5 000	6 000	5 000	4 750	6 000	7 500	12 000
Frijol (calidad superior)	n.d.	n.d.	n.d.	2 300	n.d.	5 000	5 250	5 250	6 500	8 500	12 000
Arroz	1 100	1 100	1 100	1 100	3 000	3 000	2 750	3 100	3 100	3 300*	4 500
Sorgo	625	625	725	776	1 420	1 600	1 760	2 030	2 030	2 335	2 900
Cártamo	1 500	1 500	1 500	1 600	3 000	3 500	3 650	4 000	4 600	5 000	7 600
Frijol de soya	1 300	1 600	1 800	3 000	3 500	3 500	4 000	4 000	5 500	6 400	8 000
Ajonjolí	2 500	2 500	3 000	5 000	5 000	6 000	6 600	6 600	7 540	9 050	11 500

n.d. no disponible.
* En Sinaloa (3 720 pesos en las restantes regiones).
Fuente: Conasupo.

hasta 1977 que las áreas maiceras de temporal alcanzaron los niveles de desarrollo de 1970, anteriores al riego. Esto demuestra que el productor tradicional de maíz no sufrió (en 1977) una desventaja competitiva comparado con el cultivador de tierras de riego. Sin embargo, la disminución de la producción en tierras de temporal tiene mayores consecuencias para los cultivadores tradicionales, que cuentan por lo general con menos recursos de apoyo que los cultivadores de las tierras irrigadas. Los campesinos tienen menos acceso a tecnologías aplicables en situaciones de crisis y menor capacidad para cambiar la producción de nuevos cultivos o resistir años de bajos rendimientos.

Un análisis cuidadoso del cuadro 3 revela dos tendencias en la política agrícola que se mantienen estables a lo largo de dos gobiernos, los de Echeverría y López Portillo. La primera tendencia corresponde al momento en que la producción global de maíz disminuye sensiblemente, entre 1976 y 1979, y los porcentajes de tierras de temporal y de riego sembradas con maíz se mantienen casi invariables. La segunda tendencia se advierte cuando cerca de la mitad del número de hectáreas de riego dedicadas a los cuatro alimentos básicos en cuestión se siembran con maíz. Si se tienen presentes las grandes diferencias que pueden existir en el uso de tecnología hidráulica (entre el riego mediante pequeños bordos y los sistemas de riego por canales como el de la Comarca Lagunera), es indudable que el riego implica necesariamente el uso de técnicas avanzadas que —como se advierte en Estados Unidos— son muy costosas.[13] El uso de dichas tecnologías implica asimismo la elección de un modelo particular de "desarrollo", que deja de lado alternativas que podrían tener mayores probabilidades de éxito en México. En pocas palabras, existen ciertos límites para la revolución verde. Las técnicas desarrolladas por los científicos de Chapingo no son siempre adecuadas a los terrenos en los que se aplican y no siempre toman en consideración el verdadero desarrollo tecnológico llevado a cabo por las comunidades indígenas y los campesinos durante siglos de cultivo.

Continuando con nuestro análisis de las tendencias agrícolas mexicanas, notamos a partir de 1971 la aparición de ciertos cambios en la política gubernamental —según se refleja en los precios de garantía agrícolas (ver el cuadro 6). Todos los precios de garantía se incrementaron anualmente entre 1970 y 1975. En 1976 se registró en realidad un decremento de los precios de garantía del frijol, así como un incremento mínimo para el sorgo, supuestamente un cultivo de alta comercialización, a pesar de la severa devaluación de ese año.

Los precios de garantía del frijol y del sorgo siguieron registrando cambios negativos o tan sólo ligeros incrementos hasta 1979. Por tanto, en contraste con el incremento de 243% en el precio de garantía del frijol para el período que va de 1970 a 1975, el precio de garantía del mismo producto subió apenas 25% entre 1975 y 1976. El precio de garantía del sorgo se incrementó 156% durante el período previo de estimulación de la agricultura de riego, pero en 1976 su precio fue sólo 46% mayor que el de 1975.

En marcado contraste con esta desaceleración de los cambios en los pre-

[13] Jeremy Fifkin, *Entropy*, Toronto, Bantam Books, 1981, p. 140.

cios, el maíz continuó recibiendo subsidios considerables, en gran medida por medio del programa de precios de garantía oficiales. Mientras que antes de 1975 experimentó la tasa de incremento más baja, después de ese año el maíz se colocó a la cabeza, por mucho, en cuestión de precios subsidiados, disfrutando en 1979 de un precio de garantía 83% mayor que el de 1975 (ver cuadro 6).

En este cambio de grado en el apoyo a los productos, tal como se refleja en los subsidios diferenciales a través de los precios de garantía oficiales, pueden haber intervenido los dos factores siguientes:

1. La participación de consorcios alimentarios trasnacionales como Kellogs, que transforma el maíz en cereales para el desayuno, frituras y productos alimenticios elaborados con alto grado de procesamiento y redituabilidad, que aumentan tanto la demanda como el valor del cultivo en el campo.
2. El hecho de que los años que van desde 1970 a 1975 pueden haber representado un período de experimentación para los agricultores del sector privado que sembraban en tierras de reciente irrigación.

Por tanto, mientras que la producción de los cuatro alimentos básicos aumentó en la primera mitad de la década, la del maíz descendió 25% durante este período crítico y difícil de la agricultura mexicana, caracterizado por tasas moderadas de inflación (alrededor de 15% en 1976) y tres años de sequía que afectaron las tierras de riego por el agotamiento del agua de los bordos y bajo nivel de los mantos acuíferos. La superficie del frijol disminuyó de manera mucho más significativa (48%), lo que explica por qué tuvo el menor incremento en el precio de garantía después de 1975 —tan sólo 10% en cuatro años.

Descenso de las hectáreas irrigadas para alimentos básicos, 1975-1979 (%)

Maíz	25
Frijol	48
Trigo	23
Sorgo	22

Fuente: elaboración propia.

Estos diferenciales en las superficies sembradas con los distintos cultivos básicos reflejan, por lo menos, los aumentos diferenciales en los subsidios asignados por el gobierno mexicano a través de los precios de garantía. Un aspecto que hay que destacar es la dificultad para relacionar de manera directa y causal la estructura de los precios de garantía con la producción. Aun cuando las fuerzas del mercado de oferta y demanda permiten definir los niveles de producción y ventas, existen factores ''subjetivos'' adicionales, en particular cuando se trata de productores campesinos tradicionales y de una economía informal.

Cabría esperar que el tratamiento ventajoso del maíz en términos de precios de garantía beneficie por igual al sector privado (incluyendo a los grandes propietarios) y a los campesinos o ejidatarios, quienes, como lo han hecho siempre, siguen sembrando maíz en tierras de temporal. Si bien la sólida política de subsidios fue formulada para estimular la producción del primer grupo, debería beneficiar también al segundo. Éste no es el caso. Son los grandes productores los que pueden tener la infraestructura necesaria para adquirir créditos sustanciales y fertilizantes, y para comercializar sus productos de la manera más ventajosa. El campesino, marginado desde el punto de vista económico y geográfico, sin créditos ni otros insumos necesarios, se encuentra a merced del intermediario que transporta y comercializa su producto. Lamentablemente la Conasupo se encuentra entre los intermediarios que compran maíz al campesino a precio menor que el de garantía. Así, lo que el gobierno ofrece por un lado al agricultor a través de subsidios, el mismo gobierno se lo quita al campesino, aumentando aún más su marginalidad.

Una de las preguntas que surgen en relación con la crisis de 1979 es si no fue en realidad resultado del fracaso de una agricultura comercial o, mejor dicho, de una agricultura capitalista. La dialéctica de esta pregunta está asociada con la creciente marginalización del campesino. Esta cuestión debe relacionarse con la completa retracción del campesinado en su propia economía de subsistencia, o con su impotencia para colocar los excedentes en el mercado, causada por la retracción antedicha. En otras palabras, ¿ha llegado la comercialización de la agricultura a tal punto que las respuestas de adaptación por parte del campesinado se han reducido hasta provocar una desarticulación sectorial del proceso productivo?

La pregunta es si el campesino, después de haber sido realmente relegado a una posición marginal podrá convertirse otra vez en productor de maíz para el mercado nacional una vez que los productores capitalistas vuelvan a decidir que ese cultivo ha dejado de ser redituable. Es decir, si durante un período dominado por productores capitalistas, en el que todos los esfuerzos del Estado se encaminaron a favorecer su participación (la Alianza para la Producción), existe la posibilidad de que los campesinos marginales pierdan la infraestructura social y económica (tanto la propia como la creada por el Estado) necesaria para la producción y distribución en el mercado.

Esta discusión puede reducirse a un punto: si los subsidios agrícolas ofrecen al gran productor incentivos suficientes para participar de lleno en la producción (para mercados nacionales o extranjeros), y en la crisis económica actual, ¿podrá el Estado lograr que ese sector se responsabilice también de la producción de cultivos básicos para satisfacer la demanda interna? De no ser así, ¿quién tomará su lugar en el proceso productivo? ¿El proceso productivo estará en manos de agroindustrias transnacionales, que enajenarán aún más a los productores y hará aún más dependiente a la agricultura mexicana de las fuerzas del mercado mundial y de las estrategias alimentarias globles?

En 1979, y ante un inminente déficit de granos, México encontró en Estados Unidos un aliado cooperativo, dispuesto a vender los excedentes en sus existencias de granos. Aun cuando los expertos del Departamento de Agricultura de EUA (USDA) y del FAS (*Foreign Agricultural Service*) conocían las tendencias de la agricultura mexicana aquí descritas, las decisiones tomadas para vender los excedentes de granos a México se iniciaron, como se verá más adelante, en el aparato político de la propia Casa Blanca.

A fines de 1979, los temas predominantes en las relaciones bilaterales entre Washington y México no fueron agrícolas, sino temas energéticos que vinculaban los recursos petroleros de México con el deseo de Estados Unidos de lograr cierta estabilidad en su abastecimiento de crudo ante lo que se consideraban fuentes inestables del Medio Oriente. Pese a este nuevo interés por México (o, mejor dicho, por el petróleo mexicano), no se coordinaron acciones para examinar el resto de la situación mexicana.

Las autoridades políticas, ubicadas en el séptimo piso del edificio del Departamento de Estado y en el Consejo Nacional de Seguridad (NSC), vieron la necesidad de plantearse nuevamente la dirección de las relaciones mexicano-estadunidenses, pero su perspectiva fue tan general que no alcanzó a considerar los puntos que podían haber dictado las formas de articulación entre los dos países. El experto del FAS de la embajada de EUA en la ciudad de México tenía pleno conocimiento de la sequía mexicana de 1979 y de sus consecuencias. No obstante, la situación de la agricultura mexicana no pareció tener mayor peso para el NSC ni para el personal de planeación de políticas del Departamento de Estado. La falta de coordinación entre los diferentes cuerpos burocráticos de Washington no es un descubrimiento nuevo ni sorprendente. Lo que es intrigante es que la agricultura mexicana pueda haber sido relegada al traspatio de Washington.

Sin lugar a dudas, los recelos institucionales y la defensa de las áreas de influencia tuvieron mucho que ver con el desinterés por los posibles efectos que la deteriorada situación de la agricultura mexicana podía tener en las relaciones mexicano-estadunidenses. Quizá una explicación más realista de esta falta de atención radique en el hecho de que la "recuperada" importancia de México obedecía más bien a una renovación de las preocupaciones estratégicas de EUA que giraban en torno al petróleo. Estados Unidos no considera que los reveses agrícolas de México merezcan su atención constante. Ésta es una perspectiva a corto plazo con consecuencias a largo plazo. En la siguiente sección se discutirá la revalorización de las relaciones mexicano-estadunidenses realizada en Washington a fines de 1979.

Relaciones mexicano-estadunidenses

Cuando el presidente Carter ordenó revisar la política de EUA hacia México, invitó a participar en la revisión a todas las dependencias con algún interés en México. (La coordinación estuvo a cargo del Consejo Nacional de Seguridad.) El resultado fue que los organismos que respondieron a la invitación fueron tantos que cubrieron el espectro completo de las dependencias federales de Washington (por no decir más). Esto tomó por sorpresa al NSC, que hizo entonces un proceso de depuración por el que sólo permanecieron las dependencias que mostraron tener una necesidad especial de participar. Lo que surgió como resultado de esa amplia discusión efectuada en Washington fue el *U.S. Presidential Review Memorandum* núm. 41. (PRM-41).

El PRM-41 establecía dos cursos de acción para manejar las relaciones México-EUA en el período posterior a Schlesinger.[14] La primera propuesta era que Estados Unidos tratara a México dentro de lo que los autores del memorándum denominaban "globalismo", tesis según la cual México era en realidad un país recién industrializado al que se podía, por tanto, tratar como tal. Esta propuesta abandonaba el bilateralismo y cualquier otro tipo de relación especial con México, a quien había que considerar dentro del marco general de la política global de Estados Unidos hacia todos los países desarrollados. Desde tal perspectiva, el comercio con México obedecía a la norma de la "nación más favorecida" concepto que regula las relaciones comerciales de los países que se incorporan al GATT (Acuerdo General de Aranceles y Comercio). El tratamiento de los temas fronterizos y migratorios buscaría frenar el proceso de integración entre ambas sociedades con el propósito de favorecer el interés de México por fortalecer su independencia y soberanía nacionales.

En el segundo enfoque propuesto por los autores del memorándum PRM-41, México aparecía como una "potencia emergente". Según Nuccio, esa propuesta precisaba que las relaciones entre los dos países se vieran bajo una perspectiva de "comunidad".[15] Este punto de vista privilegiaba la idea de que México y Estados Unidos tienen suficientes intereses en común para desarrollar enfoques de política conjunta con respecto a algunos de los temas más apremiantes de su relación (comercio, energía, etc.). La coordinación de políticas parecía subrayar este enfoque.

Por encima de la obvia necesidad de coordinar las políticas de las dependencias federales norteamericanas, la cuestión central que hay que resolver cuando se discute la relevancia del PRM-41 en las relaciones México-Estados Unidos, es por qué fue necesaria tal revisión. El PRM-41, como evaluación de la política de EUA hacia México, rebasaba con mucho la interpretación del episodio Schlesinger como un yerro diplomático del gobierno de Carter. Bajo otra perspectiva, Rosemary Jackson cita a Patrick Lucy cuando dice: ". . .por primera vez, Estados Unidos enfrenta la expectativa de tener un país de primera línea en su frontera sur".[16]

Quisiera enfatizar la idea de México como un país de primera línea, independientemente de que Estados Unidos hubiera elegido uno de los dos tratamientos presentados en el PRM-41. Pienso que ninguno de los dos representan el espacio político completo de las relaciones mexicano-estadunidenses; es decir,

[14] Ver Olga Pellicer de Brody, "U.S. Concerns Regardin Mexico's Oil and Gas: Evolution of the Debate, 1977-1980", *Research Report,* núm. 10, La Jolla, California, Center for U.S.-Mexican Studies, Universidad de California en San Diego, 1981.

[15] Richard A. Nuccio, "The Redefinition of U.S.-Mexican Relations, 1977-1980", Williamstown, Massachussetts, depto. de ciencia política, Williams College, 1981, mimeo.

[16] Rosemary P. Jackson, "United States-Mexican Relations, Issue Definition, and the U.S. Role in a Changing World Political Economy: Major Issues for the 96th Congress", compendio de trabajos entregados al Joint Economic Committee, Congreso de Estados Unidos, junio de 1979.

que la dicotomía presentada en el PRM-41 no interpreta correctamente la realidad mexicana, ni evalúa de manera realista las posibilidades de Estados Unidos para considerar seriamente a México como un país desarrollado e industrializado, a la par de Inglaterra o de Alemania Federal. Dado que no hay punto de comparación entre las condiciones políticas, sociales y económicas de México y Estados Unidos, nunca pudo haberse considerado seriamente a México como un verdadero igual.

Por consiguiente, ya que ninguna de las dos opciones correspondía a la realidad, la política real de EUA hacia México, contempló, y sigue contemplando, una combinación de los dos enfoques. Por un lado, el mundo presenció la activa participación de México en las negociaciones comerciales multilaterales del GATT, actitud congruente con el concepto del proceso "globalizador"; por otro lado, las relaciones mexicano-estadunidenses empezaron a coordinarse en la Oficina del Embajador Especial, entidad singular dentro del Departamento de Estado y de dudosa ascendencia a los ojos de otros círculos burocráticos de Washington. Tal oficina reforzaba la tendencia hacia el bilateralismo.

Las condiciones internas de México presentaron nuevas opciones políticas para Estados Unidos y al parecer reforzaron una de las opciones planteadas en el PRM-41. La venta de granos estadunidenses a un México necesitado fortaleció (aunque de manera asimétrica) las relaciones bilaterales. Además, el acelerado crecimiento económico mexicano a fines de los años setenta permitió el crecimiento de las inversiones de capital y de las exportaciones globales de productos manufacturados que EUA hace a México. Esto se combinó con una creciente dependencia de México con respecto al mercado estadunidense para colocar sus exportaciones de petróleo, aunque el resultado fuera el fortalecimiento del enfoque bilateral.

Mientras que el crecimiento de la economía mexicana de esta época se basaba en gran medida en la explotación de los recursos petroleros, el gasto público para el desarrollo infraestructural correspondiente se financiaba con empréstitos de bancos privados de EUA que habían remplazado, según Rosario Green, a las fuentes oficiales de crédito.[17] Por tanto, mientras la mayoría de los indicadores apuntaba hacia la intensificación de las relaciones bilaterales entre los dos países, ciertos círculos políticos de Washington seguían enfatizando la necesidad del "globalismo" en las relaciones mexicano-estadunidenses.

Estados Unidos tampoco tenía interés en que la deteriorada situación de la agricultura de México se convirtiera en el estertor de la economía del país. Los intentos para desviar la influencia negativa de los problemas agrícolas mexicanos no podían ser manejados dentro del enfoque "global" del PRM-41; estos intentos encajaban mejor en el enfoque de "comunidad". Los problemas de la agricultura mexicana no se parecen a los de las naciones industrializadas avanzadas y los excedentes de la agricultura mexicana no eran asunto de interés para nadie en sitio alguno. Donna Roberts, especialista del USDA-FAS, escribe:

---

[17] Rosario Green, *Estado y banca transnacional en México,* México, Nueva Imagen y CEESTEM, 1981.

El sector agrícola de México ha experimentado una reducida tasa de crecimiento durante los últimos 15 años. Al mismo tiempo, la demanda de alimentos y forraje se ha incrementado de manera sustancial debido al acelerado crecimiento demográfico, a la elevación del ingreso per cápita, y a un cambio hacia alimentos como la carne, accesibles a personas de altos ingresos. . . La producción de alimentos *per cápita* acusó uno de los niveles más bajos en la década pasada.[18]

Con excepción tal vez del sector agrícola de exportación (limitado geográficamente a los grandes distritos de riego del noroeste[19] y a la industria fresera del Bajío), era claro que la agricultura mexicana presentaba todos los problemas asociados con el subdesarrollo: minifundios, usureros como fuentes de capital y como intermediarios entre productores y mercado, falta de medios de transporte entre las áreas de producción y los mercados, etc. Los funcionarios mexicanos decidieron enfrentar esta situación por medio de dos mecanismos diferentes, uno interno y otro externo.

En el nivel externo, México buscó en 1977 un mercado seguro para varios productos agrícolas sin antecedentes de exportación a Estados Unidos. El mecanismo por el que las exportaciones tendrían acceso a Estados Unidos fue un convenio bilateral: el Acuerdo de Productos Tropicales. Este acuerdo no incluía muchos de los cultivos mexicanos de exportación, pero sí un buen número de productos minerales. Pero después de firmado, el Acuerdo de Productos Tropicales sufrió una muerte lenta y prolongada en manos del Senado mexicano, que nunca llegó a confirmarlo.

En el nivel interno, se creó y se puso en práctica en marzo de 1980 otro plan de desarrollo agrícola: el SAM. Su objetivo era alcanzar la autosuficiencia alimentaria y proporcionar al mismo tiempo una dieta balanceada a todos los sectores de la población. Estos objetivos se lograrían mediante subsidios masivos a productores y consumidores. Como lo anunció el presidente de México:

El SAM proporciona una oportunidad, quizás la única e irrepetible, para que México realice su gran potencial de crecimiento del sistema alimentario, sin hacer concesiones innecesarias de la soberanía, y sin ser estrangulados por compromisos externos que lleven a la servidumbre financiera (*El Nacional,* México, 19 de marzo de 1980, p. 1).

En el período posterior a la firma del Acuerdo de Productos Tropicales de 1977 y el anuncio del SAM en 1980, aparecieron dos estrategias distintas, que reflejaban una disponibilidad de divisas variable para adquirir alimentos básicos en el exterior. En 1977, las autoridades políticas mexicanas seguían buscando el ingreso de divisas mediante la exportación de una amplia variedad de productos agrícolas; el instrumento político que eligieron ambas naciones para estimular el comercio fue un tratado bilateral. Sin embargo, después de

---

[18] Donna Roberts, entrevista realizada en Washington. Véase *infra* nota 21.
[19] David Mares, *op. cit.,* capítulo 3.

1978, los ingresos de divisas provenientes de las exportaciones petroleras se usarían para dos fines diferentes pero interrelacionados. El primer fin era importar alimentos hasta que los planes de desarrollo ya en marcha pudieran satisfacer la demanda interna. El segundo consistía en hacer posible una nueva política de inversiones para lograr la autosuficiencia alimentaria. Esta nueva estrategia de importaciones reforzó el enfoque bilateral de las relaciones mexicano-estadunidenses y la gran dependencia de la importación de alimentos de Estados Unidos, a pesar de las cuantiosas importaciones de sorgo y soya de Brasil y de Argentina.

El enfoque bilateral de las relaciones mexicano-estadunidenses se vio reforzado aún más por dos sucesos de relativa importancia: uno fue el establecimiento, en 1979, de la Oficina del Embajador Especial en el Departamento de Estado de EUA; el otro fue la negativa de México de incorporarse al GATT.

La decisión de la administración Carter de establecer lo que llegó a conocerse como la "Oficina de Bob Krueger" elevó los asuntos mexicanos a un nivel de atención sin precedente en los círculos de Washington. Como efecto secundario de esta decisión de EUA, las autoridades políticas mexicanas se vieron obligadas a establecer, como contraparte de la especialización de funciones que se verificaba en Washington,[20] un mecanismo de coordinación similar —la Dirección General de América del Norte— dentro de la Secretaría de Relaciones Exteriores.

La decisión mexicana de posponer en 1980 su ingreso al GATT, no dio ningún apoyo a quienes favorecían desde Washington un enfoque global de las relaciones mexicano-estadunidenses. La decisión de México fue un severo golpe para quienes, estimulados por el acelerado crecimiento económico, pensaban que México se estaba convirtiendo en un país recién industrializado, listo para unirse a la comunidad de las naciones que determinan las reglas del comercio para el resto del mundo. También recibieron un duro golpe los que participaban en Washington en negociaciones con mexicanos y anticipaban el término de las cuestiones bilaterales, que se habían convertido en puntos neurálgicos de las relaciones: los subsidios a las exportaciones mexicanas, los embargos mutuos de productos agrícolas y carne, los problemas pesqueros, etc. La decisión mexicana acerca del ingreso al GATT volvió la atención hacia la necesidad de resolver bilateralmente los asuntos y consolidó los mecanismos institucionales escogidos por ambos países para tratar los problemas que enfrentaban. Hacia el final de la administración Carter las dos naciones empezaron a ajustarse a una relación bilateral intensa, aunque no carente de cierta confusión ante la existencia de dos embajadores para México.

Mientras ésta era la situación imperante en Washington, en la ciudad de México crecía la preocupación por la sequía que se había iniciado en Zacatecas, San Luis Potosí, Hidalgo y en muchas otras regiones maiceras. Los campesinos de los altiplanos de Morelos y Chiapas ni siquiera se habían preocupado

---

[20] Entrevistas con personal de la Sección de Relaciones Económicas Bilaterales, Secretaría de Relaciones Exteriores, México, 1982.

por sembrar maíz. El desastre agrícola de 1979 daría nuevo ímpetu a las relaciones bilaterales entre México y Estados Unidos. Sin embargo, la relación que iba a resurgir no se relacionaba en nada con el "bilateralismo cooperativo" del PRM-41. Lo que revivió en 1980 fue nuevamente la dependencia asimétrica de una nación pobre con respecto a su vecino rico.

Ventas de granos a México: toma de decisiones en Washington

Para comprender la articulación entre México y Estados Unidos no basta describir la situación de la agricultura mexicana que hizo necesaria la importación de alimentos de EUA. Muchos investigadores mexicanos piensan que los procesos políticos de Estados Unidos (en especial los de Washington) explican en gran medida los modos de interacción de los dos países. El primer indicio de una venta de granos a México en 1979 salió, como ya se ha dicho, de la Casa Blanca. Es necesario conocer los mecanismos de la toma de decisiones en Washington para dilucidar sus razones y poder evaluar desde una perspectiva firme la naturaleza de las relaciones bilaterales entre México y Estados Unidos. Como se aclarará más adelante, fueron varias las razones que determinaron la venta de granos a México a fines de 1979, algunas muy poca relacionadas con las cuestiones bilaterales entre las dos naciones.

Cuando la necesidad de granos de México —resultado de la sequía de 1979 y de otras limitaciones agrícolas ya discutidas— fue un hecho consumado, intervinieron algunos actores clave que determinaron la venta de granos estadunidenses a México. También participaron en la decisión funcionarios políticos de la burocracia e intereses internos e internacionales.

Quisiera describir algunas de las principales preocupaciones de Estados Unidos cuando se dio la venta de aproximadamente 10 millones de toneladas de granos a México, a principios de 1980.[21] Entre las preocupaciones de mayor importancia se encuentran el fracaso de la política exterior estadunidense en el Medio Oriente y la determinación de la administración Carter de emprender alguna acción significativa para recuperar el *status* perdido. Una serie de sucesos hizo perder prestigio a Estados Unidos: la embajada estadunidense en Irán fue tomada el 4 de noviembre de 1979; después de la incertidumbre creada por la partida de los norteamericanos de Irán y por la aparente incapacidad de EUA para controlar los acontecimientos en ese lugar, la Unión Soviética invadió Afganistán el 27 de diciembre de 1979.

Las dos respuestas producidas por estos sucesos incidirían en las relaciones mexicano-estadunidenses y en la venta de granos a México. Como consecuencia de la toma de la embajada, Estados Unidos congeló las cuentas ban-

---

[21] El razonamiento que se presenta es el resultado de las entrevistas de campo realizadas en Washington en un lapso de seis meses con personal del Departamento de Agricultura, del Departamento de Estado y de la Casa Blanca. Muchas de las opiniones expresadas por las personas entrevistadas se confirmaron posteriormente en conversaciones con el embajador de México en Washington durante esa época.

carias iraníes en el país; en respuesta a las acciones soviéticas en Afganistán, Estados Unidos impuso un embargo de granos a la URSS el 7 de enero de 1980. Este embargo, como era de esperarse, dio lugar a cuantiosos excedentes de granos, en perjuicio de los agricultores estadunidenses y de la administración Carter, en ese año electoral. Los efectos del embargo de granos contra la Unión Soviética no pueden minimizarse.

> La súbita imposición del embargo comercial sobre la Unión Soviética trastornó los mercados mundiales en los que los agricultores estadunidenses obtienen una tercera parte de sus ingresos. Como consecuencia de todo ello, desde 1979 hasta 1980 los ingresos agrícolas netos declinaron cerca del 29% en dólares actuales, o 40% en términos reales.[22]

La congelación de las cuentas iraníes en Estados Unidos creó cierta preocupación en México por la facilidad con que se tomó la medida, que pasaba por alto leyes internacionales y algunos preceptos constitucionales. Como si eso no hubiera sido bastante y según varias fuentes de alta jerarquía de ambos gobiernos, México, junto con algunas naciones más, empezó a preguntarse sobre la conveniencia de continuar utilizando el dólar como moneda del comercio internacional.

Estos sucesos pusieron de manifiesto que Estados Unidos necesitaba un logro importante en el campo de las relaciones exteriores, y la venta de granos estadunidenses a México empezó a perfilarse como una medida que podría resolver parte del problema. De igual importancia fueron algunas consideraciones de política interna, ya que el presidente Carter tenía frente a sí varias elecciones primarias estatales para definir la candidatura demócrata en las elecciones generales de noviembre. Uno de sus principales oponentes, a principios de 1980, era el senador Edward Kennedy, que competiría con Carter en las elecciones primarias de Iowa. Si la venta de granos estadunidenses a México se anunciaba antes de las elecciones primarias de Iowa, el 21 de enero de 1980, el presidente Carter podía obtener el apoyo de ese estado productor de granos. Por consiguiente, todos los esfuerzos se concentraron para que las negociaciones entre los vendedores estadunidenses y los compradores mexicanos de granos pudieran concluirse antes de la fecha de las elecciones. Además, la venta de granos a México legitimaría la presencia de la Oficina del Embajador Especial tanto en el Departamento de Estado como ante otras dependencias del gobierno federal. Como señaló un amigo cercano del embajador: ''Nadie en el Departamento de Estado, ni en Washington lo tomaba [a Krueger] en serio.'' No obstante el apoyo presidencial, el embajador Krueger nunca obtuvo la autoridad para hacer de su oficina el centro de elaboración de las políticas hacia México.

A pesar de estos problemas, fue en la Oficina del Embajador Especial donde se originaron y coordinaron las ventas de granos a México durante 1980. La decidida intervención personal de Bob Krueger fue el factor principal en la realización de la venta. Según un informante, fueron las amplias conexiones

---

[22] Agriculture and Food act *Act.*, *op. cit.*, p. 2.

políticas de Krueger las que permitieron que su oficina resolviera la venta de granos en menos de dos semanas. No obstante, fueron esas mismas conexiones la causa de que sus colegas desconfiaran de él en el Departamento de Estado y en la burocracia de Washington y de que disminuyera la autoridad de su oficina. En los círculos oficiales de Washington se tenía la impresión de que Krueger usaba la Oficina del Embajador Especial como medio para seguir su propia carrera política. Otro informante cercano a Krueger señala que a principios de enero de 1980 Lloyd Cutler, destacado consejero de la Casa Blanca, discutió la venta de granos estadunidenses a México con el embajador Hugo B. Margain, diciendo que Krueger "lo había recomendado". Al mismo tiempo, Krueger se puso en contacto con Jorge de la Vega Domínguez, titular de la Secretaría de Comercio y director, en el sexenio de Echeverría, de Conasupo (Compañía Nacional de Subsistencias Populares), la dependencia del sector público a cargo de alimentos básicos. El secretario de Comercio se puso en contacto a su vez con Jim Starkey, del *Foreign Agricultural Service* del USDA. Desde ese momento las negociaciones entre México y Estados Unidos siguieron los trámites de rutina; el resultado final fue la reunión de los representantes de la Conasupo, de la embajada mexicana en Washington, del FAS y de los proveedores internos de EUA.[23]

La venta de granos estadunidenses a México ayudó a mitigar parte de las preocupaciones referidas a la política exterior de Estados Unidos y resolvió el problema de los excedentes de granos anteriormente destinados a la Unión Soviética. Sin embargo, dicha venta no ayudó a los propósitos de política interna sobre la postulación de Carter para las elecciones primarias de Iowa (que de cualquier modo ganó), pues, aun cuando el acuerdo entre México y Estados Unidos se firmó antes de las elecciones, los activistas de su compañía no dieron a conocer la noticia en Iowa. Este hecho fue visto por algunos como un signo más de la incompetencia política de Carter.

La venta de granos demostró la efectividad de la Oficina del Embajador Especial, los beneficios de la coordinación dentro de la burocracia federal y la importancia política de la Oficina en las relaciones bilaterales entre los dos países. Más específicamente, sentó las bases para acuerdos bilaterales posteriores entre las dos naciones relacionados con las compras mexicanas de alimentos básicos en Estados Unidos. El acuerdo de compra de 1980 resolvió momentáneamente la cuestión del abasto alimentario de México y alivió la

---

[23] Al parecer hubo dos diferencias principales con respecto a las negociaciones de granos que habían realizado anteriormente México y Estados Unidos. En primer término, los funcionarios mexicanos no buscaron compañías particulares para realizar las compras de granos; en segundo insistieron en que el Departamento de Agricultura de EUA (FAS) actuara como intermediario entre la Conasupo y las compañías que vendían los granos. Es decir que el gobierno mexicano solicitó que el Departamento de Estado convocara a dichas compañías para que las negociaciones asumieran un carácter colectivo en vez de negociar con cada compañía por separado. La finalidad de esta estrategia era obtener mejores precios con el USDA/FAS en el papel mediador y coordinador de los pedidos, de sus volúmenes y fechas, así como de la manera en que se embarcarían a México. Estos procedimientos eran desconocidos para el FAS que manifestó su inconformidad con el nuevo papel que se le imponía como mediador.

delicada situación política y económica del sistema político mexicano y su base económica. Funcionarios gubernamentales de ambos países dieron crédito a los mecanismos institucionales participantes que actuaron como instrumentos que facilitaron y fortalecieron en gran medida las relaciones bilaterales. Sin lugar a dudas, el acuerdo de granos de 1980 entre México y Estados Unidos significó una intensificación de la relación bilateral. En primer lugar, condujo además a la firma de dos "acuerdos para el abastecimiento de bienes agrícolas" entre los dos países. Las enormes cantidades de productos importados durante 1980 y el consecuente trastorno del transporte, de las instalaciones portuarias y de la capacidad de almacenamiento, hicieron ver que si iban a entrar a México abastecimientos continuos, era necesario planear las fechas tanto de entrega como de embarque para aprovechar de la mejor manera la infraestructura mexicana. El acuerdo de granos de 1980, como de los subsecuentes acuerdos, requirieron una coordinación sin precedentes entre las dependencias gubernamentales mexicanas y entre México y EUA.

La coordinación que se desarrolló en esta época revela un enfoque congruente con las líneas de integración de "comunidad" postulada por los autores del PRM-41. Aun cuando pueda considerarse que la determinación de niveles de compra por cumplirse, en los acuerdos firmados por México y Estados Unidos, se hizo para facilitar el proceso de planeación, esos acuerdos parecen algo más que las "cartas de entendimiento" firmadas por Estados Unidos con China y Japón.

Los acuerdos de 1981 y de 1982 estipulaban que el FAS ". . . facilitaría la adquisición en Estados Unidos de los productos mencionados en los acuerdos, incluyendo asistencia [del FAS] al presentar solicitudes de licitación [por parte del gobierno de México]". El acuerdo de 1982 también designa a la Conasupo como organismo ejecutor del acuerdo por el lado mexicano. La asistencia del FAS y la participación de la Conasupo son meros patrones de operación en las relaciones bilaterales, pero crearon contradicciones con la política norteamericana agrícola global por su apología de las ideas de "comercio libre y liberal" y "menos intervención gubernamental en la regulación del comercio", así como por las continuación del énfasis en el enfoque "multilateral", *vis à vis* el fortalecimiento de los lazos bilaterales.

Parecería entonces que las dos tendencias existentes en el gobierno de EUA para tratar con México (sobre una base bilateral —de "comunidad"— o desde una perspectiva multilateral) están presentes en las relaciones agrícolas entre ambos países. Sin embargo, la perspectiva de "comunidad" encuentra su más clara expresión en la ejecución de los acuerdos agrícolas, mientras que el enfoque "multilateral" satisface al parecer las necesidades del discurso político dentro de Estados Unidos. A pesar de la relación de trabajo bastante cercana en asuntos de política exterior agrícola de los dos países, entre los ejecutores de la política estadunidense hay una reacción definida en contra de un enfoque bilateral más estrecho. (Por decir lo menos, se sienten bastante incómodos con el estado actual de las cosas.) En primer término los administradores del FAS están descontentos con su papel de mediadores entre compradores mexicanos de granos y proveedores de EUA. En segundo, y al mismo tenor, dichos administradores preferirían un "sistema abierto" en los procedimientos de compra; es decir, de sector privado a sector privado. Por último, les produce desazón el papel predominante de la Conasupo porque, unido al papel del FAS como intermediario, los sectores públicos de ambos países asumen una función central en la comercialización de artículos que, por lo general, encuentran su camino hacia los consumidores por medio del sector privado.

Aún queda por determinar si las políticas para la venta de granos a México —sugeridas en 1980 y vigentes hasta la fecha— representarán un cambio significativo hacia la verdadera integración de "comunidad"; es decir, si continuarán por un período prolongado. La respuesta a esta pregunta depende de las políticas que elija seguir México en su propia agricultura. Depende de si México puede continuar su política de autosuficiencia agrícola según pretendía el difunto SAM. Ello depende, a su vez, de las maniobras que las autoridades políticas puedan realizar para lograr un equilibrio entre las graves consideraciones económicas, resultantes de la crisis actual y las ramificaciones políticas de las opciones elegibles. En términos más simples, hay que elegir entre los costos de la inquietud social y política, los costos de importar las necesides alimentarias de México y los costos actuales de la deuda nacional. La opción que se escoja asumirá una importancia mayor dado que "México enfrenta un período de crecimiento económico nulo y una tasa anual récord de inflación no menor de 50%".[24]

Por último, la continuidad de la integración del mercado de productos agrícolas depende, en gran medida, de las políticas de exportación de Estados Unidos y de la disponibilidad de "excedentes alimentarios" en ese país. Sin embargo, en Washington hay una actitud ambivalente con respecto a la política agrícola de México. Existe la impresión de que México debería seguir una política basada en las ventajas comparativas, o sea, exportando lo que produce mejor e importando el resto. Ello reforzaría las tendencias actuales por las que los campesinos impedidos de producir seguirán buscando trabajo a lo largo y a lo ancho de México y Estados Unidos.

La excelente cosecha mexicana de 1980 sugiere las posibles tendencias de la política agrícola que afectan al campesinado y revitaliza las opciones políticas que resaltan el papel de este sector en el proceso de producción. Es evidente que cuando estos productores "tradicionales" no puedan competir con la agricultura altamente capitalizada, se los relegará al margen de los mercados. Igualmente evidente es que cuando los ingresos y la producción agrícola de los campesinos no basten para satisfacer sus necesidades de subsistencia, tendrán que incorporarse a lo que Marx llamó tan atinadamente el "ejército industrial de reserva".

Deben considerarse además los efectos que sufre el sector campesino cuando predominan mecanismos *institucionales* como la Ley de Fomento Agropecuario,

---

[24] Secretario de Hacienda Jesús Silva Herzog, en *Los Angeles Times,* 19 de marzo de 1982.

creada para dirigir los créditos y la producción hacia formas capitalistas intensivas de producción por medio del establecimiento de *joint ventures*. Si la marginalización del campesino se ha llevado a cabo a través de su salida del mercado y de criterios selectivos en la asignación de créditos oficiales, así como de otros diversos mecanismos, entonces los nuevos mecanismos arriba mencionados relegan a los campesinos al papel de actores secundarios. Como tales proporcionarán dos de los medios de producción, tierras y trabajo, sobre una base institucionalizada que emana de las acciones del Estado. Tales políticas agrícolas oficiales tan sólo refuerzan la naturaleza actual de la sociedad de clases en México y aumentan las posibilidades de que ocurra un conflicto social generalizado.

De nuestra discusión de las tendencias agrícolas mexicanas durante la década de los setenta resulta evidente que la política agrícola ha sido vacilante y un tanto imprecisa. No quiere decirse que la agricultura mexicana carezca de dirección. Hay una dirección orientada hacia la disponibilidad de alimentos básicos en Estados Unidos y a la buena voluntad de este país para vender sus excedentes a México. Esta dependencia se acentúa por la actual crisis mexicana, en la que el sector público se encuentra comprometido por acuerdos firmados con el Fondo Monetario Internacional (FMI), a reducir el gasto público y los subsidios a muchos de los productos agrícolas básicos.

Una de las primeras víctimas de dichos compromisos fue, como ya se señaló, el Sistema Alimentario Mexicano. La inversión pública en el sector agrícola se ha detenido súbitamente, se ha optado por cubrir las necesidades de alimentos básicos con empréstitos de la *us/Commodity Credit Corporation,* avalados con las exportaciones de petróleo mexicano a Estados Unidos.

La perspectiva idealista y un tanto simplista adoptada por los responsables del SAM lleva a lo que David Barkin llama ''el fin de la autosuficiencia'' en México. De hecho, las autoridades políticas mexicanas han aceptado, de manera implícita, el argumento del FAS sobre las ventajas agrícolas comparativas. Han dejado que México importe lo que no puede producir y han reforzado la división internacional del trabajo. En realidad, la decisión económica y en alto grado política de vender granos a México —tomada apresuradamente en Washington y secundada de manera activa por actores mexicanos que reaccionaron ante situaciones particulares de 1979— parece haber creado las condiciones que subrayan la asimetría entre México y Estados Unidos. Esta asimetría no debe tomarse como una categoría puramente ideológica. Encuentra su manifestación pragmática en los acuerdos sucesivos de granos de 1982, 1983 y 1984. Parecería entonces que el año de 1980 significó en realidad el principio de una era de política liberal para estas dos naciones.

ECONOMÍA MEXICANA
Y POLÍTICA MIGRATORIA ESTADUNIDENSE

EL PATRÓN MIGRATORIO ENTRE MÉXICO Y ESTADOS UNIDOS: SU RELACIÓN CON EL MERCADO LABORAL Y EL FLUJO DE REMESAS*

FRANCISCO ALBA
El Colegio de México

Introducción

LA MIGRACIÓN DE TRABAJADORES TEMPORALES que atraviesan las fronteras de países pobres para dirigirse a países relativamente más ricos es un tema insoslayable de la agenda internacional contemporánea. Después de la segunda guerra mundial, cuando empezaron estos movimientos migratorios (el programa de "braceros" en Estados Unidos, los "programas de trabajadores huéspedes" en Europa Occidental y, posteriormente, también en un buen número de países petroleros del Medio Oriente), el saber convencional reconoció ventajas mutuas para los actores involucrados en tales movimientos. Un punto de vista compartido tanto por los países destinatarios como por los países de origen de los trabajadores era que la transferencia de trabajo de estos últimos a los primeros redundaría en una mejor utilización de los recursos del sistema económico internacional, que el intercambio representaría un mejoramiento de nivel de ingresos y empleo del sistema. Los países importadores de fuerza de trabajo complementarían sus mercados laborales para lograr un crecimiento sostenido y una producción mayor, metas que de otro modo se verían limitadas por falta de mano de obra.[1] Se suponía que los países exportadores de fuerza de trabajo se beneficiarían por el regreso de trabajadores más calificados, por las remisiones monetarias enviadas a los lugares de origen y por una reducción del desempleo. Hoy en día, esta sabiduría convencional ha sido ampliamente cuestionada. Sin embargo, ese cuestionamiento no ha detenido el flujo internacional de trabajo migrante.

* Traducción del trabajo "Migrant Workers, Employment Opportunities and Remittances; The Pattern of Labor Interchange Between Mexico and the United States", serie Trabajos Ocasionales, junio de 1985, escrito cuando el autor era investigador huésped del Center for Imigration Policy and Refugee Assistance, Georgetown University, Washington, D. C.

[1] El papel de la demanda en la determinación de estos flujos refleja las ventajas que esperan obtener los países importadores de mano de obra. Para una discusión de la migración económica internacional como un flujo determinado por la demanda, ver Böhning (1981).

La concepción positiva del fenómeno migratorio ha cambiado radicalmente desde principios de los años setenta. La migración laboral se ha replanteado ahora que algunos flujos han alcanzado cierta "madurez" y que las condiciones económicas se han alterado, a causa del lento o nulo crecimiento de los países de destino. En algunos casos, la madurez o la prolongada duración de los flujos migratorios ha dado la impresión de que la temporalidad de la importación de trabajo y su condición rotatoria dejan de funcionar según lo previsto,[2] y algunos trabajadores huéspedes se convierten en residentes permanentes. De ahí que las sociedades anfitrionas se encuentren de pronto con aspectos sociales perturbadores y conflictos políticos de importancia cada vez mayor, relacionados con la migración laboral. La hostilidad y la ansiedad de la opinión pública referidas al control de las fronteras, así como la preservación de los valores y el estilo de vida nacionales, son factores que ejercen una gran presión para que los gobiernos de los países destinatarios "cierren sus puertas", en especial cuando la mano de obra importada carece de "alta" calificación. También ha pesado en esa presión el argumento de que el flujo de mano de obra no calificada obstaculiza el establecimiento de organizaciones económicas más avanzadas (*i.e.*, menos intensivas en trabajo) en las actividades donde predominan los trabajadores migrantes. De mayor importancia, sin embargo, es el hecho de que las preocupaciones relativas al desempleo se han vinculado con el desplazamiento de trabajadores nacionales por extranjeros. Es por eso que el tema de la migración laboral en los países receptores de fuerza de trabajo migrante se enmarca en la actualidad desde una perspectiva "revisionista". El énfasis de ciertas costosas consecuencias producidas por la fuerza de trabajo extranjera ha dado lugar a la revisión de los principios que en el pasado hicieron posible y deseable la importación de fuerza de trabajo.

En los países de origen de los trabajadores también empieza a replantearse el tema de la migración laboral. Se menciona por un lado la pérdida temporal o permanente de una fuerza de trabajo joven y dinámica, capacitada en estos países, y por otro lado se señalan las limitaciones de los resultados con los que supuestamente dichos países iban a beneficiarse. Sobre este último punto se pone en duda el mejoramiento de la calificación de la mano de obra que regresa al país de origen y se da menos valor a los argumentos de válvula de seguridad (*i.e.*, que la migración laboral disminuye las presiones sociales generadas por la creciente mano de obra de los países abastecedores) y del efecto transformador de las remisiones monetarias. Desde luego, se reconoce que existe una cierta despresurización en el mercado laboral de los países y que las reservas de divisas de dichos países aumentan con el ingreso de remisiones monetarias. Sin embargo, se considera que esos dos fenómenos —la despresurización laboral y el ingreso de remisiones— están fuera del control de los países de

---

[2] Todavía se debate si las características de temporalidad y rotación de la migración laboral son aspectos fundamentales en los "programas de trabajadores huéspedes". La opinión generalizada parece considerarlos como programas de uso temporal de mano de obra extranjera (Congressional Research Service, 1980). Böhning (1983) difiere de esta opinión cuando discute el empleo de trabajadores huéspedes en Europa occidental.

origen. En consecuencia, se pone también en tela de juicio la conveniencia del patrón migratorio que incluye a una parte de su fuerza de trabajo. Además, se advierte con preocupación una serie de efectos indirectos que complican la determinación de los costos y beneficios de la migración laboral para los países de origen de los trabajadores.[3]

Las consideraciones anteriores no niegan, sin embargo, que la migración laboral no satisface algunos objetivos globales o que aporta algunas ventajas para seudo participantes. En todo caso, y mientras se llega a un consenso sobre el tema, la continuación de la migración de trabajadores temporales acentúa, como señalan Kritz y Keely (1981), la oposición entre los cálculos de costo-beneficio en los niveles individual y estatal, y entre la dimensión de los costos y los beneficios a corto plazo en comparación con los de largo plazo, tanto para las naciones emisoras como para las receptoras. En nuestra opinión, debería agregarse también la oposición entre las perspectivas nacionales y las internacionales.

Acerca de los patrones migratorios entre México y Estados, existen ya numerosos estudios generales que cubren todos los temas asociados con la migración entre los dos países,[4] pero aún no se ha dilucidado del todo el efecto de dichos patrones en el desarrollo económico y social de México. El presente trabajo busca relacionar, como una aportación en este sentido, los resultados más relevantes en las áreas del empleo y del ingreso derivado de las remisiones enviadas por los trabajadores mexicanos en el extranjero. Este trabajo examina aspectos del patrón migratorio entre México y Estados Unidos durante los últimos 40 años. En la primera sección se resumen algunas de las características y algunos de los cambios que este patrón ha experimentado en el curso de su ya larga existencia. Esa revisión enmarca el análisis de algunas de las consecuencias derivadas del desplazamiento hacia Estados Unidos de trabajadores migratorios mexicanos y de los ajustes realizados por México ante ese hecho. Este análisis ocupa la segunda sección. La tercera sección examina lo que se conoce sobre el monto, la importancia y el uso de las remisiones que hacen los trabajadores laborales con las condiciones económicas internacionales contemporáneas, para elaborar a manera de propuesta algunas conclusiones sobre la conducción del intercambio laboral que liga a los dos países.

Continuidad y variación de los patrones migratorios

De acuerdo con las normas contemporáneas, la relación migratoria entre México y Estados Unidos se aparta de los demás patrones migratorios inter-

[3] Una discusión sobre los posibles efectos económicos directos e indirectos, sean ventajosos o adversos, de la emigración laboral sobre el desarrollo de los países abastecedores se encuentra en Stahl (1982; 1984).

[4] Entre los estudios generales sobre trabajadores migratorios mexicanos que van a Estados Unidos, las monografías de Cornelius (1978; 1982), el volumen conjunto publicado por el Centro de Estudios Internacionales (1979) y los resultados del Ceniet (1982) quizás sean los más conocidos, completos y actualizados.

nacionales en lo que se refiere a su historia. El entrelazamiento de los acontecimientos históricos de ambos lados de la frontera que han producido una relación migratoria de largo plazo debe ser valorado desde una adecuada perspectiva binacional. La migración laboral era ya una larga experiencia histórica que unía a México y Estados Unidos cuando el "programa de braceros" (en el que participaron cerca de 4.6 millones de trabajadores con contrato entre 1942 y 1964) vino a estimularla aún más. Después de que Estados Unidos dio por terminado el programa, en 1964, el flujo de trabajadores "indocumentados" continuó la tradición migratoria.[5]

La prolongada —casi centenaria— relación migratoria entre los dos países está configurada por tendencias de profundo arraigo y marcada continuidad. Pero en ella se reflejan también arrolladoras fuerzas de cambio que han modificado a ambas sociedades, la mexicana y la estadunidense, en comparación con el pasado reciente. Durante las últimas cuatro o cinco décadas la economía mexicana no se ha quedado estancada, sino que, al contrario, se ha caracterizado por su acelerada modernización. Estados Unidos, por su parte, ha experimentado desde la segunda guerra mundial impresionantes cambios en sus estructuras económicas y sociales. Estos cambios, desde luego, han entrado en conflicto con el patrón migratorio que vincula a los dos países.

A lo largo del tiempo, el fenómeno migratorio mexicano ha consistido en un flujo de trabajadores de permanencia relativamente corta en Estados Unidos. Entre los migrantes detenidos por falta de documentación se ha encontrado que la permanencia en Estados Unidos es, en promedio, de menos de un año. De hecho, a los trabajadores migratorios mexicanos se les llama *sojourners* (residentes temporales), en oposición a los *settlers* (residentes permanentes) (Cornelius, 1978). Sin embargo, el perfil del migrante mexicano indocumentado ya no es exclusivamente el de un trabajador agrícola de temporada, e incluye cada vez más a personas calificadas y semicalificadas que se unen a las filas de otros trabajadores extranjeros en muchos sectores industriales y de servicios de la economía estadunidense. El patrón migratorio se está tornando más complejo y heterogéneo, y su evolución se advierte en el tiempo de permanencia del migrante en el extranjero, en el carácter temporal o definitivo de esa permanencia y en las expectativas de quienes participan en la conformación del patrón. Todos estos factores deben tomarse en consideración al evaluar el efecto de la migración sobre los mercados laborales y el flujo financiero.[6]

¿Cuáles son las características de este patrón migratorio?

Primera: la migración de trabajadores de México hacia Estados Unidos se considera un rasgo estructural e institucionalizado de la relación binacional.

---

[5] Para un análisis completo de los "antecedentes, operación y legado" del programa de braceros, ver García y Griego (1983a).

[6] La evaluación está hecha, podríamos añadir, desde una perspectiva mexicana. Con esta afirmación tan sólo se reconoce el punto de vista "personal" que dirige la mayoría de las discusiones y las investigaciones sociales. Las perspectivas de las otras partes involucradas son consideradas por otros autores en sus respectivas discusiones del mismo tema. Este reconocimiento mutuo sienta las bases de un diálogo y una cooperación "reales" sobre temas sociales.

Depender de trabajadores extranjeros (mexicanos) no es para muchos estadunidenses tan sólo un fénomeno coyuntural. Parte de la lógica que rige la economía en vigor consiste en sacar provecho de las circunstancias que demuestran su utilidad; este principio es aplicable en el caso de la vinculación de la fuerza de trabajo mexicana y capital estadunidense. Se recurre a la mano de obra extranjera dócil y de bajo precio para desempeñar una serie de tareas tanto en la agricultura como en otros sectores económicos de la sociedad receptora. Los migrantes, por un lado, y las compañías y empleadores, por el otro, viven una realidad que rebasa las propias fronteras, y que se ha plasmado en la interrelación migratoria permanente de los dos países.

Segunda: el fenómeno migratorio de que hablamos ocurre en un contexto de compenetración creciente, aunque desigual, de ambas naciones-Estado, debida a la acción de fuerzas económicas y sociales internacionales. La presencia de las empresas transnacionales influye en los proceso de industrialización y modernización a escala mundial. La penetración de cadenas comerciales e informativas produce una homogeneización mundial de las normas y expectativas de consumo. De este modo, las poblaciones que se encuentran fuera del centro del sistema mundial tienen no sólo una conciencia cada vez más clara de las oportunidades que ofrece este universo en expansión y en proceso de unificación, sino también la posibilidad de mudarse para aprovecharlas. Esto es decir que la migración laboral contemporánea es un caso particular del proceso más general de articulación gradual de las economías nacionales en el nivel mundial y de la incorporación progresiva de nuevos sectores económicos y grupos sociales al sistema mundial.[7]

Tercera: es un hecho que la importancia y la posible repercusión del patrón migratorio se relacionan en gran medida con su tamaño. Sin lugar a dudas, se trata de un flujo "masivo", pero su "tamaño" puede interpretarse de diferentes maneras. Por un lado, no hay una cifra única y definitiva que lo cuantifique; las estimaciones son en extremo divergentes. Por otro, el universo de intereses que giran en torno a la migración también varía de manera considerable: ¿este flujo se considera una invasión o un éxodo, una amenaza o una ayuda, una pérdida o una ganancia?

Se ha clasificado a los migrantes en diferentes categorías. Las estimaciones de algunas categorías de migrantes pueden servir para medir la magnitud del efecto potencial de la migración laboral sobre la economía y la sociedad mexicanas. El Ceniet (1982) estimó que en el invierno de 1978-1979 el número de trabajadores "ausentes" de México rebasó escasamente el medio millón (519 000); la estimación de los trabajadores que estaban en México pero que habían trabajado en el extranjero, "trabajadores de regreso", fue de poco menos de medio millón (471 000). Restaría obtener una estimación del número de trabajadores mexicanos en Estados Unidos que ya no residían en México en esa época. Determinar el volumen de los trabajadores migratorios indocumen-

---

[7] Sobre la naturaleza y surgimiento de un sistema mundial cada vez más unificado y las causas de la migración laboral internacional, ver Portes y Walton (1981).

tados que residen de manera habitual en Estados Unidos es como abrir una caja de Pandora. Baste señalar que los intentos para calcular el tamaño de la población mexicana indocumentada en Estados Unidos (no confundirla con los trabajadores mexicanos indocumentados) han arrojado una amplia gama de resultados, y que en las estimaciones de la población mexicana indocumentada no suele hacerse la distinción por lugar habitual de residencia. Con información del censo de Estados Unidos de 1980 se ha estimado que la población mexicana indocumentada mayor de 15 años de edad ascendía entonces a 890 000 individuos (Passel y Woodrow, 1985:663-664). Sin embargo, este grupo no es equivalente necesariamente con el de los trabajadores mexicanos indocumentados que residen de manera habitual en Estados Unidos. Es posible que se haya censado a trabajadores cuya residencia permanente se encuentra en México y/o que trabajadores que residen usualmente en Estados Unidos no hayan sido censados.[8]

Cuarta: las variables condiciones históricas de México y de Estados Unidos, así como de la relación misma entre ambos países, han redundado en una serie de cambios en el patrón migratorio, a pesar de que muchos investigadores siguen considerándolo como un patrón prácticamente fijo. La migración hacia Estados Unidos se entiende a veces como un fenómeno bien localizado que se origina en las áreas de antiguo poblamiento del centro y centro-norte de México y tiene como destino principal las regiones del oeste y suroeste de Estados Unidos. Estas dos regiones —una en México; la otra en Estados Unidos— presentan de manera invariable los mayores niveles de concentración y los porcentajes más elevados de trabajadores migratorios. En el pasado, incluyendo los primeros años del "programa de braceros", el rasgo predominante de las regiones de origen era su carácter rural y agrario. Aun cuando en esas regiones existían importantes asentamientos urbanos y poblaciones mineras, centros de gran dinamismo y atractivo para las poblaciones circundantes, la agricultura era la principal actividad económica. De ahí la imagen de los trabajadores migratorios como personas pobres y de origen rural.

Pero se ha probado que los trabajadores migratorios de los años setenta y ochenta no han sido los más pobres entre sus compatriotas; tampoco han sido, como en el pasado, trabajadores eminentemente agrícolas. El origen rural sigue siendo un rasgo distintivo, mas no exclusivo; su nivel medio de educación es mayor que el promedio nacional mexicano; la mayoría cuenta con una experiencia laboral previa en México que no se limita a trabajos agrícolas. De hecho, en Estados Unidos es cada vez mayor la participación de trabajadores migratorios en ocupaciones de carácter urbano, en la industria y los servicios (Ceniet, 1982; Bustamante y Martínez, 1979; Portes, 1979; Alba, 1976). El perfil del patrón migratorio se está volviendo tan complejo como la sociedad

---

[8] *El Alien Address Program* de 1979, puesto en práctica por el Servicio de Inmigración y Naturalización (INS), informó de 480 000 "trabajadores inmigrantes legales" en Estados Unidos, según se cita en García y Griego (1983b: 311-312). A esta cifra debe restarse el número de trabajadores registrados por el INS que residen habitualmente en México y sumarse el número de trabajadores indocumentados que residen usualmente en Estados Unidos.

de donde provienen los trabajadores y como la economía que los absorbe. Los migrantes son producto tanto del México moderno (no sólo del México tradicional) como del aliciente que proviene de las diferencias radicales en el empleo y los salarios entre dos países cada vez más fusionados por la acción de tendencias y fuerzas internacionales. Bajo estas circunstancias, los trabajadores han aprendido a reaccionar ante los cambios y oportunidades de un mercado de trabajo binacional en expansión.

Migración y condiciones del mercado laboral

Una de las primeras consideraciones que se invoca generalmente cuando se trata el tema de la migración de trabajadores y las condiciones del mercado laboral en los países abastecedores se relaciona con el concepto de la migración como "válvula de seguridad". Según este concepto, la migración laboral es una vía de escape para una parte de la creciente población del país en edad de trabajar. La migración alivia, aunque sea de manera temporal, las condiciones generalizadas de desempleo y subempleo, y la supresión de una parte de la fuerza de trabajo del mercado laboral contribuye a reducir las presiones para bajar los salarios.

Algunos de los efectos de "válvula de seguridad" serían inmediatos. Sin embargo, quizás la situación no esté tan definida como sugieren las consideraciones anteriores y los mecanismos en juego puedan ser mucho más complejos. Aun cuando no abarca el flujo laboral de México hacia Estados Unidos, un estudio sobre la migración intrarregional en Latinoamérica concluye que, dadas las condiciones laborales enfrentadas por la mayoría de los países del área, es probable que los efectos de la emigración no sean perceptibles en las escalas salariales ni en las tasas de desempleo y subempleo (Díaz-Briquets, 1983:34). Esto no quiere decir que el efecto de la migración sea nulo sobre las condiciones socioeconómicas de los países en cuestión; tan sólo se sugiere que el argumento de válvula de seguridad no toma en consideración rasgos importantes de los patrones migratorios.

El hecho de que la condición laboral más frecuente entre los migrantes mexicanos no sea la de desempleado es una primera indicación de que los efectos de válvula de seguridad no operan necesariamente de manera inmediata y directa. Se ha encontrado que 72% de los migrantes que trabajaron en Estados Unidos informaron haber realizado algún tipo de actividad económica en México. De los hombres que no participaban en actividades económicas, cerca de la cuarta parte declaró haber estado ocupado en trabajos no asalariados; y los desempleados absolutos representaron otra cuarta parte (tan sólo 3% de la muestra total). De las mujeres no económicamente activas, cerca de 90% informó haberse dedicado a su hogar (Ceniet, 1982:97-112). Estos datos indican que la migración no afecta al desempleo en proporción directa. Lo que parece ocurrir es más bien un efecto complementario.

Esta naturaleza complementaria del empleo en ambos lados de la frontera puede asociarse con el carácter rural y temporal del patrón migratorio. Después de todo, a los migrantes mexicanos se les sigue considerando como trabajadores eminentemente rurales, capacitados sobre todo para realizar actividades agrícolas. Esta característica de la migración mexicana predominó sin lugar a dudas en el período 1942-1964, durante la vigencia de los acuerdos oficiales entre México y Estados Unidos y cuando los migrantes contratados eran en su mayoría trabajadores agrícolas. La composición y la distribución ocupacional de los migrantes en los años setenta difiere en muchos aspectos de las de los años cincuenta y sesenta, aun cuando la mayoría de los migrantes temporales todavía proviene de áreas rurales de México.[9] Sin embargo, ni siquiera la aparente secuencia de las faenas agrícolas explica el patrón migratorio. Inclusive en algunos casos puede ocurrir traslape de la demanda máxima de fuerza laboral por parte de la agricultura estadunidense y por parte de la mexicana por los mismos trabajadores. Hay que buscar en otra parte una explicación de la complementariedad aquí propuesta para comprender el fenómeno migratorio entre México y Estados Unidos.

Diagnóstico parcial: la familia rural

Centrémonos por un momento en las condiciones del campo en México. El efecto complementario al que nos referimos puede comprenderse mejor si se analiza la migración desde la perspectiva familiar. Una vez revisada la literatura que cubre este tema, nuestra interpretación es que dentro de una familia la migración de trabajadores es de índole rotatoria. Uno o más miembros de la unidad familiar rural pueden partir a trabajar fuera de la unidad, al extranjero (probablemente los más capaces y con mayor experiencia), pero la familia como unidad de consumo y producción no da muestras de desaparecer. El carácter rotatorio de este movimiento migratorio se debe al parecer a necesidades tanto de empleo como de los ingresos adicionales que aporta. Desde esta perspectiva, la migración mexicana a Estados Unidos se ajusta al "modelo ideal" de los programas de trabajo importado: envuelve a trabajadores temporales y rotatorios.

Sin duda la migración a Estados Unidos ofrece a los individuos y a las familias diversas oportunidades de realizar de manera satisfactoria su potencial laboral. Sin embargo, pese a la importancia de esas oportunidades y a su continuidad a lo largo del tiempo, el flujo migratorio apenas ha dado por re-

---

[9] Tres encuestas realizadas entre 1977 y 1979 en el lado mexicano de la frontera entre trabajadores migratorios indocumentados que regresaron deportados al país, indican que los migrantes de origen rural constituyen por lo menos 50% del total. Una encuesta de nivel nacional realizada en México durante el mismo período (1978-1979) revela que 70% de los migrantes provenía de áreas rurales, y que seis de cada diez trabajadores migratorios declararon que realizaban actividades agrícolas. Estas cuatro encuestas son parte del proyecto "Encuesta Nacional de Emigración a la Frontera Norte del País y a los Estados Unidos" (ENEFNEU) del Centro Nacional de Información y Estadísticas del Trabajo (Ceniet).

sultado del desplazamiento de familias completas; se trata más de un proceso en que la familia escindida se vuelve la base desde donde los trabajadores parten solos al extranjero en busca de empleo y adonde regresan después de cada migración. En esta situación se advierten elementos de un mecanismo de retroalimentación que consolida el patrón migratorio temporal a la vez que conserva el papel de la familia como unidad viable y conveniente para continuar el proceso migratorio.

La migración a Estados Unidos es una empresa costosa y riesgosa. Implica gastos de viaje; cruzar la frontera representa una "inversión" y se necesita cierto capital "de trabajo" antes de poder remitir dinero al lugar de origen. Es por eso que sólo las familias relativamente acomodadas están en condiciones de participar en este proceso. Al mismo tiempo, es atractivo participar en él, porque la migración multiplica y diversifica las fuentes de ingresos de la familia. Para describir el proceso migratorio desde la perspectiva familiar, Roberts (1982) recurre al símil de la estrategia financiera al que acude una empresa al diversificar su cartera de activos financieros.

Ventajas, costos y efectos secundarios

Es evidente que la migración es vista como ventajosa por los individuos y las familias que en ella participan. Sin embargo, esa apreciación no es compartida necesariamente para unidades sociales más amplias. Si los migrantes demostraran una gran selectividad, uno se vería tentado a cuestionar el alcance del efecto de la válvula de seguridad como la consideración de mayor importancia. Algunos de los estudios disponibles sobre los cambios que están ocurriendo en el flujo migratorio señalan la existencia de patrones inquietantes. En la economía agraria tradicional, los trabajadores migratorios no pertenecen a las familias más pobres. Por el contrario, forman parte de familias rurales relativamente acomodadas (Roberts, 1982; Dinerman, 1982; Díez-Canedo, 1984). Por lo general, esta característica se explica con el argumento de que son las familias relativamente acomodadas las que pueden afrontar los costos financieros asociados con la migración, que, desde luego, serán compensados a largo plazo. Una mejor posición socioeconómica trae aparejada además una selectividad subyacente. Los trabajadores migratorios presentan en conjunto un perfil educativo más elevado que el de la generalidad de la fuerza de trabajo mexicana. De los migrantes encuestados para el proyecto ENEFNEU, por ejemplo, sólo 5.4% no había recibido algún tipo de educación formal, mientras que 20% de la fuerza de trabajo del país no la tenía (Ceniet, 1982:85). Otros estudios sobre migrantes indocumentados pueden variar las cifras y los indicadores seleccionados, pero en todos se mantiene la premisa general de que existe entre ellos cierta selectividad.[10]

---

[10] El tema de la selectividad se enmarca dentro del contexto socioeconómico global del país de origen. La selección es un concepto bastante relativo.

Los costos de una selectividad creciente aumentan si, dentro del conjunto de trabajadores migratorios, la atención se centra en el subgrupo de migrantes que cruzan la frontera con documentos que les permiten residir en Estados Unidos.[11] Es válido suponer que tanto los migrantes con documentos como los indocumentados provienen del mismo estrato poblacional. Esta suposición se fundamenta en los datos de un estudio sobre migrantes mexicanos con documentos (1973), donde se señala que cerca del 60% de los mismos había residido ya en Estados Unidos, probablemente sin documentos, antes de cruzar la frontera con sus papeles en regla. En este grupo de migrantes con documentos (antes indocumentados) y con una permanencia previa en Estados Unidos, se encontró que cerca de la mitad provenía de áreas urbanas (de 20 000 habitantes o más) y que más de 50% había terminado por lo menos la escuela primaria, porcentaje sobresaliente si se compara con los 3.4 años de escolaridad promedio de la fuerza de trabajo mexicana en su conjunto en 1970. Sólo la octava parte había trabajado principalmente en la agricultura y actividades afines; la gran mayoría eran trabajadores manuales con ocupaciones de carácter urbano. Estos migrantes no forman parte, obviamente, de ningún proceso de ''fuga de cerebros'', pero sí pertenecen al grupo de personas que han recibido educación y cierta capacitación, ya sea en el sistema escolarizado o en los lugares de trabajo (Alba, 1976; Portes, 1979).

Si partimos de la premisa de que es en México donde los migrantes oficialmente indocumentados han adquirido la mayor parte de sus habilidades y capacitación,[12] el país estaría perdiendo, quizás en forma definitiva, o al menos durante períodos relativamente largos, elementos relevantes de sus clases trabajadoras. La importancia de esta salida de trabajadores con cierto grado de calificación es un tema que se presta a especulación. Sin embargo, es posible conjeturar que los migrantes con documentos, cuya residencia previa en Estados Unidos fue en calidad de indocumentados, son los mismos trabajadores indocumentados a los que no se descubre y permanecen largo tiempo en Estados Unidos en esas condiciones —y podría ser ésta una población considerable. De ser así, el efecto de válvula de escape (*i.e.*, un alivio relativamente permanente del exceso de mano de obra en México) se encuentra acompañado de efectos de selectividad que actúan en detrimento de los beneficios resultantes del supuesto regreso al país de trabajadores más calificados. Al parecer, los trabajadores migratorios que conservan en México su lugar de residencia, o los que son deportados, muestran por lo general una selectividad menor en

[11] Entre 1970 y 1978, el número promedio de inmigrantes mexicanos en Estados Unidos fue de 60 000 individuos. Dicha cifra incluye personas de todas las edades. Los hombres representan cerca de 45% del total. Hay asimismo una clara concentración entre los inmigrantes, tanto hombres como mujeres, en las edades comprendidas entre los 20 y los 40 años (Massey y Schnable, 1983).

[12] La encuesta de los inmigrantes mexicanos con documentos incluía preguntas sobre el empleo anterior al último, en un intento de aproximación a la ocupación del lugar originario. Los resultados siguieron la dirección esperada. El porcentaje de trabajadores urbanos, por ejemplo, era mayor en la distribución basada en el último trabajo que en la distribución basada en el penúltimo trabajo. Sin embargo, los patrones de distribución ocupacional eran similares en ambos casos (Portes, 1979; Alba, 1976).

comparación con los que residen en Estados Unidos, o tratan de hacerlo, por períodos prolongados.

Si, por el contrario, partimos de que es en Estados Unidos donde los migrantes adquirieron la mayor parte de sus habilidades y capacitación, entonces la pérdida por selectividad parece no ser pertinente. En este caso, los datos indican que el nivel de calificación mejora como resultado de la migración, pero los datos apoyan también la tesis de que cuando esto ocurre, la tendencia de los migrantes no es volver, sino prolongar el período de permanencia en Estados Unidos. En esta interpretación no se niega la existencia de cierto efecto de alivio en relación con la provisión de empleo ni que el trabajador migratorio no adquiere experiencia y habilidades adicionales mientras se desempeña en el extranjero; pero esta migración de retorno es más reducida. El caso es que cualquier generalización relativa a los efectos de válvula de escape y de adquisición de habilidades derivados de la migración, tiene que ser ponderado por la presencia de efectos contrarios. Es decir que es posible que existan efectos adversos inherentes a los beneficios relacionados con el pretendido alivio de la presión del desempleo mediante la emigración.

Es necesario ponderar entonces los supuestos efectos positivos de la migración laboral sobre el problema del empleo en el país de origen (reducción cuantitativa y elevación del nivel de calificación de la mano de obra) por la presencia de efectos secundarios. Aunque la cantidad de trabajadores mexicanos en Estados Unidos sea considerable, la migración laboral es un fenómeno temporario.[13] Esta rotación laboral ha sido soslayada en la evaluación del caso mexicano-estadunidense. La migración temporal a Estados Unidos puede aliviar ciertas presiones del mercado de trabajo, pero indudablemente no las elimina, ni modifica la ecuación laboral dentro de la economía mexicana. Los trabajadores migratorios no se excluyen por completo del mercado laboral nacional. Además, en nuestra opinión, y aunque sobre este punto no haya todavía suficiente información, la influencia ejercida por los migrantes sobre las habilidades y el grado de calificación profesional del mercado laboral parece haber sido, hasta la fecha, bastante débil.[14]

En resumen, *ex post facto,* después de cuatro décadas de migración continua, el fenómeno migratorio ha demostrado su funcionalidad como mecanismo de absorción de fuerza de trabajo por parte de un mercado laboral de mayores dimensiones que ha cohesionado en muchos aspectos las economías mexicana y estadunidense. Son varias las generaciones que han pasado por la experiencia migratoria y el sistema se reproduce a sí mismo. Es lógico pues suponer

---

[13] Los datos del ENEFNEU sobre migrantes que residen en México corroboran los resultados de otros estudios sobre trabajadores migratorios indocumentados aprehendidos por el Servicio de Inmigración y Naturalización (SIN): el tiempo medio de su permanencia en Estados Unidos es de menos de un año (Ceniet, 1982). No se sabe si la permanencia de los migrantes que no son aprehendidos y de los que residen en Estados Unidos), son más prolongadas.

[14] Esto coincide con lo esperado. La migración rural urbana es por lo general irreversible y la migración "de regreso" no necesariamente mejora las habilidades rurales. Sin embargo, ninguna experiencia particular puede extenderse a otros lugares y épocas.

que esta migración laboral entre los dos países ha afectado profundamente los procesos de absorción de trabajo. La absorción de fuerza de trabajo se lleva a cabo de manera incompleta en cada uno de los lados de la frontera. Nos inclinamos a ver la migración de México a Estados Unidos no como mecanismo de válvula de escape, sino como una forma de organización institucional *sui generis*. En este sentido, existen bases para sostener una relación especial.

Remesas monetarias: monto y patrones de gasto

Una gran proporción de los trabajadores migratorios mexicanos son migrantes temporales que conservan su lugar de residencia en México. Es entendible entonces que vayan a Estados Unidos con el doble propósito de trabajar y enviar dinero a sus hogares. Se ha estimado que el monto total de las remesas de dinero de los trabajadores alcanza anualmente varios cientos de millones de dólares. Cualquiera que sea la cifra exacta, representa un volumen significativo de divisas cuyo impacto merece análisis.

Estimaciones del monto total

Es difícil calcular el monto total de las remesas enviadas por los trabajadores. Como suele suceder en casi todos los países, el registro mexicano de las transacciones financieras con el exterior no incluye el rubro de remesas por parte de los trabajadores en el exterior. Además, quizás parte de este dinero no sea registrado y, por consiguiente, no puede aparecer consignado en la balanza de pagos. De ahí la necesidad de recurrir a procedimientos estimativos. Un primer método para llegar a la estimación de algunas cifras globales consiste en multiplicar la suma promedio de las remisiones por el número de trabajadores migratorios en el extranjero.[15] En el caso de México, este método parece ser el más directo, porque los trabajadores migratorios mexicanos se concentran en Estados Unidos. El problema de este procedimiento es que la suma promedio de dinero remitido se deriva de muestras cuya representatividad puede ser cuestionada. Sin embargo, mayor problema aún es el hecho de que las estimaciones del monto total dependan tanto de los supuestos del número de trabajadores migratorios y del tiempo que permanecen en el extranjero enviando dinero a sus hogares.

Aplicando este procedimiento, se estimó que el monto del flujo de remisiones de los trabajadores ascendió a más de 3 000 millones de dólares a mediados de los años setenta (Cornelius, 1979:90). Si esta cifra resultara exacta,

---

[15] Por lo general se supone que las remisiones son hechas por los trabajadores migratorios que conservan su lugar de residencia en México. Los migrantes que se convierten en residentes permanentes en el extranjero pueden tener familia y parientes en México y continuar ayudándolos económicamente. No obstante, cabe suponer que con el tiempo las remisiones de este tipo de trabajadores se reduce a contribuciones esporádicas.

la participación de las remisiones en la balanza de pagos del país sería equivalente al ingreso de divisas por concepto de exportación de manufacturas. Sin embargo, en otros estudios se llega a montos mucho menores. Díez-Canedo (1984) calcula un monto de 318 a 534 millones de dólares, extrapolando los datos de giros y cheques personales presumiblemente enviados por trabajadores migratorios mexicanos en Estados Unidos operados en 1975 por una muestra de bancos mexicanos. El rango de esta estimación concuerda con datos del Fondo Monetario Internacional (FMI) sobre las remisiones enviadas a México desde el extranjero a mediados de los años setenta. Las cifras del FMI fluctúan de 139 millones en 1973 a 251 millones en 1977 (Swamy, 1981). En otros estudios se estima que para finales de los años setenta, las remesas fluctuarían de un mínimo de 300 millones de dólares anuales hasta un máximo de 1 000 millones (para las referencias, ver Zarzueta, 1982:72-73).

Estas últimas estimaciones tienden a disminuir el impacto global previsible en un flujo de remesas de varios miles de millones. Dentro de una economía relativamente avanzada y de industrialización diversificada, las remisiones por un total de 200 a 300 millones de dólares representan una baja relación remisiones de trabajadores/exportación de mercancías comparada con las de un extenso grupo de países que abastecen mano de obra.[16] Sin embargo, de acuerdo con datos del FMI, el monto de las remisiones ha mostrado una tendencia a aumentar: 13.5% anual entre 1967 y 1978 (Swamy, 1981). Sin lugar a dudas, se trata de un crecimiento acelerado, pero de magnitud comparable con las tasas de crecimiento de muchas otras transacciones con el exterior en períodos y fechas similares.

Admitiendo incluso que el monto de las remesas estuviera de acuerdo con las estimaciones elevadas (de 1 000 a 2 000 millones de dólares) no hay indicios de que el desarrollo de México se haya basado en ellas; por lo menos no hasta exceder los ingresos recibidos en distintas épocas por concepto de exportación de materias primas y productos agrícolas, de préstamos del exterior o, más recientemente, de venta de petróleo. Lo anterior no implica desconocer la valiosa aportación de esas remesas como fuente de divisas y como rubro importante para el equilibrio de la balanza de pagos. Por el contrario, la intención es llamar la atención sobre la urgencia de conocer este monto, de estimar sus efectos y de establecer una estrategia equilibrada para asegurar que las divisas que así ingresan al país maximicen su potencial como elemento de desarrollo económico para el país y de bienestar para los migrantes.

Patrones de gasto en las unidades familiares de los trabajadores migratorios

Según un punto de vista que goza de gran aceptación, las remesas de los trabajadores migratorios en el exterior son un componente esencial de la econo-

---

[16] Se estima que esta relación varió para México entre 0.01 y 0.05 en el período que va de 1967 a 1978 (Swamy, 1981).

mía de la familia y de la comunidad a la que pertenecen los migrantes. Estudios de caso sobre este tipo de comunidades indican que la supervivencia de las economías locales depende en gran medida de la afluencia de ingresos procedentes de los miembros que trabajan en el extranjero. Algunas de las comunidades de migrantes se describen como una especie de enclaves económicos dentro de la economía nacional. Por supuesto, el porcentaje de las personas empleadas fuera de la economía local es variable, pero puede llegar a representar hasta la mitad de la fuerza de trabajo de algunas comunidades. En un caso particular, se llegó a encontrar que las tres cuartas partes de las familias tenían a uno de sus miembros en Estados Unidos (Reichert y Massey, 1980). Aunque por lo general se desconoce la proporción que representan las remisiones en los ingresos totales de las familias y comunidades, no es difícil aceptar que llegan a ser muy significativas para dichas comunidades.

Sin embargo, no existen estudios que expliquen el funcionamiento de esas economías locales dependientes de las remesas. Tampoco se sabe, en lo que se refiere a las remisiones de divisas, de qué manera se relacionan estas comunidades con las economías regional y nacional. (La importancia regional de las remisiones puede aumentar si se considera que la migración a Estados Unidos sigue siendo un fenómeno de elevada concentración. Las localidades tradicionales de migrantes se encuentran en el centro y centro-norte del país, todavía lugares de origen de la mayoría de los trabajadores migratorios.) Debemos contentarnos entonces con estimar estos efectos a partir del uso que se da a las remesas dentro del núcleo familiar. La información con que se cuenta apunta a una situación aparentemente contradictoria; las remisiones significan un sostén esencial para las familias de los trabajadores migratorios, en tanto que su contribución a la economía local parece ser poco trascendente.

Encuestas realizadas entre trabajadores migratorios y estudios de corte antropológico llevados a cabo en "comunidades de migrantes" muestran de manera coherente que la principal forma de uso de las remesas es el consumo; la mayor parte del dinero enviado se utiliza para satisfacer las necesidades de consumo inmediato de las familias. Los ingresos aportados por los migrantes son imprescindibles para el sostenimiento de sus familias; en muchos casos, tales remesas constituyen la única fuente de ingresos.[17] Desde luego que las remesas también se emplean en cierto tipo de inversiones, en bienes raíces y bienes de producción (tierras de cultivo o terrenos para construir viviendas, mejoras al hogar y muebles, ganado y hasta vehículos o maquinara para iniciar pequeños negocios). Sin embargo, estos usos son mucho menos frecuentes.

Los resultados de una encuesta reciente (Zazueta, 1982:74-98) indican que el uso previsto de las remesas por 72% de los migrantes es el consumo inme-

[17] De las familias migrantes que Cornelius (1978) encuestó en 1976, cerca de las tres cuartas partes informaron que las remisiones eran su única fuente de ingresos. Este resultado contradice aparentemente la hipótesis de "diversificación de la cartera" según la cual la migración circular a Estados Unidos es llevada a cabo por familias con fuentes de ingresos múltiples (Robert, 1982). Tal vez las unidades familiares no sean equivalentes en ambos casos; las unas más restringidas, las otras más extensas.

diato.[18] Los demás usos previstos se encuentran en puntos muy bajos de la escala; 4% de los migrantes informó gastar sus remesas, o tener la intención de hacerlo, en bienes de consumo duradero; 7% en algún tipo de inversión (incluyendo la compra de tierras); 9% en la compra de una vivienda; 8% para saldar una deuda. Es interesante observar que este patrón de gasto no sufre alteraciones esenciales en función de la cantidad remitida, del tamaño de la familia o del número de asalariados dentro de una familia. El patrón cambia ligeramente con la posición socioeconómica de los migrantes; la importancia del consumo disminuye un tanto para los que se encuentran en una mejor posición. Aquellos cuyas edades oscilan entre 25 y 30 años manifiestan la intención de diversificar en mayor medida el uso de sus remesas.

El hecho de que las remesas se canalicen ante todo hacia el consumo y no hacia formas de ahorro es congruente con las sumas relativamente reducidas que se envían. Se ha encontrado que los giros y cheques enviados por los trabajadores migratorios amparan cantidades más bien modestas; la mayoría de las remesas individuales eran, a mediados de los años setenta, por menos de 500 dólares, y en promedio ascendían tan sólo a 157 dólares (Díez-Canedo, 1984). No hay indicios en la literatura sobre el tema de que esta situación se modifique cuando los migrantes vuelven al país, pues los migrantes mexicanos no traen consigo grandes cantidades de dinero ni bienes duraderos de importancia. Sin lugar a dudas, las remesas activan y benefician el comercio local, pero no parecen haber asumido la función esperada de instrumento de desarrollo. Por supuesto, se dan casos en los que toda la comunidad se ha visto transformada por remesas que se han traducido en inversiones productivas, cuando los negocios pequeños y empresas familiares han sido agentes de esa transformación.[19] Sin embargo, esta experiencia no parece constituir una tendencia generalizada. Quizás no sea la excepción, pero tampoco parece ser la regla.

La elevada propensión a utilizar las remesas para el consumo inmediato en vez de ahorrarlas puede depender más de circunstancias institucionales adversas que forman parte del entorno social y económico de las familias de los migrantes (un acceso limitado a los servicios financieros), que del bajo monto de las remesas. Desafortunadamente, éste es un punto difícil de determinar, dada la falta de estudios sobre este tema y otros afines. Hasta ahora, la mayoría de las investigaciones realizadas se han centrado en asentamientos ''rurales'', con una larga tradición migratoria, que los convierte en casos especiales de estudio sobre el efecto de estos recursos en economías más amplias.

---

[18] Estos datos se refieren a la frecuencia de los diferentes usos que los migrantes contemplan para sus remisiones. Se acepta la multiplicidad de los usos. Es por ello que el total de las frecuencias relativas no es equivalente necesariamente a 100%. Además, el uso previsto y el uso real de las remisiones pueden diferir.

[19] Díez-Canedo (1984) consigna la historia de una comunidad que ha tenido éxito en este sentido. Las actividades textiles y de manufactura de prendas de vestir son actualmente las principales ocupaciones de esta comunidad en el estado de Jalisco, en el medio de las zonas tradicionales de migración a Estados Unidos.

Sin embargo, la experiencia obtenida en otras partes de Latinoamérica lleva al planteamiento de algunas hipótesis tentativas sobre el efecto de las remesas en economías regionales de mayor tamaño. Uno de los flujos migratorios sobre el que existe una mayor documentación es el de los trabajadores que migran de Colombia a Venezuela. El consumo familiar de bienes no duraderos absorbe casi la totalidad del dinero que el trabajador migrante colombiano envía y del que trae consigo a su regreso. Este renglón consume 71% del ingreso. Vivienda y renglones similares absorben otro 12.4%. Sólo los trabajadores con más experiencia migratoria y mayores niveles de ingresos están en posición de invertir, generalmente en actividades económicas de carácter informal. El surgimiento y permanencia tanto en sectores informales como de economías rurales en las zonas fronterizas de Colombia constituyen al parecer un fenómeno que no es independiente del flujo de remesas de los trabajadores migratorios. Se ha argumentado que las remesas contribuyen probablemente a mantener y reproducir formas sociales y económicas ya establecidas (Murillo y Silva, 1984). Por supuesto, esta función no es nada despreciable, por su necesario efecto sobre el empleo interno al incrementar la capacidad global de absorción laboral de la economía local y nacional, en sus sectores informales y campesinos, y mediante cierto proceso de filtración gradual, en sus sectores formales y modernos.

Es indudable que las remisiones reportan grandes beneficios para las familias que las reciben, para las economías locales a las que ayudan a sostener y para la economía nacional como importante aporte de divisas. Hay varios puntos, sin embargo, que conviene estudiar a fin de obtener mayor provecho de las condiciones imperantes. El primero se refiere a la forma de asegurar a mediano plazo un flujo estable de los ingresos procedentes del extranjero. El segundo, a las conexiones, no tan evidentes, que se establecen entre las remesas de los trabajadores, las economías regionales y el desarrollo nacional.

Las condiciones de la migración laboral

En el caso particular de México y Estados Unidos, los flujos migratorios no se explican tan sólo en función de factores económicos vigentes (como la recesión estadunidense o la crisis económica de México), sino también por los inveterados lazos económicos e históricos que unen a los dos países. Desde fines del siglo XIX, el desarrollo del oeste y suroeste de Estados Unidos se ha relacionado con la disponibilidad de mano de obra mexicana, a la que le debe mucho. El proceso de desarrollo mexicano ha recibido a su vez, desde el último tercio del siglo pasado, y cada vez más a partir de la segunda guerra mundial, una fuerte presencia de capital, de conocimientos tecnológicos y de patrones de consumo de procedencia exterior, sobre todo de Estados Unidos. A lo largo de la extensa frontera común la profunda interacción de los dos países se ve acentuada por la formación de cadenas familiares mexicano-estadunidenses, que consolidan el impulso interno de flujos migratorios ya establecidos. En este momento de la historia, las oportunidades de empleo en el extranjero y las remesas financieras se complementan entre sí en la reproducción de las condiciones que animan al flujo migratorio.

Existen indudablemente muchas ventajas asociadas con el patrón migratorio que se ha desarrollado entre México y Estados Unidos. Es innegable también que estas ventajas vienen acompañadas de ciertos aspectos desfavorables.[20] Una perspectiva "revisionista" sobre la migración laboral no puede olvidar las primeras, ni desconocer los segundos. A unas y a otros se ha hecho mención en los incisos anteriores en relación con el país de origen de esta migración. Hay, sin embargo, otras circunstancias que condicionan el flujo laboral contemporáneo. Hay súbitas fluctuaciones de la demanda que pueden determinar el tipo y el número de los actores que participan en la migración laboral contemporánea. Además, la migración no es un fenómeno que pueda ser fácilmente sometido a controles, tanto para detenerla como para promoverla. En este sentido, ¿es suficiente una evaluación de las consecuencias que entraña la migración laboral de inferir conclusiones o formular recomendaciones en cuanto a las políticas a seguir? Consideramos que no lo es.

La migración no es un fenómeno nuevo en la historia del mundo. Los migrantes han acompañado toda la expansión del sistema mundial y, desde épocas más recientes, la extensión del mundo industrial hacia nuevas regiones. Hoy en día, en un mundo ya integrado y cada vez más vinculado, surgen mayores y mejores oportunidades económicas en los países centrales para las masas de trabajadores provenientes de regiones de incorporación reciente.

El mundo se empequeñece por estrechamiento de las relaciones entre los países; el tema de las consecuencias de la migración no puede ser tratado en términos abstractos. Esas consecuencias son los riesgos y los posibles beneficios de la interrelación o independencia de los países. En otras palabras, la formulación de políticas migratorias no está libre de restricciones. Por un lado, independientemente del tipo de evaluación a que se la someta, muchos autores aseguran que la migración laboral continuará, "ya sea que los países emisores y receptores la patrocinen, regulen o solamente la toleren" (Kritz y Keely, 1981:xxx). Por otro lado, la migración laboral en general y los trabajadores migratorios en particular constituyen hoy en día un rasgo característico de casi todo el sistema mundial. Tales flujos son transacciones entre regiones "avanzadas y atrasadas" actuadas por personas reales en un espacio concreto. De hecho, los trabajadores buscan y a veces logran "sacar provecho de una estructura en la que las oportunidades económicas están distribuidas de manera irregular en el espacio" (Portes y Walton, 1981:64-65).

Cuando se habla de migración laboral, la tensión y los conflictos entre los intereses individuales y los del Estado, entre las perspectivas a corto y a largo plazo y entre los países abastecedores y solicitantes, tan sólo enfatizan las conflictivas ventajas y desventajas (costos y beneficios) de la pertenencia al sistema

[20] Obviamente, no todos los sectores económicos y los grupos sociales se benefician o resienten de igual manera las situaciones migratorias que les toca vivir.

mundial. De hecho, la migración laboral no ocurre como un proceso externo entre entidades independientes, sino como parte de la dinámica de una unidad global absorbente que, en el caso particular de las relaciones México-Estados Unidos, tiene un marcado carácter binacional.[21]

Si se examina la realidad de la migración laboral, considerándola como parte y producto de un mundo con una mayor interrelación en términos económicos, sociales y culturales, entonces la pregunta que debe hacerse el país de origen es cómo sacar provecho de los beneficios y cómo protegerse de sus desventajas. En el actual contexto de interdependencia de las naciones en los fenómenos sociales y económicos, los beneficios y los riesgos de participar en el sistema aparecen en cualquier lugar y actividad. El reconocimiento de esta premisa podría sentar las bases para el entendimiento internacional en la materia, aunque en la práctica —y esto es perfectamente comprensible— las políticas nacionales sigan reflejando preocupaciones internas a cada país. Sin embargo, cuando se consideran las oportunidades que ofrece al sistema mundial el enorme potencial de una fuerza de trabajo disponible para movilizarse de un país a otro, el tema de la migración laboral debería informar en mayor medida la reflexión sobre el presente contexto de las relaciones económicas y políticas globales.

Si lo que determina la migración internacional son sobre todo las diferencias entre los países, las presiones para trasladarse de un país a otro están lejos de disminuir. Aun cuando se dieran condiciones de estabilidad dentro de los países, en lo económico, social y demográfico, esas estructuras estables no serían condición suficiente para confinar a los individuos a sus lugares de origen. Ninguna situación estable es estática dentro del sistema. El sistema sigue evolucionando, y México no está en posición de retirarse unilateralmente del sistema.[22] Lo que el país puede buscar es, en cambio, minimizar los trastornos económicos y sociales que traería consigo la suspensión abrupta del patrón migratorio actual.[23] Pero la opción que menos trastornos pueda ocasionar depende del equilibrio en las transacciones del país con el extranjero. La disminución del flujo de remesas de divisas podría compensarse con el aumento de la exportación de bienes y servicios. La estrecha interrelación de México y Estados Unidos obliga a no pasar por alto esta situación cuyas soluciones deben apoyarse en acuerdos a largo plazo que consideren los inveterados lazos económicos e históricos que unen a ambos países.

[21] En otra oportunidad intentamos inferir relaciones entre las ramificaciones que se extienden de los procesos de desarrollo en México a la migración laboral (Alba, 1978). En cuanto a la migración y el desarrollo, ver Portes (1983), quien trata el tema a nivel global, pero con múltiples referencias al caso México-Estados Unidos.

[22] México también es país destinatario de trabajadores y migrantes de otras naciones.

[23] Además, una suspensión abrupta del flujo migratorio desataría probablemente reacciones perjudiciales para ambos países. Algunos autores temen el descontento social y las consecuencias catastróficas que tal tipo de suspensión provocaría en México, en especial a lo largo de la región norte, pero con influencia también al otro lado de la frontera (Bustamante, 1979, pp. 205-208; Cornelius, 1979, pp. 1-92).

Referencias bibliográficas

Alba, Francisco, 1978. "Mexico's International Migration as a Manifestation of its Development Pattern", *International Migration Review,* vol. 12, núm. 4 (invierno), pp. 502-513.

_____, 1976, "Éxodo silencioso: la emigración de trabajadores mexicanos a Estados Unidos", *Foro Internacional,* vol. 17, núm. 2 (octubre-diciembre), pp. 152-179.

Böhning, W.R., 1983. "Guestworker Employment in Selected European countries —Lessons for the United States?", en *The Border that Joins; Mexican Migrants and U.S. Responsibility,* Peter G. Brown y Henry Shue (comps.), Totowa, N. J., Rowman and Littlefield, pp. 99-138.

_____, 1981. "Elements of a Theory of International Economic Migration to Industrial Nation States", en *Global Trends in Migrations: Theory and Research on International Population Movements,* Mary M. Kritz, Charles B. Keely y Silvano M. Tomassi (comps.), Nueva York, Center for Migration Studies, pp. 28-43.

Bustamante, Jorge A., 1979. "Las propuestas de política migratoria en los Estados Unidos y sus repercusiones en México", en *Indocumentados: mitos y realidades,* México, El Colegio de México, pp. 197-208.

_____, y Gerónimo Martínez, 1979, "Undocumented Inmigration from Mexico: Beyond Borders but within Systems", *Journal of International Affairs,* vol. 33, núm. 2 (otoño-invierno), pp. 265-284.

Centro de Estudios Internacionales, 1979. *Indocumentados: mitos y realidades,* México, El Colegio de México.

Centro Nacional de Información y Estadísticas del Trabajo (Ceniet), 1982. *Los trabajadores mexicanos en Estados Unidos,* México, junio.

Congressional Research Service, U.S. Library of Congress, 1980. *Temporary Worker Programs: Background and Issues,* Washington. D. C., Government Printing Office, febrero.

Cornelius, Wayne A., 1982. *Mexican and Caribbean Migrations to the United States: The State of Current Knowledge and Priorities for Future Research.* Serie Monografías núm. 1, La Jolla, California, Universidad de California, en San Diego.

_____, 1979. "La migración ilegal mexicana a los Estados Unidos: conclusiones de investigaciones recientes, implicaciones políticas y prioridades de investigación", en *Indocumentados: mitos y realidades,* México, El Colegio de México, pp. 69-109.

_____, 1978. *Mexican Migration to the United States: Causes, Consequences, and U.S. Responses,* Center for International Studies, Massachusetts Institute of Technology, junio.

Díaz-Briquets, Sergio, 1983. *International Migration within Latin America and the Caribbean: An Overoiew,* Staten Island, Nueva York, Center for Migration Studies.

Díez-Canedo, Juan, 1984. *La migración indocumentada de México a los Estados Unidos: un nuevo enfoque,* México, Fondo de Cultura Económica.

Dinerman, Ina R., 1982. *Migrants and Stay-at-Homes: A Comparative Study of Rural Migration from Michoacan, Mexico,* Serie Monografías, núm. 5, La Jolla, California, Universidad de California en San Diego.

García y Griego, Manuel, 1983a. "The Importation of Contract Laborers to the United States, 1942-1964: Antecedents, Operation, and Legacy", *The Border that Joins; Mexican Migrants and U.S. Responsibility,* Peter G. Brown y Henry Shue (comps.), Totowa, Nueva Jersey, Rowman and Littlefield, pp. 49-98.

_____, 1983b. "Comments on Bustamante and Sanderson Papers and on Research

Project ENEFNEU'', en *U.S.-Mexico Relations: Economic and Social Aspects,* Clark W. Reynolds y Carlos Tello (comps.), Stanford, Stanford University Press, pp. 299-314.

Kritz, Mary M. y Charles B. Keeley, 1981. "Introduction", en *Global Trends in Migration: Theory and Research on International Population Movements,* Mary M. Kritz, Charles B. Keeley y Silvano M. Tomasi (comps.), Nueva York, Center for Migration Studies, pp. XIII-XXXI.

Massey, Douglas S. y Kathleen M. Schnabel, 1983. "Recent Trends in Hispanic Immigration to the United States", *International Migration Review,* vol. 17, núm. 2 (verano), pp. 212-244.

Murillo, Gabriel y Gabriel Silva, 1984. "La migración de los trabajadores colombianos a Venezuela: antecedentes y perspectivas", en *Memorias del Congreso Latinoamericano de Población y Desarrollo,* México, El Colegio de México, PISPAL, UNAM, vol. II (noviembre de 1983), pp. 809-830.

Passel, Jeffrey S. y Karen A. Woodrow, "Geographic Distribution of Undocumented Immigrants: Estimates of Undocumented Aliens Counted in the 1980 Census by State", en *International Migration Review,* vol. 18, núm. 3 (1984), pp. 642-671.

Portes, Alejandro, 1983. "International Labor Migration and National Development", en *U.S. Immigration and Refugee Policy,* Mary M. Kritz (comp.), Lexington, Massachusetts, Lexington Books, pp. 71-91.

————, 1979. "Illegal Immigration and the International System. Lessons from Recent Legal Mexican Immigrants to the United States", *Social Problems,* vol. 26, núm. 4 (abril), pp. 425-438.

————, y John Walton, 1981. *Labor, Class and the International System,* Nueva York, Academic Press.

Reichert, Josh y Douglas S. Massey, 1980. "History and Trends in U.S. Bound Migration from a Mexican Town", *International Migration Review,* vol. 14, núm. 4 (invierno), pp. 475-491.

Roberts, Kenneth D., 1982. "Agrarian Structure and Labor Mobility in Mexico", *Population and Development Review,* vol. 8, núm. 2 (junio), pp. 299-322.

Stahl, Charles W., 1984. "Economic Impact of International Migration on Sending Countries, with Special Emphasis on Employment and Remittances", ponencia presentada en el Workshop on Consequences of International Migration, International Union for the Scientific Study of Population, Canberra, Australia, julio.

————, 1982. "Labor Emigration and Economic Development", *Internacional Migration Review,* vol. 16, núm. 4 (invierno), pp. 869-899.

Swamy, Gurushri, 1981. "International Migrant Workers' Remittances: Issues and Prospects", World Bank Staff Working Paper, núm. 481, Washington D.C, The World Bank, agosto.

Zazueta, César, 1982. "Trabajadores migrantes temporales mexicanos en los Estados Unidos. Uso en sus comunidades de origen del dinero ahorrado y relación con la génesis de la tradición migratoria", México, Centro Nacional de Información y Estadísticas del Trabajo, mimeo, abril.

¿ES VULNERABLE LA ECONOMÍA MEXICANA A LA APLICACIÓN DE POLÍTICAS MIGRATORIAS ESTADUNIDENSES?*

MANUEL GARCÍA Y GRIEGO
FRANCISCO GINER DE LOS RÍOS
El Colegio de México

DESDE HACE MÁS DE UNA DÉCADA se ha estado llevando a cabo un acalorado debate en Estados Unidos y en México sobre la migración de trabajadores indocumentados** que ingresan ilegalmente para trabajar en aquel país. Durante los años 1983 y 1984 el Congreso de Estados Unidos discutió, sin aprobar, medidas cuyo objetivo parecía ser reducir sustancialmente la migración y disminuir progresivamente la población sujeta a deportación en territorio estadunidense. Así, en mayo de 1983 el Senado norteamericano aprobó su versión del proyecto de ley conocido como Simpson-Mazzoli; en junio de 1984, por primera vez, la Cámara de Representantes aprobó la suya. En el transcurso de septiembre y octubre siguientes se reunieron representantes de ambas cámaras para unificar los proyectos aprobados y convertirlos en ley; sin embargo, las presiones políticas en ese año de elecciones obstaculizaron el camino y el tiempo legislativo se acabó. Cuando sólo faltaba un paso para alcanzar el objetivo, el proyecto murió y los intentos de aprobar esta enmienda a la ley de inmigración de Estados Unidos fracasaron en 1984.[1]

La aprobación de una versión del proyecto en la cámara baja y la inminente posibilidad de que se convirtiera en ley, desató en México una avalancha

Agradecemos a Beatriz Figueroa, Roberto Ham, Cristina Martín y Rodolfo TUirán sus sugerencias, observaciones y críticas a versiones preliminares de este trabajo. La responsabilidad de su contenido es de sus autores.

** Utilizaremos el término "indocumentado" para referirnos a los extranjeros en Estados Unidos que ingresaron ilegalmente a ese país o que por otros motivos están sujetos a deportación.

[1] "Imigration Bill Hard to Enforce, Specialists Assert", *The New York Times*, Nueva York, 25 de junio de 1984, pp. 1 y 10; "Alentada por políticas estadunidenses, la migración mexicana, amenazada", *Proceso*, México, 25 de junio de 1984; "Immigration: Reform at Last", *Newsweek*, Nueva York, 2 de julio de 1984, p. 26; Richard J. Bartolomei, Jr., y John F. McCarrick, "Simpson-Mazzoli Ends with the 98th Congress", *Georgetown University Law Center Immigration Law Reporter*, Publicación del Centro de Inmigración, Georgetown University Law Center, otoño 1984, s. vol., pp. 41-48; "The Simpson-Mazzoli Bill: A Comparison of the House and Senate Versions", *Immigration Law Report* (publicación del bufete Fragomen, Del Rey y Bernsen) vol. 3 (1984) pp. 57-64.

de críticas. Estas críticas se apoyaron en algunos planteamientos que pueden resumirse en los siguientes términos generales:[2]

1) De ser aprobado, el proyecto de ley de inmigración Simpson-Mazzoli tendría por consecuencia un gran flujo de retorno de indocumentados al país. (Cuando nos referimos al problema del regreso masivo de indocumentados sin otra especificación, tenemos en mente el flujo neto de regreso a territorio mexicano provocado por medidas del gobierno norteamericano.)
2) El retorno masivo de migrantes se traduciría en un fuerte crecimiento del desempleo a escala nacional, ya que muchos migrantes no encontrarían trabajo y muchos otros desplazarían a mexicanos no migrantes que tienen un empleo estable.
3) Ese retorno masivo reduciría también un flujo vital de divisas a México proveniente de los ingresos de los trabajadores indocumentados en Estados Unidos.
4) De ahí que la migración a Estados Unidos sea una válvula de escape para nuestra economía y que México sea vulnerable a la aprobación y puesta en marcha del proyecto Simpson-Mazzoli, y a otras medidas con objetivos similares.

Esta visión mexicana del problema de los indocumentados supone, en el fondo, que la emigración a Estados Unidos tiene una importancia económica vital para México.

Pero, ¿es vulnerable la economía mexicana a la aplicación de políticas migratorias estadunidenses?

Según la visión del problema que se extrae de los comentarios reproducidos en la prensa nacional durante 1984, la respuesta a esa pregunta es afirmativa.

---

[2] Las siguientes referencias pueden servir como muestra de críticas y temores expresadas sobre los posibles efectos de la Simpson-Mazzoli en la economía de México. "Aumentará el desempleo la ley Simpson-Mazzoli: Valentín Campa", *Últimas Noticias,* México, 23 de junio de 1984, p. 15; "Multiplicaría los problemas de la zona fronteriza el regreso masivo de los indocumentados: Canaco", *El Universal,* México, 4 de julio de 1984, p. 23; Margarita Nolasco, "Los alegres cálculos de regresados", *El Sol de México,* México, 4 de julio de 1984; "Protección jurídica de México a indocumentados en EUA", *Excélsior,* México, 7 de julio de 1984, pp. 1 y 13; "Atenta contra derechos laborales la Simpson-Mazzoli: Quintero A.", *Excélsior,* México, 11 de julio de 1984, p. 25; Ricardo Piña, "Solución de raíz al bracerismo", *El Nacional,* México, 11 de julio de 1984, p. 11; "Garantías para repatriados por la Simpson", *El Sol de México,* México, 12 de julio de 1984, p. 11; "habrá opciones de ocupación para los deportados, anuncia la ST y PS", *El Universal,* México, 13 de julio de 1984, p. 22; "Si vuelven los braceros desde EU habrá que cambiar metas: Concamin", *El Financiero,* México, 13 de julio de 1984, p. 18; "Tarea para los cónsules", *El Universal,* México, 13 de julio de 1984, p. 4; "Medidas preventivas en la frontera en caso de una deportación masiva", *El Día,* México, 16 de julio de 1984, p. 7; "Guanajuato, preparado para recibir a deportados de EU", *El Día,* México, 18 de julio de 1984, p. 7; "Wounded Honor", *Time,* Nueva York, 9 de julio de 1984, p. 19. También pueden citarse declaraciones y argumentos en el sentido de que el problema de los indocumentados tiene otras dimensiones para México. Véanse Jorge A. Bustamante, "Frontera Norte; efectos de la ley Simpson", *Excélsior,* México, 2 de julio de 1984, pp. 6 y 8; Miguel Osorio Marban, "¿Equivocada política migratoria?", *El Sol de México,* México, 6 de julio de 1984, p. 5; "La aplicación de la Simpson-Mazzoli no es catástrofe para México; Sobarzo", *El Nacional,* México, 9 de julio de 1984, p. 5; "Estudian los cónsules mexicanos en EU fórmulas para garantizar los derechos de los emigrantes", *El Sol de México,* México, 13 de julio de 1984, pp. 1 y 16.

Sin embargo, para que la economía mexicana sea "vulnerable" a la aplicación de políticas migratorias norteamericanas, no es suficiente que la presencia de indocumentados mexicanos en Estados Unidos tenga importancia económica para México. En rigor, deberían considerarse por lo menos otros tres elementos: las posibilidades reales de Estados Unidos para interrumpir la corriente migratoria, los costos para México y Estados Unidos de esa interrupción y el campo de maniobra mexicano para responder a los efectos adversos de políticas migratorias norteamericanas.[3] Aquí nos concentraremos en las primeras dos cuestiones, que deben tratarse antes de poder definir la capacidad del gobierno de México y de la sociedad mexicana para enfrentar las consecuencias económicas de nuevas políticas migratorias norteamericanas.

El propósito de este trabajo es analizar la hipótesis de que México es vulnerable, en los términos planteados con la información disponible y un esquema de análisis que evalúe los supuestos arriba señalados. Los resultados de este análisis son tentativos; podría confiarse más en ellos si contáramos con información más actualizada en algunos casos y más completa en otros. Sin embargo, hemos hecho un esfuerzo por identificar la mejor información disponible; de ahí que, posiblemente, las conclusiones que se derivan de este análisis puedan dar mayor validez a los argumentos que actualmente circulan en el debate público sobre la cuestión, tanto en México como en Estados Unidos.

Ahora bien, cualquier medida norteamericana que dificulte el ingreso ilegal a Estados Unidos probablemente disminuya el flujo de trabajadores al norte o incluso provoque un flujo de regreso, en términos netos, hacia el sur. Por ello, significaría una pérdida en las divisas, aunque fuera en términos de un menor crecimiento, que estos trabajadores envían al país. No parece discutible, entonces, el significado general de políticas migratorias norteamericanas como las propuestas en años recientes: sin duda afectarían adversamente la economía del país. Habría también otros efectos negativos, no económicos, que podrían inflamar la vida política mexicana pero que por consideraciones de espacio no tratamos en este trabajo.

La posibilidad de que tales políticas migratorias estadunidenses afecten negativamente a México no se traduce de manera automática en una afirmación de que el país es vulnerable a la aplicación de tales políticas y, menos aún, que lo sea por la magnitud de sus efectos en la economía mexicana. Nuestro propósito es calcular, aunque sea aproximadamente, la magnitud de esos posibles efectos económicos y ponderar su importancia. No es difícil demostrar que la magnitud objetiva de los efectos sería menor que la que generalmente se supone. Más difícil es analizar políticamente qué debe hacerse a partir de esa demostración. Es por eso que el presente trabajo intenta explorar el problema de la vulnerabilidad económica, problema mucho más complicado de

[3] Véanse Robert O. Keohane y Joseph S. Nye, *Power and Interdependence; World Politics in Transition*, Boston, Little, Brown and Co., 1977, pp. 11-19; Carlos Rico F., "La frontera mexicano-norteamericana, la retórica de la interdependencia y el problema de las asimetrías", en *La frontera del norte; integración y desarrollo*, Roque González Salazar (comp.), México, El Colegio de México, 1981, pp. 145-147.

lo que parece cuando se acepta sin crítica la visión predominante en México. El presente trabajo consta de tres partes. En la primera presentamos un análisis de la vulnerabilidad económica mexicana a las políticas migratorias estadunidenses, haciendo hincapié en la importancia de la migración de indocumentados para la economía del país, las posibilidades de Estados Unidos para interrumpir la corriente migratoria, y los costos, principalmente para México, de la puesta en marcha de una política migratoria como la que se discutió en 1984. Ese análisis subraya algunos errores de la visión predominante en México sobre el problema. En la segunda parte consideramos cuáles podrían ser los efectos en México de algunas medidas del gobierno norteamericano, cualitativamente más restrictivas de la inmigración de indocumentados que las actualmente contempladas. Sin suponer cuál sería el contenido de tales medidas, tratamos de figurarnos los efectos del retorno de los indocumentados a México, hasta cierto punto masivo, sobre la economía nacional. También consideramos brevemente cuáles podrían ser los efectos de tales medidas en comunidades rurales hipotéticas. En la última parte presentamos algunas conclusiones.

Un análisis más realista

A juzgar por las declaraciones y argumentos publicados en 1984, la visión predominante en México sobre el problema de los indocumentados supone una equivalencia entre la aprobación de las medidas de política migratoria actualmente propuestas en Estados Unidos y el regreso inmediato de varios millones de trabajadores mexicanos. Dada la crisis económica que atraviesa el país, se duda, con algo de razón, de la capacidad de México para absorber tal flujo de regreso y para sobrevivir sin las divisas que envían los trabajadores a sus familiares en México. Sin embargo, este planteamiento contiene varios errores relativamente fáciles de demostrar: supone una equivalencia formal entre el contenido de los proyectos hasta ahora comentados y la autorización de una campaña de deportaciones, exagera la dimensión de la corriente migratoria a Estados Unidos, supone un grado de control sobre la magnitud de esa corriente que no tiene ni tendría Estados Unidos —antes y después de la aprobación de una ley parecida al proyecto Simpson-Mazzoli— y, aun cuando supusiéramos que Estados Unidos pudiera adoptar medidas más allá de la Simpson-Mazzoli, subestima el tiempo necesario para empezar a ejercer cierto control sobre el volumen de la corriente de indocumentados y efectuar la reducción que Estados Unidos se plantea como objetivo.

Consideramos que un análisis más realista se debe basar en tres proposiciones: *a)* el tamaño de la corriente migratoria de indocumentados mexicanos a EUA no es tan grande como la visión predominante en México supone; *b)* la voluntad política y la capacidad administrativa estadunidenses para reducir significativamente el flujo de indocumentados mexicanos no son muchas, y *c)* aunque aumentara la voluntad política y la capacidad administrativa estadunidenses en el futuro, el retorno masivo de los indocumentados a México sólo podría lograrse después de una acción gubernamental sostenida por muchos años. Todo ello nos lleva a concluir que el peso inmediato de las políticas migratorias estadunidenses en la economía mexicana es relativamente pequeño, pero que debe ser considerado a la luz de la coyuntura económica nacional, lo cual podría, en circunstancias como las actuales, aumentar su importancia relativa.

Las tres proposiciones arriba señaladas son analizadas por separado para presentar la información disponible que nos permite sustentarlas.

El tamaño de la población de indocumentados mexicanos en EUA
y el flujo de remesas al país no son tan grandes

¿Cuántos indocumentados mexicanos se encuentran en Estados Unidos? Antes de tratar de contestar esta pregunta, cabe mencionar que, cuando se traduce a términos más precisos, surgen no una sino varias preguntas: ¿cuántos indocumentados permanecen en Estados Unidos en un momento dado? De ésos, ¿cuántos residen habitualmente (en el sentido de un censo de población *de jure*) en ese país?, ¿cuántos están físicamente presentes en EUA en un momento dado, pero sin residir habitualmente en ese país? De estos dos grupos, ¿cuántos son trabajadores?

Asimismo, debemos preguntarnos sobre la dinámica de esa población, esto es, sobre las entradas, salidas y el flujo neto (la diferencia entre salidas y entradas). Tomando en cuenta que la migración es un hecho que puede repetir un mismo individuo, debemos preguntar también: ¿cuántos ingresos de indocumentados se dan cada año a Estados Unidos? Asimismo, ¿cuántas *salidas* se dan en el mismo lapso? Esto es, cuántas expulsiones efectuadas por el Servicio de Inmigración y Naturalización (SIN) de Estados Unidos, regresos de indocumentados por su cuenta a México, y legalizaciones (cambios de calidad migratoria a documentado en EUA). En rigor, las salidas también incluyen las muertes de indocumentados en territorio estadunidense, aunque su número —en comparación con los otros flujos— es desdeñable cuando consideramos breves intervalos de tiempo.

La pregunta "¿cuántos?" tiene varias facetas, aparte de las dificultades prácticas de obtener información confiable y precisa para contestarla en todos sus aspectos importantes.

Para los propósitos de este trabajo, la población importante es la de indocumentados mexicanos económicamente activos, físicamente presentes en Estados Unidos en 1984, tanto los que tienen su domicilio en ese país como los que lo tienen en México. Así, manejamos separadamente dos categorías de esta población: los que residen habitualmente en México pero que en algún momento del año se encuentran en Estados Unidos (que llamaremos "trabajadores migratorios") y los que residen habitualmente en Estados Unidos, es decir, los indocumentados cuyo domicilio se encuentra en ese país y que permanecen allí de tiempo completo. Dado que este trabajo se preocupa principalmente por las consecuencias económicas, en términos de la oferta de mano de obra y el ingreso de divisas, de los migrantes en México, tiene sentido manejar la suma de la población de trabajadores que residen en EUA y la de trabajadores migratorios (representados en trabajadores-año). Pero al sumar el crecimiento de las dos poblaciones no debemos olvidar que el crecimiento neto de los indocumentados en Estados Unidos es el total del crecimiento de la población de residentes habituales; el crecimiento neto de la población de trabajadores migratorios representa el crecimiento de la población económicamente activa (PEA) mexicana que trabaja durante parte del año en Estados Unidos. Sumando las dos categorías tenemos el efectivo total de indocumentados mexicanos en el momento que nos interesa. Para facilitar el análisis, vamos a determinar ese momento: abril de 1984.

Además del tamaño de esas dos poblaciones, importa para nuestro análisis la magnitud del flujo de divisas que tales trabajadores envían a México. Ese flujo de dinero también puede estimarse de manera aproximada a partir de la información obtenida de los mismos trabajadores.

Existen dos fuentes que han permitido la estimación de cada una de las categorías que nos interesan y que por su naturaleza deben ser las más confiables y precisas que tenemos hasta el momento.[4] La primera es la Encuesta Nacional de Emigración a la Frontera Norte del País y a Estados Unidos (ENEFNEU), realizada por el Centro Nacional de Información y Estadísticas del Trabajo de la Secretaría del Trabajo y Previsión Social en diciembre y enero de 1978-1979.[5]

---

[4] Hemos ignorado otras fuentes y estudios en la elaboración de nuestra estimación en este trabajo por varias razones que podemos resumir en los siguientes términos: a) las poblaciones estimadas no coinciden conceptualmente con las que se pretende estimar en este trabajo; b) las posibilidades de error de medición son excesivamente grandes; c) las fuentes de información tienen una cobertura muy discutible, y d) sin ninguna excepción, los resultados dependen excesivamente de supuestos no comprobados empíricamente. Estas fuentes y estudios han sido analizados, sintetizados y criticados en tres trabajos: Daniel B. Levine, Kenneth Hill y Robert Warren (comps.), *Immigration Statistics; a Story of Neglect* Washington, D.C., National Academy Press, 1985, pp. 225-250; Manuel García y Griego y Leobardo F. Estrada, ''Research on the Magnitude of Mexican Undocumented Immigration to the U.S.: A Summary'', *Mexican Immigrant Workers in the U.S.*, Antonio Ríos-Bustamante (comp.), Los Ángeles, California, UCLA Chicago Studies Research Center, 1981, pp. 51-70; y Rodolfo A. Tuirán Gutiérrez, ''El volumen de la inmigración mexicana indocumentada en los Estados Unidos: especulación vs. conocimiento científico'', *Los factores del cambio demográfico en México*, René Jiménez Ornelas y Alberto Minujín Zmud (comps.), México, Siglo XXI e Instituto de Investigaciones, UNAM, 1984, pp. 279-309.

[5] Centro Nacional de Información y Estadísticas del Trabajo, *Los trabajadores mexicanos en Estados Unidos; resultados de la Encuesta Nacional de Emigración a la Frontera Norte del País y a los Estados Unidos*, México, Secretaría del Trabajo y Previsión Social, junio, 1982. Los resultados de la ENEFNEU han sido analizados y criticados por varios autores. Véanse Jacob S. Siegel, Jeffrey S. Passel y J. Gregory Robinson, ''Preliminary Review of Existing Studies of the Number of Illegal Residents in the United States'', *U.S. Immigration Policy and the National Interest; Appendix E to the Staff Report of the Select Commission on Immigration and Refugee Policy; Papers on Illegal Migration to the United States*, Washington, D.C., Government Printing Office, 1981, pp. 13-39; Levine, *et al.*, *Immigration Statistics*; García y Griego y Estrada, ''Research on the Magnitude of Mexican Undo-

Esta encuesta se levantó a partir de una muestra levantada con probabilidad de selección conocida de 62 500 hogares en 115 localidades del país, incluidas las principales zonas metropolitanas. Nos basaremos en esa fuente y en una hipótesis sobre el crecimiento de esta población entre 1978 y 1984 para estimar el número de trabajadores migratorios que, aun teniendo su domicilio habitual en México, se encontraban en Estados Unidos en abril de 1984.

Otra fuente es el censo de población de Estados Unidos que, por la manera en que se levantó, parece la fuente de mayor cobertura hasta la fecha sobre la población de indocumentados que reside en Estados Unidos.[6] Si bien en ese censo no se preguntó sobre el *status* migratorio de los censados, sí se averiguó el lugar de nacimiento y el origen de los encuestados; el uso de esta información, junto con otra sobre los inmigrantes admitidos legalmente, permite una estimación residual de la población de los indocumentados. Con estos datos y con un procedimiento desarrollado por Robert Warren con base en la encuesta de hogares de Estados Unidos (*Current Population Survey*, o CPS), de noviembre de 1979,[7] Warren, Jeffrey Passel y Karen Woodrow han estimado

---

cumented Immigration to the U.S.'', y Tuirán Gutiérrez, ''El volumen de la inmigración mexicana indocumentada en los Estados Unidos''. Para una respuesta a las críticas principales, véanse Manuel García y Griego, ''Comments on Bustamante and Sanderson Papers and on Research Project ENEFNEU'', *U.S.-Mexico Relations; Economic and Social Aspects*, Clark W. Reynolds y Carlos Tello (comps.), Stanford, California, Stanford University Press, 1983, pp. 306-313; Manuel García y Griego y Carlos H. Zazueta, *Approaches to the Estimation of Deportable Mexicans in the United States: Conjecture or Empirical Measurement?*, La Jolla, California, Center for United States-Mexican Studies, UCSD, en prensa, serie Monografías, núm. 2.

[6] Sin duda alguna, el censo de población de Estados Unidos en 1980 tuvo la mayor cobertura, es decir, la menor proporción de subregistro, de cualquier censo de población levantado en ese país. Ello se debió fundamentalmente a tres razones: 1) un alto grado de concientización dentro del gobierno de Estados Unidos de los problemas, sobre todo de orden político, que acarreó el subregistro de la población en el censo de 1970, 2) la elaboración de planes altamente sofisticados, que fueron ejecutados con amplios recursos humanos y financieros para reducir al mínimo el subregistro, y 3) una participación amplia entre las masas en el levantamiento del censo. Sobre el último punto, cabe señalar que diversos grupos chicanos, los medios de difusión de habla hispana en Estados Unidos, y la iglesia católica (aunque ésta, extraoficialmente, en el nivel local y parroquial) promovieron la enumeración en el censo de los indocumentados mexicanos. Con base en estimaciones independientes de la población total norteamericana, se concluyó que, a diferencia de años pasados, cuando el subregistro de la población total se medía en varios puntos porcentuales, en 1980 el error censal fue tan pequeño que el subregistro es menor que la misma incertidumbre de las técnicas empleadas para estimarlo. Si bien la cobertura de la población de indocumentados de ninguna manera se acerca a tales niveles, existen bases para considerar que la enumeración fue relativamente completa y, sin duda alguna, la mejor obtenida hasta la fecha por ninguna otra fuente del tipo de las encuestas. Véase Jeffrey S. Passel y Karen A. Woodrow, ''Geographic Distribution of Undocumented Immigrants: Estimates of Undocumented Aliens Counted in the 1980 Census by State'', *International Migration Review*, vol. 18, núm. 3 (1984), pp. 666-667.

[7] El procedimiento desarrollado por Warren se basa en una estimación residual en la que figuran ciertos elementos novedosos. El residuo es sencillo: se trata de estimar el número total de extranjeros captados por una encuesta o por el censo de población de Estados Unidos y restarle la estimación del número de extranjeros admitidos legalmente a Estados Unidos y residiendo en ese país en el momento de la encuesta o censo. Lo novedoso del procedimiento de Warren reside en que toma en cuenta que un número significativo de extranjeros, aun cuando admiten haber nacido fuera de Estados Unidos, declaran equivocadamente haberse naturalizado. Asimismo, a

el número de indocumentados —de nacionalidad mexicana y de otras— captados en el censo de población de 1980.[8] Nosotros adoptamos una hipótesis del crecimiento de esa población entre 1980 y 1984 para calcular su tamaño en abril de 1984.

Basándonos en las dos fuentes y en las dos hipótesis de crecimiento antes mencionadas, hemos estimado el número de trabajadores indocumentados mexicanos en Estados Unidos en abril de 1984 para las dos categorías mencionadas, que presentamos en el cuadro 1. La estimación del tamaño de la población en la categoría de indocumentados habitualmente residentes en Estados Unidos solamente se refiere a la fuerza de trabajo (no incluye dependientes). La hipótesis de crecimiento que adoptamos —270 00 trabajadores indocumentados para el período 1980-1984— supone una notable aceleración del ritmo observado para 1975-1980. Con esa hipótesis llegamos a una estimación de 1 027 000 trabajadores indocumentados mexicanos cuya residencia habitual fue Estados Unidos en abril de 1984.

En este trabajo utilizaremos la categoría de trabajadores migratorios indocumentados para referirnos al tamaño promedio de esta población presente en Estados Unidos durante el año, tomando en consideración que su tamaño varía según la estación y que, en promedio, estos trabajadores permanecen seis meses en el país vecino del norte. El otoño y el mes de abril son momentos que quedan a la mitad entre el nivel mínimo (el invierno) y el máximo (el verano). En el cuadro 1 se toman en cuenta ese dato y el hecho de que no todos los trabajadores incluidos en la estimación de la ENEFNEU ingresaron a Estados Unidos ilegalmente. Aplicamos también la estimación de crecimiento de 1978 al mes de abril de 1984, utilizando la misma tendencia de la población de residencia habitual en Estados Unidos. De ello resulta un crecimiento anual de 45 300 trabajadores (181 000 en el período 1980-1984). La mejor forma de interpretar ese dato es que el crecimiento de la población económicamente activa residente en México que trabajó parte del año sin documentos en Estados Unidos creció en 181 000 trabajadores durante ese cuatrienio. Esa hipótesis

---

través de un análisis de las tendencias históricas en el registro anual de extranjeros, Warren pudo estimar el grado de subregistro en el efectivo de extranjeros legalmente admitidos captados por las autoridades migratorias en las fechas pertinentes. A este procedimiento se le agregó una corrección, a partir del estudio de Passel y Woodrow, que toma en cuenta la mala declaración de lugar de nacimiento de la población de origen mexicano en Estados Unidos. Las estimaciones de Warren, Passel y Woodrow han sido criticadas en Levine, *et al., Immigration Statistics*. Consideramos que esa crítica no toma en cuenta que Los resultados obtenidos han mostrado índices de masculinidad, distribuciones por edad, sexo, zona geográfica y nacionalidad, son muy plausibles. También han coincidido con otras estimaciones basadas en otros procedimientos; al respecto, véase el estudio de Warren basado en el Current Population Survey de noviembre de 1979, "Estimation of the Size of the Illegal Alien Population in the United States", trabajo presentado en la reunión anual de la Population Association of America, San Diego, California, abril de 1982.

[8] Véanse Robert Warren y Jeffrey S. Passel, "A Count of the Uncountable: Estimates of Undocumented Aliens Counted in the 1980 Census", trabajo inédito, U.S. Bureau of the Census, Washington, D.C., 1985; Jeffrey S. Passel y Karen A. Woodrow, "Geographic Distribution of Undocumented Immigrants: Estimates of Undocumented Aliens Counted in the 1980 Census by State", pp. 642-671.

Cuadro 1

Estimación del tamaño de la población de trabajadores indocumentados en Estados Unidos, abril 1984

Trabajadores habitualmente residentes en Estados Unidos[a]

1) Total de indocumentados mexicanos en EUA, 1 abril de 1980: 1 131 000[b]
2) Población 15 años y más: 78.7% del total[c]
3) Tasa neta de participación activa: 85%[d]
4) Estimación de trabajadores indocumentados mexicanos habitualmente residentes en EUA, abril de 1980 [(1) × (2) × (3)]: 757 000
5) Estimación de trabajadores indocumentados mexicanos en abril de 1980 que entraron durante los años 1975-1980: 337 000.[e]
6) Estimación alta del crecimiento anual durante 5 años [(5)/5]: 67 400[f] (este crecimiento para 4 años es de 270 000).
7) Crecimiento anual (tasa aritmética) en relación con la población inicial [(6)/(4)/(4)]: 8.9%
8) Proyección total de trabajadores indocumentados, 1 abril de 1984 [(4) + 4 × (6)]: 1 027 000

Trabajadores migratorios físicamente presentes en Estados Unidos:[g]

8) Número máximo de trabajadores en 1978: 625 000[h]
9) Número mínimo de trabajadores a fines de 1978: 519 000[i]
10) Número promedio otoño de 1978: 572 000
11) Número promedio de indocumentados en otoño de 1978 [(10) × 0.89]: 509 000[j]
12) Supuesto crecimiento de población de trabajadores migratorios iguala tasa aritmética de crecimiento de población habitualmente residente [(7) × (11)] 45 300 anual[k]
13) Proyección de población de trabajadores para abril de 1984 [5.5 años × (12) + (11)]:758 000
14) Estimación del tiempo promedio que permanecen fuera de México: 6 meses:[l]
15) Número de plazas en EUA ocupadas por trabajadores contabilizados dentro de la población mexicana económicamente activa: [0.5 año × (13)]: 379 000

a Estas personas, pese a que están sujetas a deportación, tienen su domicilio en Estados Unidos. Se supone una cobertura casi completa de esta población en el censo estadunidense de 1980. Ver nota 6 de este trabajo, y Passel y Woodrow, "Geographic Distribution", pp. 666-667.

b Estimación de indocumentados mexicanos censados en Estados Unidos en 1980, Passel y Woodrow, p. 668.

c *Ibid.*, p. 664. La misma fuente, pp. 663 y 664, permite calcular la población de indocumentados mexicanos por sexo y grupo de edad (en miles):

	Total:	Menos de 15	15-34	35 y más
Ambos sexos	1 131.0	240.9	712.5	177.6
Hombres	619.9	121.7	409.0	89.2
Mujeres	511.1	119.2	303.5	88.4

d No tenemos información directa sobre la tasa de participación neta de los indocumentados cuya residencia habitual es EUA. Como punto de comparación podemos señalar que esa tasa, para la población de origen mexicano (mayoritariamente estadunidense) en 1979 fue de 82.5% para hombres y 48.1% para mujeres, ambos de 16 años y más de edad. Véase U.S. Bureau of the Census, Statistical Abstract of the Unites States, 1980, Washington, Government Printing Office, 1980. Dos condiciones hacen que las tasas para indocumentados mexicanos residentes en EUA tengan que ser mayores: su estructura por edad, que favorece altas tasas de participación y su condición de indocumentados, que los hace más proclives a estar empleados. Si suponemos, por ejemplo, una tasa de participación neta de hombres de 95% (que no puede alejarse mucho de la realidad) y una tasa de 70% para mujeres (suposición más incierta), resulta una tasa de participación neta de 84% para la población total, de 15 años y más. Esta tasa la redondeamos a 85 por ciento.

e Según cálculos basados en Passel y Woodrow (p. 664) el número de indocumentados mexicanos que entraron entre 1975-1980 y que en el censo de abril de 1980 tenían 15 años o más, era de 397 000. A esta cifra le aplicamos una tasa de participación de 85% (véase nota d, *supra*),para llegar a 337 000.

f El flujo neto 1975-1980 es igual a: total de entradas 1975-1980 menos total salidas del mismo período. Los 337 000 son la diferencia entre el total de entradas y (solamente) las salidas de las personas que entraron durante ese mismo período (sin tomar en cuenta las salidas de personas que entraron antes de 1975). El promedio del flujo neto anual durante esos cinco años, es, necesariamente, menos de 67 400, y es menor porque hubo salidas de indocumentados presentes en 1975 durante el quinquenio 1975-1980. Al suponer un flujo de 67 400 anual en 1980-1984, estamos suponiendo un incremento en el flujo neto anual de indocumentados en ese período con respecto al flujo del 1975-1980.

g Esta población tiene su domicilio en México, pero trabaja una parte del año en Estados Unidos. Se considera que pocos miembros de esta población fueron registrados en el censo de población de ese país en 1980.

h Ceniet, *Los trabajadores mexicanos en Estados Unidos,* p. 74.

i *Ibid.*, p. 73, el dato se refiere a la población "V".

j La estimación de la proporción de trabajadores que emigraron sin documentos se obtuvo solamente para la población "W" en la ENEFNEU, y se supone que ese cociente (0.89) es válido para la población total.

k Por no contar con datos adecuados para estimar el crecimiento de la población k trabajadores migratorios, suponemos esencialmente que se conserva la proporción entre la población habitualmente residente y la de trabajadores migratorios durante 1978-1984. Nótese que el crecimiento porcentual es una tasa aritmética para cuatro años (1980-1984), en este caso.

l En promedio, según la ENEFNEU, el período de estancia en Estados Unidos de los trabajadores migratorios fue de seis meses.

de crecimiento y la estimación original de la ENEFNEU nos permiten calcular una población total de 758 000 trabajadores indocumentados estimados para el mes de abril de 1984. Dado que esa fuerza de trabajo permanece en promedio seis meses al año en Estados Unidos, al considerar el número de trabajadores de tiempo completo, o trabajadores-año, en Estados Unidos, tenemos la mitad de la cifra anterior, es decir, 379 000.

Si bien las estimaciones de estas poblaciones para 1978 y 1980 pueden ser consideradas relativamente confiables —indiscutiblemente las más rigurosas desde un punto de vista metodológico y por la base empírica en que se sustentan— nuestro cálculo de su crecimiento, referido al período entre esos años y el mes de abril de 1984, es un ejercicio especulativo. Tenemos razones, sin embargo, para considerar que el resultado de ese ejercicio no puede alejarse mucho de la realidad. En el primer cuatrienio de los ochenta, con la crisis económica, aumentaron en México las presiones para emigrar a Estados Unidos, aunque tales presiones no tuvieron necesariamente los efectos que es]eraron algunos sectores de la prensa. De ahí que pudiéramos prever una aceleración en el crecimiento de la fuerza de trabajo de indocumentados mexicanos en Estados Unidos. Casi simultáneamente, la economía estadunidense atravesó la contracción más fuerte que ha sufrido desde hace un par de décadas y las tasas de desempleo subieron a los niveles más altos que habían experimentado desde la Gran Depresión; después de 1983 se recuperó la economía, aunque las tasas de desempleo permanecieron altas. Durante el mismo período, el mayor número de indocumentados residentes en Estados Unidos logró obtener una visa de inmigrante (por medio de las visas otorgadas bajo el fallo *Silva* de un tribunal federal norteamericano), lo que implica un aumento en el tamaño de la población de inmigrantes legales en EUA a costa de la de indocumentados habitualmente residentes en ese país. Simultáneamente, el organismo encargado de vigilar la frontera y expulsar a quienes cruzan ilegalmente, la Patrulla Fronteriza (*Border Patrol*), tomó medidas que aumentaron las dificultades para sin documentos ingresar al territorio estadunidense. De ahí que hubiera frenos importantes a la aceleración del ritmo de crecimiento de la población de indocumentados en 1980-1984.

Nuestras hipótesis de crecimiento suponen que la población habitualmente residente en EUA aumentó en casi 36% durante 1980-1984 y que la de trabajadores migratorios creció en casi 49% entre el otoño de 1978 y abril de 1984. De ahí que la suma total de las dos poblaciones para abril de 1984 sea poco más de 1.4 millones de trabajadores mexicanos de tiempo completo en Estados Unidos. Aun cuando ese tamaño total podría equivocarse tal vez en más o menos 30% (porque nuestra estimación del crecimiento no se apoya en datos empíricos), el cálculo es suficientemente preciso para los propósitos de este trabajo. Ese cálculo sería una estimación, más realista que las comúnmente aceptadas, de la magnitud de la población de trabajadores indocumentados mexicanos en Estados Unidos que teóricamente podrían ser expulsados a México.

Caben aquí varias advertencias sobre el resultado del cálculo que hemos presentado. La primera es que no damos un dato empírico, sino un cálculo basado en información generada entre 1978 y 1980. Lo aceptamos provisionalmente porque no contamos con una estimación empírica basada en información más actual. La segunda advertencia es que, pese a la buena calidad de la información en que se basa, nuestro cálculo adolece de algunas fallas de importancia supuestamente menor pero que todavía no han sido analizadas detenidamente. Las fallas principales son las siguientes: *a)* se carece de una base empírica adecuada para estimar el crecimiento de la población de indocumentados después de las fechas en que se levantaron la ENEFNEU y el censo de población de Estados Unidos; *b)* no se han elaborado los estudios necesarios para evaluar, a partir de información independiente, la cobertura en la ENEFNEU y en el censo de Estados Unidos, de las poblaciones utilizadas como base para proyectar, y *c)* no tenemos elementos empíricos para estimar el número de indocumentados mexicanos contabilizados simultáneamente en las dos categorías que consideramos (residentes habituales en EUA, residentes habituales en México y presentes en EUA) y que desde un punto de vista conceptual son mutuamente excluyentes. Los efectos de *b)* tenderían a la subestimación; los de *c)* a la sobrestimación. Son de tendencia opuesta, aunque no necesariamente de igual magnitud. Finalmente, hemos tratado el crecimiento de las dos poblaciones en forma independiente, sin considerar explícitamente la posibilidad de que algunos indocumentados pasen de una categoría a la otra. (Carecemos

232 MANUEL GARCÍA Y GRIEGO Y FRANCISCO GINER DE LOS RÍOS

de la base empírica mínima para tomar esto en consideración.) De ahí que los números presentados en el cuadro 1 sean aproximados y que nuestro análisis tenga que tomar eso en cuenta. Pese a sus limitaciones, estos cálculos nos aproximan más que otros que conocemos a una evaluación de la emigración en la economía del país.

Las anteriores estimaciones del flujo de trabajadores indocumentados deben considerarse a la luz del tamaño y dinámica de la población mexicana económicamente activa. Los datos que tenemos de esa población, sin considerar la de trabajadores menores de 15 años, se presentan en el cuadro 2. Tenemos dos estimaciones de la PEA en México en los ochenta, una alta y otra baja, basadas en distintas fuentes. Para facilitar la comparación, retomamos datos del cuadro 1 en el cuadro 2. Los trabajadores migratorios, recordemos, tienen su residencia habitual en México; esto significa que todos deben estar contabilizados en la PEA mexicana. La proporción de la PEA nacional que trabajó en Estados Unidos (en promedio seis meses al año) fue entonces de 2.8 a 3.0% en 1980 y de 3.2 a 3.4% en 1984. Por otra parte, según las estimaciones del cuadro 2, la PEA mexicana creció durante el cuatrienio 1980-1984 entre 3.0 y 3.5 millones. Ese crecimiento, según nuestros cálculos, fue acompañado por otro, de 181 000 trabajadores migratorios y 270 000 trabajadores indocumentados de residencia habitual en Estados Unidos. ¿Cómo interpretar estos datos? Por una parte, del cuadro 2 se desprende que si nuestras hipótesis de crecimiento son atinadas, la población de trabajadores migratorios creció, durante 1980-1984, casi al doble que la PEA nacional: 31.4% en comparación con 15.4 a 17.29%. (El crecimiento de la población de trabajadores que residen habitualmente en EUA también se proyectó a un alto ritmo: 35.7% para el cuatrienio mencionado.) Ahora bien, las estimaciones de la PEA para los ochenta toman implícitamente en cuenta las tendencias pasadas de la emigración. De ahí que si no hubiera habido la posibilidad de migración neta a favor de Estados Unidos, el crecimiento de la PEA hubiera aumentado en 270 000 durante 1980-1984; esto es, el crecimiento hubiera sido entre 16.8 a 18.5% para ese período.

Cabe destacar esta última comparación: el flujo neto de 270 000 trabajadores indocumentados y el crecimiento de la PEA entre 1980 y 1984 (según la estimación baja 2 951 000 y según la estimación alta 3 526 000). Según la estimación baja de la PEA, la emigración de trabajadores a Estados Unidos significó la salida definitiva de 8.4% de los que hubiera sido un crecimiento de la PEA sin emigración (270 000 + 2 951 000). Según la estimación alta de la PEA, la emigración de trabajadores significó la salida definitiva de 7.1% del crecimiento.

Podríamos señalar también que, según nuestras fuentes, el tamaño de la PEA en México es incierto. En términos relativos, tal vez esa incertidumbre (uno de cuyos indicadores es la misma diferencia entre las estimaciones alta y baja) sea menor que la incertidumbre acerca de la población de trabajadores indocumentados en Estados Unidos. Pero, en términos absolutos, en parte porque la población de indocumentados es menor que la PEA nacional, la in-

Cuadro 2

Población económicamente activa de México (1980-1988)
(Miles de trabajadores de 15 años y más)

Momento o período	Estimación baja de la PEA[a]		Estimación alta de la PEA[b]	
	Tamaño	Crecimiento	Tamaño	Crecimiento
1980	19 157		20 502	
1980-1984		2 951		3 526
1984	22 108		24 028	
1984-1988		3 387		4 026
1988	25 495		28 054	

Dinámica de la población de trabajadores indocumentados
(Miles de trabajadores de 15 años y más)

Momento o período	Trabajadores migratorios[c]		Trabajadores residentes en EUA[d]	
	Tamaño	Crecimiento	Tamaño	Crecimiento
1980	577[e]		757	
1980-1984		181		270
1984	758		1 027	

[a] Clara Jusidman de Bialostozky, "Proyecciones de la oferta y demanda de mano de obra", documento de la Dirección de Empleo, Secretaría del Trabajo y Previsión Social, octubre de 1980. Los datos aquí presentados se basan en la proyección "programática" para los años 1979, 1982 y 1988. Los efectivos calculados para 1980 y 1984 se obtuvieron mediante una interpolación logarítmica.

[b] Pedro Azpe y José Gómez de León, "El crecimiento de la población de México, 1950-1980; algunas de sus implicaciones económicas hacia el fin del siglo", documento inédito, mayo de 1985. Los datos aquí presentados se basan en la "hipótesis II" del estudio citado y en la proyección para los años 1980, 1985 y 1990. Los efectivos calculados para 1984 y 1988 se obtuvieron mediante una interpolación logarítmica.

[c] Estimaciones tomadas del cuadro 1. Las cifras se refieren al número de trabajadores, mismos que laboran en promedio 6 meses en Estados Unidos y no al número de plazas.

[d] Estimaciones tomadas del cuadro 1.

[e] El cuadro 1 indica una estimación de 509 000 trabajadores para el otoño de 1978. Se le agregó el crecimiento anual correspondiente a un período de un año y medio para llegar al resultado.

certidumbre acerca del tamaño de la PEA es notablemente más grande que el tamaño mismo de la población de indocumentados. Hipotéticamente, toda la población de trabajadores indocumentados en Estados Unidos podría regresar y, en términos cuantitativos, no la notaríamos en la fuerza de trabajo mexicana. Esta incertidumbre aparece también en las estimaciones del crecimiento de la PEA nacional. Si en el cuadro 2 comparamos el crecimiento de la población emigrante —270 000 durante 1980-1984—, encontramos que es menor que la diferencia estimada en el crecimiento de la PEA según las dos hipótesis: 575 000.

Las comparaciones anteriores permiten subrayar dos planteamientos importantes para nuestro análisis. Por una parte, el censo de población de 1980 ofrece una estimación de las tasas de actividad y de la PEA notablemente superiores a las que podríamos esperar a partir de la tendencia de crecimiento que había presentado la PEA en censos anteriores. Asimismo, los cambios en las definiciones de la actividad económica entre 1970 y 1980, la mala calidad de alguna información captada sobre la población activa y la alta proporción de la PEA sin ocupación especificada, ponen en duda el tamaño y las tendencias de la fuerza de trabajo que se derivan del censo de 1980. De ahí que el tamaño de la PEA mexicana en 1980 y en los años posteriores sea tema de discusión no resuelta.[9] Para nosotros, esta discusión significa que, al no tener una estimación confiable de la PEA para un año dado, no podemos analizar con precisión qué significa un aumento en el crecimiento anual esperado, digamos de 800 000 a 900 000 trabajadores en un año. Por otra parte, aun tomando en cuenta esta incertidumbre, las comparaciones entre PEA nacional y población de trabajadores indocumentados permite resaltar la relativa escasez de la población de los indocumentados en Estados Unidos y de su probable crecimiento. No estamos hablando de una gran proporción de la PEA nacional, tampoco de un gran flujo neto en comparación con el crecimiento de la PEA en México.

Vista desde otro ángulo, la migración de indocumentados no es tan pequeña. Tomemos las estimaciones de 22 a 24 millones de PEA nacional para 1984 y supongamos que el total de los trabajadores indocumentados mexicanos —1.4 millones— pudiera ser devuelto en el plazo de un año. Bajo tales circunstancias, esa cifra no se ve tan pequeña (aunque el pronóstico tampoco es

[9] Dos estudios recientes señalan algunas de las dificultades de la estimación de la PEA en el X Censo General de Población (1980). El de Brígida García detecta tendencias poco probables en diversos componentes de la PEA para una región del país durante la década de los setenta; el de Teresa Rendón y Carlos Salas subraya la sobrestimación y clasificación errónea por rama de actividad de la PEA en 1980. Véanse García, "Dinámica ocupacional rural y urbana en el sureste de México: 1970-1980", *Demografía y economía,* vol. 18, núm. 3 (1984), pp. 445-484 y Rendón y Salas, "La ocupación en México (1895-1980)", trabajo presentado en el Taller de Ciclos y Crisis en la Economía Mexicana, Centro de Estudios México-Estados Unidos, Universidad de California en San Diego, La Jolla, California, 9-11 de mayo de 1985. Los últimos autores estiman la PEA de 1980 en 17 035 194. La estimación censal de la PEA nacional es de 23 687 684. Véase México, Secretaría de Programación y Presupuesto, *México: información sobre aspectos geográficos, sociales y económicos; aspectos sociales,* vol. II, México, SPP, 1982, pp. 31. Una reciente proyección de la PEA preparada por Celade calcula esa población en 1980 en 19 304 757; para 1985, se estima en 23 133 573. Si le restamos la PEA menor de 15 años e interpolamos estas estimaciones logarítmicamente, obtenemos la estimación de 21 708 000 trabajadores para el año 1984. De ahí que la estimación del Celade sea levemente inferior a la hipótesis baja de nuestro cuadro 2. Véase Centro Latinoamericano de Demografia, *Boletín demográfico,* vol. 18, núm. 35 (1985), p. 142. Las diferencias que hemos mencionado se deben exclusivamente a las que surgen cuando utilizamos el censo de población de 1970 o el de 1980 y diferentes supuestos sobre las tasas específicas de participación activa. Además de las anteriores dificultades, cabría subrayar que no encontramos información empírica sobre el comportamiento de la PEA entre 1980 y 1984; período en el cual cabría esperar fuertes modificaciones en algunos componentes de la fuerza de trabajo como resultado de la crisis que empezó en 1981. El número de ocupaciones, (no exactamente equivalente a la PEA,) decreció entre 1981 y 1983, según información de las cuentas nacionales, de 20 043 000 a 19 572 000. Véase México, Instituto Nacional de Estadística, Geografía e Informática, *Sistema de cuentas nacionales de México, 1981-1983,* México, SPP, 1984, p. 3. Véase también, Banco de México, *Informe anual, 1983,* México, 1984, pp. 41-42.

realista). Hagamos una comparación que ya hicimos antes, pero planteada ahora en otros términos. Según cuál de las dos estimaciones tenemos, la PEA nacional creció en 1985 de 800 000 a 950 000 trabajadores. Supongamos que si se aplicara alguna nueva ley migratoria estadunidense, el *statu quo* de 1984 se mantendría en 1985; esto es, se perderían 22 600 plazas de tiempo completo para trabajadores migratorios y 67 500 de trabajadores que hubieran emigrado a EUA para residir habitualmente en ese país. Bajo tales circunstancias, la economía del país tendría que afrontar, en condiciones de crisis, un crecimiento de la oferta de trabajadores de 15 años y más de 90 000 por encima del crecimiento arriba señalado. En términos de crecimiento geométrico, las tasas de 1985, de 3.6 a 3.9%, aumentarían, a consecuencia de tales políticas migratorias estadunidenses, a tasas de 4.0 a 4.3%. Tales aumentos de la tasa de crecimiento de la PEA no serían insignificantes, sobre todo en época de crisis económica y más todavía si se mantuvieran durante un buen tiempo.

Con todo esto queremos subrayar que el tamaño de la población de indocumentados y su crecimiento, aun cuando sean notablemente menores que la magnitud comúnmente supuesta, no indican por sí solos para México un problema menor que si toda la población de indocumentados se viera obligada a regresar al país o si dejara de crecer. Tenemos que considerar además que no todos los trabajadores serían deportados y que las medidas que pudiera adoptar Estados Unidos tardarían varios años en llevarse a cabo.

Hasta aquí, nuestro análisis se ha centrado en el tamaño de la fuerza de trabajo de indocumentados en Estados Unidos y en cómo podría incidir una nueva política migratoria norteamericana en la oferta de mano de obra en México. Los efectos de la restricción de la migración se han definido exclusivamente en los términos de un problema del empleo en ese país. Sin embargo, visto desde otro ángulo, la restricción de la migración es un problema de ingreso. En su gran mayoría, los trabajadores migratorios —el grueso del flujo de indocumentados en cualquier año— tienen empleo en México antes de emigrar; en cambio, sus motivos para buscar en Estados Unidos obedece más bien a la búsqueda de ingreso complementario. No debe sorprendernos que el dinero que envían a México y que traen consigo, aunque se destine principalmente al consumo, también se emplea para adquirir tierras, construir casas y, en una pequeña proporción, de inversiones productivas.[10]

[10] La ENEFNEU encotró entre la población de trabajadores ausentes en el momento de la encuesta que uno de cada cinco no trabajó el mes anterior a su última migración y sólo 3.2% estaba desempleado abiertamente. (Los trabajadores no ocupados y no desempleados serían inactivos.) Centro Nacional de Información y Estadísticas del Trabajo, *Los trabajadores mexicanos en Estados Unidos*, p. 109. *Cf.* Wayne A. Cornelius, *Recent Mexican Migration to the United States (with Comparative Reference to other Caribbean-Basin Migrations): A Research Inventory and Recommendations for Future Research*, La Jolla, California, Program in U.S.-Mexican Studies, UCSD, enero de 1980, documento inédito, pp. 143-151; Robert M. Malina, *Push Factors in Mexican Migration to the United States; the Background to Migration, a Summary of Three Studies with Policy Implications*, Austin, Institute of Latin American Studies, Universidad de Texas en Austin, 1980. El patrón general de uso de remesas lo describen Cornelius, *Recent Mexican Migration*, pp. 177-190; Michael J. Greenwood y Jane H. Lillydahl, ''The Potential Economic Consequences of Mexican Migration to the United States'', *Impactos regionales*

¿Cuál es el monto de las remesas que envían los trabajadores indocumentados a México? Esta pregunta es más difícil de contestar que la del tamaño de la población. En el cuadro 3 intentamos un cálculo de ese monto. Empezamos con la población de trabajadores migratorios cuyo comportamiento en cuanto al envío de remesas es bien conocido. Estimamos que esa población envió 566 millones de dólares a México en 1984 y que trajo consigo otros 225 millones durante el mismo año.

El envío de remesas de la población que habitualmente reside en Estados Unidos es menos conocido; contamos con una sola estimación empírica del flujo de remesas de trabajadores que residen en Estados Unidos. Las estimaciones de las remesas presentadas en ese estudio, que analiza la situación económica de trabajadores indocumentados mexicanos en la industria fabril y la actividad restaurantera en el condado de Los Ángeles, son una aproximación relativamente aceptable a las remesas de todos los trabajadores indocumentados residentes en Estados Unidos, porque el ingreso de los trabajadores en estas actividades es típico de tales trabajadores, y porque, según la muestra, 85% de los trabajadores nunca habían regresado a México después de ingresar a Estados Unidos, o lo habían hecho durante un mes o menos. Asimismo, 84% había permanecido en Estados Unidos un año o más, y 60% dos años o más.[11]

El flujo de remesas de indocumentados que residen en Estados Unidos se calcula aproximadamente en 1 010 millones de dólares en 1984. De ahí que el total de divisas enviadas a México por los trabajadores migratorios e indocumentados residentes en EUA ascienda a aproximadamente 1.8 mil millones de dólares en 1984. (El lector debe tomar en cuenta que esta cifra no incluye las remesas o envíos de dinero que hacen otros grupos, como por ejemplo los inmigrantes legalmente admitidos a Estados Unidos, los cuales incluyen ex indocumentados recientemente legalizados.)

Caben observaciones sobre la confiabilidad de este resultado. Como señalamos para el caso de las estimaciones del tamaño de población de indocumentados en 1984, el cálculo del monto de divisas no es un dato empírico, sino una estimación basada en un modelo en que se supone un comportamiento estable en el envío de divisas tomando en cuenta factores como el tamaño de la población trabajadora y sus ingresos en Estados Unidos. Este cálculo no sustituye una estimación empírica, para 1984, de ese monto de divisas. Para 1975, Juan Díez-Canedo Ruiz elaboró una estimación empírica de las reme-

de las relaciones económicas México-Estados Unidos, Alfonso Corona Rentería y James Lay Gibson (comps.), México, El Colegio de México y Asociación de Estudios Regionales México-Estados Unidos, 1984, pp. 319-323; César Zazueta, Trabajadores migrantes temporales mexicanos en los Estados Unidos; uso en sus comunidades de origen del dinero ahorrado y relación con la génesis de la "tradición migratoria", México, Centro Nacional de Información y Estadísticas del Trabajo, abril de 1982, documento inédito, pp. 71-98.

[11] Sheldon L. Maram, "Hispanic Workers in the Garment and Restaurant Industries in Los Angeles County", Working Papers in U.S.-Mexican Studies, núm. 12, La Jolla, California, Program in U.S.-Mexican Studies, UCSD, 1980, p. 14.

Cuadro 3

Estimación del volumen de divisas enviadas a México por trabajadores indocumentados en Estados Unidos, 1984

Trabajadores migratorios [a]

1) Efectivo de trabajadores migratorios indocumentados en Estados Unidos, promedio en 1984: 385 000[b]
2) Proporción que envía dinero a México durante el año: 70 por ciento[c]
3) Monto de dinero enviado, por trabajador, por mes: 175 dólares[d]
4) Monto anual de remesas de trabajadores migratorios [1) × 2) × 3) × 12)]: 566 millones de dólares.
5) Número de trabajadores que regresó a México durante 1984: 767 000[e]
6) Proporción de trabajadores que trajeron dinero a México, 1984: 64 por ciento[f]
7) Monto de dinero traído a México, por trabajador: 458 dólares[g]
8) Monto anual de dinero traído a México por indocumentados, 1984 [5) × 6) × 7)]: 225 millones de dólares
9) Monto de divisas recibidas por México de trabajadores migratotrios indocumentados por EUA durante 1984 [4) + 8)]: 791 millones de dólares

Trabajadores indocumentados que residen en Estados Unidos[h]

10) Efectivo de trabajadores indocumentados con residencia habitula en Estados Unidos: 1 044 000[i]
11) Promoción que envía dinero a México en forma regular: 62 por ciento[j]
12) Monto de dinero enviado, por trabajador, por mes: 130 dólares[k]
13) Monto anual de remesas de trabajadores indocumentados que residen en EUA [10) × 11) × 12) × 12)]: 1 010 millones de dólares
14) Total de divisas enviadas por indocuentados a México en 1984 [9) + 13)]: 1 801 millones de dólares

---

[a] Se refiere a la misma definición de trabajadores migratorios presentada en el texto: trabajadores indocumentados mexicanos de 15 años o más de edad, cuya residencia habitual se encuentra en México y que, según estimaciones, trabajan en promedio seis meses al año en Estados Unidos.

[b] Se calculó sumando el efectivo de abril de 1984 (758 000, según [13] del cuadro 1) y el crecimiento para un cuarto de año (0.25 × 45 30, según [12] del cuadro 1) y dividiendo por 2 (para calcular trabajadores-año, ya que en promedio estos trabajadores permanecen 6 meses).

[c] Según datos de la ENEFNEU 69.1% de los trabajadores migratorios enviaron dinero a México durante su última estancia en Estados Unidos. Carlos H. Zazueta, "Trabajadores mexicanos en los Estados Unidos: algunos resultados iniciales y consideraciones metodológicas de la Encuesta Nacional de Emigración a la Frontera Norte del País y a los Estados Unidos", documento inédito, Centro Nacional de Información y Estadísticas del Trabajo, México, 1980. En una encuesta dirigida por Wayne A. Cornelius en 9 comunidades rurales en los Altos de Jalisco en agosto de 1976, se encontró que 81% de los trabajadores mexicanos indocumentados enviaban dinero en forma regular a sus hogares. La región de los Altos de Jalisco, a diferencia del país en su conjunto, tiene una larga experiencia de trabajo en Estados Unidos y de envío de remesas. Véase Cornelius, "La migración ilegal mexicana a los Estados Unidos: conclusiones de investigaciones recientes, implicaciones políticas y prioridades de investigación", *Indocumentados; mitos y realidades* [Blanca Torres] (comp.), México, El Colegio de México, 1979, p. 89.

[d] El análisis de la ENEFNEU no permitió una estimación directa del monto promedio de divisas enviadas por los trabajadores migratorios. En la misma fuente citada en la nota c, *supra*, se informa que el monto promedio del primero, segundo y tercer envíos, fueron 89.50, 158.30 y 176.60 dólares, respectivamente. Según Cornelius, nota c, *supra*, p. 89, los trabajadores indocumentados enviaban en promedio 162 dólares mensuales. En un estudio detallado de Richard Mines,

se calculó el dinero que enviaron los trabajadores de una comunidad en Zacatecas a sus cónyuges. El promedio para los años 1976-1978 fue de 143 dólares mensuales. El promedio enviado por hijos a sus padres, en cambio, fue de apenas 15 dólares mensuales. Véase Mines, *Developing a Community Tradition of Migration: A Field Study of Rural Zacatecas, Mexico, and California Settlement Areas,* La Jolla, California, Program in United States-Mexican Studies, 1981, serie Monografías, núm. 3, pp. 202-203. Si tomamos en cuenta, además, que el salario mínimo en Estados Unidos ha subido desde 1978, la estimación de 175 dólares enviados mensualmente por trabajadores migratorios mexicanos en promedio a sus familiares en México en 1984 resulta verosímil.

ᵉ Esta población no se refiere al efectivo promedio de indocumentados en EUA, sino al número de trabajadores que durante el año regesó a México. Una parte de esa población, en 1978, hubiera sido la de indocumentados que se encontraban en México a fin de año, y fueron a trabajar a EUA durante 1978. Según información inédita de la ENEFNEU, esa población era de 335 000 trabajadores. La otra parte de esa población en 1978 hubiera sido la de indocumentados que durante la encuesta se encontraban en Estados Unidos, regresaron a México y volvieron a entrar a Estados Unidos durante el año 1978. Desconocemos el tamaño de esta población, aunque tenemos información que indica que 71.5% de la población ausente de México en el momento de la encuesta tenía un año o menos en Estados Unidos (véase Zazueta, "Trabajadores mexicanos," *supra,* nota c). Si suponemos que la mitad de los trabajadores indocumentados que entraron a EUA en 1978 y que aún permanecían en aquel país a fin de año habían regresado de una migración anterior durante 1978, esta población la podemos calcular en 462 000 × 71.50%, o sea, 165 000 trabajadores. El total de trabajadores que regresaron durante 1978, entonces, se calcula en 500 000. Con una tasa aritmética de crecimiento del 8.9% (véase [7], cuadro 1, tenemos una estimación de 767 000 trabajadores que regresaron en 1984.

ᶠ No tenemos datos adecuados para esta estimación. Los datos de la ENEFNEU registraron una baja proporción de trabajadores que regresaron con dinero, pero también se tuvo una alta proporción de respuesta negativa a la pregunta. La proporción que tomamos es la obtenida en la encuesta dirigida por Wayne Cornelius, *supra,* nota c, p. 90. Dadas las características de la región en que se levantó la encuesta, es posible que se sobrestime esa proporción.

ᵍ Los comentarios de la nota f, supra, también se aplican en este caso. El estudio de Cornelius, p. 90, permite suponer dicho monto en 458 dólares por trabajador.

ʰ La definición de esta población es la misma utilizada en el texto: trabajadores indocumentados cuya residencia habitual se encuentra en Estados Unidos.

ⁱ Según [6] del cuadro 1, el crecimiento anual de esta población se estima en 67 400 trabajadores. Si tomamos en cuenta que la estimación para abril de 1984 (1 027 000) debe incrementarse en una cuarta parte del crecimiento anual para obtener el efectivo promedio, llegamos a la cifra indicada.

ʲ Tal vez la mejor información para estimar esta proporción de los trabajadores que residen habitualmente en Estados Unidos sea la de una encuesta dirigida por Sheldon L. Maram en 1979, entre trabajadores en la industria fabril y restaurantera de la zona metropolitana de Los Angeles, California. De los trabajadores fabriles indocumentados mexicanos, 63.5% enviaba dinero a México por lo menos una vez cada tres meses. Véase Maram, "Hispanic Workers in the Garment and Restaurant Industries in Los Angeles County", *Working Papers in U.S.-Mexican Studies, 12,* La Jolla, California, Program in United States-Mexican Studies, 1980, p. 28. De los trabajadores restauranteros, 59.8% enviaba dinero a México, Maram, p. 88. Por no tener elementos para evaluar estos datos, hemos utilizado el promedio de los dos.

ᵏ Los trabajadores fabriles enviaban a México en promedio 91.25 dólares mensuales contra 132.44 dólares de los restauranteros. Véase Maram, nota i, *supra,* pp. 29,89. Tomando en consideración que los salarios han subido en EUA desde 1979, se empleó una estimación de 130 dólares enviados mensualmente en promedio por trabajadores que habitualmente residen en Estados Unidos.

sas (sin incluir el dinero traído en efectivo y en cheques personales) enviadas a México desde Estados Unidos, con base en muestras de órdenes de pago bancarias y giros postales. El monto total que estimó Díez-Canedo fue de 318 millones de dólares para ese año.[12] Sólo una parte de la diferencia entre esa estimación y la nuestra —1.8 mil millones— puede explicarse con base en el crecimiento de la población de trabajadores indocumentados en Estados Unidos entre 1975 y 1984, en el hecho de que nuestra estimación incluye las divisas que traen consigo los trabajadores y en factores similares. De hecho, la diferencia es más grande de lo que parece cuando tomamos en cuenta que el procedimiento utilizado por Díez-Canedo incluye, en principio, las remesas de indocumetados legalizados e inmigrantes legales en Estados Unidos. Aunque no podemos resolver aquí las diferencias entre estos cálculos, cabe señalar algunas de sus implicaciones: es posible que los datos que tenemos sobre el envío de remesas por trabajadores habitualmente residentes en EUA en ciertas actividades de Los Ángeles, estén por encima de la media de las remesas enviadas por trabajadores de otras ramas de actividad y zonas geográficas en Estados Unidos; posiblemente haya problemas de captación en las encuestas de la información sobre el dinero enviado por estos trabajadores, debido a que éstos sobrestiman los montos reales que envían; y existe la posibilidad de que el procedimiento utilizado por Díez-Canedo para estimar el flujo de remesas en el nivel nacional falle cuando utiliza los datos de una institución bancaria con operaciones centralizadas en la ciudad de México. De ahí que nuestro cálculo pueda sobrestimar el monto de divisas que recibe el país de trabajadores indocumentados. En la medida en que eso sea cierto, el análisis que presentamos en este trabajo podría exagerar la vulnerabilidad de la economía mexicana a políticas migratorias estadunidenses.

Incluso basándonos en un procedimiento que posiblemente sobrestime la importancia económica que tienen para México los trabajadores indocumentados en Estados Unidos, encontramos que esa importancia no es tanta como se supone comúnmente: los medios de difusión mexicanos mencionan frecuentemente cifras de 3 o 4 mil millones de dólares al año o más. Sin embargo, la cifra de 1984, de 1.8 mil millones, no es precisamente pequeña. Por una parte, es comparable con los ingresos que tuvo el país por concepto de turismo —1 954 millones de dólares— en 1984. Por la otra, el ingreso de una cantidad similar a 1.8 mil millones de dólares al año no es tan pequeño como para que sus efectos indirectos —aunque no sean cuantificables— puedan ignorarse. Entre tales efectos cabría mencionar el del gasto de una parte de ese dinero en las comunidades de origen de los migrantes e incluso el efecto sobre el empleo debido a la pequeña proporción —aunque no pequeña cantidad en su totalidad— de las divisas que se destinan a inversiones productivas en esas comunidades.[13] Para evaluar la vulnerabilidad de la economía del país a las políticas migratorias norteamericanas, habría que considerar las posibilidades reales que tiene el gobierno estadunidense de atenuar el crecimiento de la población de

---

[12] Juan Díez-Canedo Ruiz, *La migración indocumentada de México a los Estados Unidos; un nuevo enfoque,* México, Fondo de Cultura Económica, 1984, p. 40.

[13] Los datos de los ingresos provenientes del turismo aparecen en *Examen de la situación económica de México,* México, revista del Banco Nacional de México, vol. 61, núm. 715 (1985), p. 252.

indocumentados mexicanos, o de revestir la tendencia y obligar al regreso de la población de trabajadores.

Estados Unidos no puede (o no quiere) suprimir totalmente
la corriente migratoria de indocumentados mexicanos

En Estados Unidos se alega desde hace muchos años la gravedad de la carga de los indocumentados en su economía y se discute cómo solucionar el problema. La retórica sobre este tema ha alcanzado proporciones verdaderamente alarmantes; hay quienes califican la migración como una invasión y el gobierno del presidente Reagan ha afirmado: "Hemos perdido el control de nuestras fronteras." Si bien esta retórica inflada resulta a veces poco creíble, buena parte de la opinión pública mexicana parece haberse convencido de que Estados Unidos no solamente está dispuesto, sino que está en condiciones de tomar medidas que pueden repercutir seriamente en la economía mexicana.

La realidad es muy diferente. La capacidad de Estados Unidos para controlar el tamaño de la población de indocumentados en su territorio es actualmente casi nula. Con esto no negamos que la presencia de la Patrulla Fronteriza (*Border Patrol*) en la línea divisoria y las actividades policiacas en el interior atenúan el crecimiento de la población de indocumentados, ni que el gobierno norteamericano pueda aumentar —hasta cierto punto y por un tiempo— el número de expulsiones de indocumentados. Pero lo que Estados Unidos no puede hacer es cambiar a su voluntad el tamaño de la población de indocumentados; hasta ahora, los esfuerzos para detener y expulsar gente no han tenido efectos discernibles en el *tamaño* de esa población. El hecho de que el SIN haya expulsado cientos de miles de indocumentados al año (hasta más de un millón) y que esa población siga creciendo es un dato verdaderamente impresionante, que debemos detenernos a considerar.

Esa consideración comienza observando que, sin duda, la tendencia general de la población de indocumentados mexicanos en Estados Unidos ha sido de constante crecimiento. La magnitud de ese crecimiento está sujeta a discusión, porque las mejores fuentes que tenemos —la ENEFNEU y los estudios de Warren, Passel y Woodrow— son más útiles para estimar el tamaño de esa población en un momento determinado que el crecimiento durante todo un período. Pero aun si ignoramos las estimaciones que se desprenden de esas fuentes (y que presentamos en los cuadros anteriores), no hay estudio serio que calcule la corriente migratoria de indocumentados en nivel cero o en flujo neto de regreso a México. De ahí que no podamos evitar una conclusión: pese a los esfuerzos del SIN durante los setenta para revertir esa corriente migratoria, el hecho de que tuvieran éxito en llevar a cabo cientos de miles de expulsiones al año y a que decenas de indocumentados se legalizaran al año,[14] esa población pudo seguir creciendo durante los últimos 15 años.

---

[14] En el resto de este trabajo utilizaremos los datos del SIN sobre el número de "localizaciones" de indocumentados (*deportable aliens located*) tomándolo como buena aproximación del número

La aparente impotencia del Servicio de Inmigración y Naturalización ante el crecimiento de la población de indocumentados mexicanos requiere un análisis del número de las expulsiones de esas personas y de los riesgos que esos indocumentados enfrentan y podrían enfrentar si el SIN actuara de manera más activa para expulsarlos.

Durante el año fiscal 1984 (octubre de 1983 a septiembre de 1984) el SIN localizó a 1 168 761 indocumentados mexicanos, algunos de ellos más de una vez, y casi todos fueron expulsados a territorio mexicano. Sin embargo, este dato no indica que México haya tenido que absorber una población de tal magnitud; al contrario, si nuestras estimaciones sobre el año 1984, en el cuadro 1, son válidas, México tuvo un saldo negativo de trabajadores indocumentados mexicanos de 67 400. De ahí que no sean incompatibles un flujo de expulsiones de cientos de miles de indocumentados al año y un crecimiento de esa población en términos absolutos. De hecho, si el comportamiento de la corriente migratoria no fue muy diferente en 1984 que en los años anteriores, no solamente creció la población que reside habitualmente en EUA, sino que la población de trabajadores migratorios logró superar la vigilancia en la línea fronteriza.

El cuadro 4 nos permite plantear algunas hipótesis sobre el riesgo de que un indocumentado —trabajador o no— sea localizado y expulsado por el SIN en Estados Unidos. Según datos inéditos del SIN de 1984, 79% de todas las localizaciones de mexicanos —926 109— corresponde a personas detenidas, algunas más de una vez, menos de 72 horas después de haber ingresado ilegalmente al territorio norteamericano. Desconocemos el número de esos ingresos que se dieron ese año, por lo que no podemos calcular la probabilidad de ser detenido durante ese breve lapso. Pero si el comportamiento de esa población en 1984 fue el esperado, ingresaron exitosamente más de 509 000 trabajadores indocumentados, aunque hayan sido detenidos varias veces antes de lograrlo. Asimismo, dado que la población de trabajadores indocumentados que residen habitualmente en EUA creció en aproximadamente 67 400 durante el año, ingresaron exitosamente más de ese número de trabajadores, aunque éstos también hayan sido detenidos varias veces antes de lograrlo. A esos trabajadores (509 000, más el flujo bruto de indocumentados que se quedaron en Estados Unidos, subestimado en 67 400), más los indocumentados mexicanos que, des-

de expulsiones. Sin embargo, existe evidencia, para los años 1977 y 1978, que permite cuestionar la validez de ese supuesto, ya que se pudo comprobar que el SIN no estaba devolviendo tantos como sus estadísticas parecerían indicar. Véase Carlos H. Zazueta, ''Consideraciones acerca de los trabajadores mexicanos indocumentados en los Estados Unidos: mitos y realidades'', *Revista mexicana del trabajo*, 8a. época, vol. 2, núm. 2 (1979) pp. 15-45; Manuel García y Griego, *El volumen de la migración de mexicanos no ducumentados a los Estados Unidos (nuevas hipótesis)*, México, Centro Nacional de Información y Estadísticas del Trabajo, 1980, pp. 215-244. Con respecto a la legalización de indocumentados, cabe recordar que ese proceso representa una disminución de esa población porque, aun cuando permanezcan en Estados Unidos, ya no tienen el *status* de indocumentados. Este proceso fue detectado durante los años setenta en una encuesta dirigida por Alejandro Portes en 1973; un análisis se presenta en Francisco Alba, ''Éxodo silencioso: la emigración de trabajadores mexicanos a Estados Unidos'', *Foro internacional*, vol. 17, núm. 2 (1976) p. 170.

Cuadro 4

Localizaciones de indocumentados mexicanos por el servicio de inmigración y naturalización en Estados Unidos, año fiscal 1984

Tiempo de permanencia en EUA antes de localización	Total servicio de inmigración y naturalización	Patrulla fronteriza	Ramo de investigaciones
Total	1 168 761	1 102 583	66 178
Antes de 72 horas[a]	926 109	920 284	5 825
Más de 72 horas pero menos de 6 meses	162 841	136 979	25 862
Más de 6 meses pero menos de un año [b]	24 161	16 095	8 066
Más de un año	55 650	29 225	26 425

[a] Este renglón es la suma de las categorías de tiempo en la G-23.18 identificadas como "localizados al entrar" y "localizados dentro de 72 horas".

[b] En rigor, la G-23.18 identifica esta categoría como "de 7 meses a un año". Sin embargo, presentaría una discontinuidad con la categoría anterior si no incluyéramos conceptualmente a las personas que cumplieron seis meses de estancia en EUA.

Fuente: Elaboración propia basada en infomes inéditos G-23.18 del Servicio de Inmigración y Naturalización, Washington, D.C.

pués de ser detenidos al cruzar dejaron de hacer nuevos intentos, más los económicamente inactivos que ingresaron exitosamente a Estados Unidos durante 1984, les corresponde las 926 109 localizaciones realizadas antes de que cumplieran 72 horas en territorio estadunidense. Así, los indocumentados que ingresaron ilegalmente a Estados Unidos en 1984, lo hicieron con un promedio de más de dos veces en el año, y la probabilidad de expulsión dentro de las 72 horas después de entrar fue, cuando mucho, de 50%.[15]

[15] Nuestro indicador del riesgo al que se exponen los indocumentados a ser detenidos poco después de ingresar ilegalmente a Estados Unidos es la probabilidad de que un ingreso termine en localización dentro de 72 horas de haber entrado. De acuerdo con las categorías utilizadas en el texto, esa probabilidad, a, para un período de tiempo se definiría:

$$a = \frac{ltm + ltrn + ltld}{etm + etrh + etld,}$$

donde ltm = localizaciones de trabajadores migratorios que durante 1984 superaron una estancia de 72 horas en EUA; ltrh = localizaciones de trabajadores de residencia habitual en EUA que durante 1984 superaron una estancia de 72 horas; ltld = localizaciones de "todos los demás", etm = entradas de trabajadores migratorios que durante 1984 superaron una estancia de 72 horas en EUA; etrh = entradas de trabajadores que superaron una estancia de 72 horas en EUA y encontraron residencia habitual en ese país durante 1984, y etld = entradas de "todos los demás". "Todos los demás" indocumentados se refieren a los que ingresaron pero no trabajaron en Estados Unidos (inactivos) y a indocumentados que no superaron durante 1984 una estancia de 72 horas en EUA, es decir, dejaron de intentar a ingresar a EUA y se regresaron a México. La suma de las localizaciones en el numerador es 926 109. Los datos en el denominador los podemos estimar de diversas formas, todas ellas con tendencia a subestimar el número total de ingresos. Las entradas de los trabajadores migratorios en 1984 se estiman en por lo menos 812 300 (767 000 regresaron y, pese a ello, hubo un crecimiento de 45 400 durante el mismo año). Las entradas de los trabajadores

El complemento de las localizaciones dentro del lapso de 72 horas —242 652— corresponde al total de indocumentados mexicanos detenidos después de haber permanecido en Estados Unidos por lo menos 72 horas. En muchos sentidos, este flujo de expulsiones, tan sólo 21% del total, tiene más importancia que el dato de 79% de aquellos cuya estancia fue transitoria. Aun así, vemos que el SIN captura y expulsa más gente que lleva poco tiempo en Estados Unidos —menos de seis meses, por ejemplo— que indocumentados que tengan más de seis meses o incluso más de un año de permanencia en su territorio. Esto puede deberse a que el riesgo de ser expulsado disminuye con el tiempo de estancia, o a que la población expuesta al riesgo trata de no quedarse mucho tiempo, o a ambas causas. Según un estudio empírico que analiza la probabilidad de expulsión según el tiempo de estancia durante los años 1972-1976, ésta se debe a ambos factores.[16]

Proponemos una manera aproximada de estimar el riesgo de expulsión de la población de indocumentados mexicanos que ingresaron ''exitosamente'' a Estados Unidos, es decir, que permanecieron más de 72 horas. Sabemos que la Patrulla Fronteriza, además de detener indocumentados cerca de la línea fronteriza, tiene garitas en el interior del país donde se detienen personas que llevan más tiempo, y que se encarga de manera especial de efectuar redadas en zonas rurales norteamericanas. (La misma fuente que sirvió de base para elaborar el cuadro 4 nos indica que ese organismo localizó en 1984 a 83 583 indocumentados mexicanos que estaban trabajando en la agricultura.) Por otra parte, sabemos que el otro cuerpo policiaco del SIN, el Ramo de Investigaciones (*Investigations Branch*) se dedica a investigar y localizar personas en áreas urbanas, principalmente, en lugares de trabajo. Este organismo detecta sobre todo a indocumentados cuyo domicilio se encuentra en Estados Unidos (aun-

---

de residencia habitual en Estados Unidos fue igual a la suma del crecimiento (67 400) y el número que salió del *status* de indocumentados (número desconocido, cuya magnitud asciende a decenas de miles al año). Las entradas de los demás es un número desconocido mayor que cero. De ahí que podamos afirmar que esta probabilidad fue, cuando mucho, 50% en 1984. El ejercicio que hacemos aquí corrobora resultados obtenidos en otro estudio, en el que se calcularon empíricamente probabilidades de expulsión durante las primeras 72 horas. Esta probabilidad se estimó, en promedio para los años 1972-1977, entre 20 y 27%. Véase García y Griego, *El volumen*, pp. 483-484.

Este indicador nos relaciona la población que ingresa ilegalmente a Estados Unidos con las localizaciones efectuadas por el SIN poco después de que esa población ingrese, sin decirnos cuál sería el efecto de un aumento en el riesgo de detener indocumentados poco después de su entrada sobre el tamaño de la población de indocumentados (trabajadores migratorios y residentes habituales) en Estados Unidos. Aun cuando no creciera el número de individuos que intenta ingresar ilegalmente a EUA, un aumento en el personal de la Patrulla Fronteriza también aumentaría el número de localizaciones y, en alguna medida, el número de indocumentados que, después de ser detenidos una o más veces, dejarían de hacerlo otra vez durante ese año. Pero la relación probablemente no es directa, sobre todo porque ya existe el patrón de los indocumentados que persisten en ingresar una y otra vez hasta tener éxito (permanecer más de 72 horas en EUA y conseguir empleo). Lo mismo, desde luego, sucede con los que, después de permanecer más de 72 horas son detectados y expulsados: ingresan una y otra vez hasta regresar a su domicilio o lugar de trabajo en Estados Unidos.

16 García y Griego, *El volumen*, pp. 421-424.

que seguramente también localiza a algunos trabajadores migratorios). La Patrulla Fronteriza concentra su búsqueda en lugares donde se encuentran trabajadores migratorios, aunque es casi seguro que detiene también a personas de residencia habitual en Estados Unidos, sobre todo en las garitas que suele establecer para controlar el tránsito de las carreteras.

Si utilizamos estos criterios como hipótesis de trabajo, la tasa de expulsión de los trabajadores migratorios, por llamarla así, sería de aproximadamente 24% en 1984 y la de los indocumentados de residencia habitual en Estados Unidos, de aproximadamente 4.2%. Un cálculo alternativo, que asignara el total de los 29 225 indocumentados de permanencia de más de un año localizados por la Patrulla Fronteriza a la población de residencia habitual, daría como resultado tasas de 20 y 6.0%, respectivamente.[17]

Es interesante observar que un estudio independiente llegó a resultados similares para los años 1972-1976, por lo menos para la población con más de un año de permanencia, que podemos comparar con la población de residencia habitual en Estados Unidos. En ese caso, encontramos que la probabilidad de expulsión durante un año osciló entre 4 y 10%.[18]

De lo anterior se desprende la siguiente conclusión: pese a los constantes esfuerzos del SIN para expulsar a indocumentados, esa población ha crecido en términos absolutos durante los últimos 15 años y el riesgo de ser detenidos, después de una estancia de un año, es muy pequeño. Durante todo ese tiempo se ha discutido mucho cuál es el nivel de ese crecimiento, y nuestras estimaciones anteriores, que defendemos como las mejores dada la información disponible, podrían parecer bajas al lector no especializado en el tema. Aceptando la verosimilitud de esas estimaciones, supongamos, como lo han algunos hecho voceros del SIN, que la migración neta de indocumentados a Estados Unidos es de muchos cientos de miles o de un millón al año. Al margen de que tales flujos serían imposibles sin provocar escasez de población en algunas regiones de nuestro país, una estimación alta de ese flujo daría pie para suponer, no que México debe esperar el posible regreso de ''millones'' de expulsados, sino que el SIN tiene una mínima capacidad para deportar a tal número de gente.

---

[17] Estos números se calculan así: el total de localizaciones de la Patrulla Fronteriza de indocumentados que tenían más de 72 horas en el país el año fiscal 1984 fue 182 299; este dato se extrae del cuadro 4. El número de trabajadores migratorios estimados para abril, 1984, según el cuadro 1 (renglón [13]) es 758 000. La tasa de expulsión de esta población sería el cociente entre los dos, o sea, 24%. El total de localizaciones del Ramo de Investigaciones es 66 178; el tamaño de la población de indocumentados mexicanos en abril de 1984 (incluyendo a no trabajadores) se calcula en 1 578 000. (La estimación para abril de 1980 es 1 131 000. El efectivo que entró durante 1975-1980, incluyendo a no trabajadores, según Passel y Woodrow, p. 664, fue de 559 000. Así, utilizando el mismo procedimiento mencionado en el cuadro 1, nota f, se proyecta esta población con un crecimiento anual de 111 800.) El cociente es 4.2%. Sin embargo, al analizar el cuadro 4, se nota un número sorprendentemente alto de indocumentados de permanencia de más de un año. Independientemente de dónde se localicen estas personas, puede dudarse que esa categoría corresponda plenamente a los trabajadores migratorios. Si suponemos que todas esas localizaciones son de personas que residen habitualmente en Estados Unidos, la tasa de expulsión de los trabajadores migratorios baja a 20.2% y la de los otros indocumentados sube a 6%.

[18] Véase García y Griego, *El volumen*, pp. 421-424.

Ningún intento de explicación de las limitaciones de la capacidad de Estados Unidos para controlar a la población de indocumentados sería completo si no mencionara las fallas administrativas del principal organismo encargado de aplicar la ley de migración en ese país, el SIN. La primera deficiencia de este organismo parecería ser su falta de recursos económicos —porque no ha recibido la cantidad de recursos que necesita o porque no sabe administrarlos— y esa deficiencia perjudica notablemente la tarea de reducir la población de indocumentados. Sin embargo, desde 1974, el presupuesto del SIN ha crecido mucho en términos nominales: de 143 millones de dólares a 501 millones de dólares en 1984. Dado que la inflación en Estados Unidos fue mucho menor de 350% durante ese lapso, el crecimiento del presupuesto del SIN en términos reales fue impresionante.[19] (Para el año fiscal 1985 el Congreso aprobó otro aumento de casi 35% del personal que vigila la línea divisoria con México.) Cabe subrayar también que después de este crecimiento de recursos la población de indocumentados ha seguido creciendo en Estados Unidos.

Por otra parte, todo indica que el SIN tiene problemas que ningún aumento de presupuesto puede corregir en un tiempo breve. Prueba de ello es su dificultad para mantener el control de la población documentada, es decir, de los extranjeros que ingresan legalmente a Estados Unidos. Su incapacidad para cotejar, de manera sistemática y completa, las salidas de tales extranjeros con su entrada, no obedece a una dificultad inherente a tal control —en teoría, perfectamente realizable— sino a fallas administrativas en varios niveles de la dependencia. No es de sorprender entonces que en septiembre de 1981 el SIN hubiera acumulado 30 000 000 de formularios de entrada de extranjeros y 600 000 extensiones de estancia temporal cuyo procesamiento —la verificación de la salida de los documentados— estaba retrasado. Asimismo cuando el presidente de ese país ordenó en noviembre de 1981 la deportación de todo estudiante iraní de *status* irregular, a consecuencia de las manifestaciones en favor de Jomeini en que algunos de esos estudiantes habían participado, el SIN ni siquiera pudo determinar el número y la ubicación geográfica de esas personas, a pesar de que habían sido legalmente admitidos.[20]

Para localizar y expulsar a los indocumentados, el SIN tiene dificultades internas que no puede corregir ni fácil ni rápidamente, aunque cuente con aumentos sustanciales de presupuesto. Ese organismo no siempre tiene el personal más competente para las tareas que debe realizar; en el sector de la Patrulla Fronteriza de San Diego, por ejemplo, hay una frecuente rotación de policías

---

[19] Milton Morris, *Immigration—the Beleagured Bureaucracy*, Washington, D.C., The Brookings Institution, 1985, p. 132. Morris llega a una interpretación distinta a la que nosotros sugerimos con la información que citamos. El autor dice que el crecimiento del presupuesto del SIN se debe "en gran parte a la inflación y al crecimiento general del presupuesto federal durante este período", *ibid.* Sin embargo, según su propia información, parecería que el crecimiento real del presupuesto no sólo fue positivo, sino que fue notablemente mayor incluso que el crecimiento del índice general de precios al consumidor. Ello puede significar que el SIN creció a la par de otras dependencias federales durante el mismo período, pero este hecho no niega que pese a un crecimiento real sustancial en el presupuesto del SIN, el flujo de indocumentados no parece haberse afectado visiblemente.

[20] *Ibid.*, pp. 112-113.

que dejan su empleo después de unos meses. Debe enfrentar buen número de casos de corrupción oficial, de empleados del SIN que permiten el ingreso ilegal de extranjeros a cambio de pagos en efectivo o de otros favores. Los métodos que utiliza para detener y expulsar a los indocumentados frecuentemente han sido declaradas ilegales por los tribunales federales. Sus instalaciones no tienen todavía la capacidad física para detener a todos los indocumentados mientras está pendiente su expulsión. Incluso cuando el Congreso aprueba fondos para que el SIN los destine a cierto propósito, hay veces en que el mismo Congreso interrumpe su financiamiento por la incapacidad del SIN para demostrar que tiene planes y controles administrativos adecuados.[21]

Puede decirse, entonces, que en parte por falta de recursos y en parte por simple incompetencia y desorganización, el mismo SIN es uno de los principales obstáculos para la eficaz aplicación de la ley de inmigración. Pero, de todos modos, éste sería el organismo que aplicaría cualquier nueva ley de inmigración —la Simpson-Mazzoli u otra versión— y al que se confiaría la hipotética devolución de centenas de miles de indocumentados.

Llegamos finalmente al problema de si Estados Unidos puede suprimir la inmigración de indocumentados y provocar el regreso de los que están presentes mediante la aplicación de una ley como la Simpson-Mazzoli. Este problema tiene vertientes, pero podemos empezar con la medida que ha sido el núcleo de todas las propuestas serias para detener el flujo de indocumentados desde principios de los setenta: las sanciones a los empleadores.

La lógica de las sanciones a los empleados es sencilla. En primer lugar, se justifican políticamente por el hecho evidente de que las medidas convencionales —las expulsiones— no han podido detener la migración de indocumentados. En segundo lugar, se parte del supuesto —en principio correcto— de que buena parte del flujo de indocumentados a Estados Unidos responde a una demanda de trabajo en ese país. Así, las sanciones a los empleadores se justifican como una forma de desalentar a quienes contratan a esos indocumentados. Según la expresión utilizada por el discurso norteamericano, se debe suprimir el "imán" del mercado de trabajo para los indocumentados. En tercer lugar, se supone —para que la medida justifique lo que política y socialmente va a costar a varios sectores— que las medidas desalentadoras van a modificar el comportamiento de buena parte de los empleadores, es decir que, como resultado de las amenazas de las multas, los empleadores dejarán de contratar indocumentados. Finalmente, se espera que cese el flujo de indocumentados

[21] Ibid., pp. 114-120, 131; John Crewdson, The Tarnished Door; The New Immigrants and the Transformation of America, Nueva York, Times Books, 1983, pp. 143-150, 154, 181, 209-212; U.S. Commission on Civil Rights, The Tarnished Golden Door; Civil Rights Issues in Immigration, Washington, D.C., Government Printing Office, 1980, pp. 23-44, 79-95, 117-129; U.S. General Accounting Office, Administrative Changes Needed to Reduce Employment of Illegal Aliens (Informe al Congreso del Comptroller General de EUA), Washington, D.C., General Accounting Office, 30 de enero de 1981. La información sobre la rotación de los agentes de la Patrulla Fronteriza proviene de una entrevista que celebró uno de los autores con el señor Gene Smithburg, subjefe de la Patrulla Fronteriza, sector San Diego, noviembre de 1984.

a Estados Unidos y que, después de varios años, se revierta hacia los países de origen. De ahí que las sanciones a los empleadores se propongan como medida complementaria a las acciones del SIN encaminadas a expulsar a los indocumentados de territorio nacional.

En la práctica, la aplicación de las sanciones a los empleadores no sería sencilla. Aunque no podamos comentar aquí todas las dificultades, destacaremos los principales obstáculos que enfrentaría la aplicación de tal medida en Estados Unidos. El primero es que no podemos suponer, como lo hacen quienes proponen nuevas leyes migratorias en Estados Unidos, que los empleadores cumplirían voluntariamente con esa ley.[22] Si bien puede haber una proporción de empleadores que modifiquen su comportamiento por el solo hecho de que el Congreso legislara esas sanciones, debe haber otra proporción de empleadores, mucho más grande, que dependa fuertemente de esta mano de obra y para quienes dejar de contratarla signifique un fuerte aumento de costos, una sustancial modificación en su negocio o la necesidad de abandonar esa actividad por otra.[23] De ahí que supongamos una fuerte resistencia de buena parte de esos empleadores a las sanciones y la necesidad de que se apliquen con vigor para empezar a modificar el comportamiento de los empleadores de indocumentados.

Sin haberse aprobado las sanciones a los empleadores, tenemos información empírica para sustentar nuestra tesis. Un estudio reciente de empleadores del área del sur de California señala que, según los administradores, para 26% de las pequeñas firmas (tamaño mediano, 39 empleados) y 20% de las grandes (tamaño mediano, 300 empleados) la reducción permanente de trabajadores indocumentados provocaría la desaparición de la empresa. Otro 31 y 24%, respectivamente, se verían obligadas a incrementar salarios y prestaciones para contratar otra mano de obra. Tan sólo 24% de las pequeñas firmas y 37% de las grandes no verían sustancialmente afectadas sus operaciones con la des-

---

[22] Como se mencionará más adelante en el texto, existen varias maneras de diseñar y aplicar las sanciones a los empleadores. Los métodos que han sido aprobados por cualquiera de las dos cámaras del Congreso (sin ser aprobadas por ambas a la vez) se han basado en el uso de documentos de identificación actualmente existentes para que el empleador identifique quién está autorizado para trabajar y quién no lo está. Como se señaló en un informe de la Comisión Selecta sobre Políticas de Inmigración y de Refugiados, este método supone que una alta proporción de los empleadores cumplirían con la ley voluntariamente. Véase U.S. Select Commission on Immigration and Refugee Policy, *U.S. Immigration Policy and the National Interest; Staff Report of the Select Commission on Immigration and Refugee Policy*, Washington, D.C., Government Printing Office, 30 de abril de 1981, p. 586. Hasta 1984, éste fue un supuesto que los promotores de la Simpson-Mazzoli estuvieron dispuestos a aceptar.

[23] Alejandro Portes, "Of Borders and States: A Skeptical Note on the Legislative Control of Immigration", *America's New Immigration Law: Origins, Rationales, and Potential Consequences*, Wayne A. Cornelius y Ricardo Anzaldúa Montoya (comps.), La Jolla, California, Center for U.S.-Mexican Studies, UCSD, 1983, serie Monografías, núm. 11, pp. 17-30; Jorge A. Bustamante, "La migración indocumentada México-Estados Unidos; relación entre dinámica pública y estructuras económicas", *Impactos regionales de las relaciones económicas México-Estados Unidos*, Alfonso Corona Rentería y James Lay Gibson (comps.) México, El Colegio de México y Asociación de Estudios Regionales México-Estados Unidos, 1984, pp. 267-294.

aparición de trabajadores indocumentados.[24] Estos datos no deben llevarnos a decir que las sanciones a los empleadores no atenuarían el flujo de indocumentados. Pero sí indican que la contratación de trabajadores indocumentados no puede reducirse mucho en áreas urbanas estadunidenses sin afectar significativamente las ganancias y la sobrevivencia de buen número de las empresas que actualmente los contratan. Es por eso que podemos esperar la resistencia de ciertos empleadores a las sanciones, no sólo durante el proceso legislativo sino también en el de la aplicación de las leyes restrictivas de la migración.

También hay que contar con las dificultades que presenta el actual sistema jurídico norteamericano. Según las normas constitucionales de ese país, lo que se podría sancionar no es el hecho de contratar a un indocumentado por sí mismo, sino contratarlo *a sabiendas*. Inmediatamente nos enfrentamos con un problema práctico: ¿cómo obtener las pruebas necesarias para demostrar ante un juez que el empleador *sabía* que el contratado era indocumentado? (Debemos suponer que si las sanciones pueden cambiar el comportamiento de los empleadores, éstos se tomarán la molestia de defenderse en los tribunales.) Eso no es tarea fácil. Las leyes estatales y municipales que sancionan el empleo *a sabiendas* de los indocumentados ya existen en Estados Unidos, una de ellas en el estado de California —destino principal de los indocumentados mexicanos— aprobada en 1971, pero el estado de California jamás ha aplicado desde esa fecha ninguna multa a ningún empleador. En los estados de Kansas, Montana y Virginia, durante el período 1978-1982 fueron procesados y multados cinco empleadores por violar leyes semejantes,[25] pero el número de casos que hubieran podido ser detectados en esos estados en esos años, que ascendían a mucho más de cinco, demuestra ampliamente la inutilidad de las sanciones a los empleadores por contratar a indocumentados *a sabiendas*.

Los proyectos Simpson-Mazzoli pretendieron, en 1982, 1983 y 1984, ir más allá de una ley que simplemente sancionara empleadores por contratar *a sabiendas* a un indocumentado, y estudiaron formas de obligar a los empleadores a conocer el *status* migratorio de sus empleados. En los proyectos que se discutieron en 1984, se pensaba obligar a los empleadores a exigir a los nuevos empleados documentos de identificación que acreditaran —*prima facie*—

[24] Wayne A. Cornelius, "The Role of Mexican Labor in the U.S. Economy: Two Generations of Research", *Immigration and Jobs in Los Anteles County: Current Impacts, Future Trends*, Stephen D. Rosen y David S. Daykin (comps.), Los Angeles, Los Angeles Business Labor Council, Labor Market Information Project, junio de 1985, p. 104. Estos datos provienen de una encuesta realizada por el Centro de Estudios México-Estados Unidos de la Universidad de California de San Diego, mayo de 1982 a febrero de 1984.

[25] Carl E. Schwartz, "Employer Sanctions Laws: The State Experience as Compared with Federal Proposals", *America's New Immigration Law: Origins, Rationales, and Potential Cosnequences*, Wayne A. Cornelius y Ricardo Anzaldúa Montoya (comps.), La Jolla, California, Center for U.S.-Mexican Studies, UCSD, 1983, serie Monografias, núm. 11, pp. 84-85. La experiencia de otros países —sobre todo de Europa occidental— que ya tienen sanciones a los empleadores de indocumentados tampoco es muy alentadora. Véase U.S. General Accounting Office, *Information on the Enforcement of Laws Regarding Employment of Aliens in Selected Countries*, Washington D.C., 31 de agosto de 1982.

si eran ciudadanos estadunidenses o extranjeros autorizados para trabajar. Sin embargo, se crearon excepciones. Los empleadores que tuvieran tres o menos empleados no podrían ser obligados a exigir esa documentación ni podrían ser sancionados. Los indocumentados podrían obtener legalmente en Estados Unidos algunos de los documentos requeridos. Tales excepciones demostraban la sensibilidad de los promotores de la ley a las presiones de los empleadores, que habían hecho *lobby* contra las sanciones.

A un buen número de empleadores, la limitación impuesta por la exigencia de este tipo de documentos no les impide contratar trabajadores indocumentados. El mismo estudio citado anteriormente, sobre pequeñas y grandes empresas del área sur de California que contratan indocumentados, señala que casi exactamente la mitad de las pequeñas firmas encuestadas —donde se concentran los trabajadores indocumentados— ha solicitado pruebas de autorización de trabajar para anticiparse a la aprobación de la Simpson-Mazzoli, o por otras razones. Pese a ello, la necesidad de empleo de estos trabajadores y la disponibilidad de un mercado de documentos falsos han permitido que la contratación de indocumentados continúe.

Una pequeña muestra de la capacidad de acción de los empleadores agrícolas la tuvimos en el proceso legislativo de 1984. Las enmiendas que estos empleadores hicieron al proyecto en el pleno de la Cámara de Representantes en junio de 1984 tuvieron un éxito tan inesperado para sus autores que sus mismos promotores se opusieron después al proyecto, convencidos de que podrían conseguir aun mejores enmiendas. Esas enmiendas ampliaban las condiciones para la admisión de trabajadores migratorios temporalmente. Así, el precio de la aceptación de las sanciones a los empleadores por los agricultores, principalmente los del suroeste de Estados Unidos, sería la aprobación de cláusulas que permitieran la legalización en masa de indocumentados que trabajan en el campo. Esto, dicho sea de paso, podría reducir sustancialmente el número de indocumentados en un sector de la economía norteamericana, pero no reduciría necesariamente la corriente migratoria de trabajadores.

Lo anterior demuestra que la voluntad política y la capacidad administrativa norteamericanas para obligar a la reducción de la población de indocumentados en Estados Unidos, sin sustituirla con una corriente de trabajadores legales, no son tantas. Estas condiciones pueden cambiar en el futuro. Pero aun si resultaran tales cambios, sería improbable que ocurrieran instantáneamente; al contrario, podemos esperar que llevarían un buen tiempo.

El tiempo necesario para ''recuperar el control de las fronteras''

Existen dos tipos de pronósticos en que el tiempo puede ser un factor determinante; aquí consideramos sólo uno de ellos. La vía más fácil para reducir la población de indocumentados en Estados Unidos sería la apertura al ingreso legal de trabajadores migratorios; esto es, la sustitución en masa de los indocumentados por trabajadores legales. Hay precedentes históricos de eso; el más notorio fue la ''Operación Espalda Mojada'', una campaña de deportaciones efectuada en 1954, que, al contrario de lo que se supone comúnmente, no significó una salida definitiva de todos los trabajadores mexicanos de Estados Unidos, sino la legalización de centenas de trabajadores agrícolas.[26] Una resolución de este tipo al problema de los indocumentados puede realizarse con relativa rapidez —un año y medio en el caso histórico que citamos— pero la extensión del tiempo es poco significativa para el análisis que aquí nos proponemos. Nuestra pregunta no es con qué rapidez puede Estados Unidos legalizar la población de indocumentados, porque ese proceso no significa, en principio, una mayor oferta de empleo en nuestro país o una pérdida de divisas de trabajadores mexicanos. La pregunta que nos hacemos es otra: en el caso remoto de que el gobierno de Estados Unidos actuara para detener el flujo de indocumentados y provocar un regreso de los indocumentados a México *sin sustituirlos con trabajadores legales,* ¿de qué período de tiempo estaríamos hablando?

No es fácil responder directamente a esta pregunta con la información que tenemos a mano. Mucho dependería de la voluntad política y la capacidad administrativa que la situación particular que estamos suponiendo pudiera poner en movimiento para detener el flujo de los indocumentados y provocar su regreso. Por el momento no se vislumbra la posibilidad de acciones realmente radicales, como por ejemplo el uso de las fuerzas armadas para detener el ingreso ilegal de extranjeros. (Si se presentara tal situación, no ponemos en duda la capacidad del gobierno norteamericano para detener el flujo de indocumentados.) Pero antes de que se llegara a pensar y poner en marcha tales medidas, veríamos seguramente una escalada de medidas más enérgicos que las actuales, pero no tan radicales como las que mencionamos. He aquí nuestro problema: pensar en la posibilidad —aunque remota— de que el gobierno de Estados Unidos actuara decididamente para revertir el flujo de indocumentados sin sustituirlo completamente con otro flujo de trabajadores legales. ¿Qué factores determinarían el tiempo que podría llevar ese proceso?

Ya hemos mencionado el primer factor: las fallas administrativas y de organización del Servicio de Inmigración y Naturalización de Estados Unidos. Las fallas más importantes en el cálculo que hacemos no son las que pueden remediarse con el incremento presupuestal de la dependencia; la naturaleza de los problemas del SIN tardaría en corregirse, aun con recursos económicos. Las deficiencias más relevantes son las que tienen que ver con la incapacidad actual del SIN para aprovechar bien incluso sus aumentos presupuestales, y con la administración de la dependencia, con su carga de trabajo (que va más allá que la detección de indocumentados) y con su personal, buena parte del cual, por diversas razones, parece ser más bien un obstáculo que un apoyo a la ac-

---

[26] Véanse Juan Ramón García, *Operation Wetback: The Mass Deportation of Mexican Undocumented Workers in 1954,* Westport, Connecticut, Greenwood Press, 1980; Manuel García y Griego, "The Importation of Mexican Contract Laborers to the United States, 1942-1964: Antecedents, Operation, and Legacy", *The Border that Joins; Mexican Migrants and U.S. Responsability,* Peter G. Brown y Henry Shue (comps.), Totowa, Nueva Jersey, Rowman and Littlefield, 1983, pp. 65-66 y 92-93.

ción eficaz del organismo. En otras palabras, antes de controlar la migración, el gobierno norteamericano necesita controlar la burocracia y, aunque no se debe exagerar la dimensión de semejante tarea, cumplirla llevará un tiempo medido en años. El SIN, en su estado actual, parece ser incapaz de aumentar notablemente el riesgo por un tiempo prolongado, de que un indocumentado sea expulsado de Estados Unidos, y menos aún de hacer cumplir una ley de sanciones a empleadores inadecuada.[27]

Un segundo elemento a tomar en consideración en la aplicación de medidas que suponemos adecuadamente diseñadas para detener la migración de indocumentados es la oposición de los empleadores. Durante 1984, la oposición de los empleadores en el Congreso de Estados Unidos al proyecto Simpson-Mazzoli fue menos visible que la de los grupos latinos; esto se debe en parte a que algunos empleadores consideraron que las sanciones que se les impondrían serían compensadas con la apertura a la migración legal y la legalización de algunos indocumentados presentes en Estados Unidos. Pero esa oposición, que incluso en las condiciones de 1984 se ha tendido a subestimar, aumentaría sustancialmente con medidas —sanciones a empleadores u otras— que empezaron a cumplir realmente el objetivo enunciado: la reducción sustancial de la población de indocumentados. La oposición de los empleadores, que puede expresarse en la modificación de la legislación, en demandas judiciales y en otras acciones, podría neutralizar cualquier posibilidad de reducir sustancialmente esa población sin sustituirla con otra población de trabajadores legales. Aquí no nos interesa realmente cuál podría ser el resultado final, sino que, inevitablemente, detendría el proceso de cambio durante muchos años.

Las posibilidades de Estados Unidos para detener el flujo de indocumentados y devolver buena parte de esa población a México no son muchas. Pensar en hacerlo abruptamente sería pensar en un mundo y un Estados Unidos muy diferentes de los actuales.

Esta conclusión no debe sorprendernos. Al revisar la larga historia de la migración de mexicanos a Estados Unidos, no encontramos ningún caso en que haya ocurrido lo que aquí suponemos que podría darse en el futuro. Tenemos, por ejemplo, dos incidentes históricos —1921 y 1929-1932— en que el flujo de inmigrantes mexicanos (no solamente de indocumentados) se revirtió hacia México; en ambos casos el país tuvo que recibir más trabajadores de los que estaba enviando hacia el norte. Pero esos virajes del flujo migratorio fueron principalmente resultado de una crisis económica de Estados Unidos. En 1954 encontramos el único caso en que las acciones del gobierno de Estados Unidos desempeñaron un papel determinante en la resolución del problema de los indocumentados. Pero aun cuando las interpretaciones convencionales de la "Operación Espalda Mojada", campaña de deportaciones de ese año, resaltan el regreso en masa de trabajadores, no explican por qué la

---

[27] U.S. General Accounting Office, *Prospects Dim for Effectively Enforcing Immigration Laws* (Informe al Congreso del Comptroller General de EUA), Washington, D.C., General Accounting Office, 5 de noviembre de 1980.

deportación, un mecanismo que no fue inventado en 1954, pareció funcionar en esa ocasión. Tales interpretaciones ignoran el hecho fundamental, tampoco desconocido por los historiadores de la época, de que a partir de 1954 se crearon facilidades para una mayor contratación de braceros —trabajadores legales de la época— que provocaron la sustitución en masa de indocumentados por trabajadores legales. En 1964, cuando el gobierno de Estados Unidos terminó unilateralmente el convenio de braceros, alegando que quitaban empleos a los trabajadores nacionales, la corriente migratoria no desapareció. Como sugiere el constante aumento de las expulsiones, hubo una sustitución de braceros por trabajadores indocumentados.

No tenemos precedente histórico para lo que en México se teme en 1984: el regreso masivo de indocumentados —en el sentido de un flujo neto— provocado por acciones gubernamentales norteamericanas. Ello no implica, desde luego, que podamos descartar la posibilidad de que tales temores se puedan cumplir, aunque sea parcialmente. Pero si en algo nos sirve el estudio de la historia es para saber que incluso un flujo neto de regreso a México provocado por una contracción económica en Estados Unidos, tardaría varios años en conseguir el regreso de una buena parte de los trabajadores indocumentados en aquel país.

Nuestro análisis, que pretende ser más realista, se basa en tres proposiciones: la información que tenemos sobre el tamaño de la población de indocumentados, que nos permite estimaciones no muy alejadas de la realidad; las condiciones actuales en Estados Unidos, que indican que ese gobierno no tiene actualmente la voluntad política ni la capacidad administrativa para detener el ingreso ilegal de trabajadores y obligar a un regreso masivo de indocumentados, y finalmente, que aun cuando cambiaran tales condiciones, el resultado temido no sería inmediato, sino que se obtendría después de varios años de acción sostenida contra una importante y decidida oposición interna. El panorama es entonces más complejo de lo que el discurso reproducido en la prensa parecería sugerir. Esto, desde luego, no es muy sorprendente.

Nuestro análisis se propone ir más allá de matizar los esquemas simplistas acerca del poder norteamericano para controlar la migración. Aunque el SIN puede aumentar, por lapsos breves, el número de personas detenidas y expulsadas, no puede, con o sin Simpson-Mazzoli, manipular en un plazo corto el tamaño de la población de indocumentados en Estados Unidos. Este dato es interesante e importante; invalida la proposición de que México es vulnerable porque no puede recibir a sus nacionales expulsados por la aplicación de políticas migratorias estadunidenses. Este análisis podría continuar con otro complementario: el de las consecuencias más graves qque podrían vislumbrarse si Estados Unidos empezara a ejercer un verdadero control sobre el tamaño de la población de indocumentados.

Posibles efectos de una nueva política migratoria estadunidense en México

En este inciso intentamos figurarnos de manera aproximada los efectos económicos que podrían tener en México políticas migratorias norteamericanas que lograran reducir la población de indocumentados sin sustituirla totalmente por un flujo de trabajadores legalmente admitidos. No estamos contemplando aquí el pronóstico más problable: que *no* se tomen medidas radicales que afecten de manera especial la corriente migratoria de trabajadores mexicanos. Tal situación también podría presentarle problemas a México, sobre todo de tipo político, pero no afectaría significativamente la economía del país en los aspectos que estamos considerando aquí: el problema del empleo y el de la magnitud del ingreso en divisas.

No estamos haciendo una predicción sino una especulación informada sobre el futuro, que podría acercarse a la realidad si se cumplieran ciertas condiciones, algunas de ellas discutibles. Nos hemos basado en supuestos que consideramos razonables, pero que no han sido comprobados. Con base en ellos, manejamos dos pronósticos: la hipótesis de una política de acción enérgica que detenga el aumento constante de la población de trabajadores indocumentados (pronóstico o cálculo de "crecimiento cero") y la hipótesis de una política más enérgica aún —tal vez el caso extremo de lo posible— que no solamente detenga el crecimiento sino que revierta la corriente migratoria a los países de origen (pronóstico o cálculo de "reducción fuerte" de la migración). Si nos atenemos a la información disponible, podemos calificar el primer pronóstico como poco probable y el otro como muy poco probable aunque no imposible.

Para analizar las consecuencias de estas hipótesis, debemos considerar cuáles serían los objetivos concretos del SIN y, en términos prácticos e inmediatos, cuáles serían los resultados de su acción. Aceptemos, entonces, tentativamente, el supuesto de que se aprobaron sanciones a los empleadores que tuvieran la posibilidad real de alcanzar su objetivo: contener el crecimiento y reducir progresivamente la demanda de mano de obra de indocumentados mexicanos en Estados Unidos. En términos prácticos, habría que inventar disposiciones suficientemente fuertes para que decenas de miles de empleadores dejaran de crear puestos de trabajo para indocumentados, o de llenar con ellos los puestos existentes. Este objetivo, desde luego, no se lograría solamente aplicando una nueva ley migratoria estadunidense, sino también poniendo en práctica la vieja ley que permite la expulsión de todo indocumentado detectado e identificado como tal. Ahora bien, evitar la creación o suprimir la existencia de puestos de trabajo para una población trabajadora preferida por los empleadores, mediante instrumentos burocráticos, no es tarea fácil, menos aun cuando esa burocracia es el Servicio de Inmigración y Naturalización de Estados Unidos. Debemos proponer aquí cuál sería, en un caso extremo, la mayor reducción posible de la demanda de mano de obra de indocumentados después de que su crecimiento fuera constreñido.

¿Cuántos empleos de indocumentados al año podría suprimir el SIN en el pronóstico de reducción fuerte? La mejor manera de contestar la pregunta sería mediante la construcción de un modelo del comportamiento de los empleadores de indocumentados para diferentes sectores de la economía norteamericana, el análisis de su demanda de mano de obra para diferentes actividades, y, tomando en cuenta que los recursos económicos del SIN pueden aumentar la construcción de otro modelo sobre el comportamiento de ese organismo. Dado que carecemos de la información necesaria para elaborar tales modelos, podemos ver cuántos de los indocumentados que localiza actualmente el SIN están empleados. Ese organismo efectúa alrededor de un millón de localizaciones anuales, que, para los propósitos de este análisis, podemos suponer que terminan todas en expulsiones de indocumentados. Entre 92 y 94% de estas localizaciones son de mexicanos. Sin embargo, como señalamos antes (en relación con el cuadro 4), la gran mayoría de las localizaciones se realizan muy poco después de que el indocumentado ingresa ilegalmente a territorio estadunidense; es decir, antes de que llegue a obtener empleo. El cuadro 5 permite apreciar la diferencia entre las localizaciones de los indocumentados que están trabajando y los demás. En los años fiscales 1982-1984, el SIN apenas localizó anualmente entre 169 000 y 213 000 indocumentados que tenían empleo en el momento de ser localizados, la gran mayoría de ellos mexicanos (entre 146 000 y 184 000 localizados al año). La cifra del millón de expulsiones al año oculta nuevamente las dificultades (o la falta de interés) del SIN para disminuir la población de indocumentados arraigada en el interior.

Cuadro 5

Localizaciones de indocumentados en Estados Unidos según condición de empleo, año fiscal 1982-1984

	1982	1983	1984
1) Mexicanos con empleo	184 217	174 728	146 134
2) Mexicanos sin empleo	703 240	997 569	1 022 627
3) Total localizaciones de mexicanos	887 457	1 172 297	1 168 761
4) Todas nacionalidades con empleo	212 585	203 870	168 999
5) Todas nacionalidades, sin empleo	750 102	1 426 621	1 072 490
6) Total localizaciones de todas nacionalidades	962 687	1 246 491	1 241 489

Fuente: Elaboración propia basada en formularios G-23.18 proporcionados por INS Central Office Washington, D.C.

¿Qué significa el hecho de que el SIN localice cada año a 200 000 indocumentados que están trabajando? En principio indica que, en el transcurso de un año, con sus recursos, técnicas y limitaciones actuales, el SIN puede identificar y revisar a decenas de miles de sitios de trabajo donde hay empleados indocumentados y que esas actividades localizan e identifican a 200 000 trabajadores indocumentados. Y aún así, la localización y expulsión de esas personas —y las dificultades que esto ocasiona a los empleadores— no impiden un crecimiento neto anual de 67 000 plazas para indocumentados mexicanos que trasladan su residencia a Estados Unidos y otras 23 000 plazas de tiempo completo para 45 000 trabajadores migratorios mexicanos. Tampoco impide que aumente el número de plazas de indocumentados de no mexicanos, aunque, como señalan los mismos datos del cuadro 5, el problema que ataca el SIN (y seguramente seguirá atacando) no es el empleo de indocumentados de otras nacionalidades, sino de mexicanos.

Hacer desaparecer 200 000 empleos de indocumentados debe ser entonces mucho más difícil que hacer desaparecer por un tiempo a 200 000 trabajadores. Hasta ahora, la expulsión de los indocumentados, como medida de control de la demanda de mano de obra indocumentada, no ha sido un obstáculo insalvable ni para los empleadores ni para los trabajadores (aunque seguramente tiene efectos negativos, aún no medidos, sobre el crecimiento de la demanda de mano de obra de indocumentados). El hecho de que el SIN pueda localizar a ese número de trabajadores es un dato útil; indica lo que los esfuerzos actuales podrían realizar en una tarea (localizar trabajadores empleados) que es la primera condición para cumplir con lo demás (obligar al empleador a no sustituir al trabajador expulsado con otro indocumentado). Para pasar de la primera tarea (200 000 a 250 000 localizaciones) a la última —la reducción fuerte de la demanda de mano de obra de indocumentados— se necesitan muchos recursos, organización, administración y apoyo. Como quien trataría de alcanzar ese objetivo sería el mismo organismo que localiza a los trabajadores indocumentados, ese número de localizaciones nos sirve como marco de referencia. Nuestra hipótesis, entonces, supone que una ''reducción fuerte'' de la población de indocumentados se traduciría en una reducción de 250 000 puestos anuales.

Habrá quienes afirmen que ese número no se puede reducir, mientras haya demanda de mano de obra de indocumentados, y quizá tengan razón. Pero la reducción fuerte es teóricamente posible y por esa razón la consideramos, aunque sea como caso extremo.

Las condiciones que podrían dar lugar a una reducción fuerte serían varias. Primero, sería necesario que se aprobara una ley de sanciones a los empleadores que impusiera multas escalonadas, desde cantidades bajas hasta muy altas, por contratar a indocumentados *a sabiendas* y por no exigir toda la documentación del *status* migratorio de todo nuevo empleado. Segundo, las multas tendrían que ser aplicadas a todos los empleadores, sin excepciones, desde los fabricantes de automóviles hasta la señora norteamericana de clase alta que contrata a una sirvienta. Tercero, para hacer cumplir la nueva ley, habría que multiplicar muchas veces el actual personal policiaco del SIN, digamos que entre 5 y 10 veces. Cuarto, el nivel de profesionalismo de ese cuerpo policiaco tendría que elevarse a un grado que jamás ha alcanzado, por encima del nivel actual promedio de profesionalismo de otros cuerpos policiacos federales norteamericanos. Finalmente, los tribunales de apelación federal norteamericanos no podrían anular las sanciones a los empleadores por anticonstitucionales, ni aprobar —por lo menos en regiones donde los indocumentados mexicanos se encuentran en masa— órdenes judiciales que neutralizaran tales sanciones temporal o permanentemente. Cada una de estas condiciones es indispensable para una reducción fuerte de los indocumentados; cabe señalar que los proyectos Simpson-Mazzoli de 1984 solamente cumplió la primera.

Pero también hay otras condiciones, buena parte de las cuales deberían cumplirse para obtener una reducción fuerte de los indocumentados mexicanos en Estados Unidos. Habría que aumentar en varios miles y adiestrar el personal administrativo que integrara y controlara el alud de expedientes para procesar los casos de sanciones a los empleadores. Habría también que contratar más jueces para oír los casos. De lograrse lo anterior, se necesitaría la colaboración de una gran parte del público norteamericano; los trabajadores norteamericanos tendrían que estar dispuestos a aceptar la intervención del Estado norteamericano en el sitio de empleo a un grado que jamás se ha probado, salvo en ramas industriales muy particulares. Finalmente, el SIN debería entrar con el apoyo del presidente y del procurador general para resistir las enormes presiones de más de 10 000 empleadores que serían multados cada año y que verían sus negocios perjudicados por no poder contratar indocumentados; es decir, necesitaría un poder ejecutivo muy diferente del actual.

Las condiciones que hemos mencionado no parecerían imposibles de cumplir; en principio, faltaría voluntad política. Cuando esa voluntad exista, las condiciones mencionadas podrían crear un ambiente tal que la demanda de mano de obra de indocumentados dejaría de crecer y empezaría a disminuir en decenas de miles al año.

Esta es, entonces, la hipótesis de la reducción fuerte de la migración, cuya aplicación podría traducirse en la supresión de algún número, suponemos 250 000, de empleos de indocumentados mexicanos al año. Como el SIN muestra una clara tendencia de preocuparse por los mexicanos empleados y no tanto por los indocumentados de otras nacionalidades, supondremos que todos esos 250 000 empleos serían de indocumentados mexicanos. Pero, como señalamos anteriormente, es muy poco probable —algunos dirían imposible— que el SIN pueda y quiera actuar vigorosamente para impedir el ingreso de nuevos indocumentados mexicanos a los puestos de empleo. Además, la demanda de empleo está creciendo. Si tomamos la estimación del crecimiento de los puestos de trabajo de los indocumentados mexicanos que hicimos en el cuadro 1, podemos suponer un crecimiento de esa demanda, que la nueva ley tendría que impedir en los primeros años, de aproximadamente 90 000 al año. La hipótesis de "reducción fuerte" que manejamos supondría entonces la desaparición de más empleos que los que se están creando actualmente.

Cabe hacer algunas advertencias sobre la hipótesis de "reducción fuerte" que hemos propuesto. En realidad, no tenemos información que nos diga cuántos empleos puede hacer desaparecer el SIN y en qué condiciones. El número de 250 000 es una suposición que, como tal, corre el rieso de alejarse de la realidad. Lo que no es suposición es que el organismo que tendría que llevar a cabo las sanciones a los empleadores sería el SIN y que en cualquier año ese organismo nunca ha localizado 250 000 indocumentados, ni siquiera contando a todos esos trabajadores de todas las nacionalidades en Estados Unidos. Tampoco es poco realista suponer que el esfuerzo administrativo requerido para encontrar a un trabajador es menor que el de obligar a un empleador a no contratar a ciertas personas contra su voluntad. Tampoco es una especulación arbitraria decir que buena parte de esos empleadores se opondrá a los esfuerzos del SIN, que la fuerza de trabajo de indocumentados ha crecido constantemente en los últimos años y que esa demanda de mano de obra responde a una lógica económica que las acciones administrativas no pueden ignorar fácilmente. Frenar la demanda de mano de obra sería un objetivo ya bastante ambicioso para el Estado norteamericano, en condiciones como las de 1984; de aquí que hayamos preferido suponer la mayor capacidad de respuesta de parte de ese Estado. Finalmente, aunque hubiéramos subestimado esa capacidad, incluso en la hipótesis "fuerte", el grado de subestimación no puede ser grande y las consecuencias no muy diferentes de las que figuramos aquí.

Cabe señalar, además, que la magnitud de la contracción de la demanda de mano de obra no solamente depende de la intensidad de los esfuerzos administrativos, sino también de las presiones económicas que obligan a algunos empleadores a contratar indocumentados. Estas presiones no desaparecerían por decreto, y la evidencia más fuerte que tenemos para suponerlo es que aumenta la contratación de indocumentados actualmente frente a la expulsión de más de 100 000 trabajadores al año. Curiosamente, quienes argumentan que la dinámica del crecimiento y el tamaño de la población de indocumentados son muy altos (los promotores de la Simpson-Mazzoli, por ejemplo) también suponen que, mediante las sanciones a los empleadores, podría contraerse rápidamente la demanda de mano de obra de indocumentados.

El cuadro 6 resume los resultados de nuestros pronósticos en relación con el problema del empleo en México. El renglón (1) describe la tendencia de la demanda de mano de obra de trabajadores migratorios para los años 1984-1988, según el criterio de estimación que se deduce de la tendencia de los años 1978-1984. Como podemos ver, el número de plazas de tiempo completo asciende a 22 700 al año (renglón [2]). Las hipótesis "crecimiento cero" y "reducción fuerte" se presentan en el renglón (3). En ambos casos partimos de un esfuerzo cero (referido a la sanciones a los empleadores) durante 1984. Aunque sabemos que por lo menos hasta el principio 1985 tales sanciones tampoco se habían legislado, nuestro argumento supone el esfuerzo de "crecimiento cero" y de "reducción fuerte" a partir de 1985: la supresión de 22 700 y 100 000 puestos de trabajo, respectivamente. Los efectos inmediatos que se desprenden para 1984, en ambos pronósticos es un crecimiento de 22 700 puestos de trabajo; para 1985 en adelante, el primer pronóstico plantea un crecimiento cero de tales puestos de trabajo, el segundo un decrecimiento de 77 300 puestos cada año. Si bien ambos cálculos parten de 379 000 puestos en 1984, para 1988 el primer pronóstico plantea la permanencia de 402 000 puestos y el segundo apenas 170 000 puestos, con tendencia a decrecer.

Cabe destacar algunas implicaciones de estas cifras para Estados Unidos. En primer lugar, pueden compararse las consecuencias inmediatas del cálculo

Cuadro 6

Pronósticos de disminución de empleo de indocumentados:
hipótesis "crecimiento cero" e hipótesis "reducción fuerte"
(miles de trabajadores)

Año		1984	1985	1986	1987	1988
Trabajadores migratorios que residen en México y trabajan en Estados Unidos						
1) Plazas ocupadas por trabajadores migratorios indocumentados *en ausencia* de nueva política migratoria estadunidense[a]		379	402	424	447	470
2) Creación de plazas *en ausencia* de política migratoria (netas)[b]		22.7	22.7	22.7	22.7	
3) Esfuerzo de nueva política migratoria sobre el crecimiento de la demanda de trabajadores migratorios (creación de plazas impedido y plazas desaparecidas)	Crecimiento cero	0	−22.7	−22.7	−22.7	
	Reducción fuerte	0	−100	−100	−100	
4) Efecto neto de nueva política migratoria sobre crecimiento del empleo de trabajadores migratorios indocumentados (4) = (2) + (3)	Crecimiento cero	22.7	0	0	0	
	Reducción fuerte	22.7	−77.3	−77.3	−77.3	
5) Plazas ocupadas por trabajadores migratorios indocumentados *como resultado* de nueva política migratoria[c]	Crecimiento cero	379	402	402	402	402
	Reducción fuerte	379	402	325	247	170
Trabajadores habitualmente residentes en Estados Unidos						
6) Trabajadores habitualmente residentes *en ausencia* de nueva política migratoria estadunidense[d]		1 027	1 094	1 162	1 229	1 297
7) Aumento de trabajadores habitualmente residentes *en ausencia* de nueva política migratoria[e]		67.4	67.4	67.4	67.4	
8) Esfuerzo de una nueva política migratoria sobre el crecimiento de la demanda de trabajadores indocumentados habitualmente residentes en EUA (creci-	Crecimiento cero	0	−67.4	−67.4	−67.4	

Año		1984	1985	1986	1987	1988
miento y plazas desaparecidas)	Reducción fuerte	0	−150	−150	−150	
9) Efecto neto de nueva política migratoria sobre aumento del empleo de trabajadores habitualmente residentes en EUA	Crecimiento cero	67.4	0	0	0	
(9) = (7) + (8)	Reducción fuerte	67.4	−82.6	−82.6	82.6	
10) Trabajadores habitualmente residentes en EUA *como resultado* de	Crecimiento cero	1 027	1 094	1 094	1 094	1 094
nueva política migratoria[f]	Reducción fuerte	1027	1 094	1 011	929	846

Ambas poblaciones

		1984	1985	1986	1987	1988
11) Total de plazas ocupadas por trabajadores indocumentados en EUA *en ausencia* de una nueva política migratoria (11) = (1) + (6)		1 406	1 496	1 586	1 676	1 767
12) Aumento de plazas ocupadas por trabajadores indocumentados en EUA *en ausencia* de nueva política migratoria (también: crecimiento como resultado de la PEA mexicana como resultado de emigración (12) = (2) + (7)		90.1	90.1	90.1	90.1	
13) Esfuerzo global de la nueva política migratoria sobre la demanda de trabajadores indocumentados mexicanos (crecimiento impedido de la demanda de mano de obra y plazas suprimidas). Para México esto representa un aumento en la oferta de empleo de igual magnitud. (13) = (3) + (8).	Crecimiento cero	0	−90.1	−90.1	−90.1	
	Reducción fuerte	−250	−250	−250		
14) Efecto neto de nueva política migratoria sobre el aumento del empleo de trabajadores indocumentados. Para México esto significa un	Crecimiento cero	90.1	0	0	0	

Año		1984	1985	1986	1987	1988
flujo de regreso de tra- bajadores de igual mag- nitud (14) = (4) + (9)	Reducción fuerte	90.1	−159.9	−159.9	−159.9	
15) Total de plazas ocupadas por trabajadores indocu- tados en EUA como resultado de una nueva	Crecimiento cero	1 406	1 496	1 496	1 496	1 496
política migratoria (15) = (5) + (10)	Reducción fuerte	1 406	1 496	1 336	1 176	1 016

ª La definición de "trabajadores migratorios indocumentados" es la utilizada en el texto. Una plaza equivale a dos trabajadores. La estimación inicial para 1984 proviene del cuadro 1 (15).

ᵇ Se supone un crecimiento igual al estimado para 1980-1984 en el cuadro 1 (12). Nótese que este crecimiento es 50% del calculado para trabajadores migratorios.

ᶜ El número de plazas crece desde la base de 1984 según lo supuesto en el inciso 4.

ᵈ La definición de población de trabajadores habitualmente residentes en EUA es la misma que se usa en el texto. La estimación para 1984 proviene del cuadro 1 (18).

ᵉ Se supone un crecimiento igual que el estimado para 1980-1984 en el cuadro 1 (6).

ᶠ El número de trabajadores crece desde la base en 1984 según lo supuesto en el inciso 9.

de "crecimiento cero" con el de "reducción fuerte". En el primer pronóstico, para mantener en equilibrio el tamaño de la población de trabajadores indocumentados migratorios el SIN tendría que suprimir igual número de empleos que tenderían a crearse. En el segundo caso, se supone que poco menos de la mitad del esfuerzo de "reducción fuerte" recaería sobre esta población (100 000 empleos de 250 000 suprimidos en total); estamos planteando su desaparición en poco más de cinco años. En segundo lugar, el pronóstico de reducción fuerte vendría acompañado por algo que los números no pueden reflejar: una resistencia creciente y fuerte de los empleadores afectados y, probablemente, una respuesta del gobierno norteamericano que permitiera el ingreso legal a los trabajadores migratorios con el fin de sustituir por lo menos una parte de esa población. Casi todos los empleados agrícolas, por ejemplo, pertenecen al sector de los trabajadores migratorios. Estos empleadores ya demostraron ampliamente su fuerza política en 1984, cuando impusieron enmiendas que los favorecían al proyecto Simpson-Mazzoli. Finalmente, la especulación de cualquier efecto de las posibles políticas migratorias norteamericanas no parece tener mucho sentido más allá del plazo de tres o cuatro años, cuando seguramente varias de las condiciones que estamos suponiendo en este modelo habrían cambiado fuertemente por la modificación del *statu quo* de cualquiera de los dos pronósticos.

El panorama de los trabajadores indocumentados habitualmente residentes en Estados Unidos es un tanto diferente. El renglón (6) del cuadro 6 expresa la tendencia histórica de esa población aplicada a los años 1984-1988. En ausencia de una nueva política migratoria restrictiva de la inmigración de indocumentados, suponemos un crecimiento de 67 400 trabajadores al año (renglón [7]). Los esfuerzos de "crecimiento cero" y de "reducción fuerte" se suponen cero para el año 1984. Desde 1985 en adelante, el primer pronóstico supone que los esfuerzos del SIN tenderían a equilibrar el tamaño de la población de indocumentados habitualmente residentes en Estados Unidos; esto exigiría suprimir 67 400 empleos al año, por lo menos al principio. El segundo pronóstico supone un esfuerzo por hacer desaparecer 150 000 empleos, lo cual, según la información presentada en el renglón (9), se traduce en un decrecimiento, en términos netos, de 82 600 empleos anuales a partir de 1985. Sin embargo, pese a que hemos supuesto que la mayor fuerza de las sanciones a los empleadores se dirigirían a esta población, su tamaño no disminuye tanto, en términos proporcionales, como la de trabajadores migratorios. Desde 1984, el efectivo de trabajadores indocumentados que residen en Estados Unidos decrece a 846 000 en 1988.

Comentemos los resultados del ejercicio. El pronóstico de reducción fuerte supone para 1985-1988 un decrecimiento más acelerado que el ritmo de crecimiento estimado para 1980-1984. Aún así, el tamaño de la población trabajadora habitualmente residente en Estados Unidos sería mayor en 1988 que la de 1980. Es difícil prever si ese decrecimiento podrá sostenerse sin medidas que legalicen a los indocumentados residentes en Estados Unidos. Si se sostuviera, esa población todavía pasaría de 500 000 a principios de la década de los noventa.

¿Como afectaría a ambas poblaciones, en el caso del cálculo de "reducción fuerte", la supresión de 250 000 empleos anuales, todos ocupados por mexicanos? A partir de 1985, habría una reducción, en términos netos, de un total de 160 000 empleos ocupados por indocumentados mexicanos: una reducción dos veces más rápida que el crecimiento estimado para los años 1980-1984. Al final del período, el número total de plazas sería de aproximadamente un millón, frente a 1.4 millones de 1984.

Ahora podemos detenernos a analizar los efectos globales de estos cálculos sobre la oferta de empleo en México que, si bien son poco probables, se pueden tomar como los casos extremos de la vulnerabilidad de la economía mexicana a la aplicación de políticas migratorias estadunidenses. El caso de "crecimiento cero" supone, como sugiere su título, que la nueva política norteamericana mantenga en equilibrio los flujos de indocumentados al norte y al sur. No equivale precisamente a un cierre de fronteras, aunque tal cierre podría caber en este cálculo. La idea que aquí se propone es que el SIN lograra lo que jamás ha hecho en la historia: impedir sostenidamente, a través de medidas administrativas que combinaran las expulsiones con las sanciones a los empleadores, el crecimiento de la población de indocumentados mexicanos en Estados Unidos. Para México, ello implica el cierre de lo que generalmente se considera una "válvula de escape".

El pronóstico de "crecimiento cero" en principio[28] le exigiría a México

---

[28] Decimos "en principio" porque el problema del aumento inesperado no es tan sencillo. Como señalamos en la nota 10, *supra*, la investigación señala que los emigrantes no están desocupados y buscando empleo antes de salir de México, sino que sus ingresos son insuficientes. El

un aumento inesperado de la oferta de empleo de 90 000 trabajadores al año. Si en vez de experimentar un crecimiento cero la población de indocumentados mexicanos creciera en el volumen esperado, la economía mexicana tendría una "válvula de escape" de 90 000 empleos: 23 000 de trabajadores migratorios y 67 000 de indocumentados que habrían trasladado su residencia a Estados Unidos. En tiempos normales, este número de empleos no es muy grande en la economía mexicana global. En la economía mexicana de 1985, 90 000 empleos pueden ser importantes, más aún cuando pensamos en su concentración geográfica. Para tener una idea de su significado, podemos echar mano de las estimaciones de la población económicamente activa, y su crecimiento, que presentamos en el cuadro 2. Estas estimaciones, como dijimos antes, varían algo según los supuestos que se adopten para estimar la PEA: según la "estimación baja", y utilizando un modelo de crecimiento geométrico, en 1985 hubo un incremento de 830 000 trabajadores a la oferta de empleo: según la "estimación alta", el mismo procedimiento nos plantea un aumento de 990 000. Después de una política migratoria estadunidense de "crecimiento cero" estas cifras deberían elevarse en 90 000 cada una; de ahí que la nueva oferta de empleo sería alrededor de 920 000 a 1 080 000. Para la estimación "baja", este pronóstico plantea un crecimiento inesperado de 11% de la PEA: para la "alta", ese crecimiento sería de 9%.

En principio, habría dos formas de contemplar los resultados de tal política migratoria norteamericana. Una es concentrarnos en el número absoluto de empleos por ella afectados: 90 000 al año. Otra forma es observar sus efectos en las tasas de crecimiento de la población económicamente activa. Según la estimación baja, la PEA, debería crecer en 1985 en 3.6%; después de la política migratoria estadunidense que detuviera la salida de indocumentados, esa tasa se habría elevado a 4.0%. Según la estimación alta, en 1985 la PEA debería crecer en 3.9%; después de la política migratoria estadunidense, esa tasa se habría elevado a 4.3%.[29]

El pronóstico de "reducción fuerte" es más preocupante para México. Significa no solamente que dejen de salir, en términos netos, trabajadores indocumentados a Estados Unidos, sino también tener que recibir e incorporar a un flujo de regreso. En el cuadro 6 suponemos una oferta inesperada de 100 000 trabajadores migratorios anuales y otros 150 000 trabajadores que, como resultado de la nueva política fuerte, no hubieran emigrado o hubieran cambiado su residencia habitual de Estados Unidos a México. Así, México tendría un crecimiento inesperado de la oferta de empleo de 250 000 al año. Las im-

---

no poder salir del país es un problema que podría analizarse desde el punto de vista del ingreso que no recibiría la familia del migrante o como el problema del empleo complementario que necesitaría en México para compensar, aunque parcialmente, esa falta de ingreso. Aquí estamos comentando el último problema.

[29] Del cuadro 2 se desprende que la estimación baja de la PEA en 1985 es 22 910 000 y la alta es 24 977 000. Asimismo, las estimaciones de crecimiento esperado serían: hipótesis baja, 831 000; hipótesis alta, 986 000. A este crecimiento esperado habría que agregarle el crecimiento inesperado de 90 000 trabajadores ("crecimiento cero") o de 250 000 ("reducción fuerte").

plicaciones de esto, tomando en consideración el crecimiento anual de la PEA que se puede inferir del cuadro 2, son notables: el crecimiento de la PEA en 1985, ya sea 830 000 (estimación baja) o 990 000 (estimación alta), se elevaría a 1 080 000 o 1 240 000, respectivamente. Éstos no son crecimientos pequeños, sobre todo en las actuales condiciones de empleo en la economía mexicana. En términos proporcionales, estaríamos hablando de un incremento en el crecimiento anual esperado de entre 25 y 30%.

Nuestra atención, entonces, debe fijarse en un crecimiento inesperado de 250 000 trabajadores en la PEA nacional como la situación extrema que podríamos considerar de acuerdo con la información existente. Aun cuando es muy poco probable la situación, caben dudas de la capacidad de la economía mexicana en su estado actual para enfrentar un problema de empleo de esta magnitud, sobre todo cuando consideramos su concentración geográfica. Otra forma de analizar el dato arriba mencionado es contrastar las tasas de crecimiento de la PEA con y sin nueva política migratoria estadunidense de tipo "reducción fuerte". Según la estimación baja de la PEA, ésta debería crecer en 1985, 3.6%; un incremento inesperado de 250 000 trabajadores significaría un crecimiento ese año de 4.7%. Según la estimación alta de la PEA en 1985 la PEA debería crecer en 3.9%; un incremento inesperado de 250 000 trabajadores significaría un crecimiento para ese año de 4.9%. En buena medida, este ejercicio deja de proporcionar información que podamos interpretar al llegar a tales resultados. Un crecimiento de la PEA de 4% anual no tiene precedente histórico en México; tasas de 4.7 a 4.9% son tan elevadas que no tenemos estándares para poder apreciarlas.

Como puede desprenderse del cuadro 7, los pronósticos anteriores tienen implicaciones interesantes con respecto a la disminución del flujo de divisas. La hipótesis de crecimiento cero presenta un panorama sencillo: sube el ingreso total de divisas de 1.8 mil millones de dólares a 1.9 mil millones, y luego permanece constante. Esta hipótesis, que sólo sería el resultado de una acción concertada y sostenida del SIN que detuviera el crecimiento de la población de indocumentados, no representa una pérdida, en términos absolutos y directos, de ingreso para el país. El pronóstico, sin embargo, tiene otras dos implicaciones que no se desprenden directamente de los datos presentados en el cuadro. Por una parte, aun cuando ello podría significar un ingreso estable para el país en su conjunto, las acciones que tendría que tomar el SIN para obtener este resultado inevitablemente castigarían a unas comunidades más que a otras, lo cual significa posibles fluctuaciones fuertes en el ingreso en dólares de algunas comunidades mexicanas. Por la otra, habría efectos *indirectos* que no son cuantificables: las consecuencias de una reducción del gasto de muchas familias en algunas comunidades en la región centro-norte del país e incluso la reducción en el monto de dinero invertido en bienes productivos.

El cálculo de una "reducción fuerte" presenta, obviamente, más problemas. En ese caso extremo México sufriría una pérdida anual de más de 200 millones de dólares con respecto al año anterior (véase cuadro 7, renglón [9]). El ingreso en divisas de 1.9 mil millones de dólares en 1985 se reduciría a 1.2

Cuadro 7

Estimación de la disminución del flujo de divisas: hipótesis de "crecimiento cero"
e hipótesis de "reducción fuerte"
(millones de dólares)

Año	1984	1985	1986	1987	1988
Hipótesis de "crecimiento cero"					
1) Divisas, trabajadores migratorios[a]	791	839	839	839	839
2) Remesas, trabajadores que habitualmente residen en EUA[b]	1 010	1 075	1 075	1 075	1 075
3) Total divisas	1 801	1 914	1 914	1 914	1 914
4) Cambio, monto de divisas con respecto al año anterior		113	0	0	0
5) Cambio/divisas año anterior		6.3%	0	0	0
Hipótesis de "reducción fuerte"					
6) Divisas, trabajadores migratorios [c]	791	839	678	516	355
7) Remesas, trabajadores que habitualmente residen en EUA[d]	1 010	1 075	994	913	832
8) Total divisas	1 801	1 914	1 672	1 429	1 187
9) Cambio, monto de divisas con respecto al año anterior		113	242	243	236
10) Cambio/divisas año anterior		6.3%	12.6%	14.5%	16.5%

[a] El monto de divisas recibidas por parte de los trabajadores migratorios en 1984 se estimó en 791 millones de dólares cuadro 3 [g]. Esto se traduce en 2 087 dólares por año por la plaza ocupada por trabajador migratorio presente en abril de ese año. El total en el inciso 1 se calcula con base en este cociente, y en la simulación de la hipótesis de "crecimiento cero" que hacemos en el cuadro 5 (5). Se supone, además, un comportamiento estable de las remesas y dinero portado de regreso a México en 1984-1988, y el mantenimiento del salario medio de los trabajadores migratorios en Estados Unidos.

[b] El monto de divisas recibidas por parte de los trabajadores indocumentados que residen habitualmente en EUA en 1984 se estimó en 983 dólares por año por trabajador habitualmente residente en EUA en abril del año. El total en el inciso 2 se calcula a partir de este cociente, y en la estimación de "crecimiento cero" que hacemos en el cuadro 5 (10). Se mantienen los supuestos hechos en nota a, *supra*.

[c] Véase nota a, *supra*. La población es la estimación para la hipótesis de "reducción fuerte", cuadro 5 (5).

[d] Véase nota b, *supra*. La población es la estimada para la hipótesis de "reducción fuerte", cuadro 5 (10).

Fuente: elaboración propia; cuadros 3 y 5.

mil millones de dólares en 1988, según el cuadro. Ello significa una pérdida en divisas, después de tres años de política "fuerte", de 33%. La diferencia entre 1985 y 1988 sería de aproximadamente 600 millones de dólares al año.

El ejercicio que presentamos sorprende porque sus efectos no son a primera vista tan graves como podríamos esperar. La economía mexicana actualmente es grande y sus ingresos externos fluctúan tanto (caída en el precio de petróleo en el mercado internacional, cambios en las tasas de interés de la deuda externa), que la fluctuación provocada por una política tan poco probable y tan extrema como la que aquí llamamos "fuerte" no tendría consecuencias de la magnitud que, según la opinión expresada en los medios de difusión durante 1984, podríamos prever. Tanto en los vaivenes de los precios del petróleo como en las tasas de interés, México registra ganancias y pérdidas de mucho más de 600 millones de dólares al año; es decir, más de lo que podríamos esperar en la pérdida de divisas después de tres años de una política migratoria severa.

De ahí que nuestro ejercicio sirva por lo menos para desmitificar una de las afirmaciones que tanto ha circulado o en el debate político mexicano de 1984 en torno a la Simpson-Mazzoli: los cambios de la política norteamericana migratoria, en el corto plazo, no significarían un golpe para la balanza de pagos en México comparable con otras fluctuaciones en el sector externo. Al contrario, y sobre todo si tomamos en cuenta que lo más probable es que Estados Unidos adopte medidas que no alcancen a reducir el crecimiento de la población de indocumentados a cero, los ingresos de estos trabajadores se pueden ver como una fuente relativamente estable de divisas.

Para México, el problema de la pérdida de divisas no se manifestaría en la balanza de pagos, sino en la distribución del ingreso entre la población trabajadora. Una pérdida de 200 millones de dólares en un año no es significativa en la economía nacional; sí lo es cuando pensamos que se trata de los ingresos de cientos de miles de familias de escasos recursos, buena parte de ellas rurales, en la zona centro-norte del país. El problema de México, entonces, no sería tanto cómo sobrevivir sin esos 200 millones de dólares en ese año, sino cómo crear oportunidades alternativas para que las comunidades y las familias afectadas pudieran compensar parcialmente la pérdida de ingreso. Esto nos lleva a la siguiente observación: entre los riesgos de una nueva política migratoria estadunidense, no debe confundirse una posible crisis regional con una crisis nacional. Esto nos lleva al problema de la concentración regional de la migración y de los efectos económicos que tendrían medidas norteamericanas como las que hemos estado considerando.

Hasta aquí, nuestra discusión ha subrayado los efectos nacionales de posibles nuevas políticas migratorias estadunidenses. La estimación de los que podrían ser tales efectos en las regiones y las comunidades mexicanas de donde parte la gran mayoría de los indocumentados es un ejercicio mucho más complicado. Debe tomar en cuenta no solamente las variables que hemos considerado hasta aquí, sino otras, para las cuales hay poca información confiable disponible. Serían válidas, sin embargo, dos apreciaciones generales. Primero, que cabría esperar efectos mucho más fuertes en el nivel regional, que en algunas localidades se asemejarían al cuadro catastrófico que algunos plantean en el nivel nacional. Segundo, que el problema mexicano de hacer frente a tales efectos probablemente no sería tanto la falta de recursos nacionales como los límites de la capacidad administrativa del gobierno mexicano para canalizar los recursos disponibles hacia los lugares y actividades que los necesiten.

Las encuestas sobre los lugares de origen de los emigrantes mexicanos señalan una impresionante coherencia en la distribución geográfica a lo largo del tiempo, que desaparece cuando comparamos las proporciones de emigrantes en una entidad federativa determinada, o en lugares de extensión geográfica menor. Estas variaciones pueden deberse a fluctuaciones de esa distribución según la estación del año en que se levante la encuesta, o a que se trate de una encuesta sobre el flujo de expulsados o del efectivo de indocumentados en un lugar específico en Estados Unidos. Sin embargo, a la larga, permanece relativamente constante la proporción de emigrantes que envían ocho entidades federativas mexicanas: Baja California, Jalisco, Michoacán, Guanajuato, Chihuahua y Durango. Si consideramos las de mayor emigración *per cápita*, habría que incluir, además, San Luis Potosí y Zacatecas. Los ocho estados mencionados exportan entre 70 y 75% de los emigrantes indocumentados del país.[30] De ahí que, en caso de hacerse realidad los cálculos de ''crecimiento cero'' o de ''reducción fuerte'' de la población de indocumentados en Estados Unidos, sería en esas entidades federativas donde se presentarían los efectos de inesperada sobreoferta de empleo y pérdida de divisas y de ingreso familiar.

Para analizar en el nivel local los efectos de políticas migratorias que redujeran el ingreso ilegal de trabajadores indocumentados sin sustituirlo por un flujo legal, consideremos brevemente el caso de tres comunidades imaginarias, como posibilidades alternativas.

Primera posibilidad: comunidad que no podría vivir sin los ingresos provenientes de la migración

Supongamos una comunidad de mil habitantes activos, de los cuales la mitad trabaja durante seis meses en EUA. Supongamos también que la productivi-

[30] La primera encuesta en frontera del Centro Nacional de Información y Estadísticas del Trabajo basada en mexicanos devueltos por las autoridades migratorias norteamericanas encontró que 71% de esos mexicanos provenían de los ocho estados mencionados en el texto. Ceniet, *Análisis de algunos resultados de la Primera Encuesta a Trabajadores Mexicanos Devueltos de los Estados Unidos*, México, Centro Nacional de Información y Estadísticas del Trabajo, 1979, p. 23. La segunda encuesta encontró que de esos ocho estados provenían 73.6% de los indocumentados. Jorge A. Bustamante y Gerónimo Martínez G., ''Undocumented Immigration from Mexico: Beyond Borders but Within Systems'', *Journal of International Affairs*, vol. 33, núm. 2 (1979), p. 268. En la ENEFNEU, 60% de los trabajadores migratorios se encontraron en las regiones llamadas II y III de esa encuesta: los estados de Jalisco, Michoacán, Colima, Guanajuato, parte del estado de México y de Guerrero y el municipio de Ensenada en Baja California; y los estados de Durango, Zacatecas, San Luis Potosí, Querétaro, Nayarit, Aguascalientes y parte de Hidalgo. Centro Nacional de Información y Estadísticas del Trabajo, *Los trabajadores mexicanos en Estados Unidos*. p. 90.

dad media del trabajo en la comunidad es de 600 dólares al año, cifra que no se aleja excesivamente de la realidad de muchas comunidades rurales, y que las remesas y ahorros de cada migrante asciende a 1 500 dólares por año.[31] El ingreso total de la comunidad es entonces de 1 200 000 dólares al año[32] y el número de empleos-año es de 750, de los cuales 250 corresponden a dos empleos semestrales. La capacidad de absorción de empleo de esta comunidad imaginaria es a lo sumo de 750 trabajadores de tiempo completo, suponiendo que la mitad de los migrantes está ausente en todo momento. Si se cerrara totalmente la posibilidad de emigrar a EUA, la comunidad perdería todo su ingreso de divisas (750 000 dólares) y sólo tendría capacidad para absorber a 250 de los 500 migrantes de manera permanente. Esto se traduciría en una caída del ingreso real de la comunidad de 63% y en una incapacidad de mantener ocupada a la cuarta parte de su PEA, y en otros graves perjuicios, tanto económicos como políticos y sociales.

Continuando con nuestro caso imaginario, cabe suponer que una proporción importante de los migrantes no retornaría a la comunidad y que la caída del ingreso real sería tal que probablemente expulsaría a parte de los no migrantes. Esto derivaría de que el ingreso de la comunidad es excesivamente bajo cuando no hay migración, que es la que hace posible la vida de comunidades como la descrita.

Actualmente no contamos con información que permita estimar el número de comunidades que se parezcan a la que aquí hemos imaginado. Si el tamaño medio de todas éstas es menor de mil trabajadores, lo que parece muy factible, podría haber centenas de tales comunidades en México. Ejemplos de varias que se asemejan a nuestra comunidad imaginaria han sido estudiados; una de ellas fue Las Ánimas, Zacatecas. Según la investigación que se realizó para este caso, 51% del ingreso del pueblo, compuesto por 262 familias en enero de 1979, provino de las remesas enviadas por trabajadores en Estados Unidos. En esa comunidad, el ingreso familiar medio fue de 1 702 dólares anuales; el equivalente en moneda nacional de 827 dólares se percibió en actividades realizadas en la comunidad misma.[33] (Con las devaluaciones que ha sufrido el país desde 1979, cabría esperar un aumento en la proporción del ingreso total que proviene de Estados Unidos.)

---

[31] Este dato se obtiene de los cálculos que hicimos en el cuadro 3, renglones (3) y (7).

[32] Los 1 200 000 dólares de ingreso total se obtienen así:

300 000	de trabajadores que permanecen todo el año en la comunidad (600 × 500)
150 000	de 500 trabajadores que permanecen en ella 6 meses (300 × 500)
750 000	en remesas (1 500 × 500)
1 200 000	dólares al año

[33] Richard Mines, *Developing a Community Tradition of Migration: a Field Study in Rural Zacatecas, Mexico, and California Settlement Areas*, La Jolla, California, Program in U.S.-Mexican Studies, UCSD, 1981, serie Monografías, núm. 3. p. 61.

*Segunda posibilidad: comunidad que tiene alta proporción de migrantes
pero también alta capacidad de absorción*

Supongamos ahora la misma comunidad imaginaria, pero con una productividad media del trabajo de 1 500 dólares al año. El ingreso anual de la comunidad es de 1 875 000 dólares[34] y podemos suponer que hay capacidad para ocupar permanentemente a las 1 000 personas activas con una ligera caída de la productividad a 1 400 dólares al año. La suspensión total del flujo de migrantes ocasionaría una pérdida anual de 750 000 dólares, pero su incorporación a la producción de la comunidad llevaría el ingreso total a 1.4 millones de dólares, lo que representa una caída de 475 000 dólares, o 25% del ingreso total, situación posiblemente difícil, pero no comparable con la anterior. La comunidad seguramente resentiría la caída de su ingreso, e incluso podría haber alguna expulsión, pero secundaria, porque habría empleo, o ingreso complementario, para quienes no salieran de la comunidad y la estructura del pueblo no se modificaría necesariamente salvo en el sentido de que cambiarían las fuentes y montos del ingreso.

Desconocemos el número de comunidades que se asemejarían a este patrón. Tenemos la impresión, basada en información anecdótica, que la mayoría de los migrantes indocumentados provienen de comunidades que se parecen a ésta.

*Tercera posibilidad: comunidad cuya existencia no depende de la migración
y la proporción de migrantes es baja*

Esta tercera comunidad imaginaria es idéntica a la anterior, salvo que en lugar de tener 500 migrantes sólo tiene 50, es decir, 5% de la PEA total. Su ingreso total antes de que se suspenda el flujo es de 1 537 500 dólares,[35] pero puede absorber a sus 50 migrantes sin una una caída en la productividad media del trabajo, por lo que después de una suspensión brusca del flujo de migrantes su ingreso real pasa a ser de 1 500 000 dólares, que significan una caída del ingreso de 4.9%, que no tiene gran importancia.

La pregunta obvia que plantea esta situación es qué papel desempeña la migración para esta comunidad, ya que aporta muy poco al conjunto. En prin-

---

[34] La suma de 1 875 000 dólares se obtiene así:

750 000	de trabajadores que permanecen todo el año en la comunidad (1 500 × 4 500)
375 000	de 500 trabajadores que permanecen en ella 6 meses (750 × 500)
750 000	en remesas (1 500 × 500)
1 875 000	dólares al año

[35] La suma de 1 537 500 dólares se obtiene así:

1 425 000	de trabajadores que permanecen todo el año en la comunidad (1 500 × 950)
37 5000	de trabajadores que permanecen en ella 6 meses (750 × 50)
75 000	de remesas (1 500 × 50)
1 537 500	dólares al año

cipio, la respuesta sería que su papel es redistribuir el ingreso en el pueblo, ya que los que emigran no son los ricos de la comunidad; ello le da al trabajo en Estados Unidos y a las remesas al pueblo un carácter redistributivo del ingreso. De ahí que la caída en el ingreso global sería poco significativa, pero tendría el efecto de acentuar la desigualdad de la distribución del ingreso de la comunidad.

Sin poder señalar directamente qué número de localidades tienen características como las de nuestra tercera comunidad imaginaria, cabe subrayar que tales localidades tenderían a ser más grandes. De ahí que buena parte de los centros urbanos de 20 000 habitantes o más que expulsan a emigrantes se asemejarían a este patrón. No tenemos el dato de cuántas localidades cabrían dentro de esta posibilidad, pero se puede señalar que aproximadamente el 30 % de los trabajadores migratorios tienen su residencia en localidades de ese tamaño.[36]

Los tres hipotéticos casos antes descritos nos permiten mostrar que la migración puede desempeñar un papel importante en la vida económica de muchas comunidades, en algunos casos permitiendo que subsistan, en otros como mecanismo para aumentar el ingreso total y en la mayoría de los casos como un mecanismo externo de redistribución del ingreso. Para conocer con cierta precisión el efecto de la migración en diferentes comunidades se requeriría información detallada sobre el flujo de migrantes, su tiempo de permanencia en EUA, su participación en la PEA total del pueblo, la PEA misma y los diferenciales entre ingresos obtenidos en el pueblo y el ahorro que pueden realizar como migrantes, así como una estimación del ingreso global del pueblo.

Conclusiones

En 1984 hubo en México, como señalamos al iniciar este trabajo, una discusión sobre una propuesta de política migratoria norteamericana. En esa ocasión se supuso que la adopción de tal política era equivalencia a un gran flujo de retorno de indocumentados mexicanos a nuestro país. Después de analizar detenidamente la información presentada en este trabajo, concluimos que esa equivalente no existe. Si en 1984 se hubiera aprobado la Simpson-Mazzoli, no hubiera devuelto a México un flujo neto de millones de indocumentados y es muy poco probable que hubiera ocasionado el flujo neto de siquiera un indocumentado mexicano. Como señalamos al analizar el crecimiento de la población de indocumentados mexicanos en Estados Unidos durante los setenta —y las tendencias que proyectamos para los ochenta— el hecho de que el SIN efectúe anualmente cerca de un millón de expulsiones de indocumentados, no significa que el crecimiento de esa población en Estados Unidos se detenga.

[36] Centro Nacional de Información y Estadísticas del Trabajo, *Los trabajadores mexicanos en Estados Unidos*, p. 93. La proporción de trabajadores migratorios mexicanos residentes en localidades de 20 000 y más habitantes fue 30.2 %.

De ahí que no debamos confundir el aumento de expulsiones con un flujo neto de retorno ni suponer que sea posible un retorno masivo en un plazo corto.

Cuando el gobierno de Estados Unidos empiece a actuar como su retórica parece indicar que pretende, podría comenzar a disminuir el crecimiento de la población de indocumentados en ese país, lo cual, cabe señalar, afectaría adversamente a la economía mexicana aun cuando no hubiera un flujo neto de retorno. Uno de esos efectos sería el inesperado aumento de la oferta de trabajo en México en los próximos años. Por una parte, es previsible que la magnitud del efecto no fuera catastrófico para México, ya que sólo se trataría de un incremento anual de decenas de miles de trabajadores en la PEA, no de centenas de miles o millones. Por otra parte, incluso ese efecto pequeño, en términos objetivos, no podría ignorarse en una coyuntura económica como la de 1985. En el pasado reciente, el ingreso real familiar no ha sido golpeado duramente por la crisis económica y esa situación no da señales de mejorarse en los próximos años, justamente cuando se espera que la PEA crezca entre 3.6 y 3.9% anualmente. Por un lado, el efecto de políticas migratorias norteamericanas no debe ser ponderado solamente en términos de magnitud absoluta, sino también en relación con la situación económica en que pudieran efectuarse. Por el otro, si la economía mexicana se agrava en los próximos años, ello probablemente no se deberá a políticas migratorias norteamericanas, sino a otras condiciones que tienen más peso en la economía nacional y que pueden sufrir cambios fuertes en un plazo muy breve.

La disminución de divisas como resultado de políticas estadunidenses restrictivas de la migración presenta una paradoja. Por una parte, el volumen de esas divisas, aun cuando nuestra estimación pudiera sobrestimarlas, no es precisamente pequeño. Pueden compararse las divisas al país del trabajo de indocumentados con las que provienen de otras fuentes, como el turismo y la exportación de manufacturas. Pero, por otra parte, desde el punto de vista del ingreso global del país, ese volumen es poco sensible a medidas norteamericanas, incluso las más fuertes que podamos imaginar en los próximos años. En el corto plazo, no es realista pensar en una reducción de este flujo de dinero por el mero hecho de que Estados Unidos ponga en marcha una nueva política migratoria. Sería más probable que disminuyera su tasa de crecimiento o que se estancara en un mismo nivel.

Es por eso que la discusión pública desarrollada en México durante 1984 exageró la vulnerabilidad de la economía mexicana a las nuevas políticas migratorias estadunidenses. La capacidad de resistencia, en términos de la economía nacional, se debe a una combinación de factores: el volumen de la emigración no es tan grande; el control que actualmente tiene el gobierno de Estados Unidos sobre el tamaño de la población de indocumentados es casi nulo y no podría adquirirse rápidamente. De ahí que, por el momento, no se vislumbre siquiera la posibilidad de aplicar una política que detenga el crecimiento de la población de indocumentados en Estados Unidos (el flujo neto hacia el norte). Y, aun si Estados Unidos pudiera causar un flujo neto de regreso a México y provocar una crisis económica regional a este país, no podría sostener tal acción por mucho tiempo sin que se dieran condiciones políticas muy poco probables y sin suscitar trastornos internos y una oposición política importante.

En caso de que se dieran tales condiciones poco probables, la situación en México no sería fácil. Estaríamos hablando de incrementos en el ritmo de crecimiento de la PEA de tal vez 3.9 a 4.7% anuales; de pérdidas de ingreso a familias mexicanas de 200 millones de dólares al año en relación con el año anterior, y de trastornos graves para cientos de comunidades rurales en el centro-norte del país e incluso tal vez para algunas ciudades. Suponiendo que la opinión pública mexicana detectada en 1984 no cambiara, se tendría, además, el temor de que México no contara con los recursos nacionales para afrontar tal situación. Sin embargo, recursos económicos necesarios los tiene. Pero, independientemente de si México pudiera echar mano de 200 millones de dólares al año o no para atenuar los problemas económicos que se presentaran, cabría preguntarse si México tiene la capacidad administrativa para canalizar tales recursos a los lugares indicados. Desconocemos la respuesta. Un indicador de que el gobierno no está pensando en este tipo de problemas, sino que habría que recibir inmediatamente a cientos de miles de deportados, lo tenemos en el comunicado de prensa que se hizo después de una reunión del gabinete del presidente Miguel de la Madrid el mes de julio de 1984.[37]

Éste no es el lugar para analizar detenidamente la capacidad de respuesta del gobierno mexicano ante los retos que hemos planteado. El hecho de que existan algunas opciones, sin embargo, no debe ocultar que, si se presentan situaciones en que México tenga que recibir a cientos de miles de trabajadores en varios años, se provocarían problemas que no sólo requerirían recursos, sino también imaginación y organización. Por otra parte, nuestra discusión de tales situaciones no debe llevarnos a sobrestimar la probabilidad de que se presenten.

Con la información que tenemos a la mano no podemos llegar a conclusiones contundentes sobre la vulnerabilidad de la economía mexicana a la aplicación de las políticas migratorias estadunidenses. Pero sí podemos rechazar los planteamientos simplistas que mencionamos al iniciar este trabajo. Tales políticas, indiscutiblemente, afectarían adversamente la economía del país, pero no de la manera que comúnmente se supone. Además, tendrían otros efectos, de orden político, y significarían la violación sistemática de ciertos derechos que tienen los mexicanos en Estados Unidos. Estas razones, consideramos, deberían preocupar más a México que los efectos económicos inmediatos.

En contraste con la opinión general que prevalece actualmente en México, nosotros hacemos una distinción entre la retórica estadunidense que lamenta la "pérdida del control de las fronteras" y las acciones norteamericanas que

---

[37] Véase "Protección jurídica de México a indocumentados en EU", *Excélsior,* México, 7 de julio de 1984, pp. 1, 13; "Protegerá México a afectados si se aprueba la Simpson-Mazzoli", *Uno más uno,* México, 7 de julio de 1984, p. 1. En esa reunión se consideraron varias medidas a tomar; consideramos simplistas las que se proponen coordinar las tareas de "repatriación" y el "definir los puntos de recepción de mexicanos".

muestran claramente una falta de voluntad política para tomar las medidas —teóricamente posibles, pero costosas en sus efectos económicos y sociales en ese país— que podrían empezar a detener el crecimiento de la población de indocumentados. El discurso oficial norteamericano eleva el problema de la migración a la altura de los temas de seguridad nacional; las acciones oficiales —hasta la fecha— señalan que se trata de un asunto secundario para los intereses de Estados Unidos.

No negamos tampoco la posibilidad de que la economía mexicana podría ser afectada gravemente por la aplicación de nuevas políticas migratorias estadunidenses. Pero tales políticas, por el momento, son muy poco probables. Además, si se aplicaran, los efectos nacionales de todas maneras serían menores en comparación con los efectos de otros cambios en la situación económica internacional. Los efectos regionales en nuestros pronósticos poco probables serían graves y, además, hay razones para suponer que el gobierno de México no está organizado adecuadamente para afrontar el problema de la distribución de recursos económicos y otros problemas que podrían presentarse. Dado lo poco probable de que se presentaran tales situaciones en el futuro inmediato, cabe preguntarse si nuestra atención no se desvía de otras consecuencias, que no por ser diferentes serían menos inmediatas y preocupantes.

México-Estados Unidos, 1984
se terminó de imprimir en diciembre de 1985
en los talleres de Programas Educativos, S.A. de C.V.,
Chabacano 65-A, 06850 México, D.F.
La fotocomposición y la formación
se hicieron en Redacta, S.A.
Se tiraron 3 000 ejemplares,
más sobrantes para reposición.
Diseñó la portada Mónica Díez Martínez.
Cuidó la edición el Departamento
de Publicaciones de El Colegio de México.